Ismaning 15.01.09

Liebe Helge,
ich habe mich immer
über dein Interesse an
meiner Leidenschaft
für Geschichte gefreut
und schenke dir sehr gerne
eines der ersten Exemplare
dieses Buches.

Luciana

D1729540

A mio padre

BIBLIOTECA DELLA «MISCELLANEA STORICA DELLA VALDELSA»

DIRETTA DA SERGIO GENSINI

N. 23

LUCIANA CAMBI SCHMITTER

CARTE DELLA BADIA DI MARTURI

nell'Archivio di Stato di Firenze (971-1199)

Ⴔ

EDIZIONI POLISTAMPA

2009

In copertina: pergamena in ASFI, *Diplomatico*, Bonifacio, 11 . . (cfr. *infra*, doc. 18, p. 103). Su concessione del Ministero per i Beni e le Attività Culturali (autorizzazione n. 9358/2008 dell'ASFI). Ne è vietata l'ulteriore riproduzione o duplicazione con qualsiasi mezzo.

© 2009 Edizioni Polistampa
Via Livorno, 8/32 - 50142 Firenze
Tel. 055 737871 (15 linee)
info@polistampa.com - www.polistampa.com

ISBN 978-88-596-0522-5

SOMMARIO

ABBREVIAZIONI BIBLIOGRAFICHE

AAP = Archivio Arcivescovile di Pisa

ASFı = Archivio di Stato di Firenze

CAMMAROSANO, *Abbadia* = P. CAMMAROSANO, *Abbadia a Isola. Un mona-stero toscano nell'età romanica. Con una edizione dei documenti (953-1215)*, Castelfiorentino 1993.

CAMMAROSANO, PASSERI, *Repertorio* = P. CAMMAROSANO, V. PASSERI, *Repertorio*, in *I castelli del Senese. Strutture fortificate dell'area senese-grossetana*, Milano 1985², pp. 271-423.

Carte di Badia = *Le carte del monastero di S. Maria in Firenze (Ba-dia)*, I, *(secc. X-XI)*, a cura di L. SCHIAPARELLI, Roma 1913 (Fonti di Storia Fiorentina, 1); poi rist. in contemporaneità con: II, *(sec. XII)*, a cura di A. M. ENRIQUES, Roma 1990 (Rege-sta Chartarum Italiae, 42).

CONTI = E. CONTI, *La formazione della struttura agraria moderna nel contado fiorentino*, I, *Le campagne nel-l'età precomunale*, Istituto Storico Italiano per il Medioevo, Roma 1965.

DAVIDSOHN, *Storia* = R. DAVIDSOHN, *Storia di Firenze*, I, Firenze 1972 (ed. orig., Berlin 1896).

DAVIDSOHN, *Forschungen* = R. DAVIDSOHN, *Forschungen zur älteren Geschichte von Florenz*, I-IV, Berlin 1896-1908.

DELLA RENA, CAMICI, *Serie* = C. DELLA RENA, *Serie cronologico-diplomatica de-gli antichi duchi e marchesi di Toscana con supple-mento e note dell'abate I. Camici, riordinata e pubbli-cata dall'abate A. Cesarotti*, Firenze 1789.

Dipl. = *Diplomatico*

FICKER, *Forschungen* = J. FICKER, *Forschungen zur Reichs- und Rechts-geschichte Italiens*, IV: *Urkunden*, Innsbruck 1874.

FRIEDBERG = *Quinque Compilationes antiquae nec non Collectio ca-nonum Lipsiensis. Ad librorum manu scriptorum fidem recognovit et adnotatione critica instruxit Aemilius Friedberg*, Lipsiae, Tauchnitz 1882, XXXVI, 224 S.

«Gött. Nachrichten» = «Nachrichten von der Königl. Gesellschaft der Wissenschaften zu Göttingen, Philologisch-historische Klasse».

GHIGNOLI, *Settimo* = A. GHIGNOLI, A. R. FERRUCCI, *Carte della Badia di Settimo e della Badia di Buonsollazzo nell'Archivio di Stato di Firenze*, Firenze 2004.

GHIGNOLI, *Pisa* = A. GHIGNOLI, *Carte dell'Archivio Arcivescovile di Pisa. Fondo Arcivescovile. I (720-1100)*, Pisa 2006 (Biblioteca del «Bollettino Storico Pisano». Fonti, 12/1).

JAFFÉ = PH. JAFFÉ, *Regesta Pontificum Romanorum*, Berlin 1851.

JAFFÉ-L. = PH. JAFFÉ *Regesta Pontificum Romanorum*, 2ª ed. a cura di S. LÖWENFELD, F. KALTENBRUNNER, P. EWALD, Leipzig 1885-1888, ed. anast. Graz 1856.

KALTENBRUNNER = F. KALTENBRUNNER, *Papsturkunden in Italien*, «Sitzungsberichte der Kaiserlichen Akademie der Wissenschaften, Philosophisch-Historische Classe», XCIV/1, Wien 1879, pp. 627-705.

KEHR = P. F. KEHR, *Regesta Pontificum Romanorum. Italia Pontificia*, III: *Etruria*, Berlin 1908; ed. anast. 1961.

KURZE, *Marturi* = W. KURZE, *Die «Gründung» des Klosters Marturi im Elsatal*, «Quellen und Forschungen aus italienischen Archiven und Bibliotheken», 49 [1969], pp. 239-272; trad. it. *Gli albori dell'abbazia di Marturi*, in ID., *Monasteri e nobiltà nel Senese e nella Toscana medievale. Studi diplomatici, archeologici, genealogici, giuridici e sociali*, Siena 1989, pp. 165-201.

KURZE, *Galognano* = W. KURZE, *Der Schatzfund von Galognano als historische Quelle*, in O. von HESSEN, W. KURZE, C. A. MASTRELLI, *Il tesoro di Galognano*, Firenze 1973, pp. 3-48; trad. it. in ID., *Monasteri e nobiltà nel Senese* cit., pp. 203-241.

KURZE, *Monasteri e nobiltà* = W. KURZE, *Monasteri e nobiltà nella Tuscia altomedievale*, in *Atti del V Congresso Internazionale di studi sull'Alto Medioevo. Lucca 3-7 ottobre 1971*, Spoleto 1973, pp. 339-362; anche in ID., *Monasteri e nobiltà nel Senese* cit., pp. 295-316.

LAMI = G. LAMI, *Sanctae Ecclesiae Florentinae monumenta*, Florentiae 1758.

MANSI = *Sacrorum conciliorum nova et amplissima collectio / Cujus Joannes Dominicus Mansi et post mortem Florentinus et Venetianus editores ab anno 1758, ad annum 1798, priores triginta unum tomos ediderunt nunc autem continuata, et Deo favente, absoluta*, XXII, *Ab anno 1156 usque ad annum 1225*, 1903, (copia anastatica dell'edizione del 1778).

MGH, *Die Urkunden der Markgräfin* = *Die Urkunden und Briefe der Markgräfin Mathilde von Tuszien*, hrsg. von E. Goez und W. Goez, Hannover, Hahn, 1998 (MGH, *Diplomata*, [5], *Laienfürsten- und Dynastenurkunden der Kaiserzeit*, 2)

«MSV» = «Miscellanea Storica della Valdelsa»

MITTARELLI, COSTADONI, *Annales Camaldulenses* = J. B. MITTARELLI, A. COSTADONI, *Annales Camaldulenses ordinis sancti Benedicti*, Venetiis, aere monasterii S. Michaelis de Muriano 1757-1773.

MURATORI = L. A. MURATORI, *Antiquitates Italicae Medii Aevi*, 6 voll., Milano 1738-1742.

NERI, *Castello di Badia* = A. NERI, *Descrizione storico-artistica del Castello di Badia già di Marturi a Poggibonsi*, Castelfiorentino 1901.

PFLUGK-HARTTUNG, *Acta* = J. VON PFLUGK-HARTTUNG, *Acta Pontificum Romanorum inedita*, 3 voll., Tübingen 1881 - Stuttgart 1884-1886, ed. anast. Graz 1958.

PFLUGK-HARTTUNG, *Iter* = J. VON PFLUGK-HARTTUNG, *Iter Italicum*, Stuttgart 1883, ed. anast. Torino 1960.

PIERI = S. PIERI, *Toponomastica della valle dell'Arno*, Roma 1919.

RDT = *Rationes decimarum Italiae nei secoli XIII e XIV: Tuscia*, I, *La decima degli anni 1274-1280*, a cura di P. GUIDI; II, *Le decime degli anni 1295-1301*, a cura di M. GIUSTI, P. GUIDI, Biblioteca Apostolica Vaticana, Città del Vaticano 1932 e 1942 (Studi e testi, 58 e 98).

Regestum Senense = F. SCHNEIDER, *Regestum Senense. Regesten der Urkunden von Siena*, I: *Bis zum Frieden von Poggibonsi, 713-30 Juni 1235*, Roma 1911 (Regesta Chartarum Italiae, 8).

Regestum Volaterranum = F. SCHNEIDER, *Regestum Volaterranum. Regesten der Urkunden von Volterra (778-1303)*, Roma 1907 (Regesta Chartarum Italiae, 1).

REPETTI = E. REPETTI, *Dizionario geografico fisico storico della Toscana contenente la descrizione di tutti i luoghi del Granducato*, 6 voll., Firenze 1833-1846, coi tipi di A. Tofani, l'Appendice coi tipi di G. Mazzoni.

SANTINI, *Documenti* = *Documenti dell'antica costituzione del Comune di Firenze*, a cura di P. SANTINI, Firenze 1895 (Documenti di storia italiana pubblicati a c. della R. Deputazione sugli studi di storia patria per le Province di Toscana e dell'Umbria, X).

SCHWARTZ, *Fälschungen* = G. SCHWARTZ, *Die Fälschungen des Abtes Guido Grandi*, «Neues Archiv», XL (1916), pp. 185-241.

STUMPF = K. F. STUMPF-BRENTANO, *Die Reichskanzler, vornemlich des 10., 11. und 12. Jahrhunderts*, 2: *Die Kaiserurkunden des 10., 11. und 12. Jahrhunderts*, Innsbruck 1865-1883, ed. anast. Aalen 1964.

STUMPF, *Acta* = K. F. STUMPF-BRENTANO, *Acta imperii inde ab Heinrico I ad Heinricum IV usque adhuc inedita*, Innsbruck 1865-1881, ed. anast. Aalen 1964.

TIRABOSCHI = TIRABOSCHI, *Dizionario topografico-storico degli Stati Estensi*, Modena 1824-25.

WICKHAM = CH. WICKHAM, *Leggi, pratiche e conflitti. Tribunali e risoluzione delle dispute nella Toscana del XII secolo*, Roma 2000.

INTRODUZIONE

Quando il 12 novembre 1445, con una bolla di papa Eugenio IV, si stabilì l'unione del monastero di San Michele Arcangelo di Marturi (Poggibonsi) con il monastero femminile di Santa Brigida (o del Paradiso) fuori le porte di Firenze, cominciava a concludersi la storia plurisecolare dell'abbazia valdelsana fondata alla fine del X secolo dal marchese Ugo di Toscana[1]. La situazione di decadenza in cui San Michele si trovava non sembrò essere migliorata dalla decisione papale; infatti sei anni dopo papa Niccolò V ritenne opportuno revocare la disposizione del suo predecessore a seguito delle proteste levatesi da parte degli abitanti di Poggibonsi per l'incuria che le monache di Santa Brigida dimostravano sia nei confronti della chiesa e del servizio religioso che a riguardo delle fortificazioni del monastero; queste ultime in caso di guerra potevano servire infatti da difesa alla popolazione. Il ripensamento di Niccolò V fu in ogni modo di breve durata e già pochi mesi dopo, il 17 settembre 1451, l'unione con il monastero del Paradiso fu sancita definitivamente[2].

Sembra che l'edificio della Badia abbia conservato la sua funzione di fortilizio fino alla fine del XV secolo quando, nel settembre del 1479, servì come ultima difesa ai soldati fiorentini attaccati da Alfonso di Aragona, alleato di papa Sisto IV nella guerra che lo opponeva a Firenze. Nonostante le preghiere che il Comune di Poggibonsi rivolse alla città di Firenze, durante il governo di Piero de' Medici, perché provvedesse allo stato pietoso della Badia, aggravatosi ulteriormente dopo i bombardamenti delle truppe napoletane nel corso dell'ultima guerra, non venne effettuato alcun miglioramento e la costruzione venne sempre più ridotta a uso agricolo. Targioni

---

[1] Per la storia della Badia nel '400, cfr. A. NERI, *Descrizione storico-artistica del Castello di Badia, già di Marturi, a Poggibonsi di proprietà del prof. Marcello Galli-Dunn*, Castelfiorentino 1901, p. 84-86.

[2] Su Santa Brigida e l'ordine da lei fondato, cfr. *Dizionario enciclopedico del Medioevo*, Roma 1998, I, pp. 277-278, alla voce *Brigida, santa*, curata da T. NYBERG. Quest'ordine raggiunse il culmine della sua fortuna all'inizio del XVI secolo, quando possedeva in Europa 27 abbazie, di cui quella di Firenze, in via del Paradiso, era una delle più importanti. Già nel periodo della Riforma iniziò tuttavia la decadenza che portò al suo scioglimento nel 1734.

Tozzetti descrisse nelle sue *Relazioni di alcuni viaggi*[3] lo stato in cui si trovava la Badia nel 1727, quando era ancora amministrata da un fattore delle monache del Paradiso:

> «Vicino e al medesimo pari di poggio Imperiale è un'altra piccola fortezza, a cavaliere del moderno Poggibonsi detta La Badia, ma se io non avessi poi veduto quanto meschina cosa era la Badia di Morrona dei Camaldolesi, ricchissima e potentissima, non mi saprei adattare a credere che il mediocre casamento [...] dove dormii una notte nel 1727, con una piccola chiesa fosse la famosa e ricca Badia di S. Maria e S. Michele de' Marturi».

L'ordine brigidiano fu sciolto il 15 maggio 1734 da Clemente XII che contemporaneamente sancì con un breve, dietro proposta del governo di Gian Gastone, ultimo granduca mediceo, l'erezione in Firenze di un Conservatorio dei Poveri intitolato a San Giovanni Battista, in cui fece confluire le rendite di diversi luoghi pii, comprese quelle delle monache del Paradiso; fu così che pervennero al nuovo ente i beni e gli archivi già appartenuti all'abbazia di San Michele Arcangelo di Marturi[4].

All'inizio del XIX secolo il complesso abbaziale venne venduto dall'ospedale di Bonifacio a un poggibonsese, Clemente Casini, che attraverso la costruzione di capanne, granai, cantine e frantoi lo trasformò definitivamente in una struttura agricola. Nel 1886 quanto era ancora rimasto passò nelle mani di Marcello Galli-Dunn che fece ricostruire sulle fondamenta dell'antica Badia un castello neo-gotico ancora oggi esistente.

L'istituzione del *Diplomatico* nel 1778 comportò anche per l'Archivio di Marturi lo smembramento del contesto originario; così mentre la documentazione cartacea della Badia di Marturi insieme a quella del monastero di Santa Brigida e dell'ospedale di Bonifacio confluì nel 1785 nell'Archivio dell'Ospedale di Santa Maria Nuova, i documenti in pergamena entrarono a far parte del fondo *Diplomatico* con la denominazione 'Bonifacio'. I 103 documenti pubblicati in questo volume rappresentano, per il periodo 971-1199, la quasi totalità del fondo, che è costituito in tutto da 1.296 pergamene. Sono stati esclusi due documenti: un diploma imperiale di Ottone III concernente l'abbazia di Nonantola e i suoi possedimenti toscani[5] e un

---

[3] G. TARGIONI TOZZETTI, *Relazioni d'alcuni viaggi fatti in diverse parti della Toscana per osservare le produzioni naturali e gli antichi monumenti di essa*, Firenze 1768-1779, VIII, pp. 41-42.

[4] Un motuproprio di Gian Gastone, datato 18 maggio 1734, incorporò al Conservatorio dei Poveri l'ospedale di San Bonifazio, eretto nel 1388 da Bonifazio Lupi, cfr. F. DIAZ, *Il granducato dei Medici*, Torino 1987, pp. 535-536.

[5] Pubblicato in *Die Urkunden Ottos des III*, hrsg. von TH. SICKEL, Hannover, Hahn, 1893 (*MGH, Diplomata regum et imperatorum Germaniae*, 2/2), n. 237, pp. 653-655.

instrumentum venditionis[6] riguardante beni situati nel Mugello e nella Val di Sieve, territori nei quali l'abbazia di Marturi non aveva alcun interesse. Si sono invece presi i *munimina* e tutti quei documenti che, benché non evidentemente connessi con Marturi, si riferiscono a zone o a persone con cui il monastero aveva interessi e legami. Per questo motivo è stato aggiunto un documento reperito nel fondo del *Diplomatico* detto 'Regio Acquisto Mariani'; questa *cartula offersionis*[7] fece parte con ogni probabilità dell'archivio abbaziale.

Le vicende appena narrate rendono evidente che l'archivio ha conosciuto diverse periodizzazioni: mentre nell'alto e nel basso medioevo apparteneva ad una abbazia benedettina autonoma che nella sua seconda fase si trovava in uno stato di decadenza, conobbe dalla metà del XV secolo l'unione con l'ordine brigidiano, sciolto a sua volta nella prima metà del XVIII secolo, i cui beni furono fatti confluire nell'Ospedale di San Giovanni Battista detto di Bonifazio. La creazione del *Diplomatico* mutilò definitivamente l'archivio, che è in se stesso un insieme di carte e libri documentari. Una storia del genere rende chiaro che sarebbe illusorio credere di trovarsi davanti ad un fondo archivistico integro.

Sul dorso delle pergamene rimaste si trovano annotazioni, che testimoniano operazioni di censimento e d'inventario effettuate in varie epoche.

Sul r e c t o della maggior parte dei documenti si trova una numerazione in cifra araba attribuibile al XVIII secolo, non corrispondente a quella del regesto settecentesco stilato al momento dell'entrata del fondo nel *Diplomatico*. Sempre di questo periodo è l'apposizione della data dell'anno di stipulazione o d'emissione dell'atto che si trova sul v e r s o delle pergamene. Grazie a questo censimento possiamo farci un'idea della consistenza dell'archivio in questo periodo[8].

Vediamo quali atti ne sono sprovvisti: prima di tutto la donazione del marchese Ugo del 10 agosto 998; i due documenti legati al placito del 1076, cioè il *breve recordationis* e la *narratio*; la *decreti pagina* e lo *scriptum concessionis* di Matilde di Canossa; le copie dei privilegi papali di Innocenzo II e Adriano IV; la donazione degli Scorcialupi del 1194. Esclusi ancora ne sono due atti

---

[6] ASFI, *Diplomatico*, Bonifacio, 28 dicembre 1181.

[7] Cfr. il doc. 4 della presente edizione.

[8] L'unico atto di San Michele di Marturi che ho reperito al di fuori del fondo Bonifacio, quello relativo alla donazione di Ranieri di Pietro del 2 aprile 1056, depositato nel Regio Acquisto Mariani, porta una numerazione araba del r e c t o (n. 13) che però non appartiene alla nostra serie.

riguardanti la parrocchia di Fizzano (1181, 1192), una donazione a favore dell'ospedale di Peccioli degli anni '90 del XII secolo e due documenti incompleti: il *pactum* di Vico Auserissola e la *notitia* di Mugnano del 1195[9].

La numerazione è regolare[10] dal numero uno (donazione del 25 luglio 998) al numero cinquantanove (*venditio et concessio* del 27 gennaio 1199). Questo testimonia che al momento in cui è avvenuta quest'operazione di censimento, in epoca moderna, l'archivio presentava già delle lacune, la più grande delle quali è quella dei primi sessanta anni dell'XI secolo. Dalla metà dell'XI secolo fino al 1125 abbiamo quattro-cinque documenti per venticinquennio, nove tra il 1125 e il 1150 e una media di trentaquattro pergamene per ogni venticinquennio successivo.

Ritornando al censimento appena detto, bisogna segnalare che dopo il numero cinquantanove diventa irregolare ed è difficile scorgere, per i piccoli raggruppamenti che abbiamo davanti, un criterio ordinativo, anche solo di carattere cronologico[11]. Con il n. 279 inizia una nuova serie cronologica, non omogenea dal punto di vista contenutistico.

Gli attergati di carattere archivistico che si trovano sul dorso delle pergamene furono apposti dalla fine del XII secolo. I primi si trovano in calce al v e r s o dei documenti, sono scritti in libraria e indicano la natura giuridica dell'atto, gli autori e, non di rado, la topografia e il ricavato, per esempio, da una vendita[12].

La seconda serie d'annotazioni dorsali risale al XIV secolo ed è in genere più concisa, limitandosi spesso a dare brevi indicazioni topografiche[13]; in altri casi viene evidenziato per primo l'oggetto del contratto; un esempio significativo è quello in cui viene annotato «de plateis podii»[14]: si tratta di terreni situati sia all'interno che all'esterno di Podio Bonizi sui quali l'ab-

---

[9] Cfr. nell'ordine i docc. 3, 9, 11, 13, 14, 23, 39, 94, 80, 92, 100, 18 e 98.

[10] L'unica lacuna è rappresentata dal n. 28, che però suppongo si trovasse sul documento smarrito del 28 settembre 1166.

[11] I numeri 69, 70 e 110 riguardano piazze e edifici a Podio Bonizi; i numeri tra 232, 234, 236, 239, 258, 260, 261 e 262 corrispondono non solo a lettere, suppliche, appelli, arbitrati, ma anche a un acquisto importante nella zona di Famalgallo.

[12] Questi primi regesti iniziano quasi sempre con la denominazione giuridica del negozio: «carta refutationis quam fecit Tebaldinus Russo, Stephania iugalis in Rainerio abbate pro libris decem et septem et pro feudo quod dedit ei in Calcinaria» (cfr. la r e f u t a t i o del 4 novembre 1157, n. 37); «carta venditionis que fecit Mugnaius in abbate Rainerio et in monasterio s. Michaelis pro libras sex sol. quattuor minus» (cfr. la vendita del 24 luglio 1160, n. 43).

[13] Per esempio il n. 37 riporta in questo caso: «iusta Elsa, prope Burla» e il n. 43: «in contrata de Stappia et Schacari et a la Rocha».

[14] Si tratta dei seguenti documenti: i livelli del 30 marzo 1177 (n. 68) e del 17 aprile 1177 (n. 69), la concessione del 1180 (n. 78), il b r e v e f i n i t i o n i s del 19 maggio 1184 (n. 82), ancora il livello del 22 luglio 1191 (n. 88) e l'enfiteusi del 20 ottobre 1192 (n. 91).

bazia si riservava il diritto di prelazione, nel caso in cui i concessionari pensassero di rimetterli sul mercato. Interessante è anche il fatto che in quasi tutti questi casi viene specificato che il contraente e la sua famiglia si impegnano a scegliere l'abbazia come loro centro spirituale e come futuro luogo di sepoltura. Tutti questi documenti risalgono al periodo successivo al processo che oppose San Michele alla pieve di Santa Maria, di cui uno degli argomenti di controversia fu appunto l'appartenenza parrocchiale degli abitanti del castello di Podio Bonizi.

L'ultima serie di regesti fu apposta tra XV e XVI secolo ed è per lo più, ma non esclusivamente, in italiano[15].

Quando l'archivio confluì nel *Diplomatico* fu composto un regesto e fu data alle pergamene una numerazione che seguiva l'ordine cronologico. Questo regesto utile per un primo contatto, presenta tuttavia inesattezze e genericità nel caso di documenti di difficile lettura o di lunghezza particolare. Rispetto a quest'inventario è scomparsa la *cartula pignoris* riguardante la famiglia Soarzi di Staggia[16]. Fortunatamente, grazie all'opera di digitalizzazione del *Diplomatico*, intrapresa in questi ultimi anni, è ricomparso un documento molto importante, citato da Davidsohn nelle *Forschungen*, che negli anni '80 non era possibile consultare, quello riguardante il castello di Stuppio[17].

Le carte in originale sono 85. I documenti traditi in copia sono 20: 9 sono quelle autentiche e 11 quelle semplici. I documenti non notarili (marchionali e pontifici) sono 9. Le tipologie dei contratti sono rappresentate da 16 vendite[18], 13 donazioni[19], 10 livelli[20], 2 documenti di pegno[21], 7 permute[22] e 4 promesse[23]. I *brevia* sono 8[24]. Le scritture che documentano una sentenza emessa dai giudici regi o dai consoli del comune di Firenze sono 3[25]. Le sentenze ecclesiastiche sono 2[26] a cui vanno aggiunte le testi-

---

[15] A queste serie appartengono i pochi esempi in cui viene dato risalto all'azione giuridica: «come l'abate e i monaci fecero e dotaro l'ospedale» (marzo 1089, n. 12); «quomodo abbas Rainerius concedit vineas, terras et domus quas habet ibi (Calcinaia) pro anno censu tres soldos pecunie lucensis Ugo, Ridolfo et Baldino» (settembre 1115, n. 17).

[16] Cfr. n. 49.

[17] Cfr. n. 23.

[18] Docc. 24, 25, 30, 31, 40, 41, 42, 43, 44, 45, 46, 50, 51, 58, 95, 101.

[19] Docc. 1, 2, 3, 4 5, 27, 29, 53, 57, 71, 81, 94, 98.

[20] Docc. 7, 17, 48, 66, 67, 68, 69, 76, 88, 93.

[21] Docc. 26, 49.

[22] Docc. 35, 36, 60, 70, 72, 77, 80.

[23] Docc. 6, 10, 12, 20.

[24] Docc. 9, 16, 21, 56, 64, 65, 82, 86.

[25] Docc. 84, 85, 102.

monianze del 1174[27] per la causa che oppose l'abbazia alla pieve di Poggibonsi e quelle di fine secolo riguardanti la controversia intorno alla chiesa di Fizzano[28]. Gli arbitrati sono 2[29].

Ma quando e come iniziò la storia dell'abbazia di San Michele di Marturi?

Wilhelm Kurze, lo storico tedesco che si occupò quarant'anni fa di Marturi all'interno di un progetto generale riguardante i monasteri in Toscana dall'epoca longobarda fino al XII secolo, ipotizzò che le origini del monastero fossero da far risalire all'epoca longobarda; prova ne sarebbe l'intitolazione a san Michele[30], un elenco di conferme papali riportato nel privilegio di Alessandro II del 1068[31] e una supposta identificazione di Marturi con l'abbazia di San Michele citata in un documento del 762 presente nell'archivio di San Salvatore a Monte Amiata[32]. Una parziale conferma alla sua ipotesi è venuta in anni recenti dal campo archeologico: la campagna di scavi che l'università di Siena, sotto la guida di Marco Valenti, sta conducendo sulla collina di Poggio Imperiale ha portato all'individuazione di un villaggio altomedievale con edifici che risalgono al periodo longobardo e al periodo carolingio, abitato nella sua fase più antica da una popolazione di origine germanica[33]. E proprio l'abbandono di queste capanne avvalorebbe l'ipotesi di una decadenza del monastero durante il X secolo, dalle quale si sarebbe usciti con la rifondazione avvenuta su iniziativa del marchese Ugo di Toscana.

Alla fine del X secolo si assistette nella nostra regione a una grande fioritura di monasteri; a questo fenomeno contribuirono in maniera particolare il marchese Ugo (953/4-Pistoia 21/12/1001) e sua madre Willa, mossi sia da motivazioni religiose – non bisogna dimenticare che la fine del X secolo fu un periodo di grande spiritualità che vide sulla scena grandi eremiti come Marino, il suo allievo Romualdo, fondatore della congregazione camaldolense, il greco Nilo, eremita in Calabria, che fondò tra tanti mo-

---

[26] Docc. 61, 90.

[27] Doc. 59.

[28] Doc. 103.

[29] Docc. 18, 99.

[30] Su questa ipotesi, cfr. KURZE, *Marturi*, p. 167 sg e KURZE, *Galognano*, pp. 228-241.

[31] «Confirmamus autem prefato venerabili monasterio quicquid nunc tenet vel deinceps acquisiturus est [...] | antecessoribus nostris, videlicet Stefano, Adriano, Iohanne, Formoso», doc. 8.

[32] *Codice diplomatico Longobardo*, II, a cura di L. SCHIAPARELLI, Roma 1933, n. 162, p. 98.

[33] M. VALENTI, *La collina di Poggio Imperiale a Poggibonsi*, «MSV», CCLXXIX-CCLXXX (1998), pp. 9-39.

nasteri quello di Grottaferrata vicono a Roma –, che dalla preoccupazione
di tenere congiunti i dispersi beni fiscali.

La data e le circostanze che portarono alla costituzione del monastero
e del suo ingente patrimonio sotto la guida dell'abate Bononio non sono
del tutto chiare. I documenti che dovrebbero tramandarci le vicende relati-
ve ai primi anni di vita dell'abbazia sono per molti aspetti in contrasto tra
loro. In un primo atto di donazione che ha per oggetto beni situati nel territorio modenese, datato 12 luglio 969[34], vediamo l'abbazia a questa data
già nelle mani di Bononio; il documento seguente, datato 25 luglio 998[35], è
invece la testimonianza di come Ugo fondò il monastero, conformandolo,
sotto la guida di Bononio, alla regola benedettina e dotandolo di moltissimi
beni situati nella Toscana centrale e in Emilia. A questa contraddizione se
ne aggiunge ben presto un'altra: alla data 10 agosto 998 troviamo una terza
charta offersionis con la quale Ugo dotò il monastero, anche in questo caso
retto da Bononio, con un atto che si discosta molto poco dal tenore di
quello di pochi giorni prima e tuttavia presenta sostanziali differenze[36].

Dall'inizio del XX secolo molti studiosi si sono occupati della questione nel quadro delle indagini tese a fissare la biografia di san Bononio,
biografia interessante per le conseguenze che porta in sé per la vita di san
Romualdo e per l'ordine camaldolese.

Su san Bononio esistono due agiografie in parte in contraddizione tra
loro. La prima è opera di un anonimo monaco di San Michele a Locedio[37],
cenobio della diocesi di Vercelli, di cui Bononio fu abate e nel quale morì il

---

[34] Cfr. il doc. 1 di questa edizione.

[35] Cfr. n. 2.

[36] Cfr. n. 3.

[37] *MGH, Scriptores*, XXX/2, p. 1.027 e sg. L'autore dell'edizione era stato Gehrard
Schwartz, ma l'introduzione fu scritta in seguito da Adolf Hofmeister perché Schwartz, par-
tito soldato, morì pochi mesi dopo l'inizio della prima guerra mondiale. La *Vita* ci è stata
tramandata attraverso numerosi codici conservati a Roma (*Codex Romanus Vaticanus Barberin.
586*, del secolo XI [XII]), a Bologna (*Codex Bononiensis bibl. univ. Lat. 1473* datato 1080, da
cui derivano altri due: *Codex Romanus bibl. Alessandrinae Lat. 101* del secolo XVII e il *Codex
Pisanus bibl. univ. Ms. 58* del secolo XVIII), a Vercelli (*Codex Vercellensis archivi capitularis
XLV 87* del XIII-XIV secolo, *Codex Vercellensis archivi capitularis XII 58* del secolo XIV e il
Codex Vercellensis archivi capitularis XXXIV 196 del XIII-XIV secolo) e a Padova.
Quest'ultimo, segnalato da G. TABACCO, *La vita di san Bononio di Rotberto monaco e l'abate Guido Grandi (1671-1742)*, Torino, 1954, p. 5, dove rimanda a «Benedictina», II (1948) p. 322),
non fa parte dell'elenco dei *Monumenta Germaniae Historica*. La *Vita*, che per i numerosi codici in cui è stata tramandata testimonia come il culto di san Bononio sia rimasto vivo e a
Vercelli e a Bologna, sua città natale, è stata edita una prima volta a Colonia nel 1581 da Su-
rio, nel 1701 da Jean Mabillon, che utilizzò il codice bolognese del 1180, e quindi nel 1735
dal cardinale Prospero Lambertini, futuro Benedetto XIV. Cfr. *MGH, Scriptores*, XXX/2, p.
1023 e sg.

30 agosto 1026. La seconda, più ampia, fu apparentemente scritta da un altro monaco di Locedio di nome Rotberto, tra il 1026 e il 1041-1044 al tempo in cui fu vescovo di Vercelli Arderico.

Bononio nacque a Bologna a metà del X secolo e si fece monaco nel locale monastero di Santo Stefano da dove, secondo l'Anonimo, partì in cerca di una «perfezione maggiore» alla volta dell'Egitto dove grazie alla sua santità fu bene accolto anche dai potenti di quella terra e potè restaurare chiese e fondare un monastero.

Secondo Rotberto invece Bononio, una volta lasciata Bologna, si sarebbe incontrato con Romualdo al Pereo e quest'ultimo lo avrebbe inviato in Toscana con altri tre confratelli per rispondere alla richiesta del marchese Ugo che cercava un degno abate per il monastero di Marturi. Solo dopo la morte di Ugo, quindi dopo il 1001, Bononio si sarebbe diretto in Medio Oriente.

Durante la permanenza in Egitto, a seguito di un episodio di guerra avvenuto tra l'imperatore cristiano e il califfo, molti occidentali vennero catturati, fra essi si trovava il vescovo di Vercelli, Pietro. Bononio, che godeva di ascolto alla corte del califfo, si adoperò per la liberazione del vescovo e degli altri pellegrini. Il presule, ritornato in Piemonte, volle chiamare Bononio alla guida del monastero di Locedio. Questo episodio nel racconto di Rotberto viene spostato nel tempo di quasi vent'anni. Mentre l'Anonimo riporta che Bononio, a causa del conflitto tra Arduino di Ivrea con il vescovo, fu costretto ben presto a lasciare Locedio e a rifugiarsi in Toscana, dove riformò e guidò San Michele di Marturi, secondo Rotberto, Bononio andò prima a Locedio, poi ritornò a Marturi, da dove venne cacciato dal successore di Ugo, Bonifacio, per ritornare a Locedio dove morì nel 1026.

Dopo una discussione trascinatasi per decenni, oggi viene da tutti accettato che la *Vita* di Rotberto è un falso e che l'unica che merita considerazione sia quella dell'Anonimo. Nel 1954 Giovanni Tabacco raccogliendo e valutando quanto era stato scritto sull'argomento e soprattutto accettando da ogni autore gli elementi positivi, propose una soluzione che in seguito non è stata più contestata[38]. Egli dette ragione a Gehrard Schwartz, l'editore della *Vita Bononii* per i *Monumenta Germaniae Historica*, e riconobbe la *Vita* scritta da Rotberto come un falso, opera dell'abate camaldolense Guido Grandi, che nel 1730 annunciò il ritrovamento dell'opera. Lo dimostrebbe la tradizione del testo delle due *vitae*, quella dell'Anonimo riportata

---

[38] G. TABACCO, *La vita di San Bononio* cit. Egli ha curato anche la voce *Bononio* del *Dizionario biografico degli italiani*, Roma 1960, XII, pp. 358-360.

da numerosi codici, mentre per quella di Roberto non è possibile rintracciare né il codice appartenente alla biblioteca della regina Cristina di Svezia, dove sarebbe stata trovata dall'abate benedettino Benedetto Bacchini[39], né un'eventuale copia dello stesso tra le sue carte.

Guido Grandi, matematico illustre, stimato erudito, ma allo stesso tempo uomo amante delle *querelles* ed ingegno impegnato a magnificare l'immagine del suo ordine, probabilmente fabbricò la *Vita* di Rotberto per aggiungere una personalità del X secolo, importante e famosa per la sua santità, alla lista dei santi camaldolesi. Usando le fonti che aveva a disposizione, una delle quali fu certamente la *narratio* di Marturi, edita da Puccinelli nel 1664[40], fabbricò questa agiografia, che, bisogna dargliene merito, ha convinto per un bel po' di tempo importanti specialisti di questo periodo[41].

---

[39] «Benedetto Bacchini (1651-1721) genoss damals einen bedeutenden Ruf wegen seiner Verdienste um die 'Philologia ecclesiastica'; unter seinen Werken ragen die Ausgabe des Agnellus von 1708 und eine Geschichte des Klosters S. Benedetto di Polirone hervor. Er war Mönch in der Benediktiner-Kongregation, die sich nach Monte Cassini oder nach S. Giustina in Padua nannte; nachdem er Historiograph und Bibliothekar des Herzog von Modena gewesen war, in welcher Stellung ihm kein Geringerer als der von ihm empfohlene Muratori folgte, leitete er nacheinander die seiner Kongregation angehörenden Klöster in Modena, Reggio und Bobbio; als er dort das Klima nicht vertrug, begab er sich nach Piacenza und Padua und von dort im September 1720 nach Ferrara, bis ihn Anfangs Juli 1721 ein Ruf an die Universität Bologna holte, wo er bereits am 1. September starb.», G. SCHWARTZ, *Die Faelschungen* cit., pp. 186-187.

[40] Cfr. n. 11.

[41] Gli studiosi italiani che per primi avvertirono l'esigenza di fissare una biografia di san Bononio furono prima F. LANZONI, *S. Petronio vescovo di Bologna nella storia e nella leggenda*, Roma 1907 e poi A. TESTI RASPONI, *Note marginali al Liber Pontificalis di Agnello Ravennate*, «Atti e memorie della Deputazione di Storia Patria per le province di Romagna», s. IV, 1 (1911); a causa dei suoi studi sulla tradizione del culto di san Petronio in Bologna Lanzoni giunse alla conclusione che la *Vita Bononii* di Rotberto fosse posteriore a quella dell'Anonimo ed inferiore ad essa per valore storico. Le sue conclusioni non furono accettate da Testi Rasponi che ritenne che tre sarebbero state in realtà le vite di san Bononio, la prima delle quali perduta, la seconda quella di Rotberto e la terza quella dell'Anonimo. Quest'ultima sarebbe un tardo rifacimento della *Vita* rotbertiana allo scopo di sottrarre Bononio all'ordine camaldolese e farne un semplice benedettino. E, per provare la sua tesi, si abbandonò ad altre singolari complicazioni, quale per esempio una speciale datazione del Codice Barberiniano, nel quale si trova la *Vita* dell'Anonimo. Nel frattempo anche gli studiosi tedeschi erano indotti ad occuparsi della questione a causa delle loro ricerche su Firenze e sul governo imperiale in Italia. Primo fra tutti DAVIDSOHN, *Storia di Firenze*, I, p. 175, che si servì della *Vita* di Rotberto accettando gli avvenimenti qui narrati. W. FRANKE, *Romuald von Camaldoli und seine Reformtätigkeit zur Zeit Ottos III*, Berlin 1913 (Historische Studien, 107), credette alla veridicità di Rotberto: dal suo punto di vista non c'era nessun problema ad interpretare le difficoltà in Terra Santa con la persecuzione di al-Hakim del 1009 e quanto alla questione della contemporanea presenza di un vescovo Leone e di un vescovo Pietro, pur avendo promesso di risolverla in un secondo tempo, non trovò mai risposta da parte sua. F. SCHNEIDER *Die Reichsverwaltung in Toscana von der Gründung des Langobardenreiches bis zum Au-*

Tabacco ricostruì la storia di san Bononio e delle origini del monastero di Marturi basandosi sulla *Vita* dell'Anonimo, sulla donazione di Ugo di Toscana del 10 agosto 998 e sulla *narratio*, tre testimonianze di cui è stata dimostrata l'autenticità, dal momento che concordano tra di loro, si integrano a vicenda e si adattano perfettamente alla cronologia dei vescovi di Vercelli e dei marchesi di Toscana. Infatti con l'aiuto della serie dei vescovi vercellesi è facile identificare il vescovo Pietro nominato dalla *Vita* con quello catturato nel 982 nella battaglia di Capo Colonne; questi ritornò in patria dopo un lungo pellegrinaggio intorno al 990 e fu ucciso nel 997 per volontà di Arduino di Ivrea. Proprio durante le lotte che opposero il marchese e il vescovo, Bononio sarebbe andato in Toscana e qui avrebbe riformato intorno al 998 il monastero di Marturi e guidandolo fino a quando il marchese Bonifacio di Tuscia si impadronì dell'abbazia e dei suoi beni. Allora Bononio ritornò a Locedio dove resse il monastero per molti anni fino alla sua morte.

Per quanto riguarda la presenza di diversi atti di fondazione nel fondo archivistico di Marturi una prima spiegazione ci può venire da un'analisi diplomatistica. Il documento del 969, dal quale risulta che Bononio era già abate del monastero di Marturi a questa data, è completamente avulso dai modelli tipici che si ripetono negli atti del marchese Ugo, una diversità non spiegabile con l'ipotesi che si tratti di una donazione di minore importanza. A questi modelli corrispondono perfettamente invece i due atti del 998; tuttavia il primo, quello del 25 luglio, che attribuisce a questa data la fondazione dello stesso cenobio, è, in modo sospetto, molto più favorevole all'abbazia, e presenta nella seconda parte riferimenti alla simonia che sono più tipici della fine dell'XI secolo. Secondo Kurze soprattutto il primo elemento è un'argomentazione decisiva per vedere in esso un falso fabbricato a Marturi o su suo incarico, proprio nella fase in cui l'abbazia tentava di difendere il suo patrimonio dopo i depredamenti di Bonifacio, quando, grazie al marchese Ranieri e all'interessamento dell'imperatore Enrico II, rientrò in possesso di parte dei suoi beni.

Con l'atto di dotazione del 10 agosto 998 il marchese Ugo di Toscana consegnò all'abbazia di San Michele Arcangelo, guidata da san Bononio, un patrimonio di dimensioni notevoli, ma frastagliato e disperso in varie loca-

---

sgang der Staufer (568-1268), Rom 1914 (trad. it. a cura di F. BARBOLANI DI MONTAUTO, *L'ordinamento pubblico nella Toscana medievale*, Firenze 1975, p. 327), citò Rotberto nel suo studio sull'amministrazione imperiale in Toscana, nello stesso anno in cui G. Schwartz, curatore dell'edizione della *Vita* dell'Anonimo, pubblicò un articolo sulle conclusioni a cui era giunto studiando le due vite di Bononio.

lità valdelsane a cui si aggiunsero anche beni posti nel comitato modenese[42].

La parte della valle dell'Elsa in cui erano situate le proprietà dell'abbazia è quella compresa tra Certaldo e Abbadia a Isola. Siamo nella zona di confine tra il contado fiorentino e quello senese; nel 1203, con l'atto che fissò le giurisdizioni delle due città la frontiera passava per Topina[43], e seguiva il corso di un fossato che andava a sfociare nel torrente Staggia all'altezza del luogo dove più tardi i Senesi costruirono Monteriggioni[44]. A o-

---

[42] Cfr. n. 3. Oltre Appennino erano situati questi beni: la *curtis* di Antoniano con la chiesa di San Salvatore, la *ripa* di Concinno, l'*aqua* detta di Vitrica e Meleto, la *terra* detta Severatico, un tempo retta dal castaldo Walfredo, parte del castello di Turignano e, infine, la *ripa* di Castellovo. La *curtis* di Antognano, situata nel comitato modenese, ma ciò nonostante facente parte dei territori di Bologna e Ferrara, fu donata il 3 novembre 962 da Ottone I a un prete di nome Erolfo. In questo documento appaiono come pertinenze di essa molte località presenti anche nella donazione di Ugo e si può dallo stesso evincere che Antognano appartenne un tempo a titolo di beneficio al marchese e duca di Spoleto, Bonifacio. Antonio Falce suppone che Ugo abbia acquistato questi beni dal prete Erolfo, o che in qualche modo i suoi possessi in questa zona siano da far risalire alla parentela esistente per via materna tra lui e Bonifacio, duca di Spoleto; cfr. A. FALCE, *Il marchese Ugo di Tuscia*, Firenze 1921, pp. 97-99.

[43] A Topina oltre alla Badia di Marturi ebbe possedimenti anche l'Abbadia di Isola, come risulta da una concessione del 1135 con la quale il vescoco senese Ranieri rilasciò al suo abate la metà dei propri diritti in Topina e nei luoghi vicini di Sietina e Cignano. Nella suddetta determinazione dei confini il vaillaggio di Topina, compreso nella circoscrizione curtense di C o n i o (San Leonino) fu attribuito a Firenze («[…] Conium cum tota sua curte scilicet cum villa de Topina sicut venit ipsum planum de Topina […]», *Caleffo Vecchio*, I, p. 91). Nondimeno, come risulta dall'Estimo del 1318, in questi luoghi ebbero dei possessi cittadini senesi. Nel '400 i Bardi di Firenze furono in Topina proprietari terrieri. Cfr. CAMMAROSANO-PASSERI, *Repertorio*, p. 292.

[44] «[…] finibus designamus, silicet Castagnum Aretinum et a Castagno Aretino usque ad hospitale quod est in loco qui dicitur Monteregi, hospitale remanente ex parte Senarum ad pedem Montisluci de Berardenga, et usque ad petram crossam que est super Montembieti, et sicut venit descendendo usque ad Burnam, et sicut Burna misit in Arbiam, et ab eo loco ubi Burna mittit in Arbiam, dicimus et assignamus Arbiam esse confinem, usque locum ubi fossatus qui dicitur Rimagio quod venit de vallibus Paterni mittit in Arbiam subtus molendina ecclesie et plebis Sancti Pauli Rossi, et dicimus illud fossatum esse confinem et sicut illud fossatum currit ab eo loco unde surgit subtus collinam podii de Cignano, et ab inde inferius descendendo per collinam de Cignano, usque ad planum de Mocenne et usque ad Stagiam ubi fuit molendinum ecclesie de Frassi, sicut venit ad pedem vinee presbiteri de Frassi per Sornanum inter boscum de Sornano et vineam hospitalis de Bastagia, et inde usque a Gallozole et inde per planum Topine, et inde usque ad montem Drudoli et usque ad quercum de Messina, et inde usque ad macchiam de Giractone et inde usque ad machionem de Cinerino, et inde usque ad lamam Preite Guinizi et ab inde sicut fossatus Magio mittit in flumine Stagie et ab inde inferius sicut Stagia currit usque ad locum unde venit classus de Calisiano contra fossatum de Bonomorto, et sunt infra hos fines de comitatu Florentino […]», *Caleffo Vecchio*, I, n. 65, p. 91.

vest, a sinistra del corso dell'Elsa si estendeva la zona sotto l'egemonia del vescovo di Volterra.

Il patrimonio dell'abbazia in Valdelsa era diviso tra varie diocesi. Il nucleo più consistente era compreso nel territorio di cinque pievi della diocesi fiorentina: San Lazzaro e Santa Ierusalem a Lucardo, le più settentrionali, in zona certaldese; Sant'Appiano, tra Poggibonsi e Barberino Val d'Elsa; San Pietro in Bossolo, situata in Val di Pesa, ma con diverse chiese suffraganee in Valdelsa e Santa Maria di Marturi, più tardi di Poggibonsi. Il territorio a sinistra dell'Elsa era organizzato attraverso le pievi di San Gimignano, di Santa Maria di Cellole, di Colle[45] e di Pieve a Castello. La chiesa di San Lorenzo in Pian dei Campi in un primo tempo era suffraganea della Pieve a Castello, ma quando quest'ultima trasferì la sua sede nei pressi del Montemaggio, la chiesa iniziò un processo di avvicinamento alla pieve di Marturi. Le conseguenze portate da questa unione sono narrate in un documento, con il quale gli abitanti del castello di Stuppio si rivolsero al papa perché ponesse fine una volta per tutte alla controversia esistente tra la diocesi fiorentina, sostenitrice della pieve di Marturi, e quella volterrana, da cui dipendeva la Pieve di Castello, riguardo all'appartenenza della chiesa di San Lorenzo in Pian dei Campi e del territorio su cui si trovava il castello di Stuppio[46].

Una particolarità del territorio su cui si allargava la proprietà fondiaria del monastero di Marturi era rappresentata dall'esistenza di un'isola diocesana senese in mezzo alle giurisdizioni di Volterra, Firenze e Fiesole, amministrata dalla pieve di Sant'Agnese e da quella di Ligliano. Il territorio sottoposto alla pieve di Sant'Agnese era piuttosto vasto e si estendeva dal crinale del poggio dove si trova Castellina in Chianti fino al torrente Staggia. Molte cappelle erano sue suffraganee e il nome delle località dove si trovavano ricorre molto spesso nella lista delle proprietà di Marturi. I vescovi di Siena esercitarono sempre una speciale protezione su questa pieve e il fatto che i documenti episcopali che la riguardano si trovino inseriti nel Caleffo vecchio attesta l'interessamento delle autorità laiche cittadine a mantenere, tramite i diritti diocesani, il controllo su una chiesa così importante per la sua collocazione geografica. Con le definizioni dei confini tra

---

[45] Quest'ultima si era formata alla fine del XII secolo attraverso l'unione della pieve ad Elsa e della cappella di San Salvatore in Colle Vecchio, cfr. *RDT*, I.

[46] Cfr. doc. 23. Il castello di Stuppio o di *Stipula*, come appare talvolta nei nostri documenti, si doveva trovare sul complesso di colline che funge da spartiacque tra l'Elsa e lo Staggia, sulla cui estremità settentrionale era costruito anche il castello di Marturi. I diversi autori riconducono l'ubicazione all'elemento orografico detto Poggio Tondo, un rilievo a sud del monastero di San Lucchese, cfr. CAMMAROSANO-PASSERI, *Repertorio*, 42.14.

Firenze e Siena del 1176 e del 1203, Sant'Agnese e il suo territorio vennero inseriti nel *comitatus* fiorentino[47].

Topina si trovava in diocesi fiesolana.

Per quanto generalmente a quei tempi la pieve costituisse il frequente punto di riferimento circoscrizionale per la localizzazione dei terreni, nel fondo archivistico di San Michele di Marturi, l'indicazione di essa è eccezionale; ecco qui uno dei rari esempi tratto dalla dotazione di Ugo del 10 agosto 998:

«infra plebe sancti Iherusalem de Lucardo, in ville que dicitur Albagnano et Roncognano manse .II., quae recte sunt per Giso et Guarno et Arnulfo»

Nel 1154, nel documento con cui i Soarzi di Staggia vendettero all'abate di San Michele ingenti proprietà nella zona di Barberino Val d'Elsa, ritorna il riferimento alla pieve in un negozio il cui oggetto viene indicato mediante il richiamo a circoscrizioni, invece che alla consueta toponomastica dei *loci dicti*:

«et refutamus tibi totam illam terram de una masia candiggise, que nobis pertinuit et pertinet et est infra plebe sancti Petri in Pixide[48] in diversis partibus et locis posita: a Cassciano[49], in Barbarino et in Gratischza et ubicumque prefate terrae invente fuerint, omnia in omnibus in integrum cum omni accessione aearum et ingressuras».

Le colline della valle dell'Elsa, oscillanti tra 200 e 600 metri di altitudine, sono costitute prevalentemente da argille e da sabbie marine con frequenza di conglomerati ghiaiosi, testimonianza dei sedimenti depositatisi durante le alluvioni plioceniche. In alcuni luoghi la coltre argillosa, denominata localmente 'mattaione', determina un paesaggio spoglio che anticipa la zona posta intorno a Volterra e presenta, particolarmente sulle colline di Certaldo caratteristiche forme di erosione, i 'calanchi'.

I fiumi e i torrenti seguendo la pendenza del terreno scendono da sud verso nord. L'Elsa nasce nella parte ovest della Montagnola Senese e percorre il primo tratto in una valle stretta. Quando il suo bacino comincia ad allargarsi, incontriamo Colle e quindi, pochi chilometri più a valle, costeggia ad occidente il gruppo di colline su cui era costruito il monastero, per poi entrare poco dopo l'abitato di Poggibonsi nella larga pianura che percorrerà fino alla confluenza con l'Arno. A questa altezza riceve da destra le

---

[47] «[…] et sunt infra hos fines de comitatu Florentino, plebes et plebeium Sancte Agnetis usque ad curtem de Podiobonizi et plebeium de Liliano […]», *Caleffo Vecchio*, I, p. 91.

[48] San Pietro in Bossolo, cfr. REPETTI, I, p. 356.

[49] Santa Lucia a Cassiano, cfr. *ivi*, p. 523.

acque dello Staggia, «flumen Stagie» nelle fonti, il suo affluente maggiore, che nasce dal poggio di Fonterutoli, a est di Castellina in Chianti, e giunto a valle costeggia il colle di Monteriggioni per proseguire in direzione nord-ovest e raggiungere l'Elsa oltre Poggibonsi. Lungo il suo percorso lo Staggia riceve le acque di molti borri e fossati discendenti dalle colline di Castellina: il torrente Gena, il borro di Cagliano, il borro Ritorto, il borro di Carfini, chiamato addirittura *flumen* in un documento[50], il borro di Strolla, il borro di Papaiano. Poco prima della fine del suo corso riceve ancora le acque dei due Drove, «flumen Druove», quello di Tattera e quello di Cinciano. Fu appunto in questa zona dall'orografia molto articolata che il monastero di Marturi, nel XII secolo, si espanse e si consolidò. Fin dalla fine del X secolo, oltre a possedervi numerosi singoli mansi, ebbe diritti su metà del castello di Papaiano, a Megognano, la cui chiesa dedicata a San Pietro venne ceduta all'abbazia, a Cedda, possedeva mansi nel castello di Talciona, aveva terre a Luco e nelle sue vicinanze e, in particolare, una *curtis* a *Tenzano*, poi chiamato Fizzano, nelle cui vicinanze si trovava il castello di Famalgallo e la cui chiesa era sotto il patronato del monastero. Ad *Anclano*, oggi Chiano, presso il torrente Drove era situata la *curtis* chiamata *Uilleradi* con i suoi tre mansi. Lungo il corso dei due Drove si trovavano altri mansi di proprietà marturense a *Curtefreda*, Olena, Ponzano, Quercia e Bonorli.

Poco a nord della confluenza Elsa-Staggia, il fiume maggiore si arricchisce da sinistra ancora di un corso d'acqua, «Fusci fluvium», il torrente Foci, che discende dalla collina di Castel San Gimignano. In questa zona l'abbazia possedeva il castello di *Colle di Monte*[51], aveva beni nel borgo di *Fusci*[52], a Taverna («a Tavernule masa I»), e nei pressi di Bibbiano.

Il castello di Marturi con la sua «casa et curtis domnicata»[53] donato il

---

[50] «fluminis dictis Carfini» in un documento del 9 novembre 1181.

[51] Attualmente Monti, in Valdelsa.

[52] L'antico castello di Fosci, identificabile oggi con il toponimo Castellaccio, sorgeva su un poggio al confine tra quelli che sarebbero stati in età comunale i territori di San Gimignano e di Colle Val d'Elsa e prendeva il nome dal torrente detto ancora oggi Foci.

[53] Siamo di fronte all'organizzazione tipica del sistema curtense: *casa et curtis domnicata* è dall'VIII secolo la definizione usuale del centro delle *curtes*. Marturi era in particolare una *curtis et castellum*, le terre erano divise in una *pars dominica* e in una *pars massaricia* a cui appartenevano i mansi – almeno 140 – elencati nel documento. L'abbazia venne inoltre beneficiata di altre tre *curtes* di dimensioni ben minori: quella di *Tenzano*, la *curtis Uilleradi* a Chiano formata soltanto da tre mansi e la *curticella* di Ponzano costituita da sette mansi e dal *domnicatum*. Per il resto i mansi (*masa, mansa, mansiones*) non vengono ceduti in grandi gruppi ad eccezione di nove mansi a Megognano sullo Staggia, donati con la chiesa di San Pietro, di nove mansi a *Casale*, di sei a *Ficinule*, di quattro a *Fanodeto* e di quattro tra «Colle Gattario, Maciole et Salto». I mansi vengono identificati con riferimento ad un luogo («manse VI in Cedda, [...], manse II in Castello»), o, talvolta, sono definiti ulteriormente dal *locus qui dicitur*

10 agosto 998 dal marchese Ugo al monastero di San Michele Arcangelo con tutte le sue pertinenze e cioè con quanto si trovava sia all'interno del castello che al di fuori di esso[54], sorgeva sulla punta settentrionale di quel complesso di colline che fa da spartiacque tra il bacino dell'Elsa e quello dello Staggia. Questo gruppo collinare è formato da quattro rilievi, enumerandoli da sud: il poggio di Lisoia, il cosiddetto poggio Tondo, su cui, come si è accennato, probabilmente era stato costruito il castello di Stuppio, il poggio a Leccio e la collina a forma di trapezio che lo affianca e che nelle fonti porta nome il di poggio di Bonizio. Il poggio a Leccio ha una forma stretta e allungata e da 229 m, la sua massima altezza degrada verso nord verso il monastero di San Lucchese, posto a 196 m, e si affaccia sulla pianura di Poggibonsi con un brusco gradino; qui a 178 m era stato costruito il *castrum* di Marturi e l'abbazia, che le fonti dicono essere al suo interno, «qui est fundata infra monte et poio que dicitur castello de Marturi» (n. 3). Ecco come nell'atto di fondazione del 25 luglio 998, probabilmente un falso dell'XI secolo, viene descritto il luogo su cui era edificata l'abbazia:

«Unde ego in dei nomine UGO dux et marchio […] ecclesiam aedificavi in honore sancti Michaelis Archangeli in monte et poio qui dicitur castello de Marturi […] in primi[s v]idelicet offero: fundamentum illud, una cum ipso monte et poio seu castello et turres seu ecclesiis videlicet sancte Crucis et sancti Benedicti sunt aedificate in quo ipsa prenominata aecclesia et monasteri[um s]itum esse videtur, tamen decernimus castellum illud et poium cum casis et edificiis supra se et infra se habentem sicut de uno latere ab oriente decurrit fossatum qui vadit in fluvio Elsa et [in] summitate ipsius fossati a meridie revertitur per summitatem poii qui est super ipsum castellum et revertitur usque ad pontem qui est in ipso flumine Elsa et sicut ipse fluvius coniungitur prenominato fossato […]».

Sul luogo dove era l'abbazia sorge oggi il cosiddetto castello di Badia, fatto costruire nella seconda metà del XIX secolo da Marcello Galli-Dunn sulle rovine dell'impianto medievale. Il rio Marturi, o borro di Marti, di cui

---

(«in Luco mansa I qui dicitur Berte, […] in Meugnano in loco qui dicitur Citine mansa I»). Un gruppo o un singolo massaro erano gli elementi unificatori – ventinove massari tengono da soli uno o più mansi, undici gruppi di due o più massari, spesso fratelli o padre e figli, tengono uno o due mansi – i loro nomi accompagnano spesso l'indicazione topografica, a volte la sostituiscono come nel caso delle quattordici *casae et res*, probabilmente appartenenti alla *curtis* di Marturi citate nell'atto: «nominative casa et res que detinet Lamberto presbitero, secunda que detinet Amizo filius Ursi, […] detinet Dominico massario, quarta detinet Baroncello massario...». Tuttavia in ventitre casi il nome del massaro è omesso, mentre per due volte si usa l'indicazione di un precedente detentore.

54 Al territorio intorno alla *casa et curtis* di Marturi sono da ascriversi la maggior parte dei mansi che, nella seconda parte dell'atto del 10 agosto 998, vengono elencati nominativamente come per esempio *Surignano* verso Poggibonsi, *Castagneto*, *Ficinule*, *Colonica*, *Stabilise*, *Spandule*, *Rosignano*, *Viciano*, *Sparpaialla*, Megognano.

si parla nella descrizione sopra citata, è oggi interrato e lungo la sua valle, detta Vallone, corre la strada che sale al monastero di San Lucchese, un convento francescano costruito intorno al 1221, anno al quale si fa risalire la presenza di san Francesco nella nostra zona; egli ottenne dal Comune di Poggibonsi la piccola chiesa di Santa Maria di Camaldo ad uso ed abitazione per i suoi frati[55].

Nel corso dell'XI secolo, pur nella penuria delle testimonianze rimaste, vediamo l'abbazia consolidare le sue proprietà ed ampliarsi. Dopo le difficoltà iniziali, causate dall'ostilità del successore di Ugo, Bonifacio, la vediamo riassicurarsi il possesso del castello di Papaiano, a cui si aggiunge anche il patronato sulla chiesa di Sant'Andrea, aggiudicato con il placito del 1076.

Nel 1061 l'abbazia marturense fece un importante acquisto e si insediò patrimonialmente nella valle di un altro affluente di sinistra dell'Arno: la Valdera. Con un atto di donazione il 2 febbraio[56], il marchese Alberto figlio di Opizo cedette all'abbazia valdesana *curtes*, castelli e chiese da lui possedute lungo l'Era, precisamente nei luoghi di Peccioli, *Banciola*, Capannoli, Forcoli, Cassiano e Vico. Il donatore era un membro della famiglia Obertenghi, precisamente del ramo Malaspina. Dagli anni settanta del X secolo gli Obertenghi ebbero estese proprietà nel pisano, nel lucchese, nel volterrano e nell'aretino. Intorno a questi possessi crearono una rete di clientele, cercando su questa base di ottenere il governo della marca di Tuscia. Alleati di Arduino di Ivrea, al quale erano legati da vincoli familiari, furono sconfitti nei loro tentativi sia nel 1002 che nel 1014. Secondo Mario Nobili, a seguito di ciò, il loro interesse politico si spostò ai territori a nord dell'Appennino. I possedimenti toscani vennero abbandonati a se stessi e in seguito liquidati. Non abbiamo molti documenti che ci permettano di analizzare l'amministrazione di questi beni da parte di San Michele di Marturi. Certo è che nel 1129 l'abate ne vendè una parte alla Primaziale di Pisa; quello che rimaneva venne confermato da Innocenzo II nel 1134. Un documento non datato del XII secolo ricorda un livello concesso dall'abate di Marturi nella *curtis* e castello di Vico. L'esistenza di una donazione della fine del XII secolo alla casa degli infermi di Rivolta a Peccioli è l'ultima testimonianza di interessi nella zona.

---

[55] Cfr. P. M. BERTAGNA, *San Lucchese da Poggibonsi*, Firenze 1969, pp. 150-155.
[56] Cfr. doc. 5.

Tuttavia l'attenzione degli amministratori di Marturi si concentrò sempre di più sul territorio valdelsano[57]. Nel 1089 viene fondato un ospedale e si intravedono legami con famiglie benestanti della zona[58]. Ma per avere un quadro chiaro della situazione alla fine del primo secolo di vita del monastero possiamo servirci del documento datato 25 luglio 998, che abbiamo ipotizzato essere un falso confezionato nell'XI secolo. Innanzitutto bisogna dire che il numero delle località citate è aumentato[59]; per esempio compaiono adesso Campomaggio, vicino al Drove, Cispiano presso Castellina, Mugnano, Pini; mentre nell'atto originale non abbiamo potuto identificare toponimi nella zona intorno a Colle di Val d'Elsa, ecco che qui appare una presenza ben salda in zona con beni a Castiglione e a Fabbriciano oltre al patronato della chiesa di Sant'Ansano a Galognano: «duo ex ipsis [mansis] in Galugnano cum ecclesia santi Ansani, que recte fuerunt per Migrimizo de Elsa». Allo stesso modo modo compaiono per la prima volta Tignano e Cassiano, vicino a Barberino Val d'Elsa, una delle zone in cui lungo il XII secolo l'abbazia rafforzò sempre più la sua presenza.

Ma è soprattutto nel territorio marturense che San Michele si consolidò e a cui si devono probabilmente anche riferire quasi tutti i mansi, anche quelli non localizzabili, adesso descritti in modo più preciso e sempre con l'indicazione dei massari che li lavoravano. Da non dimenticare la preoccupazione di ribadire la subalternità delle chiese di Santa Croce e di San Be-

---

[57] Anche se non dobbiamo dimenticare un livello concesso nel 1068 di una casa all'interno di Lucca.

[58] Una di queste è quella di Ranieri di Pietro che nel 1056 donò all'abbazia delle terre. Un altro gruppo familiare che intrattenne rapporti con l'abbazia è quello dei *ff. Benzi*. Essi compaiono nelle carte di Marturi già nell'XI secolo come testimoni alla donazione del 1068 e al placito tenuto dai messi della duchessa Beatrice nel 1076. Le testimonianze che abbiamo su di loro sono sempre di natura indiretta, in quanto non li vediamo mai donare o stipulare accordi di natura economica con l'abbazia. Da esse sappiamo che furono proprietari terrieri, che venivano definiti *de castro Marturi*, che venivano sepolti all'abbazia, che avevano una *familia* e una *masnada* e che l'abate acquistò da costoro terre al *Tornario*, mentre altre terre da essi un tempo possedute giunsero nelle mani dell'abbazia tramite altre persone. In base a queste poche notizie si può ipotizzare una loro appartenenza ad uno strato sociale superiore rispetto a quello di gruppi familiari che fanno parte della clientela dell'abbazia, più assimilabili ai *ff. Rustici* e ai *ff. Scorcialupi*.

[59] Inoltre vi si sostiene che il monastero possiede il terreno su cui è edificato: «fundamentum illud, una cum ipso monte et poio seu castello et turres seu ecclesiis videlicet sante Crucis et sancti Bendecti sunt edificate in quo ipsa prenominata ecclesia et monasterium situm esse videtur». La lista dei mansi si è accresciuta di ben 234 unità ed ad uno di essi è legato il *teloneum* e la *curaturam* di un ponte sul fiume Elsa.

nedetto di Marturi; la prima in particolare sarà negli anni settanta del XII al centro della contesa con la pieve di Podio Bonizi[60].

Nel XII secolo, anche se le donazioni non vennero a mancare, la gran parte dei documenti rimanda alla gestione di questo patrimonio; attraverso le numerose compravendite[61] e in misura minore attraverso permute[62], gli amministratori di Marturi cercano di compattare e accentrare quanto già posseduto[63], mentre con i *libelli*[64], dalla seconda metà del XII secolo, si fa sfruttare il suolo per ottenere canoni in denaro e prodotti del suolo[65].

Gli abati che guidarono la comunità religiosa dell'abbazia di San Michele Arcangelo a Marturi nel periodo che va dal 998 al 1200, la cui esistenza è documentata dalle fonti superstiti, sono complessivamente undici.

Di Bononio abbiamo ampiamente parlato. Non sappiamo chi abbia guidato il monasterio dopo il suo ritorno a Locedio.

Nel 1056 troviamo insediato come abate Giovanni, beneficiario della donazione di Ranieri di Pietro[66] e poi nel 1062 della donazione obertenga[67].

---

[60] Le chiese su cui si vantavano diritti sono elencate chiaramente: a Tenzano quattro mansi «cum domnicato et ecclesia sancti Fabiani», tre mansi a Cignano «cum ecclesia sancti Petri», tre mansi a Luco «cum ecclesia sancti Martini», metà della chiesa dedicata a San Donato «que est fundata in loco et finibus Lucardo una cum integris triginta et tres inter casis et cascinis seu casalinis atque rebus domnicatis et massariiis» a cui si aggiungono quelle già citate del territorio di Marturi e quella di Galognano.

[61] Abbiamo nel fondo per il XII secolo sedici *chartae venditionis* e dodici *brevi* e *chartae refutationis*.

[62] Sono sette le *chartae permutationis* sempre per il XII secolo.

[63] Un esempio di ciò è il tentativo di recuperare diritti e decime del *domnicatum* precedentemente alienati: nel maggio 1131, nell'agosto 1136 e il 5 maggio 1171. Il *domnicatum sancti Michaelis* era posto nel padule accanto alla via Francigena ed era detto anche padule di Papaiano; terre dominicali si trovavano anche nella piannura ai piedi della collina di Linari.

[64] I contratti di livello risalgono tutti, salvo uno, alla seconda metà del XII secolo ed interessano terre non distanti dal monastero situate lungo il corso dei fiumi Elsa, Staggia e Foci; in misura minore risultano interessate terre tra il corso del Drove e la collina di Linari; poche altre hanno per oggetto appezzamenti sulle colline di Castellina.

[65] Per l'affermazione dei canoni in cereali sullo scorcio del XII secolo è interessante un *munimina* dell'agosto 1195, con il quale un canone in denaro viene commutato in uno in frumento: Neri Giannellini, suo figlio Pannocchia e Bonaccorso Upezzini affittano ai fratelli Rodolfo e Buonincontro tutta la terra che già detenevano e per la quale pagavano otto denari di pensione e tutta la terra che Neri e gli altri hanno in proprietà a Tignano e nella sua *curtis*, per cinque staia di grano da pagarsi annualmente il 15 agosto, secondo lo staio di Semifonte (n. 97).

[66] Nella scarsità delle informazioni di questo periodo vediamo qui delinearsi una famiglia con cui l'abbazia ebbe un rapporto privilegiato: a questa donazione seguì più tardi un legato testamentario del probabile figlio di Ranieri di Pietro, che non possediamo ma che viene citato in uno *scriptum promissionis* del 1068 con cui ci si impegna a non contrastarne il possesso. Autrice di quest'ultimo strumento è la vedova di Rainieri di Pietro insieme ad Az-

Il suo probabile successore fu Widrico (Guidrico) che vediamo agire nell'arco di un decennio impegnato in modo particolare a consolidare e recuperare beni appartenenti al monastero. Fu anche il primo ad ottenere, richiedendolo a papa Alessandro II, un privilegio in data 1 novembre 1068, con la conferma di tutti i beni che il marchese gli aveva concesso, di quelli attuali e di quelli che si sarebbero aggiunti. Ma l'operazione di recupero più impegnativa fu certamente quella che aveva al centro le proprietà di Papaiano. Nel marzo 1076 il monastero, guidato da Widrico, si presentò al placito tenuto da Nordillo, rappresentante della duchessa Beatrice, e reclamò contro Sigizone di Firenze, accusandolo di essersi appropriato delle terre e della chiesa di Sant'Andrea che furono di Guinizo figlio di Ugo e che furono donate dal marchese Ugo all'abbazia. L'avvocato del monastero presentò in giudizio una *cartula*, probabilmente la *narratio*, con la quale potè dimostrare come questi beni fossero passati da Guinizo al marchese e da quest'ultimo all'abbazia. Contro l'affermazione di Sigizone che la sua famiglia possedesse Papaiano già da 40 anni e che perciò il tutto fosse caduto in prescrizione, il monastero potè presentare tre testimoni che testimoniarono che già l'abate Giovanni si era rivolto al marchese Bonifacio († 1052) e Guidrico al duca Gottifredo e alla contessa Beatrice. La causa si concluse a favore di San Michele che si vide restituire i beni di Papaiano[68].

---

zo di Guiberto, con il consenso di Picinocchio, suo mundualdo e fratello del defunto Ranieri. La presenza dei *filii Ardingi* nel ruolo di testimoni può far supporre il legame consortile con quest'ultima famiglia.

[67] Doc. 4.

[68] Nell'insieme delle carte che si occupano della vicenda di Papaiano emerge chiaramente il ruolo privilegiato che i cosiddetti *filii Ardingi de Marturi* rivestivano nella zona durante l'XI secolo. La *narratio* rivela come già Guinizo di Ugo avesse stretto rapporti con il loro capostipite Uberto e come questo rapporto, per cui viene proprio usata la parola *de consortio*, venisse portato avanti dai loro rispettivi figli Benno di Guinizo e Ardingo d'Uberto. In particolare viene sottolineato come quest'ultimo fosse in rapporti molto stretti con il marchese Ranieri (1014-1027): «Ardingum apud eundem marchionem maximum locum familiaritatis abtineret». Utilizzando le altre fonti della zona pubblicate, si può vedere come le proprietà della famiglia non si limitavano a Papaiano; con l'atto con cui il vescovo di Siena nel 1139 rinnovò alla pieve di Sant'Agnese i suoi privilegi e i suoi possessi veniamo a sapere che tra essi erano «terra set possessiones, quas filii Ardingi et filii Uberti de Marturi habuerunt et tenuerunt per ecclesiam Sancte Marie in pleberio Sancte Agnetis», *Caleffo Vecchio*, I, 4, p. 11. In *Carte di Badia*, I, p. 108, leggiamo che tra i beni esclusi dalla donazione di Milo *fbm Mili* e di sua moglie Ermengarda nel 1036 al monastero fiorentino si trova «petia ⟨de terra⟩ posita prope castello del Colle ⟨de Monte⟩». I rapporti con la Badia dovettero essere controversi: una notizia di mano del XII secolo, ma probabilmente risalente all'XI riporta un elenco delle proprietà che i *filii Ardingi* di Marturi le contestavano nella zona di Casaglia: 12 mansi.

Il suo successore Uberto fondò nel 1089 un ospedale[69].

L'abate Giovanni compare nel 1099 nella *pagina decreti* di Matilde di Canossa con la quale la marchesa prese il monastero sotto la sua protezione e gli confermò tutti i beni. Alcuni anni più tardi ottenne da Matilde un prato dissodato accanto all'Elsa. Egli stipulò anche un *pactum diffinitionis* col pievano di Marturi per arrivare ad un accordo sulle sepolture e si preoccupò di ricevere da Pasquale II un privilegio che gli assicurasse non soltanto la protezione apostolica, ma anche la conferma su tutti i beni, le decime e i diritti riguardanti le sepolture.

Il suo successore Ranieri iniziò un processo di riorganizzazione economica delle proprietà che continuò per tutto l'arco del XII secolo; durante il suo abbaziato fu acquistato un mulino sull'Elsa nel 1114 e furono ridefiniti dei contratti di livello[70].

Nel decennio successivo l'abbazia fu guidata dall'abate Rodolfo. Tra gli atti più importanti del suo governo si può sicuramente annoverare la vendita di alcune proprietà che il monastero aveva ricevuto dal marchese Obertenghi all'arcivescovato di Pisa[71].

Dal 1151 al 1160 appare l'abate Ranieri, molto attivo nell'espansione e nel consolidamento della proprietà abbaziale. Ranieri ebbe rapporti anche con la famiglia dei Soarzi di Staggia[72], che tradizionalmente era legata all'abbazia di Isola[73]. L'avvenimento più importante in questo periodo fu cer-

---

[69] Non va dimenticato che siamo su una delle varianti della via Francigena: naturale quindi l'impegno del monastero nei confronti delle istituzioni ospedaliere. Di questa struttura non è possibile seguire la storia perché scompare dalla documentazione. L'ipotesi del canonico NERI, *Castello di Badia*, pp. 62-63, che si tratti della casa e ospedale di San Michele presso Podio Bonizi citato in un documento dell'8 novembre 1210, rilasciato da Ottone IV, non è verificabile. Nella zona si trovavano molte strutture simili: i documenti parlano spesso di un ospedale fondato dal chierico Giovanni, di uno «subtus burgum», assegnato con la sentenza ecclesiastica del 20 dicembre 1174 alla pieve e di uno detto di Calcinaia, che fu fondato da Arnolfo e Cristoforo e poi ceduto dai loro figli all'abbazia nel 1140, con una *cartula offersionis*.

[70] Cfr. doc. 16. Nel 1179 a questo se ne aggiunsero altri acquistati da Iocolo di Casciano per 23 lire, cfr. doc. 75. Nel settembre del 1115 (doc. 17) l'abate allivella con nuovo contratto delle terre a Calcinaia a Rodolfo di Martino, che già le deteneva con altri.

[71] Cfr. GHIGNOLI, *Pisa*, n. 138. Nel XII secolo l'abbazia aveva iniziato a concentrare il proprio potere economico su un territorio ben delimitato; questo può essere il motivo per cui si liberò di proprietà lontane e poco controllabili come queste o come quelle del modenese, che non appaiono più nella documentazione, a parte due copie di privilegi papali, che comunque tendevano a ricopiare modelli preconfezionati e datati.

[72] Sull'abbazia di Isola e sui signori di Staggia, cfr. CAMMAROSANO, *Abbadia*.

[73] I Soarzi agiscono in due documenti, una compravendita e un prestito su pegno; la vendita era abbastanza considerevole e aveva per oggetto proprietà situate intorno a Barberino Val d'Elsa e lungo il torrente Drove.

tamente la nascita di Podio Bonizi. Alla situazione d'ostilità che si consolidò tra Firenze e Siena nell'area valdelsana parteciparono anche il vescovo di Volterra, che tentava di mantenere la propria egemonia, le nuove comunità locali e i conti Guidi. Nel 1156 Guido Guerra decise di costruire una nuova città su un poggio dirimpetto a quello dove sorgeva il castello di Marturi; egli stipulò nell'aprile del 1156 dei patti con i consoli Senesi grazie ai quali la città di Siena si vide attribuire la proprietà di un ottavo del poggio[74]. Il 29 marzo 1156[75] il conte Guido Guerra ottenne attraverso una permuta con l'abate di Marturi un terreno sulla collina di Podio Bonizi che cedette pochi giorni dopo ai consoli e al popolo di Siena[76].

Dal 1162 compare l'abate Bernardo, che governò l'abbazia fino al 1175: risale a questo periodo il processo ecclesiastico tra la pieve di Santa Maria di Marturi e il monastero di San Michele[77].

Dall'ottobre del 1175 l'abbazia fu guidata da Rolando per un periodo quasi trentennale; l'ultimo atto dove compare il suo nome è del 1203 e va quindi oltre il limite fittizio che ci siamo dati.

**

Per concludere alcune osservazioni riguardanti le scelte fatte in questa edizione. Sostanzialmente il modello è quello classico fissato da Pratesi[78], tuttavia con alcune differenze[79].

La prima di tutte è che non ho sottoposto i titoli dei documenti, a parte quelli della cancelleria pontificia, ad una normalizzazione arbitraria, ma li ho tolti direttamente dal testo.

---

[74] L'operazione ebbe inizio con la donazione di terra sul poggio di Bonizo da parte di Guido Guerra a papa Adriano IV (doc. del 21 luglio 1155 in JAFFÈ, LOEWENFELD, *Regesta pontificum romanorum*, Lipsia, 1885-1888, n. 10090); su di essa il papa concesse al vescovo di Siena di costruire una chiesa intitolata a Sant'Agnese, di consacrarla e di ordinarvi dei preti. Va tuttavia ricordato che il territorio di Marturi apparteneva alla diocesi fiorentina: la concessione fatta dal papa al vescovo di Siena costituiva una grave limitazione ai diritti del suo omologo fiorentino.

[75] Cfr. docc. 35 e 36.

[76] Cfr. *Regestum Senense*, n. 212. Subito dopo gli abitanti di Podio Bonizi giurarono ai Senesi di difendere il loro possedimento contro qualsiasi nemico (*ivi*, n. 214).

[77] Per un'analisi di questo conflitto, cfr. WICKHAM, pp. 395-408.

[78] A. PRATESI, *Una questione di metodo: l'edizione delle fonti documentarie*, «Rassegna degli Archivi di Stato», 17 (1957), pp. 312-333.

[79] Per queste nuove soluzioni, cfr. l'*Introduzione* in GHIGNOLI, *Settimo*, pp. XLV-L e A. BARTOLI LANGELI, *L'edizione dei testi documentari. Riflessioni sulla filologia diplomatica*, 20-21 (1991), pp. 116-131.

Nel caso della lunga serie di testimonianze mi sono presa la libertà di andare a capo per ogni nuova deposizione: in sostanza ho rispettato l'assetto del testo[80].

Il cambio di rigo viene indicato sempre dalla barra verticale.

Nella trascrizione dei testi ho cercato di limitare l'uso delle parentesi tonde per lo scioglimento delle abbreviazioni. Dove è stato possibile mi sono orientata per risolverle all'*usus scribendi* del notaio, dove non c'erano altre indicazioni le ho sciolte secondo la forma latina delle parole.

Ho segnalato nelle note introduttive quando viene impiegata la legatura ‹ti› con valore di affricata dentale. Il grafema ‹uu› l'ho trascritto con ‹uu› e ‹Uu›, a differenza della norma che preferisce riportarlo nella forma ‹w›.

Ho usato la punteggiatura con moderazione, cercando però sempre di rendere leggibile il testo.

***

Giunta al termine di questo lavoro vorrei ringraziare le persone che mi hanno sostenuto ed aiutato in tutti questi anni, prima di tutto la prof.ssa Oretta Muzzi, senza il cui incoraggiamento avrei più volte abbandonato il progetto, i miei docenti universitari, e voglio qui in particolare ricordare il prof. Giovanni Cherubini e il compianto prof. Emanuele Casamassima, e gli insegnanti della Scuola di Archivistica, Paleografia e Diplomatica, tra cui la prof.ssa Luciana Mosiici e la dott.ssa Teresa De Robertis. In questi ultimi anni ho ricevuto consigli e appoggio dalla dott.ssa Antonella Ghignoli. È inutile dire che degli eventuali errori sono io l'unica che porta responsabilità.

Un grazie caloroso a Franco Ciappi della Società Storica della Valdelsa che ha curato l'impaginazione di questo libro.

Un ultimo ringraziamento alla mia famiglia, a mio marito Frank e a mio figlio Niccolò che per anni hanno sopportato che dedicassi ferie e fine settimana a questo lavoro.

Questo libro è dedicato ai miei genitori e in particolare a mio padre, che fin da piccola mi ha trasmesso l'amore per la storia della nostra terra.

---

[80] Cfr. doc. 60; nell'altra serie di testimonianze (doc. 103) lo scrittore non va a capo per ogni nuova deposizione; tuttavia ho adottato anche qui questa scelta per facilitarne la lettura.

SIGLE E SEGNI SPECIALI

[A]	=	Originale
[B], [C]	=	Copia
✠	=	*Signum crucis, signum manus*
(C)	=	*Chrismon*
(SN)	=	*Signum notarii*
( )	=	per lo scioglimento di abbreviazioni
[ ]	=	per le integrazioni dei testi lacunosi
....	=	per il numero di lettere presumibilmente cadute in testi lacunosi
****	=	per il numero di lettere presumibilmente omesse negli spazi bianchi
⁂	=	per delimitare il testo scritto in forme allungate
|	=	per la divisione dei righi
« »	=	per il testo di eventuali inserti, delle citazioni e per le annotazioni tergali

1

CHARTA OFFERSIONIS

970 luglio 12, Lucca

Il marchese Ugo di Toscana dona all'abbazia di San Michele di Marturi retta dall'abate Bononio la c u r t i s   d e   A n t o n i a n o ed altri beni nel contado modenese.

Copia del secolo XI eseguita ed autenticata da «Rainerius dei misericordia tabellius» [B] e copia semplice del secolo XII [C] in ASFI, *Diplomatico*, Bonifacio, 12 luglio 969.

Edizioni: P. PUCCINELLI, *Istoria delle eroiche attioni d'Ugo il Grande duca della Toscana - Cronica dell'Abbadia Fiorentina*, 1664, p. 223-225, all'anno 986; MITTARELLI, COSTADONI, *Annales Camaldulenses*, I, app. 104 n. 46; LAMI, IV, p. 32 seg.; J. F. LE BRET, *Origines Tusciae diplomaticae*, 1765, p. 10 sgg.; DELLA RENA, CAMICI, *Serie*, p. 42 sgg.; G. B. MELLONI, *Atti o memorie degli uomini illustri in santità nati o morti in Bologna*, I, 2, 1773, p. 351 seg.; NERI, *Castello di Badia*, p. 155 seg.; KURZE, *Marturi*, pp. 186-188.

Cfr.: A. FALCE, *Il marchese Ugo di Tuscia*, Firenze 1921, p. 97 sgg., p. 182 sgg., p. 203 sgg.; KURZE, *Marturi*, p. 168 seg. e note 14-16; W. FRANKE, *Romuald von Camaldoli und seine Reformtätigkeit zur Zeit Ottos*, III, Berlin 1913 (Historische Studien, 107), p. 24; F. LANZONI, *S. Petronio vescovo di Bologna nella storia e nella leggenda*, Roma 1907, p. 237; A. TESTI RASPONI, *Note marginali al Liber Pontificalis di Agnello Ravennate*, «Atti e memorie della Deputazione di Storia Patria per le province di Romagna», serie IV, vol. I, 1911, pp. 398 e 417 e seg.; TIRABOSCHI, pp. 10, 17, 251, 289.

[B] Pergamena mm 204 (200) × 400; rosicature lungo il margine sinistro hanno mutilato particolarmente le prime lettere della tredicesima e della quattordicesima riga; l'inizio delle prime venticinque righe risulta evanito per scoloritura dell'inchiostro, in maniera seria nel caso della 3ª, 9ª e 13ª riga. Presenta una lacerazione al centro della parte superiore che interessa le prime quattro righe di scrittura.

Sul r e c t o «n. 2». In calce un'annotazione su tre righe: «quique omnes donationes | iustam legem esse oportet | firmas quamvis [.] qui». Sul v e r s o in alto la segnatura d'ingresso nel *Diplomatico*; più sotto una «P» seguita da una annotazione di cui si riesce a leggere solo «privilegi» probabilmente di mano del sec. XIV; sul lato destro, in senso perpendicolare, in lettere maiuscole «UGO MARCHIO». In calce in senso inverso rispetto alla scrittura del r e c t o : «Bonifazio 12 luglio 969».

[C] Pergamena mm 177 (165) × 400, rigata; presenta sul margine destro lacerazioni che interessano le prime 17 righe.

Sul r e c t o «n° 2». Sul v e r s o in alto la segnatura d'ingresso nel *Diplomatico*. Segue una segnatura evanita, di cui si riconosce però 970 scritto in sopralinea su 969; sul margine destro, in senso perpendicolare, in lettere maiuscole: «UGO MARCHIO» scritto dalla stessa mano che lo annotò su B. In calce, in senso inverso rispetto alla scrittura del r e c t o un'annotazione di mano del XIII secolo: «vidi | s(cilicet)ᵃ | carta offersionis quam fecit monasterio Mart(ur)i de omnibus que habebat | in comitatu Bon(onie) et Ferrarie s(cilicet) Ugo dux et marchio». Segue un regesto di mano del XIV-XV secolo: «carta offersionis quam fecit monasterio sancti Michaelis de Podio Bonizi | de omnibus bonis que habebat in comitatu Bononie et Ferarie Ugo | marchio».

La formula di autenticazione, posta in B all'inizio del documento, è redatta in questi termini: «(ST) Hoc exemplum autentico deducto ego Rainerius dei mi(sericordi)a tabellius manus meas subscrivi».

Kurze nell'esame diplomatistico a cui sottopone i tre atti di donazione del marchese Ugo (KURZE, *Marturi*, pp. 168-169) sottolinea come questa del 12 luglio 969 sia completamente diversa dai modelli tipici che si ripetono nei documenti di cui Ugo fu autore, come per esempio le donazioni a favore della Badia Fiorentina. La diversità non è spiegabile con l'ipotesi che si tratti di una donazione di minore importanza. Sempre nello stesso articolo Kurze, prendendo spunto da somiglianze di formulario esistenti fra questo documento e una donazione del marchese Ranieri, ipotizza che proprio quest'ultimo abbia restituito al monastero le proprietà in Romagna attraverso un atto poi rielaborato da un falsario alla fine dell'XI secolo.

Gli storici che si erano precedentemente interessati alla donazione oscillavano tra due posizioni: o ritenevano che si dovesse correggere la data dell'atto, come Testi Rasponi e Franke o la ritenevano autentica come Lanzoni. Falce afferma che «la carta del 970 (969) con la sua datazione, con il suo dispositivo e con il suo formulario, a nostro avviso, non può dar luogo a veruna critica», aggiungendo che «inoltre è possibile anche l'ipotesi che quella del 970 (969) non sia veramente la prima delle carte che il marchese fece in favore del monastero di San Michele, in tal caso il primo atto solenne relativo alla fondazione del convento di Marturi sarebbe da considerarsi perduto». Da notare che nessuno di loro ha affrontato la questione dal punto di vista diplomatistico vero e proprio.

In nomine domini dei et salvatoris nostri Iesu Christi. Regnante d(o)nno nostro Octo gratia dei inperator augustus, anno inperi eius nono et filio eiusdem Octo itemque inperator | anno inperi eius tertio, .IIII. idus iulii, indictione .XIII. Manifestoᵇ sum ego Ugo marchio, lege vivente Salicha, filio bone memorie Uberti qui fuit | marchio, quiaᶜ per hanc cartulam offertionis pro a(nim)a mea et remedium anime de genitoreᵈ meo et de genitrice mea offero in | ecclesia sancti Michaelis quod est monasterio, qui est positus intus castello Marturi, id estᵉ: curte illa mea donicata qui est | in loco et fundo Antoniano¹ quod est infra comitato

---

¹ Cfr. TIRABOSCHI, p. 17: «*Antognanum* - Luogo […] posto nel contado o sia nella giurisdizione Modenese, ma appartenente parte al territorio di Bologna, parte a quello di Ferrara. L'anno 962 l'imperatore Ottone donò questa corte a un prete detto Erolfo; e nel diploma si spiega, ch'essa era nel distretto nominato di Saltospano […]». Alla voce *Saltus Spanus*, p. 289, precisa che questo era «un tratto della Pianura Bolognese verso il Centese e il Ferrarese e presso alla Valle che or dicesi di Malalbergo, che nel decimo secolo apparteneva bensì al territorio di quella città e a quel di Ferrara, ma era soggetto al Contado […] Modenese. Questo tratto […] comprendeva Galiera, Surizano, Severatico, Dalmanzatico, San Venanzo,

Motinense, cum ecclesia sancti Salvatoris et sancta Maria in Arziclo [2] sita |
in eadem curte; simul cum ripas duo eiusdem curtis, una dicitur ripa de
Galera, alia ripa de Concinno, cum omne telloneum | et redditum eiusdem
ripe; simul cum ponte Laino; sim(u)l cum villis una cumsistente Uuillerano
alia villa et ensula que d(icitu)r Gaibana; sim(u)lq(ue) duo aqua de posta
que vocatur Vitrica et Maleto, et gradaria et camporas et padules cum
fossis et | postes [f] cum missionibus suis vel buntinas ipsarum, padulibus et
piscareis universis qui sunt posite in fundo qui vocatur Campo | lungo [g] per
singulis locis, et in fundo qui vocatur Burbuliaco [h] per singulis locis, et in
fundo qui vocatur Villamagna | per [i] singulis locis, et in fundo qui dicitur
Curniolo per singulis locis, et in fundo qui vocatur Grotario per singulis
locis, et in fundo qui vocatur | Palazolo [j] et suis locis, et in campo qui
vocatur de Vedrecha, sive per totum Lavinum, et in fundum qui vocatur
Rotascura per singulis | locis, et [k] in fundo qui vocatur [l] Gazanetica [m] per
singulis locis, cum ceteris aquis piscareis et cucullareis [n], et terra illa que
dicitur | Severatico que recta fuit per Uualfredo castaldio, et curte et
castello de Torreg(ra)no deintus et foris, sive | in aquis sive in terris et de
suis factis quod a suprascripta casa et curte domnicata et a predicto castello
sunt perti | nentibus vel aspitientibus, et villa et curte mea illa domnicata
que dicitur Doni cum omnia et in omnibus et integris | curtis et ecclesiis
simulque et capellis, sortis, terris domnicatis et vineis et universis
pertinentiis et adiacentiis supradicte | ville de Doni est pertinentibus; atque
castello illo cum omnibus subiectis suis qui nominatur Poiolo, atque
castello illo cum omnibus | subiectis suis qui dicitur Vinti, similiter cum
duobus manse in Cartiano qui detinent filii Petri; atque una cum ipsa |
curte de Rivaria [3], una cum octo manses seu terris et vineis et domnicatis
rebus meis illis quem ab eadem curte [o] | est pertinente, atque curte et
castello meo illo qui dicitur Ignano cum omnibus subiectis suis et
pertinentiis et aiacen | tiis suarum, et Castellonovo cum suis pertinentiis,
atque curte et castello meo illo et cum omnibus pertinentiis suis et |
adiacentiis [p] illarum qui nominatur Galisterna quantacumque vel
qualiscumque ab ipsa curte et castello per infra plebe | de casis pertinere

---

San Vincenzo e altri luoghi ora sconosciuti i quali al pricipio del detto secolo XI erano soggetti al Marchese Tedaldo, *come a Conte di Modena*».

  [2] Alla voce *Arziclum*, TIRABOSCHI, p. 10 rimanda ad *Allianum* «luogo in cui la chiesa di Reggio aveva beni» secondo una carta del 1192.

  [3] «*Riparia* o *Rivaria*, Rivara, Villa con chiesa parrocchiale nel distretto e nella Congregazione di San Felice, è nominata in una carta dell'Arch. Capit. di Modena dell'anno 929 e in una dell'anno 934 dell'Arch. Nonantolano, ove si legge *in roncore loco qui dicitur Rivaria* e poscia in più altre dei secoli seguenti». TIRABOSCHI, p. 251.

dignoscitur; ideo tam casis et rebus domnicatis ^q quam et de casis et rebus massaritiis sive aldie | nareis tributareis cum fundamentis et omne ediffitiis ^r suis vel universis fabricis suis. Omnia et in omnibus que superius | leguntur ipsius ecclesie et monasterio sancti Michaelis archangeli iure proprietario, omnia sint in potestate Bononius abas suisque | successoribus, omnia que superius legitur sic permaneat iure proprietario de supradicto monasterio habendi, possidendi, | tenendi, inperandi, laborare fatiendi ^s et usufructuandi, aut cui vos easdem pars de supradicto monasterio dederitis vel | habere constitueritis, omnia que superius legitur, sint, permaneant potestatem. Et quis de his omnibus, que superius | leguntur, minuare aut subtrahere vel fraudare temptaverit: deleat eum omnipotens dominus nomen eius de libro viventium | et cum iustis non scribantur; fiat particeps cum Dathan et Abyron quos terra deglutivit vivos; fiant sotii illorum | cum Annania et Saphira qui fraudaverunt pecuniam domini sui, sit particeps cum Iuda Scariothis, qui per cupiditatem | vendidit dominum, et sit cum illo ad infernum inferiori, et cum iustis non scribantur; et sint separati de consortio et nomina | iustorum, ut in die iuditii non resurgant in momenta illorum. Quod sic conplacuit animo nostro, et in tali ordine | hanc cartulam Bernardo notario domni imperatoris scribere rogavit. In Lucca ^t; feliciter.

Ugo marchio hanc cartulam offertionis sicut superius legitur fieri rogavit ^u.

✠ Sichefredus iudex donni inperatoris s(ub)s(cripsi) ^v.

✠ Iohannes iudex donni inperatoris s(ub)s(cripsi).

✠ Gotifredus ^w iudex donni inperatoris s(ub)s(cripsi).

✠ Gerardus iudex donni inperatoris s(ub)s(cripsi).

---

^a s *scritto tra due punti*.   ^b *In C* manifestus.   ^c *In B* marchio qu- *evanito*.   ^d *In C* genitori.   ^e *In C* id est *abbreviato con* i *posta tra due punti*.   ^f *In B evanito*.   ^g *In C* Campolongo.   ^h *In B* a *aggiunta in sopralinea*.   ⁱ *In B lacuna*.   ^j *In C al posto di* z, ç.   ^k *In B evanito*.   ^l *In C manca* qui voca-tur.   ^m *In C* ç.   ⁿ *In C* cucolareis.   ^o *In C segue* castello meo *depennato*.   ^p *In C* aiacentiis.   ^q *In C* donicatis.   ^r *In C* edifficiis.   ^s *In C* faciendi.   ^t *In C* Luca.   ^u *All'inizio del rigo una lacerazione della pergamena impedisce di stabilire se prima della sottoscrizione ci fosse una croce*.   ^v *All'inizio di ogni sottoscrizione in B sempre una croce di mano del notaio*.   ^w *In C* Gottifredus.

2

CHARTA ORDINATIONIS ET OFFERSIONIS

998 luglio 25, nel castello di Marturi

Il marchese Ugo di Toscana conferma a vita monastica sotto l'ordine di san Benedetto la chiesa di San Michele di Marturi da lui eretta e la dota di beni specificati singolarmente, stabilendo norme per la libera elezione dell'abate.

Copie del secolo XI [B] e del secolo XVI [C] in ASFI, *Diplomatico*, Bonifacio, 25 luglio 998.

Edizioni: P. PUCCINELLI, *Istoria delle eroiche attioni d'Ugo il Grande duca della Toscana - Cronica dell'Abbadia Fiorentina*, 1664, p. 225; MITTARELLI, COSTADONI, *Annales Camaldulenses*, I, app. 137 n. 60; LAMI, I, p. 231-236; G. B. MELLONI, *Atti o memorie degli uomini illustri in santità nati o morti in Bologna*, I, 2, 1773, p. 352 sgg.; A. CIASPINI, *Notizie diverse cronologicamente disposte per servire alla storia di Poggibonsi*, a cura di A. LOMBARDINI, 1850, p. 55 sgg.; NERI, *Castello di Badia*, p. 157; KURZE, *Marturi*, pp. 188-199.

Cfr.: A. FALCE, *Il marchese Ugo di Tuscia*, 1921, p. 134 sgg., p. 182 sgg., p. 203 sgg.; GHIGNOLI, *Settimo*, p. 4; KURZE, *Marturi*, p. 169 sgg.; G. MICCOLI, *Aspetti del monachesimo toscano nel secolo XI*, in ID., *Chiesa gregoriana. Ricerche sulla riforma del secolo XI*, Firenze 1966, pp. 47-73; SCHWARTZ, *Fälschungen*, p. 233 e sgg.; TIRABOSCHI, pp. 10, 17, 251, 289.

[B] Pergamena mm 775 × 595, rigata, con il testo scritto su due colonne. Conserva tracce di tre piegature nel senso dell'altezza e quattro in quello della lunghezza, lungo le quali si trovano varie lacerazioni. Presenta alcune macchie localizzate nella parte centrale e finale.

Sul r e c t o «nº 1». Sul v e r s o al centro in senso inverso rispetto alla scrittura del r e c t o una breve annotazione: «donatione che fece il conte Ugo della | Badia di Pogibontij»; in calce la segnatura «987=25=luglio».

Il documento presenta in testa ad ogni colonna la parola «exemplar» in lettere maiuscole di tipo onciale, la prima volta tuttavia erroneamente senza la lettera «l» e si conclude con il medesimo termine scritto a lettere spaziate per riempire il rigo.

[C] Pergamena mm 673 × 613. Piegata a lettera tre volte nel senso della altezza e della larghezza; lungo le pieghe si sono formati piccoli fori e lacerazioni.

Sul v e r s o al centro nel senso dell'altezza un attergato: «copia donationis comitis Ugonis de Podio Imperiale».

Questo documento si trova in palese contrasto con quello del 10 agosto 998, con il quale Ugo, senza citare di avere fondato il monastero quindici giorni prima, revocò quanto stabilito, fissando gli effetti della donazione solo in caso di morte e di mancanza di eredi legittimi. Alla luce di questo fatto non si può non ipotizzare che uno dei due atti sia falso. Ma quale? In entrambi i casi il formulario non è d'aiuto, poiché esso è praticamente identico ed è tipico della cancelleria del marchese Ugo: l'arenga, la professione di legge salica, le formule saliche di trasferimento di proprietà e la formula comminatoria spirituale sono praticamente identiche in tutti gli atti di fondazione e di donazione di cui fu autore. Inoltre ciascun documento prevede una multa calcolata in oro e argento e variabile secondo l'ammontare della donazione, oltre alla firma autografa di Ugo. Kurze fa notare come in questo documento il punto in cui si precisa che gli abati devono essere eletti e confermati secondo la regola benedettina ha una formulazione che coincide quasi completamente con il testo della fondazione della Badia Fiorentina, mentre laddove si aggiunge che l'abate deve essere ordinato nell'osservanza dei canoni e delle regole e che deve essere cacciato nel caso si macchi di simonia le parole coincidono alla lettera con le frasi corrispondenti nell'atto di fondazione di Abbadia a Isola. C'è poi un passo che contiene una dura polemica contro l'istituto delle chiese e dei monasteri privati, che è praticamente un'anticipazione di tematiche posteriori tipiche piuttosto del tardo XI secolo che della fine del X. Dopo l'actum viene la preghiera rivolta al papa di prendere il monastero sotto la sua protezione. Secondo Schwartz e Kurze la fondazione del 25 luglio 998, per il fatto di essere stata eseguita a Marturi o per incarico dell'abbazia, non può che essere falsa, essendo rispetto a quella del 10 agosto 998 molto più vantaggiosa per il monastero. Se dunque questo documento è una falsificazione della fine dell'XI secolo possiamo fare un passo ulteriore ed ipotizzare che il panorama delle proprietà che esso presenta rifletta in realtà lo stato del patrimonio del monastero a questa data: alle località già elencate nel documento del 10 agosto 998 se ne aggiungono molte altre ed in generale l'impressione è che la proprietà si sia non solo ampliata, ma anche strutturata. I nuovi mansi vengono tutti descritti in modo più preciso e sempre con l'indicazione dei massari che li lavorano. I patronati sulle cappelle vengono meglio precisati, come quello su Santa Croce, la chiesa del territorio di Marturi che sarà al centro della contesa con la pieve nel 1174 e quello sulla chiesa di Sant'Ansano a Galognano, che non è presente nella donazione marchionale del 10 agosto 998. Tra i nomi nuovi compaiono ancora Castiglione, Fabbriciano, Tignano e Cassiano, tutte località che ritroveremo più volte al centro di vicende testimoniate dalle carte del fondo.

(SN) In nomine domini dei æterni. Regnante domino nostro Otto gratia dei imperator augustus, filius bone memorie Ottonis imperatoris, nepus bone memorie imperatoris itemque Ottonis, | anno imperii eius in Italia tertio, .VIII. kalendas augusti, indictione .XI. Divine ᵃ gratie munere, superne virtutis auxilio faucibus demonice potestatis erutis, ut nos misericors dominus æterne | patrie gaudiis faciat coheres, sedulis ammonitionibus crebrisque preceptis informat. Unde ᵇ est illud: «Venite ᶜ ad me omnes, qui laboratis et honerati estis, et ego vos requiescere faciam¹». Et ᶜ ne quis de via ad eum | perveniendi vel qualiter ab eo recipiendum esset dubitaret quod promisit, ipse certam ostendit form(ul)a(m) cum dixit: «Dimittite ᶜ et dimittet(ur) vobis, date et dabit(ur) vob(is)²». Ne

¹ Mt. 11, 28.
² Lc. 6, 37-38.

quis tamen hoc quod idem docuit segniter | ageret, hortatur ipse cum alibi dixit: «Vigilate et orate, quia nescitis diem neque horam[3]». Hanc scilicet vocem ita omnes debemus frequentissime meditare, quatinus semper pre oculis mentis abeatur. Oportet enim singulis | qui se omnipotentis dei misericordia huius mundi divitiis vel quibuscumque temporalibus adiumentis noverint consolatos hi, qui acceperint ab eo, quantumlibet illi conferre cum gratiarum actione, a quo sibi noscit cuncta que | habet concessa. Quia regnum dei tanti valet quantum habes; quod credi possit, dominice instruimur documentis, quia mulier duo minuta devote offerenti plus ceteris omnibus offerentibus asseruit optulisse. | Unde [b] ego in dei nomine UGO [d] dux et marchio, lege vivente Saliga, filius bone memorie Uberti, qui fuit similiter marchio, lege vivente Saliga, in dei omnipotentis ac misericordissimi nomine pro anime | mee parentumque meorum et imperatorum omniumque christianorum [e] vivorum sive defunctorum remedium ecclesiam ædificavi in honore sancti Michaelis archangeli in monte et poio qui dicitur | castello de Marturi; et hanc æcclesiam ad optimum statum religionis ducere cupiens, monasterium monachorum iuxta regulam sancti Benedicti ibi deo servientium statuere decerno et | confirmo, eo vero ordine vel statu: ut a modo in antea iam dicta æcclesia monastice dicioni perhenniter delegata permaneat, et cum omni sua possessione monasterium monachorum ibi deo | servientium omni tempore fiat, quatinus in eodem sacrosancto loco usque imperpetuum abbas cum monachis regulariter vivant, et dei servitium secundum predicti patris normam die noctuque inibi faciant, | et pro animabus nostris parentumque nostrorum sive religiosorum imperatorum preteritorum, presentium et futurorum et omnium christianorum assidue intercedant; per hanc itaque cartam offersionis et hoc scriptum fir|mitatis dono, concedo, trado et offero omnipotenti deo et eidem beatissimo Michaeli archan[geli] [f] nec non et beatissime Marie virgini et sanctissimo Iohanni evangeliste beatoque Nicolao confessori et | tibi Bolonio venerabili abbati, tibique perhenniter regulariter ibi succedentibus, in primi[s v]idelicet [f] offero: fundamentum illud, una cum ipso monte et poio seu castello et turres seu æcclesiis vide|licet sancte Crucis et sancti Benedicti sunt ædificate in quo ipsa prenominata æcclesia et monasteri[um s]itum [f] esse videtur, tamen decernimus castellum illud et poium cum casis et edificiis supra se et infra se | habentem sicut de uno latere ab oriente decurrit fossatum qui vadit in fluvio Elsa et [in] [f] summitate ipsius fossati a

---

[3] Mt. 25, 13.

meridie revertitur per summitatem poii qui [g] est super ipsum castellum et rever|titur usque ad pontem qui [g] est in ipso flumine Elsa et sicut ipse fluvius coniungitur prenominato fossato, hoc autem predictum fundamentum cum ipso suprascripto monte et poio seu castello | atque prenominatis æcclesiis cum casis et omnibus rebus infra se et super se abentem cum fundamentis et omnia edificia suorum vel universis fabricis suis qualiter superius legitur in integrum cum inferio|ribus et superioribus suis seu cum accessionibus suis et ingressuras suas deo et ipsi æcclesie monasterio sancti Michaelis archangeli et tibi Bolonio abbati offerre previdi, et insuper | offero tibi deo et suprascripto monasterio beato Michaelis archangeli id est: ducentum et decem inter casis et cascinis seu casalinis atque sortis et rebus massaritiis meis illis quas abeo | in suprascripto loco Marturi vel in eius finibus, una [b] ex illis mansis regitur per Urso da T(ri)bio [h] [4], alia Petrus cellerarius, tertia per Teuzo massario filio Guidi, quarta per Urso de Ponte, | et insuper concedo omnem teloneum sive curaturam de ipso ponte, quinta mansa detinet Petrus Ollarius, sexta Bonizo Mancarone, duo ex ipsis casis detinet Urso de | Quercia, alia detinent filii Pipini, alia regitur per Martino filius Petri, undecima [b] detinet Sasso filius Dominici, duodecima et tertiadecima detinet Gherizo, | duo ex ipsis in Galugnano [5] cum [i] æcclesia sancti Ansani que recte fuerunt per Migrimizo de Elsa, et tres manse de æcclesia sancte Crucis una [b] detinet Petrus presbiter, alia | Iohannes Manente, tertia Iohannes de Gavignano, manso uno in Paterno [6] que detinet Martinus Mimulo, alio quem detinet Petrus filius Martini Maletundut[o] | de Colle Murello, alio manso detinet Iohannes filius Petri de Silva, alia detinet Stefanus de Castellone, manso uno detinent Andreas et Bonizo et Teuzo filii| Petri, alio manso detinet Petrus Battebicco, alio quem detinet Iohannes de Castellone, alia detinet Teuzo de Colle Morelle [7], alia detinet Andrea de Colline [i], | manse duo detinet Roczo de Fabriciano, manso uno detinet [...] [k], alio detinet Urso de Aquilone, alio detinet Petrus Scario, alio detinet Alselmus | de Urnito, alia mansa detinet Martinus presbiter, manso

---

[4] Tribio da *trivium*: all'altezza in cui il Foci si congiunge all'Elsa c'è una località che si chiama oggi Tre Vie.

[5] Galognano sulla destra del fiume Elsa lungo la strada che collega Poggibonsi a Colle, cfr. REPETTI, II, p. 394.

[6] Premesso che Paterno/a è un toponimo di non facile identificazione a causa della grande frequenza con cui è attestato se ne propone qui l'identificazione con Paterna presso Colle Valdelsa, circa un chilometro a sud di Galognano, cfr. CAMMAROSANO, PASSERI, *Repertorio*, 20.11.

[7] Nella zona nord di Poggibonsi c'è una via Monte Morello.

uno de[tinet] [1] Albertus Scancius, alio manso detinet Corbulo, alia detinet Erizo de Montelon[ti] [m], | manso uno detinet Iohannes Zanaticus, in Tingnano [8] manse septem: una [b] regitur per Petrum Lambardum, alia per Rainaldum, tertia per Petrum filius Amizi, quarta per Dominic[um][n] | filius Martini, quinta per Teuzo filius Barocci, sexta per Bonizo, septima per Bonizo filius Marie, duodecim manse in Cassiano [9]: duo detinet Raimbaldo, tertia | Petrus, quarta regitur per Leo filius Tachi, quinta per Baroccio, sexta per [Sigizo] [o], septima per Urso da Laterine, octava per Iohannes filius Maiolfi, nona per Petrus filius | Litardi, decima regitur per Petrus filius Leonis, undecima [b] per Gisalberto, duodecima regitur per Azo massario, manso uno detinet Vitalis filius Sicchi, | in Anclano [10] ubi dicitur Curte Boni manse duo: una [b] detinet Sigizo da Sugi, manso uno in Monte, manse tres quas detinet Petrus filius Roppi, | manso uno detinet Petrus filius Taizi, alio detinet Iohannes de Oliveto, alia detinet Urso de Sortofoli, manse due detinet Martinus filius Sichi, manso | uno detinet Petrus filius Ingizi, alio detinet Barocio filius Rainzi, alio detinet Ingizo de Valle, manso uno detinet Veneri de Padule, alio | detinet Iohannes de Padule, in Gavignano [11] manso uno quem detinet Iohannes, alio detinet Campomaiore, manso uno detinet Petrus et Amizo, | in Sulignano [12] manso uno, manso uno quem detinet Maizo, in Cinziano [13] manso [p] duo quos detinet Bonizo et Ildizo de Fusco, alio in Campo|maiore [14] quem detinet Maizo, in Colle manso uno quem detinet Andreas et Alfredus, manse duo quos detinet Petrus Buccamartello, | in Tenzano [15] mase duo quas detinet Sigizo, alia quam detinet Iohannes filius Ursi, alia detinet Ferizo, cum domnicato et æcclesia sancti Fabiani, manse quattuor, Mo|ranto et Ildizo detinent manso uno, alia detinet Garo, manso uno

---

[8] Tignano nel piviere di San Pietro in Bossolo presso Barberino Valdelsa, cfr. REPETTI, V, pp. 525-526.

[9] Santa Lucia a Cassiano in Valdelsa presso Barberino, cfr. *ivi*, I, p. 523.

[10] Chiano tra Linari e Poggibonsi sulla destra del Drove di Cinciano prima che questi confluisca nello Staggia.

[11] Gavignano a nord-est di Poggibonsi tra il Drove di Tattera e il borro di Paterna, cfr. REPETTI, II, p. 413.

[12] Toponimo accettato dal Pieri (cfr. PIERI, p. 184), tuttavia non rintracciabile sulle carte disponibili.

[13] Identificabile probabilmente con Cinciano località situata tra i due rami del torrente Drove a est della strada che da Poggibonsi sale a Barberino Val d'Elsa, cfr. REPETTI, I, p. 734.

[14] Forse Campo Maggio alla confluenza dei due rami del Drove.

[15] Oggi San Fabiano nel piviere di Sant'Agnese in Chianti, cfr. REPETTI, II, p. 362 e CAMMAROSANO, PASSERI, *Repertorio*, 42.11.

detinet Teuzo, in Veci [16] manso uno quem detinet Benedictus presbiter, in Acitin[i] manso | uno quem detinet Petrus, alia regitur per Benedicto, in Rodano [17] manso uno quem detinet Iohannes clericus, Samuel de Monte detinet manso uno, alia in Taguli [18] | quem detinet Ildizo, alia quam detinet Rodulfus filius Ildi et Homicio, manso uno detinet Andreas filius Ursi, alia detinet Dominicus filius Leonis, alia detinet | Morunto, manso uno detinet Ursus filius Altiprandi, manso uno detinet Giso filius Teuzi, manse quinque quas detinet Helias presbiter atque Umb[erto] | cum fratribus suis, in Seutini manso uno quem detinet Urso, alio quem detinet Bonizo presbiter, manse duo quas detinent Petrus et Urso, in Suri [19] ma[nso] | uno quem detinet Andreas, ad Isertino q [20] manso uno quem detinet Petrus, in Corina manso uno quem detinet Benedictus, in Cignano [21] cum æcclesia sancti | Petri mansas tres, in Lillano [22] manso uno quem detinet Petrus, alio quem detinet Martinus presbiter, in Fullonica manso uno quem detinet Petrus | filius Guidi, manse duo quas detinet Bonizo filius Martini, alia quam detinet Gumbertus clericus, manse duo quas detinet Andreas filius Petri Albi | et Iohannes de Mandria, in Buzacone [23] manso uno quem detinet Leo de Capraria, alio quem detinet Petrus filius Martini, alio quem detinet Amizo, | in Seti manso uno quem detinet Petrus clericus filius Roizi, in Colle manso uno quem detinet Petrus, in Valle manso uno quem detinet Petrus, æcclesia | sancti Donati r, manso uno in Cispiano [24], Martinus filius Stephani manso uno, in Saugnano [25] manso uno quem detinet Maurunto, alio quem detinet s | Petrus filius Gisi, alio quem detinet Auundo, alia quam detinet Andreas filius Iohannis, in Surignano [26] manse tres, manso uno in Gau[er]se t [27], in Cispiano | manse due: alio quem detinet Petrus filius Gisi, et alio quem detinet Giso filius Petri, in Acquora manso quem detinet Iohannes de Zocori, manso uno quem detinet | Urso

---

[16] Vegi, lungo il borro d Strolla, a sud della pieve di Sant'Agnese, cfr. PIERI, p. 109.

[17] Rodano, a est di San Fabiano, sempre nel territorio di Castellina in Chianti, cfr. PIERI, p. 387.

[18] PIERI, p. 221, che lo riconosce come derivato da un nome germanico, lo colloca nel territorio di Castellina in Chianti.

[19] Ivi, p. 105, lo colloca nei pressi di Poggibonsi.

[20] Sertino si trovava, secondo PIERI, p. 47, nel territorio di Castellina in Chianti.

[21] Cignano nel piviere di San Leonino in Conio, cfr. REPETTI, I, p. 733.

[22] Lilliano nel territorio di Castellina in Chianti, cfr. ivi, II, p. 695.

[23] Bozzagone nella parrocchia di Santa Cristiana Ligliano, cfr. CONTI, pp. 27-28.

[24] Cispiano a ovest di Castellina in Chianti, cfr. REPETTI, I, p. 740.

[25] PIERI, p. 180, lo identifica nei pressi di Poggibonsi.

[26] Ivi, p. 187, lo identifica nei pressi di Poggibonsi.

[27] Secondo ivi, p. 375, c'è una Gaversa nei pressi Castellina in Chianti.

de Ame, manso uno quem detinet Petrus filius Amalperti, alio quem detinet Bonizo de Ame, alio quem detinet Urso filius Petri, ad Ulmi manso | uno, in Orzale manso uno, in Leugnano [28] manso uno, in Villanova manso uno, alio in Sassiprandi, in Marzana manse duo, manso uno | que detinet Leo Scario, in Villa Gaio manso uno quem detinet Erizo, in Gaiano manso uno qui detinent Romanuli, in Villule [29] manso uno quem detinet | Ferizo, manse duo quas detinet Bonizo filius Uuiberti, manso uno quem detinet Erizo de Ioboli, alia quam detinet Leo de Pino, alia quam detinet Petrus | de Monte Pentaclo, alia quam detinet Petrus filius Ursi, in Lene manse quinque, manso uno quem detinet Teuprando, in Tuscanula manso uno quem | detinet Andreas Muschita, alia quam detinet Bonizo filius Stanzi, alia quam detinet Guinizo et Bellino, in Fiticiano manso uno quem detinet Teuzo, | alio quem detinet Petrus de Siticiano, alia quam detinet Dominicus, in [...]no [f], manso uno quem detinet Iohannes Ollario, alio quem detinent Urso et B[e]zo, | alio quem detinet Veneri, in Luco [30] manso uno quem detinet Barocio, alio quem detinet Domnicellus, alio quem detinet Iohannes Centinuto, manse duo | quas detinet Petrus Bifarello, alio quem detinet Iohannes Forbitore, alio quam detinet Teuzo filius Iohannis clerici, alia quam detinet Petrus de Fonte, in | Montesancto [31] manse duo quas detinent Stephanus et Petrus Erlemusio, alio quem detinet Marco Ullario, alia quam detinet Iohannes Russo, manse | tres in Luco cum æcclesia sancti Martini, una cum medietate de illa æcclesia cui vocabulum est sancti Donati que est fundata in loco et finibus Lucardo [32], una [b] cum inte|gris triginta et tres inter casis et cascinis seu casalinis atque rebus domnicatis et massaritiis quas abeo in suprascripto loco Lucardo vel in eius finibus ad pre|dicta æcclesia sancti Donati est pertinentes, similiter et masia quam detinet Micheli de Gudusuli; curticella de Ponzano [33], manse septem cum domnicato de ipsa | curte quem detinet Teuzo filius Liufredi, in Ficinule manse .VI., in Cedda [34] manse .III. quas

---

[28] Secondo *ivi*, p. 155, nei pressi di Poggibonsi.

[29] Villole in Valdelsa, cfr. REPETTI, V, p. 781 e CAMMAROSANO, PASSERI, *Repertorio*, 42.18.

[30] Su Luco, cfr. REPETTI, II, p. 928 e CAMMAROSANO, PASSERI, *Repertorio*, 42.4.

[31] Monsanto sulla sinistra del torrente Drove, cfr. REPETTI, III, p. 254.

[32] Lucardo nel territorio di Certaldo, cfr. *ivi*, II, pp. 817-818.

[33] Ponsano nei pressi di Barberino Val d'Elsa, cfr. *ivi*, IV, p. 515.

[34] Cedda, «nell'antico piviere di Santa Agnese in Chianti [...] risiede in collina sulla pendice occidentale dei poggi che stendosi dalla Castellina del Chianti verso Barberino Val-d'Elsa», *ivi*, I, p. 640.

detinet Petrus filius Iohannis, in Castagneto [35] mansa .I., in Castello [36] mansa .I. | quam [u] detinet Petrus Buccamartello, in Burro mansa .I., in Olena [37] mansa .I., in Patrignone [38] mansa .I., in Quercito Bonoruli [39] manse .III., in Gugnano mansa .I. | quam detinet Gumpulo et abet pendices tres: una [b] quam detinet Dominicus filius Andree, alia Garruccio filius Agi, tertia detinet Petrus filius Donati, in Serille mansa .I., in Mar|cano [40] manse .II., in Cruce mansa .I., in Villule mansa .I., in Bacilfi mansa .I. quam detinet Teuzo filius Rofridi, in Talcione [41] mansa .I. quam detinet Petrus presbiter, in Caval|le [42] manse .II.: una [b] detinet filius Liuzi, alia Petrus, in Vergnano [43] mansa .I. quam detinet filius Guifredi, in Colonica mansa .I. quam detinet filius Guidi, in Luco mansa .I. | que dicitur Berte cum pendiciis suis, alie .II. quas detinet Petrus Bifarello cum filiis suis, in Bibiano [44] mansa .I., in Fundignano mansa .I. quam detinent filii Stephani, | in Stabilise mansa .I., in Plantignano mansa .I., in Anclano curte Quilleradi manse .III., in castello de Talcione mansiones .II., in castello de | Papaiano de intus ipsa pars que fuit Guinizi fil(ius) Ugonis et alia pars in ipso castello Papaiano cum omni pertinentia de intus et foris que fuit Azi fil(ius) | Petri Nigri, in Spandule mansa .I., a Tramonte mansa .I., in Topina [45] manse .III., in Rosignano manse .II., in Antula [46] mansa .I., inter Colle Gattario et Maciole | et Saltus manse quattuor, in Collelongo mansa .I., in Viciano mansa .I., in Curte Freda manse .III., in Sparpaialla manse .V., in Mugnano manse .IIII. [v], | in Gabiano manse due, in Cagnano [47] mansa .I., in Panzano mansa .I., in Gregnano mansa .I., in Colle

---

[35] A sud-est di Poggibonsi, tra La Magione e Megognano c'è un toponimo che porta ancora oggi questo nome.

[36] Accanto a Pastine c'è un gruppo di case che porta questo nome.

[37] A sud di San Donato in Poggio, sulle colline dove nasce il torrente Drove, cfr. RE-PETTI, III, p. 653.

[38] Nome di un podere nel territorio di Barberino Val d'Elsa a sud di San Donato in Poggio.

[39] Nei pressi della suddetta Olena, si trovano oggi due toponimi dai nomi La Quercia e Bonorli.

[40] CONTI, p. 21, propone l'identificazione con Marciano nei pressi di Barberino.

[41] Su Talciona e sulla sua bibliografia, cfr. CAMMAROSANO, PASSERI, *Repertorio*, 42.16.

[42] Cavalle a est di Talciona.

[43] Verniano si trova a sud-est di Talciona. cfr. PIERI, p. 195.

[44] Da identificare con il Bibbiano situato nella parrocchia di Santa Cristina a Ligliano nella zona delle colline che risalgono verso Castellina in Chianti, cfr. CAMMAROSANO, PAS-SERI, *Repertorio*, 10.2.

[45] Su Topina, cfr. REPETTI, V, p. 535.

[46] Secondo PIERI, p. 19, nei pressi di Poggibonsi.

[47] Cagnano di sopra e Cagnano di sotto due km circa a sud di Castellina.

Petroso [48] mansa .I., in Qualdo [49] manse .II. quas detinent filii Lucci, | in Casule manse .VIIII., in Sarciano manse .II., a Lifuli [50] manse .III., in Pini mansa .I. quam detinent filii Gerardi, in Paterno manse .II. quas detinent filii Iohannis, Petrus filius Lupi de Pacelfi | mansa .I., in Arginne mansa .I., in Monte Rapponi manse .VI., in Meugnano manse .VIIII., in Alene manse .VIIII., infra plebem sancte Ierusalem de Lucardo in villa que dicitur | Albagnano [51] et Roncognano manse .II. que recte sunt per Giso et Quarno et Arnullo, similiter infra ipsa plebe terra Valisana in loco qui dicitur Valle manse .II. que fuerunt recte | per Rofredum et Petrum nepotem eius, tertia mansa que est in eadem plebe in loco qui dicitur Valli iuxta villa que nuncupatur Fabrica et est recta per Alberto fil(ius) Teuzi, in Asciano [52] mansa una | ubi dicitur Ulpaio que recta fuit per Azo massario, Scacari mansa .I. quam detinet filius Pini, in Meugnano in loco qui dicitur Citine mansa .I. quam detinent Rainzo et Azo filius Petri; | insuper offero et trado curte mea de Untugnano, cum æcclesia sancti Salvatoris que ibi est ædificata cum omni pertinentia, et ripe de Castellonovo et de Concinno, et aqua que dicitur | Vitrica et Meleto cum ceteris aquis pertinentibus ad suprascripta curte, seu et terra illa que dicitur Severatico que fuit recta per Gualfredo castaldo, et ipsa pars de castello de Turi | gnano de intus et de foris, sive de aquis sive de terris cum suis faticiis seu ubicumque et qualicumque ad ipsa curte donicata sive de predictis castellis sibi pertinentibus sive per meo con | quisito vel hereditate paterna quam et materna per qualicumque ordine de meo iure infra ipsis locis iam nominatis curtis seu castellis de earum pertinentiis inveniri potest, | una [b] cum casis et cascinis seu casalinis atque rebus donicatis et massaritiis infra descriptis locis et vocabulis superius dictis esse inveniuntur, tamen nominative: casa .I. | et res una que detinet Lambertus presbiter, secunda que detinet Amizo filius Ursi, tertia detinet Dominicus massarius, quarta detinet Baruncello, quinta detinet Urso Bestiaculo, sexta detinet Albertus Scancio, | septima que detinet Iohannes, octava que detinet alius Iohannes, nona que detinet filius Pini, decima que detinet Bonizo Bifarello cum alia mansa, duodecima detinet Petrus, tertiadecima | detinet Iohannes Bifulco, quartadecima

---

[48] Cfr. REPETTI, I, p. 769, che lo identifica con Colle di Petroso in Val di Pesa, a nord di Radda in Chianti

[49] Guardo presso Castellina in Chianti?

[50] Cfr. REPETTI, II, p. 695.

[51] Santa Maria al Bagnano nel piviere di San Ierusalem a Lucardo. Secondo CONTI, p. 28, nel XIX si trovavano qui ancora due poderi detti Valle.

[52] Sciano, frazione di Certaldo, nel cui territorio si trova ancora oggi il podere Volpaia, cfr. CONTI, p. 28.

detinet Stephanus massarius, in Cippito manse .III., a Tavernule manse .I., in Finuclinto manse .IIII, in Campo Ramuli manse .II., in Surignano manse .IIII, | in Castagnito manse .II., in Casalino manse .II. et domnicato, qui simul sunt triginta inter casis, cascinis, casalinis seu sortibus et domnicatis. Etu [w] ******************************* | ********************** *** *** ***** | Hec [x] autem omnia, que superius leguntur, sicut michi per hereditatem paternam aut maternam seu per conquisitum evenit, omnia in omnibus, | quantum ad ipsam curte de Marturi vel de Untignano seu de aliis [y] mansis et æcclesiis pertinentes esse invenitur, sicut ego ad meum | domnicatum habeo et teneo, cum omnibus pensionibus, redditibus sive decimis cum omnibus domnicatis cum casis, rebus et massaritiis | cum fundamentis et omnibus fundamentis vel omnibus fabriciis suarum seu curtis, ortalias, terris, vineis, olivetis, castagnetis, | quercetis, silvis, patris [z], pascuis, cultis rebus vel incultis sive mobile sive immobile, omnia et in omnibus quantas | ubique et in quibuslibet locis vel vocabulis ad suprascriptis casis et casalinis seu sortis et rebus que superius leguntur | sunt pertinentes vel aspicientes, vel suprascripti et denominati homines exinde ad manus suas habere | et detinere videntur, in integrum; omnia transacto nomine sicut superius legitur cum inferioribus et superioribus | suarum seu cum accessionibus et ingressuras earum una [b] cum omnibus servis et ancillis qui michi pertinent | de curte mea illa domnicata de Tenzano, deo [aa] et ipsi æcclesie et monasterio beati Michaelis archangneli | nec non et beatissime dei genitrici Virgini Marie [bb] et sanctissimo Iohanni Evangeliste sanctoque Nicolao confessori | et tibi Bolonio venerabili abbati tibi religiose succedentibus offero, trado et concedo, eo videlicet ordine: ut ab | hodierno die in antea in ipsa dei æcclesia et monasterium te abbatem et patrem cum monachis et presbiteris seu cum ceteris | [mora]ntibus [cc] secundum regulam [dd] sancti Benedicti eligere seu ordinare atque confirmare volo, et omnibus suprascriptis | [casis et sortis seu] rebus tam domnicatis quam et massaritiis atque æcclesiis et iam dictis servis et ancillis que superius leg[untur] [n] | ad ipsa domini æcclesia et monasterio eiusque rectoribus qui ibi pro tempore fuerint sint potestatem eas habendi, tenendi, imperandi et | laborare faciendum et usufructuandi; e ut [ee] abbatibus et fratribus ibi deo servientibus ad temporale victu vel usu deserviant | ut [b] sit remedium anime mee parentumque meorum nec non et imperatorum omniumque christianorum vivorum [ff] ac defunctorum, | et diurna et nocturna officia misse et orationes psalmis et ymnis luminaria et incensus largitates bone et helemosine hospitalitates | et lectiones et dei servitium atque observatio sacratissime regule sancti Benedicti sint michi atque religississimis [z] imperatoribus | posterisque nostris et omnibus christianis ad salutem et indulgentiam nostrorum omnium peccatorum atque ad defensionem animarum | et corporum usque in finem seculum, et post finem seculi vitam eternam a Domino mereamur accipere [gg]. | Hoc etiam simili modo statuo, promitto atque ordino: ut ipsum monasterium et omnia eius bona tam presentia quam futura | et ipsos fratres qui ibidem pro tempore ordinati sive positi fuerint simulque cum abbate qui ibi regulariter electus fuerit deo servierint | cum recta et bona fide omni tempore debeant [hh] sustentare, protegere, defendere atque adiuvare, et meo studio ac sollicitudine | in predicto loco status iustitie et cultum religionis omni tempore volo et desidero retinere et restaurare ac | stabilem reddere. Similiter volo atque instituo et firmiter observandum esse censeo: ut res ipsius monasterii tam | que modo abet aut in antea cum dei adiutorio abuerit nullo modo ab abbate qui pro tempore ibi fuerit vel a priore | [vel a] monachis vel a quibuscumque personis non sint in potestate vendere, donare, commutare neque per libellum neque | per nullum argumentum neque per feum neque per nullum ingenium alienare nec dare neque minuare, nisi pro inrecupe|rabili et evitabili utilitate et perspicua melioratione sacri loci. Quod si, quod absit, aliter factum fuerit et claruerit nullius | momenti vel stabilitatis sit, sed sint et redigantur ad utilitatem ipsius æcclesie et monasterii et subsidium fratrum ibi deo servientium. | In ordinatione autem abbatis illud ante omnia statuo et observare decerno: ut nullus ibi abbas nisi canonice et regulariter | ordinetur, quod si forte indignus, quod absit, vel interventu pecunie aut per simoniacam heresim promotus fuerit, mox | sine mora deiciatur et alter qui dignus sit subrogetur, et qui consentiens in hoc per conscientiam fuerit quam infra | constituemus anatheme et pene subdatur. Et quocumque tempore abbas, qui ibi fuerit, de oc seculo migraverit, non sit | in potestatem nullius persone hominum masculi vel femine nec episcopi neque regis neque marchionis neque comitis sed | nec ullius persone ibi abbatem mittere aut eligere, sed sit in potestate ipsius congregationis, si in ipsa congregatione | idoneum inveniri potuerit, secundum preceptum regulæ sancti Benedicti sibi abbatem eligant, et si, quod absit, in ipsa congre|gatione minime inveniri potuerit, sit in providentia illius congregationis de altero monasterio cum timore dei et | observatione regule sibi abbatem eligere. Unde ego Ugo [d] dux et marchio, ut supra legitur, lege vivente Saliga, de omnibus que superius | leguntur supra sacrosanctum altare beati Michaelis archangeli et in manibus tuis venerabilis abbas Boloni legitimam facio investituram et tradi|tionem per cultellum et fistucum nodatum et quantonem seu quasonem terre atque ramum arboris me exinde foris expuli querpivi et absitum | feci et ipsi ecclesie et monasterio ad proprietatem sicut superius legitur ad habendum reliqui. Et quod facturum esse non credo, si ego qui supra Ugo marchio | [aut u]llus [ii] de heredibus ac proheredibus meis seu quelibet opposita persona contra hanc cartulam mee offersionis ire quandoque temptaverimus, aut [jj] pro quolibet inge|nium inrumpere aut infringere vel retollere seu minuare de omnia que superius legi[tur quesi]erimus, per nosmet ipsos aut submissa persona, cui nos eas dedissemus | aut dederimus, per quolibet ingenium, et eam ad partem suprascripti monasterii ab omnibus hominibus defendere non potuerimus et non defensaverimus, spondimus atque | promittimus ad partem predicti monasterii componere: suprascriptis omnibus casis et rebus que superius leguntur in dupplum in ferquidem loco sub estimatione quales tunc | fuerint, et insuper inferamus ad partem predicti monasterii suis rectoribus multa quod est pena aurum [kk] optimum libras mille, et argentum [kk] pondera | decem milia. Si quis autem de his omnibus que superius leguntur minuare subtraere vel fraudare temptaverit aut alienare vel delere voluerit: deleat omnipotens | dominus nomen eius de libro viventium et cum iustis non scribantur; fiant participes cum Dathan et Abiron, quos deguttivit terra; fiant socii cum Anania | et Sathira, qui fraudeverunt pecuniam domini sui; sint depreensi cum Simonem magum, qui gratiam sancti spiritus venundare voluit; sint participes cum Iuda | Scariothes, qui propter cupiditatem vendidit Dominum et magistrum; sint separati a consortio omnium iustorum, ut in die iudicii in numero illorum non resurgant. | Quia sic decrevit in omnibus mea voluntas, et ut presens hanc cartulam offersionis meę diuturnis temporibus firma et stabilis permaneat semper inconvulsa cum stipula|tione subnixa, atramentario, pinna et pergamena manibus meis de terra levavi et Iohanni notario et iudici domni imperatoris ad scribendum tradidi et | scribere rogavi testibusque obtuli roborandum [ll]. Actum in suprascripto castello de Marturi. | Ego autem supradictus Ugo dux et marchio hæc omnia, que firmitatis mee et ordinationis pagina continet, tam pro mercede anime mee quam etiam | omnium christianorum scribere rogavi et stabilem esse desidero; ideoque peto et supplico tam [mm] domnum apostolicum, per quem modo regitur apostolica beati Petri [nn] | sedes, quam et illos, qui in perpetuum eandem sedem canonice recturi sunt, ut me vivente sive defuncto pro amore dei et honorem beati Petri [nn], cui ad nomen | tradita est potestas regendi sue æcclesie, ut hanc meam ordinationem et supradictum monasterium et omnia eius bona, que modo abet aut in antea | abebit, apostolica tuitione semper sit firma et tuta. | Sed ^{oo} et imperialem potestatem fusis precibus pro anime sue et salutem imperii sui deposco tam qui modo est quam ^{pp} qui in antea deo annuente futurus erit, ut ipsum monasterium et res ipsius ab eis semper tueantur, ne a pravis hominibus bona illius diripiantur. |

✠ ^{qq} Ego Ugo dux et marchio hanc cartam ordinationis et offersionis manu mea confirmo et subscripsi.

✠ ✠ ✠ Signa manus Raineri filius bone memorie Berardi, et Petri seu Guillelmi germani filii Petri, et Bonifatii seu Berardi germani filii bone memorie Bezi, | lege vivente Saliga, rogati testes.

✠ ✠ ✠ Signa manus Rodulfi comes Rosolense filius bone memorie Ildibrandi et Teudici comes Volterense filius bone memorie Gerardi rogati testes.

✠ ^{rr} Teupertus iudex domni imperatoris subscripsi.

✠ Gerardus iudex domni imperatoris subscripsi.

✠ Petrus iudex domni imperatoris subscripsi. |

✠ Sigifredus iudex domni imperatoris subscripsi. |

(SN) Iohannes notarius et iudex domni imperatoris post tradita complevi et dedi.

---

^a *La* d *è di forma capitale.* ^b *La* u *è di forma angolare.* ^c *L'iniziale è di forma capitale.* ^d UGO *in lettere di tipo maiuscolo.* ^e *Espresso con* χρ *con segno abbr. sovrapposto seguito da* anor(um). *Così passim in* B. ^f *Lacuna per foro.* ^g qui *espresso con* q *e segno abbr. soprascritto.* ^h *In* B datoio *con* i *soprascritto alla* t; *in* C datbio *con segno abbr. che taglia il tratto orizzontale di* t. ⁱ *In* B *una linea verticale separa* Galugnano *e* cum. ^j -ne *in sopralinea.* ^k *Lacerazione dovuta alla piegatura. Omessa in* C. ^l *Lacuna per lacerazione.* ^m *Così in* B *o forse* Montelontri; *in* C de Mantalone. ⁿ *Lacuna per macchia.* ^o *In* C Sigizo. ^p *Segue uno* depennato. ^q i *corretto su* c. ^r *Segue* an *depennato.* ^s *La seconda* t *soprascritta a* e. ^t gause *con letterina sovrapposta sulla* u. ^u q(uam) *espresso con* q *e segno abbr. soprascritto.* ^v *Qui finisce la prima colonna.* ^w *Segue uno spazio lasciato in bianco corrispondente a circa centottantanove lettere.* ^x *La* h *di modulo maggiore.* ^y *Segue* cu *depennato.* ^z *Così in* B. ^{aa} d *di forma onciale.* ^{bb} *In onciale.* ^{cc} *Una macchia interessa le prime quindici parole delle righe 30-36.* ^{dd} r *di modulo maggiore così come le lettere iniziali seguenti* s *e* b. ^{ee} e *ed* u *di modulo maggiore.* ^{ff} *Segue* u *depennato.* ^{gg} *Va a capo e ricomincia con una lettera di modulo più grande.* ^{hh} debea *con segno abbreviativo su* a. ⁱⁱ *Lacuna per evanitura.* ^{jj} aut *in interlinea.* ^{kk} r *di forma maiuscola.* ^{ll} roborandum *in lettere di forma maiuscola.* ^{mm} tam *in interlinea.* ⁿⁿ Petri *in monogramma.* ^{oo} *Da* sed *fino a* diripiantur *il testo è ora scritto tutto su una riga e non più su due colonne in lettere maiuscole.* ^{pp} quam *in interlinea.* ^{qq} *La sottoscrizione è introdotta da una croce.* ^{rr} *La sottoscrizione è introdotta da una croce così come tutte quelle seguenti.*

3

CHARTA OFFERSIONIS

998 agosto 10, Marturi

Il marchese Ugo di Toscana offre alla chiesa e al monastero di San Michele Arcangelo situato nel castello di Marturi, retto dall'abate Bononio, beni specificati singolarmente con la riserva per sé ed i suoi legittimi eredi di poterne usufruire liberamente.

Copia in ASFᵢ, *Diplomatico*, Bonifacio, 10 agosto 998 [B].

Edizioni: SCHWARTZ, *Fälschungen*, p. 233-241.

Cfr.: SCHWARTZ, *Fälschungen*, pp. 233-241; A. FALCE, *Il marchese Ugo di Tuscia*, 1921, p. 145-146; G. TABACCO, *La vita di San Bononio di Rotberto monaco e l'abate Guido Grandi*, Torino 1954; KURZE, *Marturi*, p. 169 sgg.

Pergamena mm 720 x 650, rigata. Presenta una lacuna di forma quadrata (mm 100 x 100) che interessa la parte finale tra la 18ª e la 27ª riga.

Sul v e r s o una mano del sec. XV scrisse su tre righe: «carta donationis facta per Ugonem | marchionem abbatia sancti Micha|elis de Martura»; in calce in senso inverso rispetto alla scrittura del r e c t o l'annotazione: «del dono che fece el marchese Ugo | alla badia» e la segnatura «987=10=agosto».

La formula che fissa gli effetti della donazione solo in caso di morte in mancanza di eredi non è una rarità: essa è presente anche in una donazione alla Badia Fiorentina fatta da Bonifacio di Toscana nel 1009, cfr. *Carte di Badia*, I, pp. 52-55. Cfr. anche pp. 39-40 di questo volume.

(C) In nomine domini dei eterni. Regnante domno nostro Otto gratia dei imperator ᵃ augusto, filio bone memorie Ottoni imperatoris, nepus bone memorie itemque Ottoni imperatoris, anno imperii eius in Italia tertio, quarto idus augusti, inditione .XI. Divina gratia munere, superne virtutis auxilio faucibus dominice potestatis erutis, ut nos misericors | dominus etterne patrie gaudiis faciat quoheredes, sedulis ammonitionibus crebisque preceptis informa ᵇ. Unde est illud: «V e n i t e   a d   m e   o m n e s   q u i   l a b o r a t t i s   e t   h o n e r a t i   e s t i s   e t   e g o   v o s requiesscere faciam[1]». Et ne quis de via ad eum perveniendum vel qualiter ab eo recipiendum esse facultas dubitare quod promisit, i sunt [b] certum ostendit | formula [b], cum dixit: «Dimittite et dimittetur vobis, date et dabitur vobis[2]». Tamen oc [i]dem, quod docuit, segniter quis aiet et ortatus ipse alibit, cum d[i]xit: «Vigilate et orate, quia nescitis diem neque horam[3]». Hanc vocem silicet ita omnes debemus frequentissime meditare, quatenus semper per oculis mentis abeatur. Oportet enim singulis, | qui se omnipotentis domini misericordia huius [c] mundi divitiis vel quibuscumque temporalibus adiumentis noveris consolatos, qui acceperit ab eo quantumlibet illi conferre cum gratiarum actione, et quod ibi non sint cuncta que abet concessa; quia regnum dei, quantum abet, tantum valet. Quod ut credo possit, dominice | instruimus documentis, quia mulier duo minutę devote offerre plus ceteris omnibus offerentibus adservit obtulisse. Unde ego in dei nomine Ugo marchio lege vivente Saliga, filio boni memorię Uberti qui fuit marchio similiter lege vivente Saliga, | optimo dux, ut pro animę meę remedium offero deo ecclesia monasterio beati sancti Michaelis archangeli, q(ui) est fundata infra monte et poio, que dicitur castello de Marturi, id est: casa et curte mea illa domnicata, quam habeo in suprascripto loco et finibus, | que vocitatur Marturi, una cum omnibus casis et cassinis seo casalinis atque rebus domnicatis et massariciis sive castellis et ęcclesiis tam ipse castello de Marturi cum omnia infra se et super se habentes, tam intus in ipso castello quam et deforis [d], in qua | ipso monast(erium) ędificatu(m) est, qua(m) et castello illo de Colle de Monte sive in burgo de Fusci sive in Luco sive in Anclano seo in Meugnano sive in Lucardo sive curte de Tenzano seo terra que dicitur Romana, q(ue) [e] detinet Teuzo fil(ius) Liufredi [f], seo curte | de Antoniano, ubi ęcclesia sancti Salvatoris ędificata est cum omni pertinentia, et ripe ille de Castellonovo et de Concinno et aqua que dicitur Vitrica, et Meleto cum ceteris aquis de ipsa curte Antoniano et terra illa, que dicitur Severatico, q(ue) [e] fuit recta | per Uualfredo castaldo [g], et ipsa pars de castello de Turignano de intus et deforis sive de aquis sive de terris cum suis faticiis, seo ubicumque et [h] qualicumque ad ipsa curte domnicata sive predictis castellis seo pertinentibus sive per conquisito vel de hereditate, tam de paterno | quam et de materno, per quacumque [i] ordine de meo iure infra ipsis locis iam nominatis curtis seo castellis de earum pertinentiis invenire potest; una

---

[1] Cfr. Mt. 11, 28.
[2] Cfr. Lc. 6, 37. 38.
[3] Cfr. Mr. 13, 33.

cum casis [j] et cassinis seo casalinis atque rebus domnicatis et massariciis infra suprascriptis denominatis locis [k] | et vocabulis superius dictis, nominative: casa et res una que detinet Lamberto presbitero, secunda que detinet Amizo filius Ursi, tertia detinet Dominico massario, quarta detinet Baroncello massario, quinta que detinet Urso Bestiaculo, .VI. que detinet Alberto Scancio, | .VII. [l] que detinet Iohannes, .VIII. [l] que detinet alius Iohannes, nona que detinent filii Pini, .XI. [l] detinet Bonizo Bifarello cum una alia masa, .XII. detinet Petrus massario, .XIII. detinet Iohannes Bifulco, .XIIII. detinet Stefano massario; in Cepeto mase .II. [m]; a Tavernule masa [n] [...]; in Finodeto manse .IIII. [o]; in Camporamuli manse .II. [m]; in Sorignano manse .III.; in Castagneto manse .II. [m], una detinet Petrus Buccamartella, alia Petrus presbitero; in Casalino manse .II. [m] et domnicato [p]; curticella de Ponzano manse .VII. | cum domnicato de ipsa curte que detinet Teuzo filius Liufredi; in Ficinule manse .VI.; in Cedda manse .III. que detinet Petrus filius Iohannis [q]; in Castagneto mansa .I.; in Castello mansa .I. que detinet Petrus Buccamartella; in Burro mansa .I.; in Olena mansa .I.; in Patrignone [r] mansa .I.; in Querceto Bonoruli manse .III.; in Gugnano | mansa .I. que detinet Gumpulo et abet pendicie tres, una q(ue) [e] detinet Dominico filius Andreę, alia Garuccio [s] filius Agi, tertia detinet Petrus filius Donati; in Serule mansa .I.; in Marcano manse .II. [m]; in Cruce mansa .I., in Villule mansa .I. q(ue) [e] detinet filius Agi; in Bacilfi mansa .I. q(ue) [e] detinet Teuzo filius Roffredi; | in Talcione mansa .I. q(ue) [e] detinet Petrus presbitero; in Cavalle manse .II. [m], una detinet filius Liuzi, alia detinet Petrus; in Vergnano mansa .I., q(ue) [e] detinet filius Guifridi; in Colonica [t] mansa .I., q(ue) [e] detinet filius Guidi; in Luco mansa .I. q(ue) [e] dicitur Berte cum pendiciis suis, alia q(ue) [e] detinet Petrus Bifarello cum filiis et [alia] mansa | que ipsi detinent; in Bibiano mansa .I.; in Fundagnano mansa I, q(ue) [e] detinet filius Stefani; in Stabilise [u] mansa .I.; in Plantignano mansa .I.; in Anclano curte Uuilleradi q(ue) [e] sunt manse .III.; in castello de Talcione mansiones .II. [m]; in castello [de Papaiano de intus ipsa pars que fuit Guinizi] [v] | filius Ugoni et alia pars in ipso castello Papaiano cum omni pertinentia de intus et foris q(ue) [e] fuit de Azo filius Petri Nigri; in Godusuli mansa .I. que detinet Michelis; in Spandule mansa .I.; Petro Coco mansa .I.; a Tramonte mansa .I.; in Ciug[...] [v] | sua; in Topina manse .III.; in Rosignano manse .II. [m]; in Antula mansa .I.; inter Colle Gattario et Maciole et Salto manse .IIII. [o]; in Collelongo mansa .I.; in Viciano mansa I; in Curtefreda manse .III.; in Sparpaialla manse .V.; in M[ugnano manse .IIII.] [v]; | in Cagnano mansa .I.; in Gabiano manse .II. [m]; in Gragnano mansa .I.; in Colle Petruso mansa .I.; in Gualdo manse .II. [m], q(ue) ᵉ detinent filii Luci; in Casale manse .VIIII.; in Sarciano manse .II. ᵐ; a Lifuli manse .III.; in Meugnano campo uno; [in Pini mansa .I. que detinent filii Gerardi] ᵛ; | in Paterno manse .II. ᵐ q(ue) ᵉ detinent filii Iohannis; in Tenzano a Melenda mansa .I., Petrus presbitero de Ventii mansa .I., Petrus filius Lupi de Bacelfi mansa .I.; in Arginne mansa .I.; in Monte Rapponi manse .VI.; in Meugnano manse .VIIII. q(ue) ᵉ de[...] ᵛ | cum æcclesia sancti Petri; in Fizano mansa I, q(ue) ᵉ detinet Teuzo filius Liufredi; infra plebe sancti Iherusalem de Lucardo, in ville q(ue) ᵉ dicitur Albagnano et Roncognano manse .II. ʷ, quę recte sunt per Giso et Guarno et Arnulfo; [similiter infra ipsa plebe] ᵛ | terra Valisana in loco qui dicitur Valle manse .II. ʲ, q(ue) ᵉ fuerunt recte per Roffridi et Petrus nepote eius, et tertia mansa, q(ue) ᵉ est apsa ˣ, in loco qui dicitur Valli iusta villa que nuncupatur Fabrica et est recta per Alberto filius Teuzoni; in As[ciano mansa .I. ubi dicitur Ulpaio que recta fuit] ᵛ | per Azo massario; Scaccari mansa .I., q(ue) ᵉ detinet filius Pini; in Meugnano in loco ubi dicitur Citine mansa .I., que detinent Rainzo et Azo filii Petroni. Ęc autem suprascripta ʸ casa et curte domnicata et iam dictis casis et cassinis [...] ᵛ | et massariciis seo castellis et ęcclesiis sive curtis et pendiciis sive ripe et aquis ac padulibus ad ipsa curte de iam dicto loco Marturi [pertinentiis ... lo]cas ᶻ et vocabulas ubicumque et qualicumque ideo tam casis et rebus [domnicatis] ᵃᵃ quam et ca[...] ᵛ | et tributareis cum fundamentis et omnem ędeficiis ᵇᵇ vel universis fabricis suarum seo curtis, ortalia, terris, vineis, olivetis, castanietis, quercietis, silviis, virgareis, pratis, pascuis, cultis rebus vel incultis, [.] ᶜᶜ montibus, alpibus, rupis, rap[...] ᵛ | ripis ac padulibus omnia in omnibus rebus tam domnicatis quam et massariciis cum fundamentis et omne ędeficiis sive movile vel inmovile seo qui semoventibus quantas ubique in qualibet locis vel vocabulis ad suprascripta ʸ casa et curte domnicata æt ad predictis casis et curtis seo | a pendiciis dę ipsa curte de iam dicto loco Marturi pertinentibus seo a predictis castellis et ęcclesiis sive casis et curtis seo cassinis et casalinis atque sortis et rebus massariciis sunt pertinentibus vel reaspicientibus vel de suprascriptis ʸ denominatis hominibus massariciis sicut supra ʸ legitur | exinde ad manus suorum habere et detinere videntur in integrum eas omnia quod superius legitur cum inferioribus et superioribus suarum seo cum accessionibus et ingressoras earum. Transacto nomine tibi deo et ipsius ęcclesię monast(erio) beati sancti Michaelis archangeli offerre prevideor exscepto | et antepono exinde omnibus casis et curtis seo casalinis atque sortis sive rebus domnicatis et massariciis, quantas ego, qui supra Ugo marchio, per venditionis cartula dedero Teuzo fil(io) Liufredi et

Ymme et [..] dd Gisle et Ubaldi et Uuidi filii Ghisle de filia Uuidoni comes, et quantas ego, qui supra | Hugo marchio, per offersionis paginam dedi ad ęcclesia monast(erio) bete b sancte Marię scito infra civitatem Florentia, quas eidem predicto monasterio sancti Michaelis archangeli per hanc offersionis paginam minime offerre prevideor. Nam illis aliis omnibus casis et curtis seo castellis atque ęcclesiis sive | rebus domnicatis et massariciis sive ripis et piscareis ac padulibus sive molendinis in integrum tibi deo et ęcclesia monast(erio) beati sancti Michaelis archangeli offerre previdi in tali vero tinore: dum vita mea, qui supra y Ugo marchio, fuerit, omnibus suprascriptis y casis et curtis seo rebus domnicatis | et massariciis, qualiter supra y legitur, in mea, qui supra Hugo marchio, dum vita mea fuerit, sint potestatem faciendum exinde quod voluero, et si ego, qui supra Hugo marchio, heredem de legitima uxore ee abuero, similiter in eis sint potestatem omnia, qualiter supra y legitur, et si ipse heredes meos heredes abuerint | de legitima uxore, omnia, qualiter supra y legitur similiter in ei sint potestatem; et si ego, qui supra Hugo marchio, sine heredes de legitima uxore mortuo fuero ff, omnibus, qualiter supra y legitur, ad iure proprietario de suprascripta y ęcclesia monast(erio) sancti Michaelis archangeli sint potestatem; | et si ego, qui supra Hugo marchio, heredes de legitima uxore habuero et ipse heredes meos sine heredes de legitima gg uxore mortuo fuerit, similiter omnibus superscriptis casis et curtis seo castellis atque ęcclesiis seo rebus domnicatis et massariciis sive ripis et piscareis seo molendinis | ac padulibus, qualiter super legitur, ad iure proprietario de suprascripta y ęcclesia monast(erio) sancti Michaelis archangeli sint potestatem vel de eorum rectoribus, qui ibi pro tempore fuerint, eas omnia, quod superius legitur, habendi, tenendi, imperandi, laborare faciendi et vobis eas privato nomine usumfructuandi. | Et sic volo et dispono atque instituo pro animę meę remedium, qui supra Hugo marchio, post meum obitum, sicut super legitur, omnia, quod superius legitur, sint potestatem superscripta ęcclesia monast(erio) beati sancti Michaelis archangeli ad iure proprietario nomine et in potestate Bononii abbatis ipsius monasterii | suisque successoribus sive rectoribus, qui ibi p(re) b tempore fuerint seo monachis, qui secundum regulam sancti Benedicti ordinati fuerint, pro animę me[ę] remedium sic esset instituo omni tempore dię noctuque orationes seu missarum atque nocturnis vigilantia in ipsa ęcclesia monast(erio) | facere seu canere debeant secundum regulam beati sancti Benedicti hh, ut omni tempore ipse Bononii abbas una cum suos successores, qui ibi ordinati fuerint, et cum omnes congregationes, que e in ipsum sanctum monasterium esse videtur, una cum ipsa congregatione ee

servorum dei, | qui ibidem congregati fuerint, omni tempore dię noctuque
ibidem dei omnipotentis deprecentur misericordia in psalmis et in hymnis
et im missis seu orationibus nocturnis vigilantia pro animę meę remedium
et mihi omnipotens deus pius et misericors dignetur per eorum
orationibus ⁱⁱ indulgentiam | peccatorum meorum optinere merear. Et
taliter volo atque instituo, ut ipse Bonii ᵇ abbas vel suos successores neque
rectoribus, qui in ipso loco p(re) tempore fuerint, non abeat potestatem
neque licentia de omnia, que superius legitur, nec vendere neque per
libellum neque per nullum argumentum | ingenium alienare neque dare
neque minuare non debeant, sed ipsa ęcclesia monast(erio) sancti Michaelis
archangeli et Bononii abbate suisque sucessoribus vel rectoribus atque
monachi, qui ibi pro tempore fuerint ordinati, sint potestate eas omnia, que
superius legitur, abendi, | tenendi, imperandi, laborare faciendi et
usufructuandi, sicut supra ʸ insertum est, quia sic in omnibus mea decrevi
voluntas. Unde ego ipse cui ᵇ super Hugo marchio ad pars suprascripta
ęcclesia monast(eri) sancti Michaelis archangeli et Bononii abbate suisque |
successoribus atque rectoribus qui in ipsum sanctum locum p(re) tempore
fuerint de omnia quod superius legitur ad iure proprietario superscriptis
monast(erio) legitima facio vestitura et traditione per cultellum et fistucum
nodatum et uuantonem seo uuasonem terre atque arborum ⁱⁱ ramum | me
exinde foris expuli uuerpivi et absitum feci [et ipsius] ęcclesia monast(erio)
sancti Michaelis archangeli ad proprietatem sicut superius legitur ad
[abendum] reliqui et si quis vero quod facturo esse non credo si ego ipse
qui supra Hugo marchio q(uo)d absit aut ullo de heredibus ac pro
heredibus | meis seo quislibet opposita persona contra hanc cartulam
offersionis meę ire quandoque temptaverit aut eam per quacumque ingenio
inrumpere aut infrangere seo retollere vel minuare de omnia que superius
legitur quesierimus per nosmet ipsos | aut per summissa persona cui nos
eas dedissemus aut dederimus per quodlibet ingenio et eam [vo]b(is) ᵏᵏ ad
pars sup(er)scripto monast(erio) sancti Michaelis archangeli ab omni
homines defendere non potuerimus et non defenderimus preter quod
superius exsceptavi spondimus | atque promittimus ad pars sup(er)scripto
monast(erio) et predicti Bononii abbatis suisque successoribus atque
rectoribus qui ibi p(re) tempore fuerint ordinati cum predictis
sup(er)scriptis omnibus casis et curtis seo castellis atque ęcclesiis sive rebus
domnicatis et massariciis atque ripis | et piscareis seo molendinis ac
padulibus sicut supra legitur in duplum inferquidem loco sub estimatione
quales tunc fuerint et insuper inferam ad pars sup(er)scripto monast(erio)
et predicti Bonii ᵇ abbatis suisque successoribus atque rectoribus qui ibi

p(re) tempore fuerint ordinati | multa quod est pena auro optimo libras mille, argentum ponderas decemilia et [nec] si valeamus neque possamus disrumpere nec infrangere sed presens hanc cartula [b] offertionis mee firmam et stabilem persistam perpetualiter inconvulsa constipulationem supmissa. | Et quis de his omnibus que superius legitur minuare aut suptraere vel fraudare temtaverit alienare voluerit aut delere voluerit deleat eum omnipotens dominus de libro viventium et cum iustis non scribantur, fiat particeps eorum cum Dathan et Abiron qui aperiut terra | os suum et deglutivit eos, fiat sotios cum Anania et [Sathira] qui fraudaverunt pecuniam domini sui, sit deprehensu[s] cum Simon Mag[us qui gratiam] sancti spiritus venundare voluit, sit particeps cum Iuda Scariothas qui propter cupiditatem vendidit domino et magistro, | sit separatus a consortio omnium iustorum ut in die iudicii non resurgat in numerum [ll] illorum qui [...] [mm] quod derepetierimus et vindicare non valeamus [...] [nn] presens hanc cartula offertionis mee firma [et stabilis] [oo] permaneat | semper. Atramentario, pinna et pergamena manibus meis de terra levavi et Ildiberti not(ario) domni imperatoris ad scribendum tradidi et scribere ro[g]avi, testibus obtuli roborandum. Actum in superscripto loco Marturi. |

✠ Ugo marchio subscripsi. |

Signum ✠ ✠ ✠ manus [pp] Raineri filii bone memorie Berardi, Teupetri et Uuillelmi germani [qq] filii Perisindi lege vivente Saliga rogatus testes subscripsi. |

Signum ✠ ✠ manus Bonifatii et Berardi germani [qq] filii bone memorie Beczi similiter lege vivente Saliga rogatus testes subscripsi. |

Sigefredus iudex domni imperatoris subscripsi.

Signum ✠ manus Teudici comes filii bone memorie Gherardi testis subscripsi. |

Gherardus iudex domni imperatoris subscripsi. |

Teupertus iudex domni imperatoris subscripsi. |

Iohannes iudex domni imperatoris subscripsi. |

Ildibertus [rr] notarius domni imperatoris post traditam complevi et dedi.

[a] *Segue* -is *espunto.* [b] *Così in B.* [c] *h-* *preceduto da* u *depennata.* [d] *Segue* u *depennato.* [e] *q(ue) espresso con il segno abbr. per* qui. [f] *-r- corretta su* e. [g] *La seconda* a *corretta su* e. [h] *In sopralinea.* [i] *Segue infra depennato.* [i] *Segue* seo *depennato.* [k] s *corretto sull'asta di* b. [l] *Con piccolo* a *soprascritto.* [m] *Con piccolo* o *soprascritto.* [n] *Seguono tre punti.* [o] or *soprascritto.* [p] *Tra* m *e* n *una* i *soprascritta; segue depennato* -cato fil. Andree *e ripetuto* -cato. [q] *Segue una croce di richiamo; sopra il rigo in* Ca-

stagneto m(an)sa I. [r] *La prima* n *soprascritta in interlinea tra* g *e* n. [s] g *corretto su asta depennata.* [t] colo- *scritto con inchiostro molto scuro da mano probabilmente più tarda su rasura.* [u] *Il primo* i *soprascritto su* b. [v] *Lacuna di circa 25 lettere.* [w] o *soprascritto. Segue* q(ue) regit(ur) p(er) Giso *depennato.* [x] *Segue* iua *depennato.* [y] s *con* a *soprascritto.* [z] *Una rasura rende illeggibili tre segni circa.* [aa] *Letto con la lampada di Wood, tutto il rigo risulta di difficile lettura a causa di una piegatura che ha rovinato la pergamena.* [bb] *La seconda* e *corretta su* i. [cc] *Leggibile un segno che potrebbe essere* u *con un piccolo punto sottostante (forse* ac *in parte evanito?).* [dd] *Seguono due lettere di difficile interpretazione, forse* do *oppure* da *con segno abbreviativo soprascritto.* [ee] *Abbr. superflua.* [ff] o *corretto su* it *depennato.* [gg] ti *in sopralinea.* [hh] *Dopo* be *segue depennato* ati. [ii] *La seconda* i *in sopralinea.* [jj] *In sopralinea.* [kk] *Così* SCHWARTZ. [ll] SCHWARTZ *legge* munera. [mm] *Lacuna di circa 29 lettere per rosicatura; secondo* SCHWARTZ *però non sembra mancare niente.* [nn] *Lacuna per foro.* [oo] *Lacuna di circa 5 lettere.* [pp] *Segno abbreviativo su* u. [qq] gg *con segno abbreviativo sovrapposto.* [rr] *Con segno abbreviativo superfluo sull'asta della* b.

4

CARTULA OFFERSIONIS

1056 aprile 2, Marturi

Ranieri figlio del fu Petro offre alla chiesa e al monastero di San Michele posto nel castello di Marturi, retto dall'abate Giovanni, sedici s e - s t a r i a di terra posti nel luogo detto C o l l i n a .

Originale in ASFI, *Diplomatico*, Regio Acquisto Mariani, 2 aprile 1056 [A].

Pergamena mm 623 × 161 (90), in buono stato di conservazione.
Sul r e c t o , in alto la segnatura «n° 13». Sul v e r s o «1056» scritto di lato lungo il margine destro. Viene poi un'annotazione risalente al XII-XIII secolo: «[cartula] Raineri filius bone memorie Petri»; sotto una mano del XIV secolo scrisse «Fabrianio». In calce si trova la segnatura «1056=2=aprile».

L'autore della pia offerta è il marito di Boniza figlia del fu Azzo che nell'aprile 1068 insieme a Azzo figlio di Guiberto promise all'abbazia di non contrastare il possesso di certe terre poste a Cignano (cfr. il n. 6). Il notaio Giovanni redasse anche quest'ultimo documento, inoltre potrebbe essere lo stesso che ha scritto alcuni documenti di Badia a Isola, cfr. p.e. CAMMAROSANO, *Abbadia*, ai nn. 20, 21, 22, 28, 29.

Scrittura corsiva in cui la lettera t si presenta con raddoppiamento del primo tratto e le legature ct e ri sono realizzata con una stilizzazione particolare. Per <ti> viene usata la legatura con valore di affricata dentale.

Stile dell'Incarnazione, computo fiorentino, indicazione dell'anno dell'impero.

(SN) In nomine domini dei eterni. Anni ab incar|natione eius quinquagesimo sexto post | mille et anno decimo domni inperatoris domni Enrici | gratia dei inperatoris augustus, quarto nonus aprilis, indictione | nona; feliciter. E ª ideo Christo auctore ego quidem Raineri | filio bone memorie Petroni quia pro dei timore et remedio | anima mea per hanc cartula offersionis nomine a presenti | die dare et tradere adque offerrerę previdi in ec|clesia et monasterio sancti Michaeli qui ª est edificata | intus castello de Martuli ubi modo Iohannes abbas | servire videtur, id est integre sidecim sistariorum de | terra et res mea illa qui est posita in loco

Colina qui modo | recta est per Rustico et Martino et Iohanni germani filii bone memorie Iohanni. Ideo | predicti sistariorum de iam scripta terra, sicut super legitur, a sistario de decem | panis iusti agro [b] sementandum in integrum per estimo et per [mensura] dare et | tradere adque offerrerę previdi ut omni tempore ad iura proprie | tate de iam scripta ecclesia dare et tradere adque offerrerę previdi et ibidem | firma et stabile permanead semper. Et quod facturum esse non credimus, | si forsitans ego qui supra Raineri vel meis heredibus aut submissa persona qui nos | miserimus vel qui cum qualibet nostro facto veniad per quolibet ingenium | cui nos eas dedissemus aut dederimus qui ipsis rebus ad ipsa ecclesia et monas | terio retollere aut contrare [a] vel minuare aut intentionare presum | serimus aut si omnibus predictis rebus ab omnem ominem et femina defendere | non potuerimus et non defensaverimus a pars de ipsa ecclesia et monasterio, | tunc duplis tantis et talis omibus [a] iam scriptis rebus qualis tunc ipsis fuerint sub | bextimatione [a] in consimilibus locis a pars de ipsa ecclesia et monasterio et de suisque | rectoribus restituere et persolvere debeamus et si oportum fuerint licentiam | et potestatem abeant illi avocatoribus et custodibus qui modo de ipsa ecclesia | et monasterio sunt vel quod in antea fuerint licentiam et potestatem una cum ista | cartula offersionis causa exinde agendum, fine [a] ponendum, responsum redend[um] | et usque ad vera [a] legem perducendum, quam melius potuerint sicut nos facere | debeamus. Actum intus castello de Martuli territurio florentino; feliciter. |

Singnum ✠ manu iam scripti Raineri qui hanc cartula offersionis sicut super legitur | fieri rogavit. |

Singnum ✠ ✠ manibus Benni et Raineri germani filii bone memorie Uberti qui et Ardingo fui vocatus [1] rogatis [a] testis s(ub)s(cripserunt). |

Singnum ✠ manu Picinochi filio bone memorie Petroni   rogatus [c] testis s(ub)s(cripsit). |

(SN) Ego Iohannes notarius scriptor post tradita complevi.

---

[a] *Così in A.*   [b] *Manca il segno abbreviativo: probabilmente* a grano sementandum.   [c] u *corretto su* i.

---

[1] Sui *filii Ardingi* di Marturi, cfr. *Caleffo Vecchio*, I, n .4, pp. 10-11.

5

CHARTA OFFERSIONIS

1061 febbraio 3, Casalmaggiore

Il marchese Alberto, figlio del fu marchese Opizo, offre al monastero di San Michele Arcangelo di Marturi, retto dall'abate Giovanni, la sua parte delle corti, dei castelli e delle cappelle, nonché di tutte le terre sia dominicali che facenti parte del massaricio, a lui pervenute per eredità paterna e materna, situate a Peccioli, B a n c i o l a , Capannoli, Forcoli, Casciano e Vico e lungo il corso del fiume Era, nei contadi di Lucca, Pisa e Volterra.

Copia in ASFɪ, *Diplomatico*, Bonifacio, 2 febbraio 1061 [B'] (da [A]).

Copia autentica del secolo XII sec. in AAP, *Diplomatico arcivescovile*, n. 135 [B]; copia autentica del XII sec. (da [B]) in AAP, *Diplomatico arcivescovile*, n. 134 [C].

Edizione: MURATORI, II, 1089, III, 1059; MITTARELLI, COSTADONI, *Annales Camaldulenses*, II, App. n. XCVI, pp. 75-77 (da B); NERI, *Castello di Badia*, pp. 166-167 (da B); GHIGNOLI, *Pisa*, pp. 346-349.

Regesti: *Le carte della Chiese di Pisa*, a cura di N. CATUREGLI, Roma 1938 (Regesta Chartarum Italiae, 24), n. 144, pp. 88-89.

Cfr.: MITTARELLI, COSTADONI, *Annales Camaldulenses*, II, pp. 245-46; NERI, *Castello di Badia*, pp. 55-56; sui marchesi Obertenghi M. NOBILI, *Gli Obertenghi: genealogie e vicende (945-1124)*, tesi di laurea, relatore prof. C. Violante, Facoltà di Lettere dell'Università di Pisa, a.a. 1967-1968.

[B'] Pergamena mm 613 × 130. Documento lacunoso a causa di rosicature e macchie d'umido che interessano il margine destro in particolare tra l'ottava e la diciassettesima riga. Ampia lacuna sul margine sinistro nella parte finale.

Sul v e r s o un'annotazione del secolo XIV-XV su quattro righe: «ista est donatio facta per Albertum comitem | qui donavit monasterio marturensi omnia sua bona quecum|[.......]cumque inveniri poterunt specialiter infra comi|[tatum] pisane(nsem) lucensem, vulteranensem»; segue la segnatura «n° 4»; in senso perpendicolare si legge: «1061 | Adalbertus | marchio»; in calce la segnatura «1061=2=febbraio».

Stile dell'Incarnazione, computo pisano.

Per il commento diplomatico si rimanda all'edizione di Antonella Ghignoli. A lei si deve l'esatta ricostruzione della tradizione.

Il marchese Alberto figlio di Opizo[1] era un membro della famiglia Obertenghi e più precisamente del ramo detto M a l a s p i n a . Gli Obertenghi dagli anni settanta del X secolo fino allo scorcio del secolo successivo ebbero estesi possessi nel pisano, nel lucchese, nel volterrano e nell' aretino. Intorno a questi possessi essi crearono una potente rete di clientele e su questa base impostarono la loro politica tesa ad ottenere il governo della marca di Tuscia. Tuttavia fecero l'errore di appoggiarsi alla parte perdente: alleati di Arduino di Ivrea, a cui erano legati anche da vincoli familiari, soccombettero sia nel 1002 che nel 1014 nel tentativo di impadronirsi del titolo marchionale. In conseguenza di ciò «dopo il 1014, abbandonarono a se stessi i possessi nell'aretino e nelle zone di Vicopisano, Calcinaia ed in Valdera: possessi che in seguito a mano, a mano liquidarono»[2], poiché il loro interesse politico si era spostato dalla Toscana ai territori a nord dell'Appennino.

Nei documenti dell'abbazia di Marturi, non rimane abbastanza documentazione per seguire la storia di questi beni posti in Valdera. Nel 1134 Innocenzo II confermò al monastero, tra gli altri beni, anche la «terram que dicitur Ubertingha cum ecclesia s. Angeli in Monte Rupto» e la «curtem de Vico cum ecclesia s. Donati in loco Cisano»[3]. Fa parte dell'archivio una donazione il cui autore non è un membro della famiglia Obertenghi, databile agli anni novanta del XII secolo, beneficiario della quale è un ospedale posto a Peccioli[4]; un altro documento senza data del XII secolo accenna ad un livello concesso dall'abate di Marturi della terra obertenga che si trova nella c u r t i s e nel castello di Vico[5]. Nel 1129 l'abate di Marturi vendè i beni nel pisano alla Primaziale di Pisa[6]. Evidentemente l'abbazia aveva cominciato a concentrare il proprio potere economico su un territorio ben delimitato. Per questo si liberò di proprietà lontane e poco controllabili come queste appena citate e come quelle situate nel modenese, che ugualmente non appaiono più nei documenti del XII secolo con la sola eccezione delle bolle papali; è tuttavia noto che esse tendevano a ricopiare modelli preconfezionati e datati.

In nomine domini dei eterni. Anni ab incar[natione] [a] | domini nostri Iesu Christi millesimo sexagesimo primo, [tertio] [a] | [die] [b] intrante mense februarii, indictione quarta | decima. Monasterio sancti Michahelis [archangeli] [a] | sito loco qui dicitur Martuli, ubi nunc d[omnus Iohannes] [a] | abbas preesse videtur, ego quidem Albertus marchio, | filius quondam [c]

---

[1] Alberto I marchese, attestato tra il 1053 e il 1097, figlio di Oberto III (Obizo I) marchese, cfr. C. VIOLANTE, *Le strutture familiari, parentali e consortili delle aristocrazie in Toscana durante i secoli X-XII* in *I ceti dirigenti in Toscana nell'età precomunale*, Pisa 1981, pp. 1- 57.

[2] M. NOBILI, *Le famiglie marchionali nella Tuscia*, in *I ceti dirigenti in Toscana nell'età precomunale*, Pisa 1981, p. 101.

[3] Cfr. n. 20.

[4] Oliviero del fu Pietro, q u a m v i s g r a v i i n f i r m i t a t e g r a v a t u s , dona alla casa degli infermi di Rivolta, situata a Peccioli, un pezzo di terra con ogni sua pertinenza posto a Peccioli nel luogo detto R o s s e l l i n o (confini: terra dei figli di Donensoge, terra di Bonaccurso Diane, terra di Guiscardino, terra del fu […]) e cinquanta soldi di denari pisani, che lo stesso Oliviero deve ricevere dal comune di Peccioli, cfr. n. 89.

[5] Cfr. n. 14.

[6] Cfr. *Regesto della Chiesa di Pisa*, a cura di N. CATUREGLI, Roma 1938 (Regesta Chartarum Italiae, 24), n. 309 e n. 310, pp. 203-206.

Opitioni [d] marchionis qui fuit geni|tor meus de loco et [e] regno Langubardie, quia profess[us sum] [f] | ex natione mea lege vivere Langobardo[rum, offertor] [f] | et donator ipsius monasterii presentibus [dixi: «Quisquis in] [f] | sanctis ac venerabilibus locis ex suis [aliquit contulerit rebus] [f] | iuxta auctoris vocem, in hoc sec[ulo centuplum accipiet et] [f] | insuper, quod melius est, vitam possidebit et[ernam. Ideoque ego] [f]», | que [g] super Adalbertus marchio dono et offero [a predicto mo] [f]|nasterio ad iura proprietatis abendum [meam portionem] [f] | de curtibus, castris et capellis in quorum[cumque honore] [f] | sanctorum consecratis et omnibus rebus, territoriis tam de don|ica||tis quam et de masseritiis, iuris mei et que fuerunt iu|ris quondam eiusdem genitoris mei, sunt positis in locis et | fundis que nuncupantur Pehole [7], Banciola, Cappa|nole [8], Furcule [9], Cassiano [10], Vico [11], de rebus meis qui [g] sunt posit[is] [b] | iuxta fluvium qui vocatur Hera tam infra curtis et castra, | civitatibus quam et de foris per singulas qualiacumque loca | posita sunt et inveniri potuerint infra comitatu Lucensis | et Pisensis et Vulterensis, de meis iuris rebus ad | meam portionem de superscriptis curtis, castris et ca|pellis infra eosdem comitatibus pertinere esse vi|dentur in integrum. Hanc autem predictam offersi|one [g] de suprascriptis curtis, castris et capellis | atque omnibus rebus territoriis iuris mei qualiter comprehen|sum vel superius dictis una cum accessionibus et in|gressibus earum seu cum superioribus et inferioribus | suarum, ut ab ac die in eodem monasterio sancti Micha|elis dono et offero et per presentem cartula offersi[o]|nis ad proprietario iure ibidem habendum [confirmo] [f], | [f]aciendum exinde ad pars dicti monasterii a[ut] | ad cui pars ipsius monasterii dederit, sine [omni] | mea, et deredum [g] meorum contradictionem, pro mer[cede] | et remedio anime quondam eiusdem Opitionis [h] geni|toris meis [g] et matris mee et mee [g]. Quidem et spondo | atque promitto me ego que super Adalbertus marchio | una cum meis heredibus tibi que super Iohanni abbati ad | partem predicti monasterii tuisque successoribus, | aut cui vos vel pars predicti monasterii dederit [g] | istam offersione [g] qualiter superius legitur ab omni | contradicentem

---

[7] Peccioli in Valdera, cfr. REPETTI, IV, p. 77-82.

[8] Capannoli in Valdera, cfr. *ivi*, I, p. 451-453.

[9] Forcoli in Valdera, cfr. *ivi*, II, p. 324-325.

[10] Secondo Repetti da identificarsi con Cesano nel Valdarno pisano, cfr. *ivi*, I, 675-676. Nel privilegio di Innocenzo II del 1134 riferendosi alla terra donata dagli Obertenghi si parla della «curtem de Vico cum ecclesia sancti Donati in loco Cisano».

[11] L'odierno Vico Pisano; cfr. *ivi*, V, 757-764.

hominem defensare debeamus et si | defendere non potuerimus, aut si aliquid exinde | per quovis ingenio [i] inde subtrahere quesierimus, | tunc in duplum eadem offersionem, ut supra legitur, | vobis ad partem predicti monasterii habendum in consimi|libus locis, aut cui pars predicti monasterii dederit, | restituamus sicut pro tempore fuerit melioratam aut | valuerit sub estimatione. Hanc enim cartula | offersionis mee paginam Sigefredus notarius | sacri palatii scribere rogavi, in quam subter confir|mans testibusque obtulit roborandam. Actum [infra | castrum C]asale [f] Maiore; feliciter. |

[Signum] ✠ manus suprascripti Adalberti qui hanc cartu|la offersionis ut supra fieri rogavi. |

Signum ✠ ✠ ✠ manibus Arimundi et Otonis seu A[dam] [a] | legem Langobardorum viventes rogati testes. |

(SN) Ego que super Siefredus notarius scriptor huius | cartula offersionis post tradita complevi et dedit [g]. |

[a] *Lacuna per macchia.*   [b] *Lacuna per evanitura.*   [c] *Manca il segno abbr. per* n.   [d] *-i corretto su* -e.   [e] *et in sopralinea su* ad *depennato.*   [f] *Lacuna per lacerazione.*   [g] *Così in* B'.   [h] *t corretto in sopralinea su* c *depennato.*   [i] *-e- in sopralinea.*

SCRIPTUM PROMISSIONIS

1068 aprile, Marturi

Azzo figlio di Guiberto e Boniza del fu Azzo, vedova di Ranieri di Pietro, promettono a Guidrico, abate della chiesa e del monastero di San Michele, situato nel castello di Marturi, per la salvezza delle loro anime e di quella di Ildebrando, defunto figlio di Boniza, di non contrastare legalmente il possesso delle terre poste a Cignano che il detto Ildebrando assegnò per testamento all'abbazia.

Originale in ASFi, *Diplomatico*, Bonifacio, aprile 1068 [A].

Pergamena mm 290 (281) × 195 (164), con una lacerazione sul margine destro che taglia la fine della terza riga; alcune macchie hanno evanito la scrittura.

Sul r e c t o la segnatura «n° 6». Sul v e r s o di mano del XIV secolo «in loco ubi dicitur Cingnano»; una mano diversa, forse di poco posteriore, aggiunse «donate fuerunt | monasterio sancti Michaelis de Podio Boniçi certe terre [....] | patet [.....] car[t]a [....] abbatis Guidrichi». In calce, in senso inverso rispetto alla scrittura del r e c t o la segnatura «1068=aprile».

Per <ti> viene usata la legatura con valore di affricata dentale.

(SN) In nomine domini dei eterni. Anni ab incarnatione eius sexagesimo octavo | post mille, mense aprilis, indictione sexta; feliciter. Manifesti simus nos Actio filio Guiberti | et Bonitia filia bone memorie Acti, qui fui congnus Raineri filio bone memorie Petroni, et ego quidem Bonitia [una] | per consensum et data michi licentia Picinochi filio bone memorie Petroni [mundualdo meo] ᵃ | in cuius mundio modo visa sum, qualiter per nostra convenientia et per unc scriptum promis|sionis paina promittere et repromitimus nos suprascripti Actio et Bonitia nostrisque heredibus tibi | Guidericus abas de ecclesia et monasterio beati sancti Michaelis archangelis qui est posito [in]|fra castello de Martuli tuisque successoribus pro remedio anime nostre et bone memorie Ildebrandi | qui fui filio meo quae supra Bonitia quatenus ab ac die in antea non abeamus licentia vel potestate neque | nos qui supra Actio et Bonitia neque nostris heredibus contra pars prefati monasterio vel cui eas dederint | agere aut causare, nominative de illis terris [b] et rebus, quae sunt positis in loco Ciugnano [1] | vel per aliis locis, sicut Ildibrando filio meo, quae supra Bonitia, iudicavi in predicto monasterio. | Et si presumserimus nos prefato Actio et Bonitia vel nostros heredes contra pars iam dicti monaster[ii] | vel contra suis rectoribus, prefatibus rebus cum omnibus dificiis et meliorationibus suis agere aut cau|sare, intromitere aut intentionare aut per placito fatigare per nos ipsis aut per nostra | sumitente persona vel ingenio, tunc [c] conponituris et daturis [d] esse debeamus | a pars iam dicti monasterii pena numerum de bon(os) argentum solidos centum [e] et post pena opsoluta | unc [c] scripto promissionis omni tempore in sua manead firmitate. Actum ante ipso monaste|rio, territurio florentino. |

Signa ✠ ✠ manuum [f] prefati Acti et Bonitie qui unc promissio fieri rogaverunt. |

Signum ✠ manu suprascripti Picinochi qui a ipsa mundualda sua consensi ut supra. |

Signa ✠ ✠ ✠ manuum [f] Campuli et Benti germani [g] filii bone memorie Benti et Uberti filio de suprascripto Picinoco rogatis | testis [h]. |

(SN) Ego Iohannes notarius scriptor post tradita complevi.

---

[a] *Lacuna che interessa circa dodici lettere.* [b] terris *ripetuto.* [c] u *di forma angolare.* [d] et daturis *ripetuto.* [e] *Corrisponde alla versione di un altro* scriptum promissionis *redatto dallo stesso notaio per Isola (p. 223).* [f] *La seconda* u *di forma angolare.* [g] germani *espresso con* gg *e segno abbr.* [h] *In A* testiss.

---

[1] Cignano, nel comune di Castellina in Chianti, cfr. REPETTI, I, p. 733.

7

LIBELLUS

1068 giugno 15, Lucca, presso il monastero di San Ponziano

Gerardo suddiacono, suo fratello Amato e Bonfiglio di Rustico, quest'ultimo col consenso del padre, confermano di avere ricevuto a livello da Guidrico, abate del monastero di San Michele di Marturi, un pezzo di terra con casa situato nella città di Lucca, in luogo detto p r o p e m o n e - t a , vicino alla chiesa di San Giusto, per il canone annuo di cinque soldi di moneta lucchese.

Originale in ASFi, *Diplomatico*, Bonifacio, 15 giugno 1068 [A].
Cfr.: P. GUIDI, O. PARENTI, *Regesto del Capitolo di Lucca*, in *Regesta Chartarum Italiae*, I, Roma 1910; II, Roma 1912; III, Roma 1933; G. DEGLI AZZI VITELLESCHI, *Archivio di Stato di Lucca. Regesti. Pergamene del Diplomatico*, I, Lucca 1903 e II, Lucca 1911.

Pergamena mm 472 × 207, con lacerazioni su entrambi i lati e una macchia all'inizio del documento.
Sul r e c t o «n° 5». Sul v e r s o in calce la segnatura «1068=25=giugno».

Il notaio Cerbone compare più volte come testimone e come rogatario nelle carte del Capitolo di Lucca, tra gli anni 1055 e 1065. Cfr. GUIDI-PARENTI, *Regesto del Capitolo di Lucca*, nn. 256, 260, 269 296 305 (notaio) e nn. 245, 310, 322. Al n. 371 viene citato come rogatario di un atto notarile.

In nomine domini nostri Iesu Christi dei eterni. Anno ab incarnatione [eius] millesimo sexagesimo octavo, [septimo] | [deci]mo kalendas iulii, indictione sexta. Manifesti sumus nos Gherardo supdiaconus et Amato fratribus et filii bone memorie | [...]me [a] et Bonfilio filio Rustichi ipso genitor [meus] [a] mihi consentientes et supter confirmantes quia | [Uuidric]us in Christi [b] nomine abbas de ecclesia et monasterio sancti Mikaeli, qui est constructo et difi||[cato in loco et] [c] finibus ubi dicitur Martuli [pro] cartula livellario nomine accensum et per exsolvendum dedi[t] | [nobis], id est [una] petia de terra illa cun casa solariata super se abentes seo schala de foris; ipsa casa | a petre et a calcina seo a rena constructa et levata esse videtur seo curte totas insimul com|preensa qui esse videtur infra civitatem Luca ubi dicitur prope moneta et prope ecclesia sancti Iusti, pertinen|tes suprascripte ecclesie et monasterio vestro sancti Mikaeli et est tenentes ipsa petia de terra uno capo in via publi|[ca], et alio capo tenet in curte comunale, lato uno tenet in terra et dimidio muro de casa solariata Bonichi | Scialla et de suis comsortibus et alio lato tenet in terra et dimidia sepe de casa solariata Cristofani et de su|is comsortibus; has suprascripta petia de terra cun casa solariata super se abentes seo schalas de foris, ipsa casa | a petre et a calcina seo a rena constructa et levata esse videtur, cum fundamentis et onnem ædifi|ciis suorum seo curte totas insimul compreensa qualiter ab onnis parte circundata est per desingna|tas locas in integrum una cum inferioribus et superioribus suis seo cum accessionibus et ingressoras suas nobis | [live]lario nomine dedisti tali ordinem ut da admodum in nostra qui supra Gherardo supdiaconus et Amato fra||[tres] seo Bonfilio vel de nostris eredibus sint potestatem eas abendi, tenendi, imperandi, laborare faciendi | [et] meliorandi et nobis eas privatum nom(en) abendi et usumfructuandi nisi tantum pro on(n)i cem|sum et iustitia exinde tibi vel ad posterisque successoribus tuis per singulos annos, per onnem mense | iunio, cemsum exinde vobis rendere debeamus in suprascripto loco et finibus Marturi ad pars suprascripta ecclesia [et] | monasterio vestro sancti Mikaeli per nos aut per misso nostro vobis vel ad misso vestro argentum denarios bonos ex[pen]|dibiles numeros solidos quinque de moneta de Luca duodecim denarios per singulos solidos rationatos tantum ex si ar|[....] ᵈ vobis [ec] omnia qualiter superius legitur per singulos annos sic non fuerit adinpleta et comservata | [....] ᵈ si suprascripta petia de terra cun casa solariata super se abentes, seo schala de foris ipsa casa et curte to||[ta] insimul compreensa quas nobis supra livellario nomine dedisti relaxaverimus vel si per nos peiora|ta fuerit spondimus nos qui supra Gherardo supdiaconus et Amato fratribus seo Bonfilio, consentientes mihi qui supra | Bonfilio suprascripto genitor meus, una cum nostris eredibus componere tibi qui supra Uuidricus abbas vel ad posteris|que successoribus tuis penam argentum obtimum libras viginti quia taliter inter nos comvenit | et duos inter nos libelli Cerbonium notarium domni imperatoris scribere rogavimus. Actum foris Luca prope ecclesia | et monasterio sancti Pontiani.

✠ Ego Gerardus supdiaconus in hoc libello a nobis facto subscripsi.|

[Signa] ᵈ manus suprascriptorumdem Amati e Bonfilioli qui hunc libellum fieri rogaverunt. |

[Signum] ᵈ manus suprascripti Rustichi, genitor supracripti Bonfilii comsentientes. |

[Signum manus ...]polcri ᵈ filio bone memorie Vitali, rogatus testes. |

[Signum manus] ᵈ Petri filio Iohanni notarii, qui Hammerigo vocatur, rogatus testes. |

[Signum manu]s ᵈ Ranieri, qui Puccioro vocatur, filio bone memorie Gherardi, rogatus testes. |

Cerbonius notarius domni imperatoris post tradita complevi et dedi.

ᵃ *Lacuna per macchia.* ᵇ *Espresso con* χρι *e segno abbr. soprascritto.* ᶜ *Lacuna per lacerazione che interessa cinque lettere.* ᵈ *Lacuna per lacerazione.*

8

Alexandri II papae privilegium

1068 novembre 1, Lucca

Alessandro II papa, accogliendo la richiesta dell'abate Guidrico, conferma al monastero di San Michele di Marturi tutti i beni che il marchese Ugo gli aveva concesso per la salvezza della sua anima, oltre a tutti possedimenti attuali e futuri e altri privilegi.

Copia autentica del secolo XII, eseguita da «Maurinus sacri palatii iudex et notarius» in ASFi, *Diplomatico*, Bonifacio, 1 novembre 1068 [B].

Copia cartacea del sec. XVII in Lami, «Carte diplomatiche», III, c. 18 (Biblioteca Riccardiana, Firenze, cod. 3813).

Edizioni: Pflugk-Harttung, *Acta*, II, n. 141, p. 106.

Regesti: Kaltenbrunner, XCIV 651, n. 3438a.; Davidsohn, *Forschungen*, I, n. 27, p. 177; Jaffé-L., n. 4655; Kehr, III, n. 5, p. 59.

Cfr: Kurze, *Galognano*, p. 230 sgg.

Pergamena mm 710 × 262. Presenta una lacerazione lungo il margine destro all'inizio, nonché alcune macchie che hanno evanito lo scritto.

Sul r e c t o «n° 323». Sul v e r s o in calce, in senso inverso rispetto alla scrittura del r e c t o, in scrittura libraria del XII-XIII secolo «exemplar privilegiorum Alexandri pape secundi | et Pascalis et Alexandri tercii et cartula definicionis | inter plebem et abaciam et ospitalis de Calcinaria»; di mano del sec. XIV «[...] privilegium exemptionis»; più sotto in senso inverso rispetto alla scrittura del r e c t o una mano del sec. XIV scrisse «exemplar privilegiorum Alexandri | papae secundi et Pascalis et Alexandri terti | et carta diffinitionis inter plebem et abbatiam et hospitalis de Calcinaria»; segue, evanita, la segnatura «1068=1=novembre».

Dal dettato di questa copia autentica che contiene oltre a questo documento anche estratti di privilegi risalenti a Pasquale II ed ad Alessandro III, oltre a una c h a r t a d i f f i n i t i o n i s presente nel fondo anche in originale (cfr. n. 15) e alla p a g i n a oblationis riguardante l'ospedale di Calcinaia si evince che sia stata prodotta per essere esibita ad Alessandro III intorno al 1175. Maurino è il notaio che ha scritto la maggior parte degli atti di quegli anni.

Il riferimento ad una serie di privilegi concessi da quattro papi del secolo IX è uno degli argomenti su cui si appoggia Kurze per ipotizzare l'esistenza di un precedente monastero rifondato alla fine del X secolo dal marchese di Toscana.

La formula di autenticazione è redatta in questi termini: «(SN) Ego Maurinus sacri palatii iudex et notarius horum exemplarium autentica vidi et legi et quicquid in eis repperi scripsi et ideo subscripsi».

Alexander episcopus servus servorum dei Widrico venerabili abbati monasterii sancti Michaelis siti comitatu florentino in castello de Martur(is) suisque successoribus, in perpetuum. | Desiderium quod religiosorum prepositorum et [a] sanctorum locorum stabilitate pertinere monstratur sine aliqua, est deo auctore, dilatione perficiendum et [...] [b] utilitatis com|modis nostrorum assensum et solite apostolice auctoritatis exposcitur presidium ultro benignitatis intuitu nos convenit subvenire et rite [pro integra securitate] et [ratio]|ne solidare, ut ex hoc nobis quoque potissimum premium a conditore omnium deo in sidereis arcibus conscribatur. Et ideo quia postulastis a nobis ut prefatum monasterium apostolice | auctoritatis serie muniremus et omnia eius pertinentia perhenni iure ibidem inviolabiliter permanenda confirmaremus et ut absque omni iugo seu ditione cuiuscumque | persone constaret [c] nostri privilegii pagina sicut olim fuit corroboraremus. Propterea tuis flexis precibus per huius nostre auctoritatis privilegium statuentes decernimus | ut propter amorem sancti Michahelis Arcangeli, cuius honori dicatus est locus, et propter tuum gratissimum famulatum, quem circa nos exhibuisti [et quam maxime], | quia a nostra apostolica sede consecratus es, confirmamus et corroboramus tibi tuisque successoribus omnia et in omnibus quicquid Hugo venerabilis marchio eidem vene|rabili loco pro sue anime remedio concessit. Confirmamus autem prefato venerabili monasterio quicquid nunc tenet [c] vel [d] deinceps acquisiturus est [...] [e] | antecessoribus nostris, videlicet [c] | Stefano, Adriano, Iohanne, Formoso seu aliis quibuslibet [c] antecessoribus nostris eidem monasterio concessum est, et quicquid [...]|gibus [e] per precepti paginam concessum fuisse dinoscitur: cuncta loca urbana vel [d] rustica, id est curtes, masas, salas, castella, casales, vine[as] | diversaque predia, culta vel [d] inculta cum decimis et primitiis de omnibus terris et donicatis eidem [f] cenobio pertinentibus, colonis vel colonabus [g], serv[is] | et aldionibus, quę ab aliquibus fidelissimis christianis eidem monasterio concessa sunt, vel que etiam [h] per alia munimina ad eundem pium locum pertinere videntur cum m[agna] | securitate quiete debeas possidere et per te universi successores tui abbates in perpetuum, ita ut nullus umquam successorum nostrorum pontificum nullus | etiam [h] imperator, rex, dux, marchio, comes et vicecomes et preterea archiepiscopus, episcopus vel alia aliaque persona magna vel parva ipsum monasterium de prefa|tis omnibus rebus et decimis ac primitiis, de omnibus supradictis rebus pertinentibus eidem venerabili loco audeat devestire, molestare vel [d] inquietare | nec non sub divini iudicii promulgatione, confirmatione et anathematis interdictione corroborantes decernimus ut nullus episcopus seu quili|bet [c] sacerdotum, sicut supra diximus, in eodem venerabili cenobio pro aliqua ordinatione seu pro sinodo seu consecratione ecclesie presbitorum vel [d] diaconorum | missarumque celebratione nisi ab abbate eiusdem loci invitatus fuerit, ad agendum presummat, sed liceat monacis ipsius loci cuiuscumque voluerint ho|noris gradum suscipere ubicumque libitum fuerit; abbates, namque qui consecrandi er(it) de ipsa congregatione cum consilio fratrum communiter eligantur, ad benedicendum | atque consecrandum nobis nostrisque successoribus deferantur [i]; crisma quoque vel [d] que ad sacrum misterium pertinent [j] a quocumque petierint presule nostra aucto|ritate possint suscipere. Quod ut nunc seu in futuris temporibus firmum et inviolabile maneat nostro privilegio confirmamus ad honorem | dei et sancti Michahelis archangeli in cuius honore consecratus est loco. Si quis autem temerario ausu, quod fieri non credimus, contra huius nostre apostolice con|firmationis seriem venire agere temptaverit, sciat, se esse maledictum a deo patre et filio spirituque sancto et a beato Petro apostolorum princi|pe et a trecentis .X. et .VIII. patribus simulque a sanctis omnibus. Quid plura? Omnes maledictiones que inventi et nova continentur lege veniant | super eum a celesti sede perculsique anathema maranatha. Qui vero custos et observator huius nostri privilegii extitit benedectio|nis gratiam et vitam eternam a domino consequi mereatur [k]. Amen. ✠ [l] deus n(oste)r refugium et virtus ✠ [l] Magnus dominus n(oste)r et magna virtus eius. |

Datum Luce kalendas novembris, per manus Petri sancte Romane ecclesie subdiaconi ac bibliothecarii, anno .VIII. pontificatus domini Alexandri pape secundi, | anno videlicet [c] incarnationis dominice millesimo .LXVIII., indictione .VI.

---

[a] et *espresso col segno tachigrafico e così passim in B.* [b] *Lacuna di circa dieci lettere a causa di una macchia.* [c] -et *espresso con nota tachigrafica.* [d] vel *espresso con il compendio di origine tachigrafica.* [e] *Lacuna di circa cinque lettere.* [f] i *corretto su* o. [g] o *corretto su* a. [h] etiam *espresso con il compendio di origine tachigrafica.* [i] -ra- *ripetuto ed espunto.* [j] -ent *espresso con nota tachigrafica.* [k] *Tra* e *e* r *un* n *espunto.* [l] *Croce potenziata.*

BREVE RECORDATIONIS

1076 marzo 1-24, nel borgo di Marturi accanto alla pieve di Santa Maria

Alla presenza di Nordillo, messo della duchessa Beatrice, e di Giovanni visconte viene decisa a favore del monastero di San Michele di Marturi, rappresentato da Giovanni avvocato e Gerardo preposto, la lite che
aveva con Sigizone di Firenze riguardo alcune terre e la chiesa di
Sant'Andrea di Papaiano, cedute al monastero dal marchese Ugo che le a-
veva a sua volta ricevute da Guinizo figlio del fu Ugo.

Originale in ASFi, *Diplomatico*, Bonifacio, marzo 1075 [A].
Edizioni: DELLA RENA, CAMICI, *Serie cronologico-diplomatica degli antichi duchi e marchesi di
Toscana*, tomo III, n. 1, p. 78, n. XIX; MACCIONE, *Congetture di un socio etrusco*, p. XXXIII con
un facsimile delle righe 12 e 13; SAVIOLI, *Annali bolognesi*, I, parte 2, n. 73, p. 123, all'anno
1075; FICKER, *Forschungen*, IV, n. 73, p. 99; RICCI, *I primordi dello studio di Bologna*, Bologna
1888, 2 ed., n. 111, p. 107; MANARESI, *I placiti del Regnum Italiae*, III, 1 (1960), pp. 333-335.
Regesti: HÜBNER, n. 1454.
Cfr.: E. CORTESE, *Il rinascimento giuridico medievale*, Roma, Bulzoni, 1996, pp. 10-13.

Pergamena mm 400 × 261, rigata; presenta numerosi fori. Il «signum notarii» prima
dell'invocazione verbale è di Segnoritto, mentre in chiusura troviamo quello di Nordillus
che ha apportato anche delle correzioni grammaticali al testo.
Sul v e r s o di mano del XIV secolo: «de Papaiano»; segue di mano moderna un'annotazione in italiano: «di beni appartenenti a Papaiano»; sul lato, in lettere maiuscole: «1075
BEATRICE DUCATRIX»; in calce la segnatura «1075==marzo».
Stile dell'Incarnazione, computo fiorentino.

(SN) In Christi nomine. Brevis recordazionis [pro futu]ris temporibus
ad memoriam habendam vel retinendam, qualiter in presenzia Nordilli |
missi domine Beatricis ducatricis et marchionissę et Iohannis vicecomitis
[...] ᵃ, in iudicio cum eis residentibus Guillielmo iudice et Pepone legis
doctore | et Rodulfo filio bone memorie Signori et Rolando filio bone
memorie Rustici et Aldiberto filio bone memorie Baruncelli et Stefano filio
bone memorie Petroni et Benzo | filio bone memorie Benzi et Segnoritto
filio bone memorie Boniti et reliquis pluribus proclamavit Iohannes

advocatus ecclesie et monasterio sancti Michaelis site in castello | qui vocatur Martuli, una cum prepositus Gerardo eiusdem ecclesie et monasterii adversus Sigizonem de Florentia de quibusdam terris et de ecclesia sancti Andreę sitis in loco Papaiano que | fuerunt Uuinizonis filius bone memorie Ugonis et ostendi[t cartulam] per quam predicto Uuinizores [istas Ugoni mar]chioni [b] concessit, et quandam aliam qua continebatur | Ugonem marchionem easdem res prefato monasterio dedisse. Huic intenzioni prefatus Sigizo temporis prescriptionem obiecit dicens inter se suumque patrem predictas res per quadrainta | annorum curricula esse possessas. Quam Sigizonis excepzionem pars suprascripti cenobii allata replicazione infirmavit affirmans, infra prefata tempora huius litis | factam esse proclamationem. Et tribus idoneis hominibus productis, silicet Iohanne predicte ecclesie advocato et Stefano filio bone memorie Petroni et Aldiberto filio bone memorie Baruncelli | dixerunt abatem Iohannem de predictis rebus marchioni Bonifazio, et Guidricum abatem duci Gotifredo et comitisse Beatrici proclamasse; et ita se iuraturos promiserunt. Et insuper | predictus Iohannes advocatus, tactis sacrosanctis evangeliis, iuravit [ut supra]; Stefano quoque et Aldiberto [suprascriptis] iurare volentibus, utraque pars consensit advocati | sacramentum sufficere. His peractis, supradictus Nordillus, predicte domine Beatricis missus, lege Digestorum [c] libris inserta considerata, per quam copiam magistratus | non habentibus [d] restitutionem in integrum p(re)tor pollicetur, restituit in integrum ecclesiam et monasterium sancti Michaelis de aczione omnique iure, quod amiserat | de terris et rebus illis, que fuerunt Uuinizonis de Papaiano, quas ipse Ugoni marchioni tribuit et Ugo marchio in ecclesiam sancti Michaelis contulit. Actum est | hoc anno ab incarnatione domini nostri Iesu Christi septuagesimo quinto post mille, mense marzio, indiczione quartadecima; feliciter. Factum est hoc intus burgum qui vocatur | Martuli prope plebem sancte Marie, territurio florentino; feliciter. |

(SN) Addo fidem dictis scribens ego Nordilus istis.

---

[a] *Lacuna di circa quindici lettere per macchia.*   [b] *Lacuna per macchia.*   [c] g *in sopralinea.*   [d] h *in sopralinea.*

10

PAGINA PROMISSIONIS

1076 marzo 1-24, nel borgo di Marturi, accanto alla pieve di Santa Maria

Sigizo figlio del fu Sigizo promette di non recare molestia al monastero di San Michele di Marturi nel possesso delle proprietà di Papaiano che
furono di Guinizo figlio del fu Ugo e della chiesa di Sant'Andrea posta nello stesso luogo, eccetto ciò che gli è pervenuto da parte di Ardingo e Ranieri fratelli e figli del fu Uberto. A titolo di l a u n e c h i l d riceve da Giovanni figlio del fu Corbizo, avvocato del detto monastero, una c r o s n a .

Originale in ASFi, *Diplomatico*, Bonifacio, marzo 1075 [A].
Edizione: FICKER, IV, n. 74, pp. 100-101.

Pergamena mm 590 × 350 (248), rigata e marginata.
Sul r e c t o «n° 7». Sul v e r s o di lato, perpendicolarmente, «1074». Segue di mano
del XIV secolo: «Papaiano». In calce, evanita, una segnatura.
Stile dell'Incarnazione, computo fiorentino.

(SN) In nomine domini dei eterni. Anno ab incarnatione eius
septuagesimo quinto post mille, mense martio, indictione quartadecima;
feliciter. | Manifestus sum ego Sigizo filio bone memorie Sigizonis, quia
per nostram convenientiam et per hanc promissionis paina spondeo et
promicto me, qui supra | Sigizonem, meosque heredes contra hecclesia [a] et
monasterio sancti Michaelis sito intus castello, qui vocatus Martuli, et
contram habatem ipsius ecclesie | eiusque successores et contram
avocatum predicte hecclesie et monasterio, nominative de integris terris et
rebus, que sunt posite in loco Papaiano, que fuerunt | Guinizi filius bone
memorie Ugoni et integram portionem de ecclesia sancte Andreę in
predicto loco Papaiano; ecscepto antepono quantum ego que super Sigizo
[...] [b] | defendere possum per cartula, quem michi abvenit ex parte Ardingi
et Rainieri germani [c], filiorum bone memorie [d] Uberti, quatenus hab ac die
in antea | non habemus licentiam nec potestatem neque ego, que super
Sigizonem, neque meis heredes contra suprascriptam ecclesiam et

monasterium et habatem et avocatum | suprascripte ecclesie agere, causare, tollere, contendere vel minuare sive per placito fatigare aut intentionare presumserimus, vel si exinde in aliam partem | apparverit ullum datum aut factum vel quodlibet scriptum firmitatis, quem nos in aliam partem factum abeamus aut in antea faciamus, et claruerit | et omni tempore taciti et comtemti exinde non permanserimus et a pars ipsius ecclesie et monasterio quieti et pacifice habere et tenere non premiserimus, et omnia | que super legitur non observaverimus et non adimpleverimus, tunc componituri et daturi esse debeamus ad pars predicte ecclesie et monasterio pena nomine de bono | argento libras triginta. Et pro ipsa mea promissione et sponsione launechild exinde recepi ad Iohannes filius bone memorie [d] Corbiti advocatore predicte ecclesie ad vice suprascripta ecclesia | et abate Guidrico cro(s)na una. Actum intus burgo, qui vocatus Martuli, prope plebe sancte Marie, territurio florentino; feliciter. |

Signus ✠ manus suprascripti Sigizonis, qui hunc promissio, sicut super legitur fieri rogavit.

(SN) Ego Guillelmus iudex interfui et subscripsi. |

Nordilus hęc laudat quę presens cartula monstrat.

(SN) Albertus notarius interfui et subscripsi. |

Signa ✠ ✠ ✠ manuum Rodolfi filio bone memorie Segnori et Aldiberti filio bone memorie Baroni et Benti filio bone memorie item Benti, rogati testes.

(SN) Ego Rolandus notarius interfui et subscripsi. |

Signa ✠ ✠ manuum Uberti filio bone memorie Raineri et Iohannis filio bone memorie Benti [1], rogati testes. |

(SN) Ego Segnoritto notarius scriptor postradito complevi.

---

[a] *Le lettere -eccles- ripassate.*   [b] *Lacuna per rosicatura.*   [c] *ggi con segno abbr. sovrapposto.*   [d] *In A* merie *senza segno abbr.*

---

[1] Potrebbe trattarsi del beneficiario della donazione di Mingarda di Morando (*Regestum senense*, n. 120) sancita con atto datato Talciona settembre 1089. Con essa Mingarda donava la c u r t i s e il castello di Talciona con la cappella di Santo Stefano, la c u r t i s e il castello di V i t i a n o con la cappella di San Pietro, la c u r t i s e il castello di Papaiano con la cappella di Sant'Angelo, la c u r t i s e la cappella di Mortennano con la chiesa di Sant'Andrea, la c u r t i s e il castello di Vignale con la chiesa, la c u r t i s e del castello di Bibbiano con la chiesa ricevendo un l a u n e c h i l d equivalente a cento l i b r a s .

NARRATIO

intorno al 1076

Racconto delle vicende che occorsero al monastero sotto il successore del marchese Ugo, Bonifacio figlio di Alberto, con particolare riguardo alle proprietà situate a Papaiano, di cui faceva parte anche la chiesa di Sant'Andrea. Bonifacio si impossessò del monastero, scacciandone Bononio e requisì i suoi beni. Ranieri, divenuto marchese nel 1014, dietro incarico di Enrico II, restituì in parte le proprietà che il suo predecessore aveva confiscato.

Originale in ASFI, *Diplomatico*, Bonifacio, 1075 [A].
Edizione: P. PUCCINELLI, *Istoria delle eroiche attioni d'Ugo il Grande duca della Toscana - Cronica dell'Abbadia* Fiorentina, 1664, pp. 222-223; KURZE, *Marturi,* pp. 200-201.

Pergamena mm 381 × 151, a tratti evanita.
Sul v e r s o dopo la segnatura che testimonia l'ingresso nel *Diplomatico*: «Bonifazio 971 forse» segue di mano del XIV-XV secolo l'annotazione: «ragione de Papaiano».
Questo testo di natura non giuridica che racconta le vicende dei primi decenni di vita del monastero fu probabilmente scritto per essere presentato al placito nel quale doveva venire definita la lite tra il monastero di Marturi e Sigizo di Firenze a proposito di alcune terre e della chiesa di Sant'Andrea a Papaiano.
Dall'analisi delle lettere caratteristiche risulta essere stato scritto in libraria.

Cum Azzo filius Petri occidisset ª Ugonem fratrem suum et ᵇ tulisset cog|natam suam et tulisset eam uxorem et tulit omnem substantiam eius, ita | ut Guinizo filius Ugonis ex omnibus bonis patris victum habere non | posset, qui pergens ad marchionem Ugo fecit ei cartulam de Papaiano | cum omni pertinentia sua et de Bulisiano, et retinuit in usu fructua|rio et ex illo die Iohannes clericus de Gaiano et Bonizo castaldo de | Marturi, homines Guinizi et Tazzi et Azzi ducebant | in omni opere que domnicata marchionis erat, et vicecomes de Marturi | castellum de Papaiano laborabat et placitabat, et Leo presbiter de æcclesia | sancti Andreæ serviebat marchionis. Postea Ugo marchio ædi|ficavit monasterium et dedit monasterio quodcumque pertinebat sibi, | et cessaverunt angaria et placita de Papaiano, et serviebat abbati | sancto Bononio, et Leo presbiter ibat in servitio monasterii quando | cumque abbas precipisset. Mortuo Ugo marchio, cum Bonefatio | filius Alberti factus esset marchio, et monasterio que Ugo ædifi | caverat devastaret, venit Marturi et tam abbatem sanctum Bo | nonium quam omnes monachos inde eiciens, quodcumque æcclesię dei per | tinebat suum domnicatum fecit, quin etiam in claustra et ceteris | officinis, monachis preparatis, habitabat cum famulis et concubi | nis et ancillis, set et thesaurum æcclesię, scilicet tabulas aureas, | textum evangelii tollens, unam fregit, et sciphos et varios | apparatos suos inde fabricari fecit, alteram comitis Rozzo | donavit. Sicque factum est ut Papaiano iterum ad domnicatum marchionis rediret, et Bonizo castaldo reinvestivit, et | Leoni presbitero precipit, ut marchioni serviret, quod et fecit. | Nam cum melle et cera et pigmentis et pane et vino et carne | in servitium marchionis venit, et masa illa de Fossule, que | fuit Guinizi, dedit idem marchio Alberto presbitero de Castagneto, | et ita ambo isti, idem Leo et Alberto presbitero, servierunt in capella | marchionis, et adhuc terra Guinizi domnicata marchionis | est. Benno autem filius idem Guinizi, cum fideret de Ardingo, et | quod iuratus illo esset et pater suus Guinizo patri illius Uberti | dedisset de eadem terra sua, quam marchioni dederat, non proprie, | set quasi in consortio, sicut etiam adhuc et isti faciunt de terra, | quam de marchione tenent, dant cui sibi placent, quia et | Ardingo familiaris erat marchionis ^c Ragineri, succes | soris Bonefatii, quem inperator advocatorem monasterii de Mar | turi constituerat, ut sicut Bonefatius devestiverat, ita et Ragineri | reinvestiret de quecumque Ugo marchio ipsi monasterio offer | serat, quamvis ipse Ragineri maximam partem sibi retinuerit, | sicut et probabile est, et Ardingo apud eundem marchionem maximum | locum familiaritatis obtineret, idem Benno filius Guinizi cępit | livellare et donare et vendere terram suam quicumque emere | voluisset, ipse enim non habebat filium, cui relinqueret. | Sicque venit Sizo, clericus de Florentia, filius Leonis presbiteri, de quo | supra diximus, qui fuit capellanus Ugoni marchionis et post | ea abbatis ac iterum Bonefatii marchionis, qui et adhuc vive | bat, emit, videante patre suo, capellam sancti Andreæ, quam pater | suus tenuerat, ita sicut et diximus. Cui dixit pater: «Fili, ne faci | as, nosti enim, quia ego marchioni servivi hæc, quam tu compa | rare vis, et si modo tacetur, iterum et reclamabitur, vide, ne | facias», qui noluit acquiescere, sed comparavit et tenet filius | eius. Abbas autem tunc requisivit, sed habere ^d non potuit, quia | marchio omnia illa tenebat et tenet adhuc. Sed tunc, quan | do Sizo comparavit æcclesiam, voluit ire Bonizo castaldo et | Iohannes minatore et investire, quodcumque Benno tenebat et quod | vendiderat vel quod livellaverat, et ecce Ardingo rogavit, | ne faceret, propter suam, quam tenebat, sicque illi, accepto pretio, | siluerunt.

---

[a] -et *espresso con legatura corsiva; così passim in A.* [b] et *espresso con legatura corsiva; così passim in A.* [c] *Seguono tre lettere erase.* [d] *Tra* h *e* abere *uno spazio.*

12

PAGINA PROMISSIONIS

1089 marzo, Marturi

Uberto, abate del monastero di San Michele di Marturi, istituisce un ospedale e lo investe della terra che fu di Giovanni e Pietro figli del fu Teuzo, di un pezzo di terra con vigna che fu retta dal prete Homicio, di un pezzo di terra con vigna che detiene Rodolfo figlio del fu Pietro di Martino e di tutta la terra d e Mucellina che apparteneva al monastero grazie ad una c a r t u l a del prete Gerardo, nonché di tutte le terre dominiche e di tutte quelle dalle quali ricevono un d i r i c t u m e delle oblazioni che annualmente ricevono dai fedeli, eccetto quelle decime che vengono dagli abati donate ai fedeli.

Originale in ASFI, *Diplomatico*, Bonifacio, marzo 1089 [A].
Edizione: NERI, *Castello di Badia*, pp. 167-168.

Pergamena mm 530 × 382 (330), in buono stato di conservazione.
Sul r e c t o «n° 279». Sul v e r s o in senso inverso rispetto alla scrittura del r e c t o la segnatura «1089=4=marzo» e un'annotazione di mano del XVI-XVII secolo: «Come l'abate et monaci fecero et dotaro l'ospedale».

Le maiuscole di tutto il testo sono particolarmente elaborate. Il s i g n u m n o t a r i i prima del protocollo è diverso a quello che apre la c o m p l e t i o.
L'indizione non corrisponde all'anno: sarebbe la dodicesima per il 1189 e la tredicesima per il 1190. Enrico IV venne incoronato re d'Italia nel 1181.

(SN) In nomine domini dei ęterni. Anno ab incarnatione eiusdem dei et domini nostri Iesu Christi millesimo octuagesimo nono, regnante in Italia Heynrico gratia dei imperator augustus quarto, | mense martio, indictione decima. In illis temporibus vere quia memores dominici precepti: «Q u o d u n i e x m i n i m i s m e i s f e c i s t i s m i c h i f e c i s t i s[1]»; et: «H o s p e s f u i e t s u s c e p i s t i s m e[2]; et:

----

[1] Mt. 25, 40.
[2] Mt. 25, 35.

Esurivi | et dedistis michi manducare[3]», favente clęmentia salvatoris et cooperante gratia spiritus sancti atque sufragantibus merita beati Michahelis archangeli, iccirco ego quidem Hubertus, indignus monachus | et abbas, una cum voluntate mea et voluntas fratrum meorum et fidelium virorum quorum nomina hic subter leguntur. Pro salute mea et successorum meorum et beatę memorię domni Ugoni | marchionis atque pro remedio animarum fratrum meorum sive vivorum ac defunctorum et pro remedio omnium bonorum hominum, quorum nobis hęlemosinas largiti sunt et pro omnibus qui in nobis | habent fiduciam ut oremus pro eis, investivimus, confirmavimus, corroboravimus [a], nominativę domum unam cum duobus stadiorum de terra circa illam domum consistente ad | refectionem pauperum, ad sustentationem hospitum, ad recreationem mentes et corpora bonorum hominum ibi venientibus et ob amorem dei karitatem ibidem postu|lantibus. Insuper et investivimus de terra illa quę fuit Iohanni et Petri filiis bone memorie Teuzi et de alia petia de terra, cum vinea super se habente, qui olim recta fuit per Homicionem | presbiterum et de alia petia de terra cum vinea super se habente quę detinet Rodulfus filius bone memorie Petri filii Martini. Similiter investivimus de tota terra illa de Mucellina ubicumque | esse invenitur in integrum, quę nobis per cartula Gerardi presbiteri et parentum suorum pertinebat. Et etiam, quod optimum in oculis nostris visum fuit, de omnibus domnicatis | nostris et de omnibus terris ex quibus drictum recipimus aut recipiemus, sive de omnibus oblationibus quas annualiter a fidelium Christi suscipimus, decimas | deo omnipotenti et pauperibus suis dedimus, concessimus et corroboravimus; excepto anteponimus decime ille quę a me iam et a nostris antecessoribus fidelibus | nostris largiti sumus. Ideo omnibus suprascriptis terris, vineis, decimis, oblationibus, omnia quę superius legitur una cum omni integritate et pertinentiis | suarum et cum omnia quę supra se et infra se habentes esse invenitur atque cum omnibus rebus mobilibus et inmobilibus confirmamus et eidem xenodo|chii ad honorem dei et pauperum suorum concessimus. Et si forsitan, quod absit, ego predictus Hubertus abbas vel meis posteris successores et | rectores aecclesie sancti Michaęlis aliquo tempore hoc quod suprascriptum est per nos vel per aliqua submittente persona per qualicumque ingenium tollere, auferre, | agere, causare vel minuare presumpserimus, res cum meliorationibus suis sub estimatione in consimili loco in dupplum componere debeamus | et insuper pęna addimus ad suprascriptum xenodochium et ad servorum dei

---

[3] Mt. 25, 35.

de boni denari [b] libras quadraginta, medietate sit Christi et suis servitoribus, altera pote|stati in cuius presentia querimonium pro tempore fuerit et ut hanc promissionis nostre paginam et firmam et stabilis permaneat et ut nullus dissipator sive | sit abbas, sive monachus, conversus aut laicus, magna vel parva persona per quolibet ingenio subtrahere, retollere, minuare, fraudare, alienare voluerit | aut delere voluerit, maledictus, excommunicatus, anathematizatus ita ut deleat eum deus de libro viventium et cum iustis non scribantur. Fiat particeps cum | Dathan et Abiron quos terra vivos degluttivit, fiat sotium cum Anania et Saphira qui fraudaverunt pecuniam domini sui, sit maledictus cum Simone | Mago, sit excommunicatus cum Iuda traditore qui de gazophilatio Christi fraudabat, sit separatus in die iudicii a consortio omnium iustorum et ut fir|ma et stabilis permaneat manu mea cum fratribus meis et fidelium virorum firmavi et stabilivi Rodolfo notario scribere rogavi [c]. Actum in loco Martuli, territorio florentino. |

Signum ✠ ✠ ✠ ✠ manibus Winizi [c] filii bone memorie Fusculini et Azzo filii bone memorie Carboni et Martino filii Amizi et Petr(us) filii Martini, rogati testes.

✠ Ego Hubertus abbas hunc scriptum fieri rogavi et manu mea confirmavi. |

Ego Gerardus prior ibi fui, laudavi et subscripsi.

Ego Andreas monachus ibi fui et subscripsi. |

Ego Gerardus monachus ibi fui et subscripsi.

Ego Henrigus presbiter ibi fui et subscripsi.|

Ego Uuido monachus ibi fui et subscripsi.

Iohannes [d] monachus indignus ibi fui, laudavi et subscripsi. |

(SN) E[go Ro]dulfus [e] notarius post tradita complevi et dedi.

---

[a] -vi- *in sopralinea.* [b] *Così in A.* [c] *Aggiunto in sopralinea.* [d] Iohannes *in monogramma.* [e] *Lacuna per macchia.*

13

MATILDAE MARCHIONISSAE DECRETI PAGINA

1099 giugno 20, Marturi

La contessa Matilde prende sotto la sua protezione il monastero di San Michele di Marturi e gli conferma tutti i suoi beni, compreso l'ospedale che il chierico Giovanni edificò accanto al borgo della c u r t i s di Marturi.

Copia del XII secolo eseguita ed autenticata da «Maurinus sacri palatii iudex» in ASFI, *Diplomatico*, Bonifacio, 20 giugno 1099 [B].

Edizione: DELLA RENA, CAMICI, *Serie cronologico-diplomatica degli antichi duchi e marchesi di Toscana, Matilde*, III, p. 88; NERI, *Castello di Badia*, pp. 169-171; MGH, *Die Urkunden der Markgräfin*, n. 53, pp. 161-164.

Regesti: A. OVERMANN, *Gräfin Mathilde von Tuscien. Ihre Besitzungen. Geschichte ihres Gutes von 1115-1230 und ihre Regesten*, Innsbruck 1895; copia anastatica Frankfurt a. M. 1965, R. 55.

Pergamena mm 490 × 154 (142), costituita da due pergamene cucite insieme: la prima contiene questo documento e l'inizio dello s c r i p t u m   c o n c e s s i o n i s del 24 luglio 1107 (cfr. n. 14); ottimo stato di conservazione.

Sul v e r s o in calce in senso inverso rispetto alla scrittura del r e c t o la segnatura: «1099=20=giugno Paradiso».

La formula di autenticazione è la seguente: «(SN) Ego Maurinus sacri palatii iudex horum exemplarum autentica vidi et legi et quicquid | in eis repperi, scripsi et ideo subscripsi».

(SN) In nomine patris et filii et spiritus sancti. Quam sit necessarium quieti monasteriorum prospicere et de | eorum perpetua stabilitate tractare, ipsa nos eorum devotio, qui ea construxerunt, informat, quoniam ad hoc | eadem venerabilia loca edificare voluerunt, ut per omnia deus inibi honoretur, videlicet [a] in officiis nocturnis | et diurnis, in sacrificiis atque elimosinis necnon in exhibitione humanitatis adventantium et ceteris bonis o|peribus, quatinus in eterna vita ipse deus omnipotens pro illis valeat esse propitius. Quapropter ego Matilda comitissa et ducatrix, filia | bone memorie Bonifatii marchionis et ducis, sed ego Matilda, interrogata a Iohanne iudice sacri palatii, spontanea mea voluntate pro | dei timore et anime mee remedio et animarum parentum nostrorum per huius nostri decreti paginam monasterium, quod est constructum ad honorem | sancti Michahelis in loco Martura, corroborare previdimus in perpetuum, statuentes quatinus neque nos neque aliquis nostrorum heredum vel [b] prohere|dum prefatum monasterium aliquo modo inquietare audeat aut immutare ad alium ordinem vel transferre sibi vel aliis ad aliquod seculare commo|dum; set sit permanens usque in finem in eo ordine vel statu, quo nunc esse decernitur libere, ut decet [a] domum dei absque aliqua molestia ex indu|stria nostra vel heredum nostrorum aut proheredum seu alicuius nostrorum hominum. Confirmamus itaque omnia, que eidem venerabili loco tam a nobis | quam a maioribus nostris quocumque modo, scripto seu sine scripto vel aliqua commutatione, sive que facta est in toto circuitu ipsius monasterii | sive alibi data vel concessa sunt, que nunc possidere videtur vel alii homines per eum et postremum universa, que nunc a quibuscumque hominibus vel partibus pos|sidet [a] acquisita vel in posterum opitulante deo acquirere [c] ab aliqua persona de nostro ducatu potuerit, sive illa sit libera sive ancilla. | Quocumque modo nobis attineat proprietario iure, deveniat monasterio in tota supradicta curte de Martura et suis pertinentiis et | hospitale, quod Iohannes clericus ędificavit iuxta burgum supradicte curtis, atque etiam [d] in tota Tuscia vel Romagna seu per omnia nostra | loca, cuiuscumque modi possessiones aut bona sunt tam in rebus mobilibus quam et inmobilibus, inrefragabiliter sibi in perpetuum permanen|da. Proinde auferimus a nobis et quibuscumque, scilicet [a] de nostra progenie nati fuerint aut bona nostra tenuerint, omne ius de predicto | venerabili loco atque de omnibus rebus sibi pertinentibus, et ne potestatem aliquo modo habeant in aliam quamlibet [a] partem dandi vel alienan|di sive locandi aut aliis quasi piis de causis quolibet [a] titulo transferendi nec sibi retinendi. Item omnino volumus et per hanc nostram | decreti paginam, sicut et quę supradicta sunt, ad posteros conservandum transmittimus, ut obeunte abbate non alius ibi quacumque obreptionis astu|tia ordinetur, nisi quem fratres eiusdem cenobii secundum timorem [e] dei elegerint, maxime de eadem congregatione, si idoneus inter eos in|ventus fuerit, absque molestia nostra. Quod si talis, qui huic regimini congruat, inter eos inveniri non potuerit, sine impedimento nostri | aliunde sibi pastorem et magistrum expetant, remota in omnibus et per omnia execrabili venalitate simoniace heresis. Ipse autem | abbas, licet [a] constet [a] auctoritate sacre legis necnon privilegiis sum[mi] [f] pontificis apostolice sedis satis decenter conditus [g] atque munitus, a quo | etiam [d] solummodo secundum priscam eiusdem monasterii consuetudinem consecrationem vel iudicium accipit, nostri tamen auditorii suffragium sibi ad|esse per omnia sciat, ut sicut in corpore monasterii, ita in omnibus curtibus vel ecclesiis iuri sui cenobii pertinentibus liberam habeat fa|cultatem [h] tollendi, locandi, ordinandi, iudicandi in personis vel in rebus mobilibus et inmobilibus pro sua suorumque utilitate | absque alicuius nostrorum vel suorum contradictione. Si quis preterea nostrum nostrorumque hominum seu nostrorum heredum aut proheredum et qui de [i] nostra pro|genie nati sunt vel fuerint, abbatem constitutum [j] in predictum monasterium aut monachos ibi servientes seu laicos ipsius monaste|rii vel clericos absque licentia eiusdem abbatis offenderint aut res predicto monasterio [k] pertinentes abstulerint vel contenderint seu | minuaverint aut molestaverint aliquo modo, si post quod noverit, infra triginta dies non emendaverit et, cum necesse fuerit, ibi | auditor non extiterit, vel si omnia que suprascripta sunt, bona fide non observaverit, tunc componere et dare debeat ad supradicti mo|nasterii partem penam auri optimi libras ducentas, et hoc scriptum in suo permaneat [l] robore. Que omnia in hanc cartulam | scribere rogavimus et manibus nostris in manu Iohannis abbatis sepe fati monasterii de Martura deo offerenda posuimus, | sibi suisque successoribus servanda [m] omnia in perpetuum. Factum est hoc anno dominice incarnationis millesimo nonagesi|mo nono, duodecima kalendas iulii, indictione .VII., in Martura, comitatu florentino; feliciter. |

Matilda [n], dei gratia, si quid est (M).

Signa ✠ manuum supradicte ducatricis, que hoc decretum confirmationis, | sicut superius legitur, fieri rogavit. |

(SN) Ego Iohannes iudex sacri palatii predictam ducatricem interrogavi et subscripsi.

(SN) Ego Fralmus causidicus sacri | palatii ibidem fui et subscripsi.

(SN) Ego Ardericus iudex interfui et subscripsi. |

(SN) Ego Ubaldus advoca|tus interfui.

(SN) Ego Seniorellus iudex donni imperatoris interfui et subscripsi. |

(SN) Ego Curradus iudex donni imperatoris ibi fui et subscripsi. |

Signa ✠ ✠ ✠ ✠ ✠ ✠ manuum Guidonis comitis et Alberti et Ildibrandini comites, filii bone memorie Ildibrandi co|mitis, et Gottuli filii bone memorie Gemme et Orlandini filii bone memorie Rolandi, et Arnolfi filii bone memorie Stefani, | et Teuzi filii Aldiberti [o], et aliorum plurium rogati testes. |

(SN) Ego Grimaldus notarius ibi fui et rogatu atque iussione supradicte domine Matildis, marchio|nisse decretum huius pagine complevi post traditum.

---

[a] -et *espresso con nota tachigrafica.* [b] *Espresso con il compendio di origine tachigrafica. Così passim in* B. [c] c *in sopralinea.* [d] etiam *espresso con il compendio di origine tachigrafica.* [e] *Segue* ei *depennato.* [f] *Lacuna per rasura.* [g] cotus *con segno abbr. su* o. [h] fa *ripetuto all'inizio del rigo.* [i] *Con abbr. depennata su* e. [j] *Così in* B. [k] i *corretta su* o. [l] −t *in sopralinea.* [m] *Corretto da* serovanda *a cui è stata espunta la* o. [n] *Combinazione di croce e lettere.* [o] *Ad* a *segue una* d *depennata.*

14

1107 luglio 24, C a b a l l a r i a

La contessa Matilde, su richiesta dell'abate di San Michele di Marturi, concede allo stesso monastero un prato accanto all'Elsa con tutta la sua decima insieme alla decima della selva che si trova accanto allo stesso prato, recentemente portata a coltura; gli conferma inoltre la decima della terra che si trova tra il detto prato e il mulino che fu dei figli di Ildeberto, tra l'Elsa e la pubblica via.

Copia del XII secolo eseguita ed autenticata da «Maurinus sacri palatii iudex» in ASFI, *Diplomatico*, Bonifacio, 20 giugno 1099 [B].

Edizione: DELLA RENA, CAMICI, *Serie cronologico-diplomatica degli antichi duchi e marchesi di Toscana, Matilde*, V, p. 60; NERI, *Castello di Badia*, pp. 171-172; *MGH, Die Urkunden der Markgräfin*, n. 105, pp. 283-285.

Regesti: A. OVERMANN, *Gräfin Mathilde von Tuscien. Ihre Besitzungen.Geschichte ihres Gutes von 1115-1230 und ihre Regesten*, Innsbruck 1895; copia anastatica Frankfurt a. M. 1965, p. 171-172; Gino BADINI, *Il "corpus" Matildico. Risultati e proposte*, «Annali Canossiani», I (1981), p. 139.

Cfr. doc. 13.

(C) [a] ✠ In nomine sancte et individue trinitatis [b]. ✠ Matildis [c] (M) dei | gratia si quid est. Dum [d] olim in Tuscie partibus essemus et diversa negotia variasque causas pro oportuno tempore ageremus, ve | nit ad nos domnus ********* [e], marturensis cenobii venerabilis abbas, nostram adiens clementiam multumque deposcens pratum nostrum | donicatum iuxta Ilsam fluvium situm pro anime nostre et parentum nostrorum mercede predicto monasterio a nobis debere concedi et ad uti | litatem fratrum deo inibi cotidie militantium iure perpetuo confirmari. Cuius petitionibus annuentes tum pro fratrum laudabili | conversatione, tum pia fidelium nostrorum interventione, etiam dictum pratum cum omni decimatione sua et insuper omnem decimationem terre, que de | silva nostra donicata iuxta idem pratum noviter exculta fuerat; decimam etiam [f] illius terre, que est ab eodem prato usque ad molendinum | quondam filiorum Ildeberti inter Ilsam et viam publicam, ad memoriam anime nostre nostrorumque parentum iam dicto marturensi ce|nobio [g] concessimus et ad utilitatem fratrum habendum et possidendum, remota omni omnino molestatione, per presentis scripti paginam confirma|vimus. Notum itaque fieri volumus omnibus nostre potestatis fidelibus tam presentibus quam futuris, nos predictum pratum donicatum cum | omni decimatione sua, qualiter supra legitur et insuper totam decimam illius terre, ubi fuit silva donicata, marturensi ce|nobio [h] ad honorem sancti Michahelis in ipsa castelli summitate quondam dedicato sollempniter iure perpetuo concessise et hanc | presentis scripti paginam fieri precepisse ad posterorum scilicet nostreque anime memoriale perpetuum, nostra auctoritate sufful|tam multorumque etiam idoneo testimonio [i] roboratam. Rogamus igitur [j] atque rogando mandamus, ut nullus deinceps dux, mar|chio, comes, vicecomes, gastaldio, nulla etiam cuiuslibet [k] dignitatis aut conditionis magna parvaque persona prefatum monasterium | de his omnibus, que supra concessimus eique pro anima nostra parentumque remedio nostrorum habenda perpetuo et possidenda contulimus, audeat | in aliquo molestare aut quolibet [k] ingenio diminutionem facere. Si quis autem quod absit secus agere et sepe dictum | monasterium contra huius scripti tenorem presumserit molestare, sciat se nostram iram incurrere et pro perpetrata nequitia banni | nostri insuper penam debere persolvere, quinquaginta videlicet [k] librarum argenti, medietatem camere nostre, medieta|tem vero predicte ecclesie, hoc tamen scripto in suo semper robore permanente. Quod ut verius credatur et pro futuris | temporibus inconcussum ab omnibus et inviolabile habeatur, sigilli nostri inpressione fecimus insigniri et auctoritate muni|ri. |

Testes vero interfuerunt Ragimundus de Baisio [1], Ugo [1], Albertus filii Manfredi [2], Sassolus et Raginerius [3], Arn[ulfus] | de Martura, Guinizo,

---

[1] Baise è nella contea di Reggio; Raimondo di Baise fu vassallo di Matilde e appare molto spesso nei documenti matildini: è testimone il 6 settembre 1098 a una donazione di Matilde al monastero di Fonte Taona, il 1 maggio 1101 a Guastalla, il 10 luglio 1105 sottoscrive una conferma per il monastero di Posseveri, 10 marzo 1106 a Guastalla per il monastero di Pierremont, a settembre dello stesso anno a Castrum Holerianum.

[2] I Manfredi sono un'altra stirpe vassallatica matildina: Ugo ed Alberto appaiono spessimo nei documenti della contessa nel periodo compreso tra il 1098 e il 1115.

[3] Sasso e Rainieri di Bibianello appartengono ad una ulteriore famiglia vassallatica matildina e particolarmente Sasso dal 1088 appare molto spesso tra i testimoni nei documenti matildini; cfr. OVERMANN, *Mathilde*, pp. 154, 162, 163, 166, 168, 173, 175-179, 181, 182, 184, 185, 187-189.

Albericus, Martinus Grassus, Guicerius et reliqui plures tam Longobardie quam Tuscie. |

Actum anno dominice incarnationis millesimo .C.VII., indictione .XV., iuxta Cicinensem fluvium per manum Fru|gerii archipresbiteri et cappellani, .VIIII. kalendas augusti apud Caballariam, in vulteranensi comitatu.

---

a *Il chrismon rappresenta il monogramma costantiniano.* b *Combinazione di lettere allungate e lettere di normale altezza.* c *Monogramma.* d *Iniziale di modulo più grande.* e *In bianco per lo spazio corrispondente a nove lettere.* f etiam *espresso con il compendio di origine tachigrafica; così passim in B.* g i *in sopralinea.* h *Corretto su* cenoboo. i *Segue* d *depennato.* j *Espresso con* g *ed* i *soprascritto.* k -et *espresso con nota tachigrafica.* l *Dovrebbe seguire* et.

PACTUM DIFFINITIONIS

1108 marzo, s.l.

Bonaldo pievano della pieve di Marturi refuta a Giovanni abate del monastero di San Michele di Marturi metà di una r i p a che acquistò dalla contessa Matilde e del prato affinchè gli edifici che vi sono da edificare vengano fatti con comune dispendio, eccetto un f o l l o che per convenienza dell'abate riserva a se stesso. Riguardo poi agli uomini della pieve che in futuro sceglieranno il monastero come luogo di sepoltura promette di non tentare in alcun modo di ostacolarli.

Originale in ASFi, *Diplomatico*, Bonifacio, marzo 1108 [A].
Copia autentica del secolo XII in ASFi, *Diplomatico*, Bonifacio, 1 novembre 1068 [B].

[A] Pergamena mm 410 × 248 (224) che presenta una lacerazione nella parte iniziale.
Sul r e c t o «n° 10». Sul v e r s o tre annotazioni di epoche diverse delle quali soltanto una è ancora leggibile, quella in calce scritta in libraria: «definitio inter monasterium et plebem». Del s i g n u m n o t a r i i si intravede solo la parte inferiore, mentre manca del tutto nella c o m p l e t i o . Il notaio Maurino, nella copia autentica, lo ha riprodotto sia all'inizio che alla fine.
[B] Cfr. doc. 8.

[(SN) Moribus] receptum est ea que finem recipiunt litteris ipsos fines, ipsa pacta | vel transactiones, quecumque fuerint litteris denotare ut memorie posterorum | semper valeant innovari et ideo pactum diffinitionis sive ᵃ transactionis | factum est inter me Bonaldum presbiterum et plebitaneum martirensis plebis atque Iohannem | abbatem sancti Michaelis ad Martires huic cartule inserere curavi. Refutavi ego | prefatus presbiter Bonaldus et plebitaneus predicte plebis predicto donno Iohanni | abbati sancti Michaelis medietatem ripe quam adquisivi a comitissa Mattilda | et de prato ut ea edificia que ibi sunt edificanda communiter per medietatem cum com|muni dispendio similiter per medium faciemus ᵇ. Excepto uno follo quod per convenien|tiam eiusdem abbatis mihi reservo integrum sine communione in cuius constructione |

solus expensas inpendam. Refutavi etiam de illis hominibus eiusdem plebis qui | deinceps mortui fuerint et sponte ibi sepelliri voluerint, nullo modo, nulla | fraude commissa contradicere temtavero neque ego neque successores mei | neque per aliquam personam sed sine fraude aliqua consentiemus et si ego | vel mei successores hanc diffinitionem, hoc pactum infringere tempta|verimus simus ᶜ conposituri nomine pene libras viginti | et post penam solutam hec diffinitio sive conpactio firma perma|neat semper. Facta sunt hec temporibus donni Pascalis secundi pape, anno | pontificatus eius nono, ab incarnatione domini millesimo centesimo | octavo, mense martio, indictione prima.

Testes Rolandus presbiter de | plebe sancte Agnetis et presbiter Bellinus et Martinus filius bone memorie | Benzolini de burgo Sancti Genesii, Adalardus filius Guidonis et Guido | filius Ugonis et Guido filius Rusticelli. |

Ego Renbaldus iudex sacri palatii complendo subscripsi et subscri|bendo complevi.

ᵃ *In A* suve.   ᵇ *In A* e *corretto su a despunta.*   ᶜ simus *ripetuto.*

16

BREVE TRADITIONIS ET REFUTATIONIS

1114, nella pieve di Marturi

Ildiprandino da Pescia refuta a Ranieri, abate della chiesa e del monastero di San Michele di Marturi la metà di un mulino posto sul fiume Elsa
insieme alla quantità di terra necessaria per costruire in futuro una capanna
o una casa, un orto e una l a m a , ricevendo dal monastero dieci lire, mentre Rogerio Morlino, con il suo consenso, ne riceve quindici.

Originale in ASFi, *Diplomatico*, Bonifazio, 1114 [A].

Pergamena mm 380 (374) ×168, rigata. Il margine destro è lacunoso a causa di rosicature.
    Sul r e c t o «n° 11». Sul v e r s o di mano del XII-XIII secolo: «carta quam fecit
nobis Ildiprandino de Piscia de molendino»; di mano del XIV-XV secolo: «refutatio facta
monasterio»; in senso perpendicolare su un lato «1114»; infine in senso inverso rispetto alla
scrittura del r e c t o la segnatura «1114==».
    L'indizione (romana) del 1114 era la settima e non la tredicesima.

(SN) In Christi ª nomine. Breve traditionis et refutationis et ius |
repromissi pro modernis et futuris temporibus securitati[bus] | et
firmitatibus ad memoriam habendam et retinendam, qu[ali] | ter factum est
intus in burgo Marturi infra plebem, [in] | presentia Rainerii iudicis et
Gottifredi filius Arnulfi | et Arnulfini filius Christofori ᵇ et Ubaldini filius
Tebald[i] | et Vetuli filius Richardi et Damiani aliique plures. In e[orum] |
presentia Ildiprandinus de Piscia dedit et tradidit et con[ces] | sit et refutavit
et iure repromissi concessit in manu d[omini] | Rainerii, abbas de ęcclesia
et monasterio sancti Michaelis in vi[ce eius] | dem ęcclesie, id est una integra
medietate de molendin[o cum] | omnibus edifitiis omnia in omnibus in
integrum, que modo sunt in fluvio Else et gu[...] | ere ᶜ ad fatiendum aut in
antea edificandum et terram et aq[uam] | et sticcaria ex una parte Else et
ex alia et tantam terram [...] ᵈ | tam aliquo in tempore necessaria fuerit ad
capannam aut ad [ca] | sam edificandam et ortum edificandum et lamam
edificare e[x] | una parte Else et ex alia. Et si aliquo in tempore

necessarium | fuerit mutare iam dicta edifitia de loco ad locum prefa|ta ęcclesia et sui rectores facere debeant et verra[... ex] | una parte et ex alia iam dicta ęcclesia possideat [...] ᶜ | et quanta et qualia edifitia aliquo in tempore [...] ᶠ | possunt. Et iam dicta edifitia habent coherentia[s tales: co]||heret ᵍ eis molendinum iam dicti monasteri, ex alio laterę e[st molen]||dinum Camerini, ex aliis vero partibus sunt ripe eiusdem flumin[is]. | Unde ʰ ego iam dictus Ildiprandinus pro iam dicta refutatione rec[epit] | libras decem et Rogerius Morlinus meo consensu recepit libr[as] | quindecim. Et insuper non contenderę, non molestarę, non contradicerę et a[b omni] | homine defenderę si oportunum fuerit sub pena sexaginta librarum [de] | argento et post pena soluta cartulam permaneat in suo iure. | Actum est hoc in presentia de iam dictis hominibus anno dominice inc[ar]|nationis .M.C. quarto decimo, indictione tertia decima, | in mense ********** ⁱ. |

(SN) Rainerius iudex ibi fuit et hoc breve scrip[sit ut] | scit. |

Insuper in quacumque tempore aliquis nostrorum alienarę voluerit suam | actionem ad minus quadraginta solidos alter alteri dare | debeat sine calumpnia infra spatium .XXX. dierum, sin autem | alienent alteri cui placuerit.

ᵃ *Espresso con* Χρι *e segno abbr. sovrapposto.*   ᵇ *Espresso con* Χροfori *con segno abbreviativo su* -ρ-.   ᶜ *Lacuna corrispondente a circa tre lettere. Potrebbe venire integrato con* gu[alchi]ere.   ᵈ *Lacuna corrispondente a circa tre lettere.*   ᵉ *Lacuna corrispondente a circa otto lettere.*   ᶠ *Lacuna corrispondente a circa dieci lettere.*   ᵍ -et *espresso con nota tachigrafica.*   ʰ u- *di forma angolare.*   ⁱ *In bianco per l'estensione del rigo.*

LIBELLUS

1115 settembre, Marturi

Ranieri, abate della chiesa e del monastero di San Michele di Marturi, allivella a Rodolfo figlio del fu Martino, a suo figlio Ugo, ai fratelli Baldino e Giovanni figli del fu Albertino e a Guido del fu Ubertello tutte le terre e vigne poste nel luogo detto Calcinaia, terre che essi già detengono per il monastero, per un canone annuo di tre soldi da pagare nel mese di settembre.

Originale in ASFᵢ, *Diplomatico*, Bonifacio, settembre 1115 [A].

Pergamena mm 430 × 180 (150); presenta rosicature lungo entrambi i margini e numerose macchie.
Sul r e c t o «n° 280». Sul v e r s o una mano del XIII-XIV secolo annotò: «de Calcinaia»; segue un regesto di mano del sec. XIV-XV: «quomodo abbas Rainerius | concedit vineas terras et domus quas habet ibi [...] | pro annuo censu tres soldos pecunie lucensis Ugo Rodolfo et | Baldino»; in calce la segnatura «1114=settembre».
Se l'indizione usata è la bedana (inizio 24 settembre) si potrebbere circoscrivere la data al periodo 1-23 settembre 1115.

(SN) In nomine domini dei eterni. Anno dominice incarna[tionis millesimo] | centesimo quinto decimo, in mense setembris, indictione indic[tione] ᵃ | octava. Et ideo Christo ᵇ auctore ego quidem Raginerius abbas de ecclesia | [et] monasterio sancti Michaelis sito Martuli, una cum consilio frat|ribus et monacis meiis ᶜ, quia per nostra convenientia et quia dare atque | [a]bendum ᵈ, tenendum, laborandum et fruendum, meliorandum et non peioran|dum dare previdi vobis Rodulfo filius ᵉ bone memorie Martini et a Ugo ᶠ filius tuus et a Bal|dino et a Iohannes germani ᵍ filiis bone memorie Albertini et a Guido filius bone memorie Ubertelli, videlicet | omnibus terris et vineis que vos modo abetis et detinetis in loco qui dicitur | Calcinaia ¹ da predicta ecclesia sancti

---

¹ Odierno quartiere meridionale di Poggibonsi, lungo la Statale che prosegue verso Staggia, ai piedi del Poggio Imperiale.

Michaelis. Ideo predictis terris et vineis, | sicut supra legitur, cum fundamentis et omnibus edificiis suis et cum omnia que super [se] | et infra se abentes in integrum eas vobis qui supra Rodulfo et Ugo et Baldin[o] | et Iohannes et Guido et a vestris filiis heredibus dare et firmare previdi ego qui supra R[a]|ginerius abbas et meis successoribus vos predicti Rodulfo et Ugo et Bal[di]|no et Iohannes et Guido et vestris heredibus dare nobis debeatis pensionem de predic|tis terris et rebus vineis in omni anno in mense setembris per vos vel per mis|sos vestros nobis vel a ministeriale nostro denarii solidos tres boni | lucensis monete et non amplius. Et si vos adinplente ᶜ si ego | qui supra Raginerius abbas vel meis sucessoribus de predictis terris et rebus | tam de mobile quamque inmobile minuare aut retollere aut | amplius quam supra legitur vobis superinponere presumserimus tunc componitu|ri et daturi vobis esse debeamus pena numero de bonis denarii ᶜ solidos cen|tum. Quidem et nos predicti Rodulfo et Uguo et Baldino et Iohannes et Guido ma|nifesti sumus quia omnia ut supra legitur sicut inter nobis convenit si distu|lerimus nos vel nostris heredibus dare et adinplere in omni anno illa ᶜ | pensionem ut supra legitur aut si ipsa terra et rebus dimittere presumseri|mus vel si per nos peiorata aut suptracta apparverit, tunc | illa pena suprascripta s(olido)s centum parti vestre componere debeamus. | Actum A(m)martuli, territurio florentino.

Ego super Rainerius indignus abbas a me facto subscripsi. |
Signum ✠ ✠ ✠ ✠ manuum predicti Rodulfi et Ugui et Baldini et | Iohanni et Guidi, qui unc libellum similiter sicut supra legitur fieri rogaverunt. |
✠ Iohannes monachus et presbiter subscripsi.
Ego Stefanus indignus monacus subscripsi. |
Signum ✠ ✠ ✠ ✠ manuum Arnolfi filius bone memorie Stefani et Guinizi filius bone memorie | Fusculini et Sofridi filius bone memorie Guandolfi et Barunci de Castilione, | rogati testibus. |

(SN) Rolandus notarius post rogatu complevit.

ᵃ indictione *ripetuto.* ᵇ *Espresso con* Xρo *e segno abbrev. soprascritto.* ᶜ *Così in A.* ᵈ *Secondo l'uso del notaio che evita sempre si scrivere* habere *in tutte le forme e in tutti i tempi con* h-. ᵉ *Espresso con* flis *e segno abbr. che taglia l'asta della* l. *Così passim in A.* ᶠ au- *in nesso.* ᵍ ggi *con segno abbr. sovrapposto.*

18

PACTUM

prima del 1115, s.l.

In riguardo alla terra obertenga, situata nella c u r t i s e nel castello di Vico, che attraverso un breve sembra appartenere alla chiesa e al monastero di San Michele posto nel castello di Marturi, Gerardo, priore dello stesso, si impegna insieme al monaco Giovanni, a Benzo avvocato del monastero, a Guinizo, ad un altro Benzo, nel caso non riuscisse ad ottenere una lettera sigillata di mano della contessa Matilde, a consegnare a Ugicione, Bernardo e ai loro eredi c a p u t t a n t u m d e t e r r a l a b o r a t o r i a v e l a g r e s t a da San Genesio fino a Marturi, attraverso un contratto di livello, che verrà concesso dall'abate che nel tempo prossimo futuro verrà ad insediarsi nel monastero.

Originale in ASFi, *Diplomatico*, Bonifacio, 11 . . [A].

Pergamena mm 235 × 120, in buono stato di conservazione.
Sul v e r s o sono presenti solo la segnatura e il timbro del Diplomatico.
Il documento è mancante dell'anno e dell'indizione.
Il compilatore del regesto settecentesco lo ha collocato alla fine del secolo XI, perchè vi è nominata la contessa Matilde, apparentemente ancora vivente. Tra i rappresentanti del monastero conosciamo da altri documenti il priore Gerardo attestato tra il 1076 e il 1090 e il monaco Giovanni presente in documenti emessi tra il 1090 e il 1115.

De illa terra obertinga que est in curte et castello de Vico [1] sicut in nostro breve | legitur per designata loca quę pertinere videtur ad aecclesiam sancti Michaelis | posita in castro marturiensi tibi Ugicioni [a] et Bernardo vel heredibus | [vest]ris vel vestris fidelibus per vos ab hac die usque ad festum sancti Michahęlis | in mense septembris proximi venientis, si abbas ibi fuerit, per libellum | ad censum constitutum vel per decanium sicut inter nos convenimus dabit. | Et si in prenominato

---

[1] Si tratta di Vico Pisano, già Vico Auserissola nel Valdarno pisano. Questo luogo fu donato all'abbazia nel febbraio 1061 dal marchese Alberto f. di Oberto, cfr. REPETTI, V, pp. 757-58.

termino abbas defuerit infra .XXX. dies in quibus | abbas fuerit in nostro monasterio libellum faciet et facto libello securitatem | faciet in laudationes iudicis vel sapientis [b] ad salvitatem ipsius monasterii et abbatis et Ugicionis vel eius heredum [c] de decanio facere | tibi Ugicioni vel tuis heredibus, si inquisieris vel inquirere feceris, | caput tantum de terra laboratoria vel agresta a Sancto Genesio [2] usque | ad Marturi. Et per bonam fidem sine dolo et fraude nos Gerardus | supradictę ęcclesię prior, et Iohannes monachus et Benzo advocatus et | Guinizo et Benzo vel nos simul vel aliquis nostrum, litteras de manu | comitissę Mattildę consignatas sine nostro habere dando adquiremus | et si venerit quod nos litteras consignatas de manu Mattildis non possimus | habere, sicut supra legitur, ita observabimus, si vos recipere volueritis, | excepto si non remanserit per parabolam vestram Ugicioni et Bernardi vel | unius vestri. Haec omnia per bonam fidem observabimus excepto dei impedimento | et finito dei impedimento infra dies .XV. |

[a] -ni *in sopralinea.* [b] vel sapientis *in sopralinea tra due segni di richiamo.* [c] *In sopralinea su* Ugicionis vel eius heredum *un segno di richiamo che rimanda ad una frase scritta alla fine del testo:* ad salvitatem ipsius monasterii et abbatis et Ugicionis et eius heredum.

[2] Borgo San Genesio sorgeva nei pressi di San Miniato, cfr. *ivi*, I, pp. 352-353.

PASCHALIS II PAPAE PRIVILEGIUM

(1099 agosto 14 - 1118 dicembre 13)

Estratto di un privilegio di Pasquale II con il quale il pontefice prende il monastero di San Michele di Marturi, guidato dall'abate Giovanni, sotto la protezione apostolica e gli conferma tutti i suoi beni, le decime e i diritti riguardanti le sepolture.

Copia autentica del secolo XII, eseguita da «Maurinus sacri palatii iudex et notarius» in ASFi, *Diplomatico*, Bonifacio, 1 novembre 1068 [B].

Copia cartacea del sec. XVII in Lami, «Carte diplomatiche», III, c. 18 (BIBLIOTECA RICCARDIANA, Firenze, cod. 3813).

Per la descrizione della pergamena cfr. doc. 8. Precede il testo la frase «In privilegis domini Pascalis secundi pape hec capitula continentur».

Quia igitur [a] dilectio tua, dilecte fili Iohannes abbas, ad sedis apostolice portum confugiens, eius | tuitionem devotione debita requisivit, nos supplicationi tue clementer annuimus et beati Michahelis monasterium infra castellum quod dicitur Marturi situm, | cui deo auctore presides, sub tutelam appostolice sedis suscipimus. Presentis igitur privilegii paginam eidem monasterio in perpetuum confirmamus quecumque bona | quecumque predia iustis fidelium donationibus et possessione legitima seu alia rationabili acquisitione in presenti pertinere noscuntur; castrum videlicet [b] de Marturi cum | ecclesiis et omnibus pertinentiis et adiacentiis suis seu et hospitale quod Iohannes clericus edificavit iuxta burgum ipsius castri et omnia que Hugo venerabilis | marchio eidem monasterio per cartulam offersionis contulit et iudicavit. Decimas vero et primitias de cunctis terris que ad eundem pium locum pertinere nos[cuntur] | absque alicuius contradictione tam vobis quam fratribus vestris in monastica religione permanentibus habendas concedimus. Porro episcoporum seu episcopalium ministrorum exac|tiones omnes ab ecclesiis et eiusdem monasterii clericis removemus. Sepolturam quoque ipsius loci omnino liberam esse decernimus ut eorum qui se illic sepellire de|liberaverint devotioni et extreme voluntati, nisi forte excommunicati sint, nullus obsistas. |

---

[a] *Espresso con* g *ed* i *soprascritto.*   [b] -et *espresso con nota tachigrafica.*

SCRIPTUM PROMISSIONIS

1130 maggio 28, Lecchi

Guido, proposto della chiesa di Sant'Antimo di Bibbiano, sita nel luogo detto C i v i a n o , dà alla chiesa di San Michele di Marturi, della quale è abate Rodolfo, un manso detto t r e   m a n s e , in cambio del canone simbolico di due denari, che verranno mostrati, ma non dati al concedente. Per questa promessa riceve dalla chiesa di San Michele ventisei soldi.

Originale in ASFi, *Diplomatico*, Bonifacio, 28 ottobre 1130 [A].

Pergamena mm 250 × 233, in buono stato di conservazione.
Sul r e c t o «n° 13». Sul v e r s o di mano del XV secolo: «presso a Bibiano al fossato di Ritorto»; in calce la segnatura: «1135=28=ottobre».

(SN) In nomine domini dei [eterni] [a]. Anno dominice incarnationis millesimo centesimo tricesimo, quinto kalendas iuni [b], | indictione octava. Ideo Christo [c] auctores ego Guido prepositus eclesiæ sancti Antimi site | Bibiano [1] in loco qui dicitur Civiano, una cum consilio fratrum meorum, secundum nostram conve|nientiam, quia dare atque firmare previdi in ecclesia sancti Michaelis sita Martuli ubi domnus abbas | Rodulfus preesse videtur, videlicet unum manso que dicitur tres manse, que de una parte | decurrit ei via, de supto decurrit ei fossato qui dicitur Riotorto et de alio lato est ei fini | [a]lio fossato et desuper est ei fini terra ************** ********************* [d]. | Ideo predicto manso, sicut supra legitur, cum omnia que supra se et infra se abent in integrum eum in perpetuum | dare et firmare previdi ego qui supra Guido prepositus et meos sucessores in predicta ecclesia ut recto|res de predicta ecclesia in omni anno pensione denarii duo mostrare et non dare debeant [e] et si non | mostraverint non inde calunnientur, sed quieti et pacifici semper sint; unde predictus Guido

---

[1] Bibbiano del Chianti, cfr. *ivi*, pp. 309-310; CAMMAROSANO, PASSERI, *Repertorio,* 10.2. La canonica di Sant'Antimo si trova nominata in *RDT*, I, 48 e II, 64.

| prepositus obligavit se suosque successores, si unquam in tempore tollere, contendere aut | inquietare presunserint et si ab omni omine non defensaverint, tunc componituri et da|turi esse debeant [e] in predicta ecclesia sancti Michaelis pena bonorum denariorum [f] libras decem. Actum a Licchie [g], | territurio senensi et pro suprascripta sua promissione et sponsione pretium exinde recepit | a predicta ecclesia sancti Michaelis solidos viginti [h] et sex. |

Signum ✠ ✠ ✠ manuum Guceri et Ugui germanis [i] filiis [j] bone memorie Guidi et Boliti filius [j] bone memorie Iohanni, rogatorum | testium.

(SN) Rolandus notarius post rogatum complevit.

---

[a] *Lacuna per rosicatura.*   [b] *Non* novembris *come farebbe pensare la collocazione nel Diplomatico.* [c] *Espresso con* Χρο *e segno abbr. sovrapposto.*   [d] *Spazio bianco corrispondente a circa trentasette lettere.* [e] debeant *in sopralinea.*   [f] denariorum *in sopralinea.*   [g] *Il secondo* i *in sopralinea.*   [h] *In* A vigtti *con* in *soprascritto a* tt.   [i] ggis *con segno abbr. sovrapposto.*   [j] *Espresso con* flis *e segno abbr. che taglia l'asta della* l. *Così passim in* A.

21

BREVE DONATIONIS, REFUTATIONIS ET OBLIGATIONIS

1131 maggio, p o i o M a n c i a n o

Guido figlio del fu Rigitto e suo fratello Aliotto refutano a Rodolfo abate del monastero di San Michele di Marturi la loro intera porzione di decime che hanno dalle terre dominicali di San Michele poste nella palude accanto alla via Francigena, in cambio della metà di un tenimento tenuto da Liciodore nella villa di Soio.

Originale in ASFi, *Diplomatico*, Bonifacio, maggio 1131 [A].

Pergamena mm 265 × 139 (118). Presenta alcune macchie di umidità.
Sul r e c t o «n° 12». Sul v e r s o di mano del XII-XIII secolo: «Bre[ve recor-da]tionis decim[arum]»; in calce, in senso inverso rispetto alla scrittura del r e c t o , la se-gnatura «1131=maggio=».
Per <ti> viene usata la legatura con valore di affricata dentale.

(SN) In Christi [a] nomine. Breve recordationis pro moder|nis et fucturis temporibus ad memoriam abendum | ac retinendum, qualiter factum est in loco qui dicitur | al poia Manciano, in presentia Iohannis f(i)lis [b] b(one) (memorie) Martini cas|taldi et Petri f(i)li Aczi et Ciaci f(i)lis b(one) (memorie) ********** [c] | et Iohannis f(i)li [b] b(one) (memorie) Gerardi et Gerardini et Rusticelli germanorum [d] et filii [b] b(one) (memorie) | Petri et alii plures. Guido f(i)li(u)s b(one) (memorie) Rigiti dedit et investivit, | refutavit per se et per germanum [e] suum nomine Alioto | de integra illorum portionem de decimis, quas abebant | de donicato [f] sancte Michaelis, quod est positum in padule | iusta stratam, in manus domini Rodulfi abbatis ut | predictus abbas suique sucessores in perpetuum abeant et | teneant ad utilitatem predicte ecclesie. Inde obliga|vit se et per germanum [e] suum et per suos heredes si unquam in tempore tol|lere, contendere, agere, causare, intromittere, intentio|nare aut per placito fatigare voluerint, omni tem|pore non defensaverint, tunc componituri et datu|ri esse debeant in predicta ecclesia ad rectores et iusdem [b] | pena bonorum denariorum lucensium libras decem et po|st data pena ec promisio in sua firmitate permaneat. | Et pro suprascripta sua donatione et reflutatione et obli|gatione merito, exhinde recepit medietatem teni|menti, qui modo abere et tenere videtur Liciodore | f(i)li(u)s b(one) (memorie) ***** ᵍ in villa de Soio ¹. Hoc factum est in | presentia bonorum ominum, anno dominice incarnationis | millesimo centesimo tricesimo primo, in mense ma|[rs]i, indictione nona. |

(SN) Rolandus notarius ibi fuit ʰ [et unc] breve scripsit.

ᵃ *Espresso con* Xρι *e segno abbr. sovrapposto.* ᵇ *Così in A.* ᶜ *In bianco per uno spazio corrispondente a undici lettere.* ᵈ ggɾ *e segni abbr. uno soprascritto e uno in fine di abbreviazione dopo la* r. ᵉ gg *con segno abbr. sovrapposto.* ᶠ do- *in sopralinea.* ᵍ *In bianco per uno spazio corrispondente a cinque lettere.* ʰ *Segue* fu.

¹ Nome portato oggi da un casolare lungo la strada comunale che dalla Statale n. 429 porta a Linari.

INNOCENTII II PAPAE PRIVILEGIUM

1134, Roma

Innocenzo II papa, accogliendo la richiesta dell'abate Rodolfo, conferma al monastero di San Michele di Marturi tutti i suoi beni, chiese e possessi enumerati dettagliatamente.

Copia del XV secolo in ASFI, *Diplomatico*, Bonifacio, 1134 [B].
Edizioni: PFLUGK-HARTTUNG, *Acta*, II, n. 316, pp. 277-278, n. 316 (da B) ad «a. 1134 iam febr.».
Regesti: KALTENBRUNNER, XCIV 657 n. 5462a ad «a. 1133 febbr. ian.»; JAFFÉ-L., 7228 ad «a. 1133 maggio»; KEHR, III, p. 63, 7 ad «1133».

Pergamena mm 530 × 400, rigata e marginata, scritta per il senso della larghezza. Le lettere iniziali sono in inchiostro rosso e particolarmente elaborate, la scrittura post umanistica.
Sul v e r s o al centro di mano del XV secolo «Innocentio secundo concede alla badia di Poggibonsi tutto | quello l'aveva dato il conte Ugo et nominalo»; segue di mano del XVIII-XIX secolo: «il conte Ugo dona alla badia di Poggibonsi»; su un lato «n° 1»; in calce «1134».

Innocentius ᵃ episcopus, servus servorum dei, dilecto filio Rodulfo abbati marturensis, quod sancti Michaelis dicitur, eiusque successoribus regulariter substituendis, in domino | salutem. Religiosis desideriis facilis est prehebendus assensus, ut fidelis devotio celebrem sortiatur effectum. Quotiens enim illud a nobis petitur, quod rationi cognoscitur convenire, animo nos decet libenti concedere et | petentium desideriis congruum inpartiri suffragium. Proinde, dilecte in domino fili Rodulfe abbas, tuis iustis postulationibus clementes annuimus et marturense sancti Michaelis monasterium cui deo auctore preesse dignosceris | apostolice sedis privilegio duximus muniendum, statuentes ut quascumque possessiones, quecumque bona idem monasterium in presentiarum iuxte et legiptime possidet, aut in futurum concessione pontificum, largitione regum, marchionum | vel principum, oblatione fidelium, seu aliis iustis modis prestante domino poterit adipisci, firma tibi tuisque successoribus in perpetuum et illibata permaneant; in quibus hec propriis nominibus duximus annotanda: castrum videlicet de | Marturicum omnibus ecclesiis pertinentiis et adiacentiis suis et hospitale quod Iohannes clericus edificavit iuxta burgum ipsius castri atque hospitale quod est iuxta pontem Bonizi, curtem de Tenzano cum ecclesiis et omnibus suis | pertinentiis, Fundeianum, Ankianum, Cascianum cum ecclesia sancte Lucie, Tignanum, curtem de Luco cum ecclesia sancti Martini ᵇ, curtem de Ame cum ecclesia sancti Donati, curtem de Fabriciano cum ecclesia sancti Donati Blasii, curtem de Cignano | cum ecclesiis, curtem de Lucardo cum ecclesia sancti Donati, insuper et terram que dicitur Ubertingha cum ecclesia sancti Angeli in Monte Rupto, curtem de Vico cum ecclesia sancti Donati in loco Cisano ceterisque possessionibus suis, in comitatu bononiensi | castellum quod dicitur Vinti, castellum quod dicitur Poiolum, Galisternam ripam de Concinno, ripam de Reno a Galera usque ad flumen, qui dicitur Padus, Turignano, curtem de Antognano in aquis, terris, ecclesiis, castellis et | omnibus terris rebus ad supranominatas curtes pertinentibus, quemadmodum nobilis memorie Ugo marchio eidem monasterio noscitur contulisse et proprio scripto firmasse. Decimas vero et primitias de cunctis terris que ad eundem pium | locum pertinere videntur asque alicuius contradictione tam vobis quam fratribus vestris in monastica religione permanentibus, habendas concedimus. Consecrationes altarium seu basilicarum, ordinationes monachorum vel clericorum, vestro monasterio pertinentium, | a florentino suscipietis episcopo si quidem gratiam atque comunionem apostolice sedis habuerit et si ea gratis et asque pravitate aliqua voluerit exibere, aliquin liceat vobis, quem malueritis, catholicum adire episcopum, et ab eo consecrationum sacramenta | percipere, qui nimirum apostolice sedis fultus auctoritate, quod postulatur, indulgeat. Porro episcoporum seu episcopalium ministrorum exactiones omnes ab ecclesiis et eidem monasterio clericis removemus. Sepulturam quoque ipsius loci liberam esse decernimus | omnino, ut eorum qui se illic sepelliri deliberaverint devotioni et extreme voluntati, nisi forte excomunicati sint, nullus obsistat. Decernimus ergo ut nulli om(n)i(n)o hominum fas sit, cenobium temere, perturbare aut eius possessiones aufferre vel | ablatas retinere, minuere aut aliquibus vexationibus fatighare sed omnia integra conserventur eorum pro quorum gubernatione et substentatione concessa sunt usibus omnimodis profutura. Si qua igitur in posterum ecclesiastica secularisve persona hanc | nostre constitutionis paginam sciens, contra eam temere venire temptaverit, secundo tertiove conmonita, si non satisfactione congrua emendaverit, potestatis honorisque sui dignitate careat, reamque se divino iudicio existere de perpetrata iniquitate cognioscat | et a sacratissimo corpore ac sanguini domini et dei redemptoris nostri Iesu Christi aliena fiat, atque in extremo examine districte ultioni subiaceat. Cunctis autem eidem loco sua iura servantibus sit pax domini nostri Iesu Christi, quatinus et hic fructus bone actionis percipiant et | apud districtum iudicem premia ecterne pacis in perpetuum possideant. Amen.

Datum Rome apud sanctum Petrum anno domini .M.C.XXXIIII., pontificatus domini Innocentii pape .II., anno quarto. |

---

^a *In lettere di modulo più grande tipo libraria. È preceduto dalla parola* exemplar.   ^b *Sottolineato in B.*

23

NOTITIA

Intorno al 1131, s.l.

Gli abitanti del castello di Stuppio si rivolgono al papa perché derima la questione esistente tra loro e gli abitanti di Marturi al riguardo della chiesa di San Lorenzo in Pian de' Campi.

Originale in ASFI, *Diplomatico*, Bonifacio, 113 . [A].

Edizione: DELLA RENA, CAMICI, *Serie cronologico-diplomatica degli antichi duchi e marchesi di Toscana*, IV, c. 79.

Cfr: DAVIDSOHN, *Forschungen*, I, p. 75; DAVIDSOHN, *Storia*, I, pp. 607 e 524-525; CAMMAROSANO, PASSERI, *Repertorio*, 42.12 e 42.14.

Pergamena mm 265 × 180; rigata con una punta. L'inchiostro è parzialmente evanito. Sul r e c t o «n° 232». Sul v e r s o in senso inverso rispetto alla scrittura del r e c t o «11 . .».

[Audiat domnus apostolicus   et] vos [fratres secum adstan]tes qua[li]ter du[e] fi[lie] comitis Richelmi in fine sui exitus deder[unt ad] | proprietate[m], una quarum, videlicet ᵃ Felicula nomine, suam dedit ecclesie sancti Petri Celorum [1], et alia suam sancte Marie Vul[terensi], | [hee] tunc, habitantes Stipule; [postea] venit abba[s] iam dicte ecclesie Celorum, partitum et [separatum] quod sui [iuris] erat ab | [hoc quod Vulterrani] episcopi era[t ius]; in parte dicti abbati ᵇ fuit ecclesia quedam sancti Lauretii ᵇ quae iuxta mo[nte] Stipule era[t]; | in episcopi parte fuit ecclesia sancti Donati, [que ambe] erant sub regimine plebis Castell[i] [2]. | Postea vero quoniam dicta plebs se mota fuit et nimis longe posita ab sancti Laurentii | iam dict[a] ecclesia eius rector ecclesie uti plebe Marture, absque licentia sui abbatis et Vulterrani | episcopi et sui plebani plebi[s]

---

[1] Forse si tratta della chiesa suffraganea della cattedrale pavese che si trovava nei pressi della chiesa di Santa Reparata a Firenze; cfr. DAVIDSOHN, *Storia*, I, pp. 108 sg., 349, 350, 1101 e 1168.

[2] Sulla Pieve a Castello, appartenente alla diocesi volterrana, cfr. REPETTI, I, p. 561; CAMMAROSANO, *Monteriggioni*, p. 54.

Castelli cepit, non ob aliquam rationem, se[d] quia magis sibi prope qua [b] | aliqua alia plebs erat. Deinde quoniam locus ille Stipule, in quo abitatio iam dictarum | mulierum fuerat, ignoramus a quo et quomodo multo antea deletus erat et quoniam necessit[as] | instabat dei dispositione et hominum in terris illis degentium, ascensum fuit monti | [illi] Stipule, castellum edificatum ad dei honorem et ecclesie Vulterrarum, cuius in ascensu | [omnes clerici Vulterrarum] episcopatus, qui in partibus illis degebant, fuerunt et non alii. Eo vero in tempore comitissa Imillia | misit nuntium suum, videlicet [a] Ubertum Suderinum, qui unus erat de potioribus Florentie quatinus montem | divideret et distribueret per partes et suam [c] [s(ibi)] reservaret et locum in quo ecclesia ad dei honorem et Vul | terrarum] ecclesie fieret, ostenderet et designaret. Interim marturenses illis insidiantes quia [d] pro maximo | contrario hoc habebant, non ob aliquam rationem iverunt Florentiam et duxerunt ibi maiores Florentie clericos | et laicos [3] ut interdicerent illis nullo modo signum Vulterrarum ecclesie ibi fieri, quoniam dicebant hunc [e] montem se audivisse | in suo episcopatu fieri; illi vero timentes ne pretio vel alio aliquo modo supradicti marturenses | ad se iam dictos florentinos adiungerent et cum eis gueram illis facerent, remover[unt] [f] | [inde] Vulterrarum ecclesie signum, donec sic castrum aptarænt ut ab eis se defendere valerent. | Iterum reduxerunt postea signum Vulterrarum ecclesie ibi. Hoc autem audientes florentini | regresi illuc [contra]dixerunt dominis et populo illius terre, quatinus nullam ibi ecclesiam ad Vulterrarum | sancte Marie honorem edificarent. Domini v(ero) magis timore, quam amore responderunt | [s]e in hoc illis obsecundari. Populus autem illius ecclesie contra fortiter clamans et dicens quoad posset | nullo modo in hoc se illis obedire et sic illi [g] recesserunt. Postea denique ambo episcopi Vulterrarum et Florent[ie] [h] | simul fuerunt et inter se conventum habuerunt. Ut si dictus mons vel [i] in episcopatu vulterrano vel [i] florentino [i] | [e]set, populus unius episcopi esset, ibi ad honorem et reverentiam sui episcopi et populus alterius ad honorem [k] et |

---

[3] DAVIDSOHN, *Storia*, I, pp. 524-25: «[…] Firenze, dalla quale gli abitanti di Marturi, ancora verso il 1131, chiamarono i *majores Florentiae clerici et laici* per deliberare su una contesa scoppiata lì dove il Comitato confinava con i domini di Volterra e di Siena». In nota, alla stessa pagina, continua: «L'intervento degli ecclesiastici si spiega perché si trattava anche di questioni concernenti la Chiesa. Il documento relativo, querela indirizzata al Papa da quelli di Stipula (adesso Stuppio o Poggio Tondo; REPETTI, IV, 484), si trova pubblicato con alcuni errori in DELLA RENA, CAMICI, IV c. 79 (ASFI, Bonif.). Si può arguirne la data dalla menzione che vi fa del vescovo Guido di Tivoli come amministratore della diocesi di Volterra (la sede fu vacante dal 1131 al 1134), e da una prescrizione del sinodo (quello di Clermont, 18 novembre 1130) sopra la tregua di dio, ricordata come indetta non molto tempo prima».

reverentiam sui. Deinde vero Vulterrarum [l] archipresbiter [m] et ecclesie [n] Sancti Geminiani prepositus venerunt | et ecclesiam ibi ad dei honorem et sancte Marie Vulterrarum designaverunt et [o] ędificare precep[erunt] | et nulla alia ecclesia adhuc est [p] ibi designata vel ędificata alterius episcopi [q], q(ui)a nescit vel | credit se habere al[i]quam rationem. Postea vero successor Rugerii archiepiscopi [4] Wido videlicet [r] | tiburtinus episcopus cimiterium ibi fecit et sic usque nunc quieverunt. Interim vero Sancti Geminianenses [5] | venerunt ad gueram cum Casallensibus et Marturensibus et Stipulensibus suis negotiis inter[im] | habentibus. Interea quidem unus dominorum Stipule, accepto pretio a plebano plebis Marture, | pro [i]am dicto errore promisit se facturum ex sui parte et suorum hominum quicquid ipse | valeret et docuit eum alium adquirere dominum. Sed ille alius dominus nec verbis nec pretio | [co]rrumpi potuit. Populus vero Marturensis adivit supradictum populum Stipule, cogitans pro securitatibus | [q(ue)] inter se habebant posse eum [s] revolliere ex sui parte [t], set non valuit. Postea vero plebanus cum | verbis et pretio nichil agere valuit. Post vestram sanctam sinodum furtim misit clericos suos et ecclesiam dei fregerunt | et sanctas reliquias dei secum tulerunt, quae ibi erant. Et hoc fuit initium frangendi sanctam treguam domini quoniam ad|huc nullo modo fracta erat neque per clericum neque per laicum in tota terra nostra. Hoc t[o]tum omnis | populus iam dicte nostre ecclesie unanimiter clamat et firmat et qualicumque iudicio domin[us] apostolicus | precipit, defendere presto est [p] populus adimplere.

---

[a] -et *espresso con nota tironiana.* [b] *Così in A.* [c] *Segue* suam *depennato.* [d] q(ui)a *sembra depennato.* [e] h- *in sopralinea.* [f] *Manca il segno abbr.* [g] illi *in sopralinea.* [h] -tie *in sopralinea.* [i] vel *espresso con il compendio di origine tachigrafica.* [j] –tino *in sopralinea.* [k] h *in sopralinea.* [l] *La terza* r *in sopralinea.* [m] b *con segno abbreviativo in sopralinea. Segue un* b *espunto.* [n] *Dopo il primo* e *segue un secondo* e *espunto.* [o] *Segue* ecclesiam *espunto.* [p] est *espresso con segno convenzionale.* [q] *Segue* tus *depennato.* [r] *In sopralinea.* [s] eu(m) *in sopralinea.* [t] *Segue* et v(er)b(is) et p(re)tio *depennato.*

---

[4] Ruggero, arcivescovo di Pisa e Volterra, lo stesso a cui l'abate di Marturi nel 1130 aveva venduto i beni Obertenghi, morì nel 1131; cfr. DAVIDSOHN, *Storia*, I, p. 604.

[5] DAVIDSOHN, *Storia*, I, p. 607: «Contro Casaglia […] mosse guerra la vicina San Gimignano; e Marturi e il Castello di Stuppio, luoghi compresi nel dominio fiorentino, fecero lega con Casaglia. Poi, in seguito a una contesa per la chiesa parrocchiale, quelli di Stuppio entrarono in lite con gli abitanti di Marturi, e i due paesetti combatterono l'uno contro l'altro».

24

CARTULA VENDITIONIS

1136 agosto, Ulignano

Amerigo figlio di Mazo, insieme ai figli e alle nuore vende a Rodolfo abate della chiesa e del monastero di San Michele di Marturi due pezzi di terra che già detengono dal detto monastero, uno posto a C e r r i t o p i c c o l o , l'altro nel d o m n i c a t u m che su trova nel piano di Linari, per il prezzo di trenta soldi.

Originale in ASFI, *Diplomatico*, Bonifacio, agosto 1136 [A].

Pergamena mm 332 × 148 in buono stato di conservazione.
Sul r e c t o «n° 281». Sul v e r s o di mano del XIV secolo: «de Linari», segue un regesto in volgare: «Compera di più pezi de terra Allinari»; in calce in senso inverso rispetto alla scrittura del r e c t o la segnatura «1136=agosto».

Il castello di Ulignano trova qui una delle sue prime citazioni; secondo CAMMAROSANO, PASSERI, *Repertorio*, pp. 371-372, il castello viene per la prima volta citato nei due privilegi di Alessandro III del 1171 e 1179 indirizzati al vescovo di Volterra Ugo.

(SN) Anno ab incarnatione domini nostri Iesu Christi millesimo cen|tesimo tricesimo sexto, indictione quarta de|cima, in mense agusti. Constat nos Aimericus | filius Mazi et Sidazagio et Vicinus et Adilasia et eius filias | quia sub interrogatione Rainerii iudicis vendimus et tradimus | nos tibi Rodulfo abbati in vice ecclesię et monasterii sancti Michaelis, | id est integre due petie de terris, una quarum est in Cerrito | Picculo, alia est intus in terra et donicato quod est in plano | de Linare [1] et est ex prefata ecclesia. Ideo predicte integre due | petie de terris cum fundamentis et earum edifitiis | cum omnibus suis pertinentiis omnia in omnibus in integrum, | ut suprascripta legitur, tibi ea vendimus et tradimus nos pro

---

[1] Su Linari, cfr. REPETTI, II, pp. 700-701; R. FRANCOVICH, *I castelli del contado fiorentino nei secoli XII e XIII*, Firenze 1976, pp. 95-96. Su Linari, c u r t i s del vescovo di Firenze, cfr. G. W. DAMERON, *Episcopal Power and Florentine Society 1000-1320*, Cambridge, London 1991, pp. 83-84.

qua a te pre|tium recepimus argentum solidos triginta lucensium monete |
in prefinito. Unde [a] repromittimus nos qui supra Aimericus cum filiis |
meis et nuribus, unam [a] cum nostris heredibus tibi qui supra Rodulfo |
abbati et in tuis successoribus et in prefata ecclesia aut eidem | homini cui
dare volueritis nostram venditionem; vel si nos vobis ea aliquo | in
tempore in aliquod exinde intentionaverimus aut retollere | aut minuare
presupserimus [b] per ullum vis ingenii modum | et ab omni homine non
defensaverimus, si oportunum fuerit, vobis | tunc componere debeamus
nos vobis nomine pene iam dictam terram in du|plum in consimilibus
locis et vocabulis et pena soluta cartula venditionis | in suo permaneat iure.
| Actum est hoc in castello de Ulignano, in territurio vulterrano. |

Singnum ✠ ✠ ✠ ✠ ✠ manuum iam dictis Aimerici cum filiis et
nu|ribus qui hec cartula venditionis ut suprascripta legitur fieri rogaverunt
in manu Iohannis | castaldus in vice Rodulfi abbatis et in prefata ecclesia.
|

Singnum ✠ ✠ manuum Guittonis de Ulignano, Perolus filius | Salvuli
et alii homines ibi fuerunt, rogati testes. |

(SN) Rainerius iudex scriptor huius cartule | post traditam complevit.

---

[a] u- *di forma angolare.*   [b] *Così in A.*

25

CARTULA VENDITIONIS

1137 maggio, Marturi

Bitorto figlio del fu Deodato e sua madre Gisla vendono a Giovanni e a Guido preti e monaci di San Michele di Marturi, in rappresentanza dell'abate Rodolfo, un pezzo di terra posto a Megognano per il prezzo di venti soldi d'argento.

Originale in ASFI, *Diplomatico*, Bonifacio, maggio 1137 [A].

Pergamena mm 295 × 128, rigata, in buono stato di conservazione.
Sul r e c t o «n° 282». Sul v e r s o in calce un regesto di mano del XII-XIII secolo su tre righe «car(ta) venditionis que fecerunt Bitorto et Gisla mater eius | in manu Iohanni presbitero et Guidoni presbitero in vice domini abbatis | et in vice ipsius ecclesie» e in senso contrario rispetto alla scrittura del r e c t o , evanita, la segnatura «1137=maggio».
L'indizione del 1137 è la quindicesima.

(SN) Anno ab incarnatione domini nostri Iesu Christi millesimo | centesimo tricesimo septimo, indictione quarta|decima, in mense madii. Manifesti sumus nos Bi|torto filius quondam Deodati et Gisla filia quondam ********* a, | mater mea, sub interrogatione Rainerii iudicis, quoniam b per | hanc cartulam et per hunc scriptum vendimus et tradimus | nos vobis Iohanni presbitero et monacho et Guidoni c presbitero et | monacho in vice Rodulfi d domni abbatis, id est integra | una petia de terra nostri iuris que est, et est posita in loco qui | dicitur in Meognano e 1 et illa terra habet coherentias tales: coheret f ei | ex uno laterẹ terra sancti Petri, ex alio latere est via publica, ex terti|o latere est terra supra Bitorti, ex quarto laterẹ est terra Huber|telli et si ibique sint aliẹ coherentiẹ; ideo predicta petia de | terra cum castagneto et fundamento et cum omni edifitio eius | et cum omnia, q(ue) g supra se et infra se habentem que est sibi pertinentes, in integrum sicut | suprascripta legitur vobis predictis ea

---

1 Megognano in Valdelsa su una collina a destra dello Staggia con la chiesa di San Pietro appartente al piviere di Poggibonsi, cfr. REPETTI, III, p. 185.

vendimus et tradimus pro qua a te preti|um recepimus argentum solidos viginti in prefinito pretio. | Unde [h] repromittimus nos qui supra Bitorto et Gisla mater mea, una | cum nostris heredibus, vobis qui supra Iohanni et Guidoni et Tederici [i] abb(at)i | et in vestris successoribus et in ecclesia sancti Michaelis vel alicui homini [j] | cui vos suprascripta nostra venditio dederitis aut habere decreveritis | aut si nos vobis ea aliquo tempore in aliquod exinde intentionaverimus | vel retollere aut subtraere q(uae)s(i)verimus [k] nos vel ille homo cui nos | antea dedissemus aut dederimus per quolibet ingenium et si nos | exinde auctores vel defensores dare volueritis et ea vobis | ab omni homine defendere non potuerimus aut non defensaveri|mus, spondimus nos vobis componere in duplum illa terra | sicut pro tempore fuerit meliorata aut valuerit sub exti|ma[tio]ne, in consimili loco. Sic tamen si nos exinde | auctores nec defensores quere nec dare nolueritis aut | non potueritis, licentiam habeatis defendendi quoque modo | volueritis secundum legem. | Actum est hoc in loco et in castello de Marturi, in terri|turio florentino.

Singnum ✠ ✠ manuum supra Bitorti et Gis|le, qui hanc cartulam venditionis ut supra legitur fieri rogaveruerunt. |

Singnum ✠ ✠ manuum Iohanni presbitero et Guidoni presbitero qui hanc cartulam | venditionis ut supra legitur acceperunt. |

Singnum ✠ ✠ ✠ ✠ ✠ ✠ manuum Berardini filius [Iohannucoli], Episcopus | filius Benzulini, Ranucinus filius Gibertini, Fulcolinus [l] filius Tedericuli, Martino, Volta filius Guinizelli, roga|ti testes. |

(SN) Rainerius iudex et notarius scriptor huius | cartule post traditam complevit.

---

[a] *In bianco per circa 8 lettere.* [b] *Espresso con* qm *e segno abbr. sovrascritto.* [c] Guidini *con o soprascritto alla seconda i.* [d] *Corretto su rasura.* [e] g *corretta su i.* [f] *-et espresso con nota tironiana.* [g] *Espresso con l'abbr. per* q(ui) s(upra). [h] u- *di forma angolare.* [i] *Così in A.* [j] h *in sopralinea.* [k] q(uae)s(i) *espresso con l'abbr. per* q(ui) s(upra). [l] *Il secondo -o in sopralinea.*

26

CARTULA PIGNORIS

1137 maggio, Marturi

Bitorto figlio di Deodato e sua madre Gisla, avendo ricevuto in prestito venti soldi da Rodolfo, abate di San Michele di Marturi, gli danno in pegno tre pezzi di terra posti a Megognano, C o l d i s p i c c h i o e F a b b r i -
c i a n o col patto di estinguere il debito entro la festività di Ognissanti.

Originale in ASFi, *Diplomatico*, Bonifacio, maggio 1137 [A].

Pergamena mm 290 × 127, in buono stato di conservazione.
Sul r e c t o «n° 14». Sul v e r s o in calce di mano del XII-XIII secolo: «car(ta) pi-
gnoris que fecit Bitortus in manu Iohanni presbitero | et Guidoni presbitero»; di mano un
po' più tarda: «Meungnano» oltre ad un'annotazione di mano del XIV-XV secolo: «de Me-
ghognano»; infine in senso inverso rispetto alla scrittura del r e c t o la segnatura
«1137=maggio».
Nel 1137 l'indizione corrispondeva al numero quindici.
Per lo scioglimento dell'abbreviazione *dn* con *denariata* si veda C. DU CANGE,
Glossarium et mediae et infimae latinitatis, 10 voll., Nirot 1883-1887, III, pp. 58-59.

(SN) Anno ab incarnatione domini nostri Iesu Christi millesimo |
centesimo tricesimo septimo, indictione quarta|decima, in mense madii.
Manifesti sumus nos Bitor|to filius Deodati et Gisla eius mater, quia tu,
Rodulfe ᵃ abbas de | sancto Michaele de castello de Marturi, dedisti nobis
pro prestito | solidos viginti, ideoque in loco pignoris dare videmus tibi
tres, | duas petias de terris: una petia de terra est in loco a Meogna|no ¹ et
ea habeo et detineo ab Ugolino, alia petia est in loco qui ᵇ | dicitur a
Coldispichyo et ᶜ in eam partem et denariatas ᵈ duodecim quod habeo | in
loco a Fabrizano. In tali enim vero tenore: si ego, qui supra Bitor|to, aut
mei heredes reddiderit ᵉ tibi Rodulfo abbate aut ad | tuum certum missum
reddiderit ᵉ a constituto termino, quod est in men|se madii usque ad
festivitatem omnium sanctorum, solidos viginti vel an|tea et ᶜ tunc
predictis terris et denariatis duodecim revertant in meam | potestatem et

---

¹ Megognano in Valdelsa, cfr. REPETTI, III, p. 185.

de meis heredibus et si non reddiderimus | sanationem non fecerimus de predicti d(omi)nii a predicto | termo vel antea tunc predicte terre et denariate duodecim | permaneant in tua potestate, tibi qui supra Rodulfo abbati ᶠ et tui | successores in vice ęcclesię aut iure venditionis confirmarę | vel iure pignoris semper tenerę et si ego predicto Bitorto | aut mei heredes hoc pignus molestare aut contrariarę | voluerimus aut si ab aliquo homine defenderę non potu|erimus et non defensaverimus, tunc componitur et daturi | essę debeamus nos vobis pena numero de bono argento solidos | centum et post pena soluta cartula pignoris permaneat in | sua potestate. | Actum in loco et castello de Marturi in territurio | florentino.

Singnum ✠ manus supra Bitorti qui hunc scriptum iu|re pignoris ut superius legitur fieri rogavit. |

Singnum ✠ ✠ manuum Iohanni ᵍ presbitero et monacho et Gui|doni presbitero et monacho qui hunc scriptum iure pignoris ut | suprascripta legitur in vice Rodulfi ᵃ donni abbatis et in vice ęcclesię sancti ʰ Mi|chaelis acceperunt. |

Singnum ✠ ✠ ✠ ✠ ✠ manuum Berardini gener Guidutii, Episcopus | filius Benzulini, Ranucinus filius Geosbertini, Fulcolinus | filius Tedericuli, Martinus filius Bandinello, Volta filius Guini|zelli, rogati testes. |

(SN) Rainerius iudex et notarius scriptor huius cartule | post traditam complevit.

ᵃ *Corretto posteriormente su rasura.*   ᵇ *L'abbr. è quella solita per* quod.   ᶜ *et in sopralinea.*   ᵈ dn *con segno abbr. soprascritto.*   ᵉ *Così in A.*   ᶠ *Su* abbati *abbr. superflua.*   ᵍ *Su* Iohanni *abbr. superflua.* ʰ -i *corretto su* -e.

CARTA OBLATIONIS

1139 maggio 18, Luco

Ranieri del fu Ugolino e sua madre Iulitta, figlia del fu Sichelmino, offrono per la salvezza della loro anima e di quella dei loro parenti alla chiesa e monastero di San Michele di Marturi, retto dall'abate Rodolfo, un pezzo di terra posto nel borgo di Talcione.

Originale in ASFI, *Diplomatico*, Bonifacio, 18 maggio 1139 [A].

Pergamena mm 440 × 190, in buono stato di conservazione.
Sul r e c t o «n° 15». Sul v e r s o una mano del XVII secolo scrisse in volgare: «uno pezzo di terra che è posta nel borgo di Talcione»; segue dello stesso periodo l'annotazione: «donatio Talcione: petie ter[..]» e di lato «1139»; in calce la segnatura «1139=17=giugno».

(SN) In nomine sanctę et individuę trinitatis. Anno dominicę incarnationis tricesi|mo nono post millecentum, quinta decima kalendas iunii, indictione secunda; feliciter. | Christo ᵃ auctore cui omnia debentur vota persolvi, nos quidem in eius nomine | Rainerius filius bone memorie Ugolini et ego Iulitta mater eius, filia bone memorie Sichelmini, set | ego Iulitta per consensum predicti filii et mundualdi mei in cuius mundio | permanere videor, communiter nos mater et filius, quia pro dei timore | et remedio animarum nostrarum et parentum nostrorum ᵇ per hanc cartam obla|tionis nomine donamus, tradimus, offerimus atque confirmamus in ecclesia et mo|nasterio sancti Michahelis sito Marture, cui domnus Rodulfus| abbas preesse videtur, videlicet integram unam petiam terrę positam in burgo | de Talcione ¹, cui ab una parte est finis terra suprascriptę ęcclesię, ab alia Male|strinnę de Colle, a tertia fossa, a quarta via, cum casis et omnibus rebus | super se et infra se habentibus et sibi pertinentibus, cum introitu et exitu | sicut super legitur in prefata ęcclesia donamus, tradimus, offerimus atque confirmamus | ad proprietatem

---

¹ Su Talciona, cfr. REPETTI, V, pp. 499-500 e CAMMAROSANO, PASSERI, *Repertorio*, p. 353.

possidendum et faciant exinde ministri suprascriptę ecclesię | quicquid voluerint absque nostra nostrorumque heredum contradictione vel [c] repeti|tione. Et si quidem nos vel nostri heredes aut submissa a nobis persona vel per | nostrum factum quo facto ius prefatę ęcclesię deterius constituatur de | prefatis rebus de mobili vel immobili et de inductis vel illatis in ea contra | suprascriptam ęcclesiam vel [c] eius ministros aut cui eas dederint retollere contendere | aut intentionare presumpserimus et eas parti eius non defenderimus ab | omni parte proprietario iure, tunc nomine penę eidem restituere debe|amus ipsas res in duplum cum omnibus suis meliorationibus sub hestima|tione simili iure. Actum est hoc Luco, iudiciaria floren|tina; feliciter. |

Signa ✠ ✠ manuum suprascriptorum matris et filii Iulittę et Rainerii qui hanc | cartam sicut super legitur fieri rogaverunt. |

Signa ✠ ✠ ✠ manuum Ildebrandi filii bone memorie Guidonis et Actii filii bone memorie | Stephani et Bruni filii bone memorie Iohannis, rogatorum testium. |

(SN) Ego Ubertus notarius cum testium roboratione | supposui completionem.

---

[a] *In A il compendio* XPO *con segno abbr. in lettere di modulo più grande.*   [b] *Il segno abbr. per* n(ost)r- *è stato omesso.*   [c] *Espresso con il compendio di origine tachigrafica.*

PAGINA OBLATIONIS

1140 settembre 2, Marturi

Gottifredo figlio di Arnolfo e Arnolfino figlio di Cristoforo donano al monastero di Marturi, retto dall'abate Rodolfo, l'ospedale posto accanto al ponte di Bonizo.

Copia autentica del secolo XII, eseguita da «Maurinus sacri salatii iudex et notarius» in ASFi, *Diplomatico*, Bonifacio, 1 novembre 1068 [B].
Copia cartacea del sec. XVII in Lami, «Carte diplomatiche», III, c. 18 (BIBLIOTECA RICCARDIANA, Firenze, cod. 3813).

Cfr. doc. 8.

(SN) In nomine sancte et individue trinitatis. Anno dominice incarnationis quadragesimo post mille centum, quarto nonus septembris, indictione tertia; feliciter. Christo ᵃ auc|tore, cui omnia debentur vota persolvi, nos quidem in eius nomine Gottifredus filius Arnulfi bone memorie et Arnulfinus filius bone memorie Christofori, pro dei timore et remedio nostrarum anima|rum et parentum nostrorum per hanc nostre possessionis paginam oblationis nomine donamus et tradimus, offerimus atque confirmamus deo omnipotenti in ecclesia sancti Michahelis archangeli ᵇ et monasterio | sito in castello Marture, cui domnus Rodulfus abbas preesse videtur, videlicet ᶜ integrum unum hospitale positum iuxta pontem Bonizi quod prefati patres nostri construxerunt ad ho|norem dei et sustentationem pauperum Christi ᵈ ut nobis visum est in proprietate supradicti monasterii; nos vero prefatum hospitale cum universis mansionibus, fabricis et hedificiis suis et factis | et faciendis et cum omnibus massaritiis et substantiis ᵉ terris et vineis et cum omnibus rebus super se et infra se habentibus et sibi pertinentibus cum introitu et exitu atque cum omnibus rebus mo|bilibus et inmobilibus seseque moventibus et omni iure et actione que modo ei pertinent ᶠ et in antea pertinebunt legibus et bono usu sicut super legitur in prefato monasterio donamus et tradimus, offe|rimus atque confirmamus, in perpetuum. Quatinus prefata ecclesia suique ministri habeant et teneant ipsas terras et res et possideant et fruantur atque disponant ad honorem dei et uti|litatem eiusdem monasterii et sustentationem pauperum Christi [d] et faciant exinde quicquid voluerint, absque nostra nostrorumque heredum contradictione vel [g] repetitione. Et si quidem nos vel nostri heredes | aut submissa a nobis persona vel [g] per nostrum factum quo facto ius supradicti cenobii deterius constituatur de prefatis rebus de mobili vel [g] inmobili contra supradictum cenobium vel [g] eius ministros | aut cui eas dederint retollere, contendere aut intentionare, molestare sive inquietare vel [g] in aliam partem dare seu transferre presumpserimus [h] et eas part[e] supradicte ecclesie non | defenderimus ab omni parte proprietario iure, tunc nomine pene eidem componere debeamus duplam querimoniam et soluta pena hec oblatio maneat firma usque in perpetuum. Porro | nos quoque et defensores prefati sancti loci omni tempore nos nostrosve heredes fieri promittimus. Actum est hoc Marture, iudiciaria florentina; feliciter. |

Signa ✠ ✠ manuum supradictorum Gottifredi et Arnulfini qui hanc paginam sicut superius legitur fieri rogaverunt.

Signa ✠ ✠ ✠ manuum Episcopi filii bone memorie Benzolini et [Nerbotti] |filii bone memorie Guinizelli et Conitti filii bone memorie Petrini, rogatorum testium.

Prefati Gottifredus et Arnulfinus miserunt supradictum Conittum in manus domni Rodulfi abbatis ut ei[s su]|pradictis corporalem traditionem faciat et in rem mittat. |

(SN) Ego Ubertus notarius cum testium roboratione subposui completionem.

---

[a] *Espresso con* Xρο *con segno abbr. sovrapposto.* [b] h *in sopralinea.* [c] -et *espresso con nota tachigrafica.* [d] *Espresso con* X *ed* i *soprascritta.* [e] *In B* subistantiis *con segni abbr.* su b *ed* a; *la prima* i *è stata e-spunta.* [f] -ent *espresso con il segno di origine tachigrafica.* [g] *Espresso con il segno di origine tachigrafica.* [h] *Tra* e *ed* r, t *espunto.*

29

CARTULA OFFERSIONIS

1141 febbraio 26, nel borgo di Marturi

Gisla figlia del fu Ugolino offre per la salvezza della sua anima, di quella del figlio Bitorto e dei suoi parenti alla chiesa e al cenobio di San Michele posto nel castello di Marturi, rappresentato dal sacerdote e monaco Placido, un pezzo di terra situato nel luogo detto F o n t a n a , detenuto dai figli del fu Azzo, un pezzo di terra nel luogo detto N u c i c k a , detenuto da Alberto figlio di Vitale, la terra con bosco nel luogo detto C o l l e M a r i a , tutta la terra che tengono in feudo i figli di Pietro di Ricavo a Montemorli, oltre a tutta la terra che si trova tra l'Elsa e il Foci, alla terra che si trova nel distretto del castello di Ricavo, alla quarta parte del patronato della canonica di Casaglia e della chiesa di San Pietro di Castello, alla terra che è sotto C o l d i s p i c c h i o ed è tenuta da Coltellazio, a uno spazio nel castello di Marturi tenuto da Burgundio figlio di Iordanello, alla terra che detiene in feudo Guziere di Lecchi tra il castellare di Megognano e M a l a p e r t u s o e alla terra che detengono Barnato e Ugitto figli di Gerardo a Montemorli.

Originale in ASFɪ, *Diplomatico*, Bonifacio, 25 febbraio 1140 [A].

Pergamena mm 545 × 190, rigata. In buono stato di conservazione.
Sul r e c t o «n° 283». Sul v e r s o di mano del XII-XIII secolo: «carta offertionis que fecit Gisla uxor Deodati | pro se et pro filio suo Buitorto»; mano del XV-XVI secolo: «[r]agione del monastero che a nela ca|nonica da Casaglia et in altra luogora»; mano più tarda: «uno istrumento dove si contiene patronato di Casaglia | [.....] peti[e] di terra e case»; in calce evanita la segnatura archivistica in forma di data.
Stile dell'Incarnazione, computo fiorentino.

(SN) Anno ab incarnatione domini nostri Iesu Christi [a] millesimo centesimo | quadragesimo, sexto kalendas martii. Christo [b] auctore ego qui|dem Gisla filia quondam Ugolini, quia pro dei timore et | remedio anime meę et pro remedio filii mei [c] Bitorti atque nostrorum | parentum, sub interrogatione Rainerii iudicis, quia per hanc car|tulam offertionis do et trado atque offero et iudico iure testamenti | in manu Placiti sacerdos et monachus in vice ęcclesię sancti Mickaelis | atque cenobio et est in castello de Martura, id ęst plures petie de | terris et sunt in diversis locis et vocabulis: una petia est in loco | qui dicitur a Fontana et detinetur a filii quondam Azi, alia petia est in lo|co qui dicitur Nucicka et ab Alberto filius Vitalis et terra cum bosco [ma(sii)] ^d | qui d[icitur] ^e a Colle Marię et totam terram que est in Monte Morle ¹ et de|tinetur nomine feudi a filii Petri de Ricavo et totam terram que est | inter flumen Else et fluvio Fusscy in isto confinio ubicumque in|venitur in integrum et totam terram que est in districto de castello de Rica|vo ² et patronaticum de canonica de Casalia ³ et de ęcclesia sancti Petri de | Castello ⁴, videlicet quartam partem, quam nobis pertinet et terram que est | subtus colle qui dicitur Spichyo et detinetur a Cultellatio et uno | spazo in castello de Martura et detinetur a Burgundio filio Ior|danelli et totam terram que detinetur a Gutiere de Lickye nomine | feudi ex ista parte castellari de Meoniano ⁵ a Malopertuso et | terra que detinet ^f Barnato et Ugitto germani ^g filii Gerardi et est | in Monte Morli ex ysta parte Collę Marię. Ideo predicto iudi|tio et testamento in integrum, omnia in omnibus ut suprascripta legitur et quod infra se | habentem cum omni accessione earum rerum suprascriptarum ut suprascripta legitur in predicta ęc|clesia sancti Michaelis do et trado atque offero et iudico iure | testamenti ut predicto iuditio in proprietatem iam dicte ęc|clesię permaneat in perpetuum per anime nostrę mercedem et faciat | pars iam dicte ęcclesię a presenti die proprietario iure quic|quid ei placuerit sine mea meorumque heredum contradictione. | Et si ego que suprascripta Gisla aut mei hęredes aut per submissa persona | quam nos miserimus aut per ullum factum quod nos factum ha|beamus aut in antea fatiamus nullo umquam in tempore contra pre|dictam ęcclesiam aut partem eiusdem ęcclesię predictum testamen|tum et iuditium nullo umquam in tempore minuare aut | tollere per aliquod vis ingenii aut subtraere ^f per aliquod modum | aut per aliquam occasionem et si suprascriptum testamentum atque iuditium | ad partem iam dicte ęcclesię

---

¹ Montemorli si trova su una collina sulla riva destra del torrente Foci, cfr. REPETTI, III, p. 410.

² Si intende quindi Ricavo alla Canonica nel territorio di Casaglia, cfr. *ivi, Supplemento*, pp. 214-15.

³ Su Casaglia, nel territorio sangimignanense, antico possedimento, del marchese Ugo, dei conti Cadolingi e poi del vescovo di Volterra, e sulla sua bibliografia, cfr. CAMMAROSANO, PASSERI, *Repertorio*, pp. 368-69.

⁴ San Pietro alla Canonica sulla collina di Casaglia.

⁵ Megognano sulla riva destra dello Staggia, cfr. REPETTI, III, p. 185.

ab omni homine masculum et feminam | defendere non potuerimus et non defensaverimus aut i|stam cartulam falsam dicerę tunc componituri et daturi nos | esse debeamus ego q(ui) supra Gisla aut mei hęredes in predicta ęcclesia | aut in eius partem predictas terras et res in duplum ut pro | tempore fuerit meliorata aut valuerit sub estimatione in | consimilibus locis et vocabulis de nostris propriis terris et re|bus proprietario iure in parte iam dicte ęcclesię restituere et | persolvere debeamus et post pena data cartula offertionis | permaneat in suo iure sine aliqua calumpnia. | Actum intus in burgo Martura in territurio florentino. |

Singnum ✠ manus suprascripte Gisle que hanc cartulam iure offer|tionis atque iuditii et proprietario iure fieri rogavit ut suprascripta legitur | in manu iam dicti Placiti et sacerdos et monachus. |

Singnum ✠ ✠ ✠ ✠ ✠ ✠ manuum Gottifredus filius quondam Arnulfi, | Arnulfinus filius quondam Christofori ʰ, Ugolinello filius quon|dam Tedericuli, Nirbottus filius quondam Guinizelli, | Rainerius filius quondam Geobertini, Petrinello et Galvi|to, rogati testes. |

(SN) Rainerius iudex et scriptor huius cartule | post traditam complevit.

ᵃ *Espresso con* Iηυ Xρι *con segno abbr. sovrapposto.* ᵇ *Espresso con* Xρο *con segno abbr. sovrapposto.* ᶜ *Aggiunto in interlinea su* Bitorti. ᵈ *Di difficile interpretazione.* ᵉ *Lacuna.* ᶠ *Così in A.* ᵍ gg *con segno abbr. sovrapposto.* ʰ *Espresso con* Xροfori *con segno abbr. sovrapposto.*

CARTULA VENDITIONIS

1144 aprile 19, Marturi

Guziere figlio del fu Guido vende al prete Alberto, agente per la chiesa di San Giusto di Cignano, due pezzi di terra posti al C a n a l e per il prezzo di cinque soldi di moneta d'argento lucchese.

Originale in ASFI, *Diplomatico*, Bonifacio, 19 aprile 1144 [A].

Pergamena mm 370 × 142, rigata.
Sul r e c t o «n° 284». Sul v e r s o in calce di mano del XIII secolo: «carta Alberti presbiteri de sancto Iusto».

(SN) Anno ab incarnatione domini nostri Iesu Christi [a] millesimo | centesimo quadragesimo quarto, in die [b] tertio [c] deci | mo, kalendas madii. Manifestus sum ego Guziere | filius quondam Guidi, quia per hanc cartulam vendo et tra | do tibi Alberto presbitero in vice ęcclesię sancti Iusti de Cingna | no [1], id est integre due petie de terris que sunt al Cana | le et habent coherentias tales: coheret eis terra bibianise, | ex alio est terra supra [d] sancti Iusti, ex tertio est terra de con | sortibus iam dicti Guttie et infra ille iam dicte due | petie currit aqua et si ibique sint alię coherentie. Ideo | predicte integre due petie de terris cum funda | mentis et cum omnibus edifitiis earum et cum omnia qui supra se | [et in]fra [e] se habentes et cum omnia quantum ad iam dic | tis petie de teris [f] est pertinentes aut esse invenitur, | in integrum ut suprascripta legitur tibi iam dicto Alberto presbitero in vice | ecclesię sancti Iusti vendo et trado pro quibus a te pretium rece | pi argentum lucensium monete solidos quinque in prefini | to. Unde repromitto ego, qui supra Guttiere, una cum meis | herędibus tibi qui supra Alberto presbitero et in iam dicta ecclesia et in | tuis successoribus aut eidem homini cui vos suprascripta venditi | o dederitis aut habere decreveritis aut si nos vobis | ea aliquo in tempore in aliquod

---

[1] Su San Giusto a Cignanello, cfr. REPETTI, I, p. 733.

exinde intentiona|verimus aut retollerę aut subtraherę quesiverimus | nos aut illi homini cui nos antea dedissemus aut de|derimus aut ab omni homine masculum et feminam defenderę | non potuerimus et non defensaverimus iam dictam ven|ditionem, tunc componituri et daturi esse debeamus in pre|fata ęcclesia et in tuis successoribus pena dupli, ut pro tempore | fuerit meliorata et post pena data cartula venditionis in suo iure | permaneat semper. | Actum a Marturi in territurio florentino. |

Singnum ✠ manus iam dicti Gottiere qui hanc cartulam | venditionis ut suprascripta legitur fieri rogavit in Alberto presbitero. |
Singnum ✠ ✠ ✠ ✠ manuum Guascone filius Richardi, | Russobalbo filius Petri, Mugnagio filius ***** g, | presbiter Rusticus filius Mundane, rogati testes. |

(SN) Rainerius iudex et notarius scriptor huius | cartule post traditam complevit. |

Et Gena iam dicti eius iugalis recipiat salvo restoro in | aliis suis rebus quandocumque voluerit sine aliqua c(ontr)ad(ic)t(ione) h.

---

a *Espresso con* Iηυ Χρι *con segno abbr. sovrapposto.* b *in die* in sopralinea. c *Su* tertio una v. d *Abbr. con piccolo* a *sovrapposto.* e *Lacuna per abrasione.* f *Così in A.* g *Lasciato in bianco uno spazio corrispondente a circa cinque lettere.* h *Interpretazione incerta; leggo* calidt *con segno abbr. che taglia l'asta di* d.

INSTRUMENTUM VENDITIONIS

1151 settembre 13, Siena, in valle sancti Martini

Sibilla, figlia del fu Gualmanno e vedova di Rugerio Grasso, vende, con il consenso di suo figlio Ugo, all'abbazia e alla chiesa di San Michele di Marturi, retta dall'abate Ranieri, tutte le terre, vigne e s i l v a e che possiede nella c u r t i s d e F a m a l g a l l o per il prezzo di 20 soldi di denari lucchesi.

Originale in ASFI, *Diplomatico*, Bonifacio, 13 settembre 1151 [A].

Pergamena mm 362 × 167, con margine destro lacerato e rosicato in più punti.
Sul r e c t o «n° 239». Sul v e r s o una mano del XIV-XV secolo scrisse un'annotazione, per metà scomparsa a causa di un foro, che finisce con la parola: «Cortenove»; di lato è presente la data in parte evanita «1251»; una mano più recente aggiunse «il Torione»; in calce la segnatura: «1251=13=settembre».
Nel *Caleffo Vecchio* ritroviamo più volte le personalità senesi citate nel documento. Rogerius Grassus funge da testimone in un atto del 1 maggio 1147 (*Caleffo Vecchio*, n. 23, I, pp. 36-37); il figlio Ugo appare nello stesso ruolo nel febbraio 1163 (*Caleffo Vecchio*, n. 8, I, pp. 14-15) nella cessione di beni da parte dei Soarzi al vescovo di Siena, nel settembre 1181 (*Caleffo Vecchio*, n. 18, I, pp. 31-32) e nel 14 dicembre 1193 (*Caleffo Vecchio*, n. 45, I, p. 59). A metà del XIII secolo un documento (*Caleffo Vecchio*, n. 365, II, pp. 537-538) viene redatto «in domo filiorum quondam Ugonis Rugerii». Il notaio Accarisius redige due copie autentiche di documenti vescovili (*Caleffo Vecchio*, n.3, I, pp. 10-11 e n. 4, I, p. 11).

(SN) In nomine sancte et [a] individue trinitatis. Anno dominice incarnationis millesi[mo centesimo] [b] | quinquagesimo primo, idus septembris, quarta decim[a in]dictione. [Hoc venditionis instru]|mento liquet me Sibillam filiam quondam Gualmanni et relicta a Rugerio Grass[i] | presente quidem Ugo filio et mundualdo meo atque consentiente coram etiam parentibus [b] | et amicis per solidos viginti denariorum lucensium certum et finitum pretium vendi|disse ac iure dominii et proprietatis [c] refustasse, tradidise [b] abbatie et ecclesie sancti Mi|chaelis de Martuli, in persona Rainerii, dei gratia venerabilis abbatis, omnes in [integrum] [d] | terras [e], vineas et silvas quas ego habeo vel alius per me in tota curte de |

Famalgallo [1], sicuti recta fuit per Perum filium quondam Benetti et Azolinum fi|lium Seracini | et Bonizellum Roncionem, quatinus omni ammodo tempore tu prenominatus | Rainerius abbas successoresque tui aut cui eas dederitis faciatis [ex eis quic]|quid proprietatis [c] nomine volueritis sine omni penitus mea heredumque m[eorum lite et] | contradictione. Ita ut si eas vobis aut cui eas dederitis tollere, contend[ere contradi]|c(er)e vel subtrahere ulla occasione presumpserimus aut si lite pulsati fueritis | et eas ab omnibus hominibus legittime non defensaverimus, tunc earum bonitatum et esti|mationis duplum quales tunc fuerint vobis aut cui eas dederitis restitu|emus. Si autem in iudicio legittimam defensionem non prebuerimus tunc liceat vobis | sine omnibus nostris personis causam vestram legittime perpetuo fini mancipare, | quomodo taliter me ac meos heredes obligare placuit. Acta Sen[e] | in valle sancti Martini domi filiorum Rugieri Grassi. P[re]|nominata Sibilla hoc venditionis instrumentum scribi rogavit. |

Signa ✠ ✠ ✠ ✠ ✠ manuum Brunecti filii quondam Buoni, Rainaldi nepotis Pie|ri Zoppi, Rimbaldi Dallechie, Ranuccini vinaioli, Brunecti filii quondam | Peruzi, qui presentes affuerunt testes. |

(SN) Ego Accarisius scrinarius sancte Romane ecclesie ac Late|ranensis sacri palatii hoc venditionis instrumentum scripsi, com|plevi et dedi.

---

[a] et *espresso con il segno di origine tachigrafica; così passim in A.*   [b] *Così in A.*   [c] proprietatis *espresso con la combinazione di due distinti segni abbr. su un'unica* p.   [d] *In A* nn *con segni abbr. sopra le due lettere.*   [e] terras *ripetuto.*

---

[1] Su Famalgallo, cfr. REPETTI, II, p. 362, e CAMMAROSANO, PASSERI, *Repertorio*, p. 351.

32

CARTULA REFUTATIONIS

1153 febbraio 11, presso Marturi

Bernardino e Giberto, fratelli e figli di Giovanni, refutano all'abate Ranieri, agente per il monastero di San Michele di Marturi, tutta la terra, il possesso e tutto lo ius et actione che hanno su una terra situata nella villa di Luco per il prezzo di cinque lire e mezzo di moneta lucchese.

Originale in ASFi, *Diplomatico*, Bonifacio, 11 febbraio 1152 [A].

Pergamena mm 287 × 140, in buono stato di conservazione.
Sul recto «n° 285». Sul verso in calce la segnatura: «1152=11=febbraio».
Stile dell'Incarnazione, computo fiorentino.

(SN) Anno ab incarnatione domini nostri Iesu Christi [a] millesimo centesimo | quinquagesimo secundo, indictione prima, tertio idus | februarii. Manifesti sumus nos Berardinus et [b] Gibertus | germani [c] filii Iohannis, quia per hanc cartulam refutationis refutamus tibi | Rainerio abbati in vice sancti Michaelis, id est totam terram et [pos] | sessionem [d] et totum ius et [e] actiones, quas habemus in terra que est in | villa que dicitur Luco [1] ubicumque fuerit in eadem villa cum fundamen | tis suisque, cum edifitiis et accessionibus, omnia in omnibus in integrum | tam culta quam inculta tibi ea refutamus, pro qua a te pre | tium nomine refutationis accepimus libras quinque et media | lucensium monete in prefinito. Unde repromittimus tibi Rainerio | abbati et in tuis rectoribus et in prefata ęcclesia aut eidem homini | cui dare volueritis vel habere decreveritis aut si nos vobis | ea aliquo in tempore in aliquod exinde intentionaverimus aut retollere aut minuare presumpserimus prefatam refutationem [f] | et repromissum per ullum modum vis ingenii et ab omni homine | non defensaverimus, si oportunum fuerit, tunc simus nos com | posituri in parte vestra et in vestris rectoribus et in prefata ęcclesia | nomine pene libras

---

[1] Su Luco, cfr. Repetti, II, p. 928 e Cammarosano, Passeri, *Repertorio*, p. 350.

decem de puro argento et data pena | cartula refutationis in suo permaneat iure sine calumpnia. | Actum est hoc apud Marturi, in territurio florentino. |

Singnum ✠ ✠ manuum iam dictis Berardini et Gibertuli germani c |
qui hec cartula refutationis et iure repromissi fieri rogaverunt | in Rainerio abbate in vice sancti Micahelis g. |

Singnum ✠ ✠ ✠ manuum Ugittus filius Rodulfi, Damianus, |
Gottulinus filius Iohannis, rogati testes. |

(SN) Rainerius iudex scriptor huius | cartule post traditam complevit.

---

a *Espresso con* Iηυ Xρι *con segno abbr. sovrapposto.* b *et espresso con nota tachigrafica e così passim.*
c *gg con segno abbr. sovrapposto.* d *Lacuna per abrasione.* e *et espresso in legatura.* f *r corretta su* v.
g *Così in A.*

CARTULA TRADITIONIS ET PROPRIETATIS

1154 aprile, Marturi

Soarzo figlio di Enrico e i fratelli Ottaviano e Paganello refutano a Ranieri, abate della chiesa e del monastero di San Michele posto nel castello di Marturi, tutto lo i u s   e t   a c t i o n e s che hanno sulle terre che furono proprietà di Benzo figlio di Rodolfo, di Zenobio e di Sizello, adesso detenute dai figli di Giovanni e dai figli di Alberto, terre che si trovano a F u c i l l e , a M o n t e m e z z a n o , a P r a t o , a S u r n a n o , a M a n t i - g n a n o , a F o n t e m a g g i o , a G r i m a l d i , a Sticciano, a Barberino, ad Agresto; tutta la terra e proprietà che hanno i detti figli di Giovanni a Papaiano; tutta la terra d e u n a m a s i a c a n d i g g i s e , situata nel piviere di San Pietro in Bossolo, eccetto il s e r v i t i u m che i figli di Giovanni devono durante l'anno ai figli di Petricino. Ricevono in cambio dall'abate otto lire e mezzo di moneta lucchese.

Originale in ASFI, *Diplomatico*, Bonifacio, aprile 1154 [A].

Pergamena mm 433 × 204, rigata. Presenta piccole lacerazioni sul lato destro che interessano la parte finale delle prime cinque righe.
Sul r e c t o «nº 16». Sul v e r s o in calce in senso inverso rispetto alla scrittura del r e c t o la segnatura «1154=aprile».

(SN) Anno ab incarnatione domini nostri Iesu Christi [a] millesimo centesimo quinquagesimo | quarto, indictione tertia, in mense aprelis. Manifestus sum ego Su[ar]|zus filius Enrici et Ottavianus et Paganellus germani [b], quia per hanc cartulam do et [tra]|do tibi domno Rainerio abbati de ęcclesia et monasterio sancti Michaelis de castello de Ma[r]|tura, cum filiis meis damus et tradimus et concedimus et refutamus omne ius et actio[nes], | quas habemus in terra et tenimentum que fuit proprietas Benzii filius Rodulfi et Zenobis | et Siçelli et modo detinetur ab Alberto cum fratribus suis et sunt filii Iohannis; et terra et tenimentum | que detinent Petrus et Iohannes filii Alberti et est illa terra iam dicta est in diversis parti|bus et locis: a Fucille, in Monte Mezano, in Prato, in Surnano [1], in Mantigniano [2] | et in Fontemagio et in Grimaldi et in Sticiano et in Barbarino [3] et in Agresto [4]; et terra | et proprietas illa, quam habent et possident filii iam dicti Iohannis in loco a Papaiano [5] | et feudum quod aliquis homo [c] in prefata terra et tenimentum pro nobis detinuit, omni modo refutamus in integrum | sive iuste sive iniuste abuissemus; et refutamus tibi totam illam terram de una masia | candiggise, que nobis pertinuit et pertinet [d] et est infra plebe sancti Petri in Pixide [6] | in diversis partibus et locis posita: a Cassciano [7], in Barbarino et in Gratischya et ubi|cumque prefate terræ invente fuerint, omnia in omnibus in integrum cum omni accessione æarum et ingressuras | tibi qui supra Rainerio abbati in vicem prefati monasterii et in tuis successoribus damus et refu|tamus atque omni modo repromittimus; preter asceptamus servitium quod filii Iohannis per annum debent darę | in filiis Petricini et nichil amplius. Et pro ista traditione et refutatione iam dicta | recepimus meritum libras octo et dimidia lucensium monete boni et expendibiles. | Unde repromittimus nos qui supra Suarzus et Ottavianus et Paganellus una [e] cum nostris heredibus tibi | qui supra Rainerio abbate et in prefata ęcclesia et in tuis successoribus aut eidem homini cui vos suprascripta nostra tradi|tio dederitis et iam dictam refutationem decręveritis vel [f] si nos vobis ea aliquo in tempore in aliquod exinde | intentionaverimus vel [f] retollerę vel [f] minuarę vel subtraherę quesiverimus nos aut illi homini cui | nos ea antea dedissemus aut dederimus per ullum modum vis ingenii; et si nos exinde | auctores darę voluęritis et ea vobis ab omni homine non defensaverimus si oportunum fuerit, tunc | spondimus nos vobis et in prefata ęcclesia componerę iam dictam terram in duplum in consimilibus | locis et vocabulis ut pro tempore fuerit meliorata aut valuerit sub estimatione et sub pena | viginti librarum de puro argento et post pena soluta cartula permaneat in suo iure. | Et hoc quod suprascripta legitur sub iure iurando confirmamus sine dolo et fraude remota. | Actum est hoc in loco Marturi, in territurio florentino. |

---

[1] Sornano, lungo il Drove di Tattera.

[2] Su Montignano, cfr. REPETTI, alla voce *Barberino Val d'Elsa*, I, p. 265.

[3] Barberino Val d'Elsa, cfr. *ivi*, I, pp. 264-269.

[4] Agresto, nei pressi di Papaiano.

[5] Su Papaiano, cfr. *ivi*, IV, p. 55; CAMMAROSANO, PASSERI, *Repertorio*, 42.7.

[6] San Pietro in Bossolo, cfr. REPETTI, I, p. 356.

[7] Santa Lucia a Cassiano, cfr. *ivi*, I, p. 523.

Singnum ✠ ✠ ✠ manuum iam dictis Suarzi et Ottaviani et Paganelli germani [b] qui hanc | cartulam traditionis et proprietatis et iure refutationis et repromissi ut suprascripta legitur fieri roga|verunt in Rainerio abbatę et in prefata ęcclesia.

Singnum ✠ ✠ ✠ ✠ ✠ manuum Arnulfinus filius Christofori [g], Nerbottus, Volta germani [b] filii | Guinizelli, Puttulus, Tedericus, rogati testes. |

(SN) Rainerius iudex scriptor huius cartule post traditam | complevit.

---

[a] *Nella tipica abbreviazione dei nomina sacra* IHU XPI *con segno abbr. sovrapposto.* [b] gg *con segno abbr. sovrapposto.* [c] *In sopralinea.* [d] -et *espresso con nota tachigrafica.* [e] *Su una segno abbreviativo superfluo.* [f] vel *espresso con il compendio di origine tachigrafica.* [g] Christo- *espresso con* XPO *e segno abbr. sovrapposto.*

CARTULA REFUTATIONIS

1155 maggio, nel castello di Marturi accanto all'abbazia

Tasia e Alcampo refutano i u r e   t e s t a m e n t i a Ranieri abate della chiesa e del monastero di San Michele di Marturi, per l'anima di Ubaldino, ogni diritto ed azione che hanno sulla terra che si trova nel luogo detto Campomaio, accanto al torrente Drove.

Originale in ASFi, *Diplomatico*, Bonifacio, maggio 1155 [A].

Pergamena mm 355 × 148, rigata.
Sul r e c t o «n° 17». Sul v e r s o di mano del XII-XIII secolo: «carta refutationis que fecerunt Tasia et Alcampo in abbate de terra que est a Cam|pomagio»; di mano del XIV-XV secolo: «al Campo Maggio presso a le Druovi»; in calce la segnatura «1155=maggio».
Stile dell'Incarnazione: l'indizione del 1155 è la terza.
Il 18 marzo 1162 i fratelli Alberto e Dainise, figli di Bonifazio, insieme alle mogli Beldie e Tasia alienarono al prete Ildebrando, rettore della chiesa di San Nicola di Campo Chiarenti, una proprietà tenuta da Azolino di Fantinello, situata in diversi luoghi a Campo Chiarenti, per il prezzo di tre libbre d'argento lucchesi (cfr. *Carte di Badia*, II, pp. 69-71); Alcampo figurava tra i testimoni.

(SN) Anno ab incarnatione domini nostri Iesu Christi [a] millesimo centesimo | quinquagesimo quinto [b], indictione secunda, in mense | madii. Manifesta sum ego Tasia et [c] Alcampo, qui | per hanc cartulam refutamus omne ius et [d] actiones nostras, quas | habemus in manu Rainerii abbatis in vice ecclesie et monasterii sancti Micha|elis pro anima Ubaldini mercede et est illa terra in loco qui | dicitur Campo Maio [1] iusta terram abbatie et iusta Drove | et si ibique sint alie coherentie. Ideo predicta terra cum | fundamento et cum suo edifitio cum suis pertinentiis | omnia in omnibus in integrum ut suprascripta legitur tibi ea refutamus et repro|mittimus et in prefata ecclesia iure testamenti, unde nos | qui supra Tasia et Alcampo

_____

[1] Laddove i due rami del torrente Drove si incontrano esiste ancora oggi un luogo che porta il nome di Campo Maggio.

una [e] cum nostris heredibus, tibi | qui supra Rainerio abbati et in prefata ecclesia aut eidem homini | cui dare volueritis prefatam refutationem aut si | nos vobis ea aliquo in tempore in aliquod exinde intentiona|verimus aut retollere aut minuare presumpserimus | prefatam refutationem et si nos exinde auctores et defensores aliquo in tempore dare volueritis et ea | vobis defendere non potuerimus et non defensaverimus, | si oportunum fuerit, tunc componerę debeamus in prefata ecclesia | nomine pene solidos sexaginta de [f] argento et soluta pena | cartula [g] permaneat in suo iure sine fraude. | Actum est hoc in castello de Marturi iusta abbatia, in terri|turio florentino. |

Singnum ✠ ✠ manuum iam dicte Tasie et Alcampi qui | hec cartula refutationis ut suprascripta legitur fieri rogaverunt in abbate | Rainerio in vice ecclesie. |
Singnum ✠ ✠ ✠ ✠ manuum Ildiprandinus de Piscia, | Gottifredus, | Arnulfinus, Boncunte, rogati testes. |

(SN) Rainerius iudex scriptor huius cartule post | traditam complevit.

---

[a] *Espresso con il compendio* Ihu Xpi *con segno abbr. sovrapposto.*   [b] *Entrambi espressi con* q *e letterina sovrapposta.*   [c] *Espresso con nota tachigrafica; così generalmente in A.*   [d] *Scritto in extenso.*   [e] *Su* una *segno abbreviativo superfluo.*   [f] d- *di forma maiuscola.*   [g] *Leggo però* cal *senza segno abbr.*

35

CARTA PERMUTATIONIS

1156 marzo 29, nell'abbazia di San Michele di Marturi

Guido Guerra, conte di Tuscia permuta con Ranieri, abate del monastero di San Michele, della terra posta nel castello di Marturi in cambio di
un'area di uguale misura posta sul poggio di Bonizo già ceduta dal conte ai
Senesi.

Copia del XII secolo scritta ed autenticata da «Maurinus sacri palatii iudex» in ASFI,
Diplomatico, Bonifacio, 28 marzo 1156 [B].

Pergamena mm 237 × 144. Presenta un'estesa macchia lungo il margine destro che
complica la lettura delle prime dodici righe e un foro all'altezza della completio.

Sul r e c t o «n° 9». Sul v e r s o un'annotazione del XIV-XV sec.: «carta permuta-
tionis inter abbate | et comitem Guidonem de quibusdam | petie de terre»; un regesto eva-
nito in volgare, forse di mano cinquecentesca, di cui si leggono solo parole isolate; in calce
in senso inverso rispetto alla scrittura del r e c t o la segnatura «1156=28=maggio».

La formula di autenticazione è redatta in questi termini: «(SN) Ego Maurinus sacri
palatii iudex horum exemplarium autenticam vidi et | legi et quicquid repperi scripsi
ideoque subscripsi».

(SN) In nomine domini ᵃ. Amen. Anno incarnationis eius domini
nostri Iesu Christi millesimo centesimo .LVI., die q[uarto] |
kalendas aprilis, indictione .IIII. Manifestus sum ego Guido Guerra Tuscie comes,
quia per hanc cart[am per] | mutationis do et trado et concedo ᵇ tibi
Rainerio, dei gratia venerabili abbati monasterii sancti Micha[elis], |
sito loco qui dicitur Marturi et eidem venerabili ecclesie, id est tantam terram in
castello predicto [que vadit] | ex illa parte strate a domo videlicet ᶜ Iannelli
de Rincine versus plebem eiusdem mensure et latitudinis ac lo[n] | gitudinis
qua[m inv]ice predicto Rainerio abbate ex alia parte [a] te accepi et dedi
Senensibus et est ita designata: ex uno [latere] | est domus q[uidam] Boni,
ex alio est via pu[blic]a, que vadit ad domum prioris de Talciona, desuper
est ᵈ strata, de subtus ᵉ fosse predicti | castelli. Quam autem terram
superius designatam et nominatam, ut dixi, in integrum, do et trado et
concedo tibi prenominato abbati ad habendum, te | nendum ac

possidendum et faciendum nomine predicte ecclesie quicquid placuerit tibi iure dominii et proprietatis. Et promitto ego Guido | Guerra comes una cum meis heredibus tibi Rainerio abbati tuisque successoribus et cui predictam terram dederitis ab omni homine legiti|me semper defendere. Quod si non fecerimus aut si nos ipsi eam vobis tollere, contendere [b] aut molestare ulla occasione voluerimus, | tunc pene nomine centum libras argenti optimi vobis dare promittimus et post penam solutam omnia integra et in sua fe[r]|mitate permaneant. |

Prenominatus Guido Guerra comes hanc cartam permutationis ut superius legitur scribere rogavit intus predictam | abbatiam [f]. |
Signum [g] manuum Francischi cauisidici [h] et Ranucii de Stagia et Arnulfini Christofori [i] et Gottifredi Arnolfi | testium.

(SN) Ego Rainerius iudex domini Frederici imperatoris [hanc] [j] cartam scripsi, complevi et dedi.

---

[a] *Tra* d *e* n, *una* e *espunta.* [b] con- *espresso con nota tachigrafica.* [c] -et *espresso con nota tachigrafica.* [d] *Segue* c *espunto.* [e] *Segue* p *espunto.* [f] *Sulla terza* a *segno abbr. superfluo depennato.* [g] *Mancano i segni di croce.* [h] *Così in B.* [i] Christo- *espresso con una* X *ed una* o *soprascritta.* [j] *Lacuna per foro.*

36

CARTA PERMUTATIONIS

1156 marzo 29, nell'abbazia di San Michele di Marturi

Ranieri, abate del monastero di San Michele permuta con il conte Guido Guerra un pezzo di terra posto sul monte detto di Bonizo, descritto nei confini, da quest'ultimo già ceduto ai Senesi, in cambio di altra terra posta dall'altra parte della strada, descritta nei suoi confini.

Originale in ASFI, *Diplomatico*, Bonifacio, 29 marzo 1156 [A].
Copia del secolo XII (seconda metà), eseguita e autenticata da «Maurinus sacri palatii iudex» in ASFI, *Diplomatico*, Bonifacio, 28 marzo 1156 [B].

[A] Pergamena mm 310 × 270. Presenta alcune macchie sulla parte sinistra che interessano particolarmente l'inizio del secondo, quarto, quinto, settimo, decimo e undicesimo rigo.
Sul r e c t o «n° 18». Sul verso di mano del XIV secolo «de plateis podii […] concordançia de tali [permutatione]». In calce la segnatura «1156=29=marzo».
[B] Cfr. n. 35.

(SN) In nomine domini. Amen. Anno incarnationis domini nostri Iesu Christi millesimo centesimo quinquagesimo sesto, die quarto kalendas aprelis, indictione | quarta. Manifestus sum ego Rainerius dei gratia humilis abbas monasterii sancti Michaelis sito loco qui dicitur Marturi, consensu fratrum meorum | monachorum, quia per hanc cartam permutationis do et trado et concedo tibi Guidoni Guerre comiti Tuscie unam petiam de terra quam habeo et teneo in | [mo]nte qui dicitur Boniçi et tu dedisti senensibus et est ab omni parte sic designata, cui ex uno latere est domus Boni, ex alio est via | publica que vadit ad domum prioris de Talciona, desuper est strata, de suptus fosse predicti castelli. Pro qua terra ita designata recepi ego | Rainerius abbas a te comite Guidone invicem ex alia parte strate, a domo Iannelli de Rencine versus plebem, terram totidem [a] mensu|re et latitudinis ac longitudinis. Quam autem terram sic designatam et nominatam ut supra dixi in integrum do et trado et concedo tibi ad haben|dum, tenendum ac possidendum et faciendum quicquid placuerit tibi iure dominii et proprietatis. Et promitto ego Rainerius abbas | una cum meis successoribus tibi Guidoni comiti tuisque heredibus et cui predictam terram dederitis ab omni homine legitime | [sem]per defendere. Quod si non fecerimus aut si nos ipsi eam vobis tollere, contendere aut molestare ulla occasione voluerimus | [tunc] pene n[omine] centum libras argenti optimi vobis dare promittimus et post penam solutam omnia integra et in sua firmi | tate permaneant. | Prenominatus abbas Rainerius hanc cartam permutationis ut superius legitur scribere rogavit intus predictam abbatiam. |

Signum b manuum Francisci causidici et Ranuci de Stagia et Arnolfini Cristofori et Gottifredi Arnolfi, testium. |

(SN) Ego Rainerius iudex domini Frederici imperatoris hanc cartam scripsi, complevi et dedi.

---

a *Dopo* to- *una* d *depennata.*   b *Mancano i segni di croce.*

37

CARTULA REFUTATIONIS

1157 novembre 4, in podio et Marturi burgo

Tebaldino Russo figlio di Pietro e sua moglie refutano a Ranieri abate della chiesa di San Michele due pezzi di terra, l'uno con vigna situato accanto all'Elsa, l'altro di otto sestaria posto in luogo detto B u r l a , ricevendo diciassette lire di moneta lucchese. Inoltre l'abate concede loro in feudo un pezzo di terra posto a Calcinaia.

Originale in ASFI, *Diplomatico*, Bonifacio, 4 novembre 1157 [A].

Pergamena mm 335 × 165, rigata. Presenta una lacerazione lungo il margine sinistro.
Sul r e c t o «n° 286». Sul v e r s o di mano del XII-XIII secolo: «carta refutationis quam fecit Tebaldinus Russo, Stephania iugalis in Rai|nerio abbate pro libris decem et septem et pro feudo quod dedit ei in Calcinaria»; di mano del XIV secolo: «iusta Elsa prope Burla».
Stile dell'Incarnazione: il 1157 ha l'indizione quinta, dal 24 settembre la sesta.

(SN) Anno ab incarnatione domini nostri Iesu Christi millesimo centesimo quinquage|simo [a] septimo, indictione tertia, secundo nonus novembris. Mani|festi sumus nos Tebaldinus [b] Russo filius Petri et Stephania iugalis, | quia per hanc cartulam refutamus tibi Rainerio abbati in vice ecclesię sancti | Michaelis, id est integre due petie de terris [c] una quarum est iusta Elsa, | que desuper vinea est edificata: coheret ei ex uno laterę via, ex alio est | fossato, ex tertio latere est terra abbatie, ex quarto est terra ********** [d]. | Secunda petia est in loco qui dicitur Burla et est octo sestaria et habet co|herentias tales: coheret ei [e] terra ************ ***************** | ****************** [f] et si ibique sint alie coherentie. Ideo predicte [g] | integre due petie de terris cum fundamentis suisque cum edifitiis | et pertinentiis et accessionibus et earum ingressuras omnia in omnibus | in integrum ut suprascripta legitur tibi ea refutamus et pro ipsa refutatione recepi ego | a te libras decem et septem lucensium monete. Unde repromittimus | nos qui supra Tebaldinus [h] Russo et Stephania una cum nostris heredibus tibi qui supra abbate | et in tuis successoribus aut in prefata ecclesia vel cui vos suprascripta nostra refuta|tio dederitis vel si nos vobis ea aliquo in tempore in aliquod exinde in|tentionaveritis aut retollere aut minuare presumpserimus per ullum | vis ingenii modum et ab omni homine non defensaverimus si opor|tunum fuerit prefatam refutationem, tunc componerę debeamus | in parte vestra et in prefata ęcclesia sancti Michaelis et in vestris successo|ribus nomine pene viginti marcas argenti et data pena cartula | refutationis in suo permaneat iure. | Actum est in podio et Marturi burgo, in territurio regis. |

Singnum ✠ ✠ manuum iam dicti Tebaldini Russo et Stephanie iugalium | qui hec cartula refutationis ut suprascripta legitur fieri rogaverunt in Rainerio abbate. |

Singnum ✠ ✠ ✠ ✠ ✠ manuum Rainucinus de Lucardo, Scottus, Arnulfinus, | Tebaldinus, Bernardinus medicus, rogati testes. |

(SN) Rainerius iudex scriptor huius cartule post traditam | complevit. |

Insuper et pro ista refutatione ego iam dictus Rainerius abbas [i] dedi | tibi Russo una petia de terra que est in Calcinaria [1] nomine feudi; | coheret [j] ei terra Gottifredi, ex alio est strata [2], ex tertio est podium [3].

---

a *q con piccola* i *sovrapposta.*   b e *corretto su* i.   c *Segue una* u *depennata.*   d *In bianco per circa dieci lettere.*   e *Aggiunto in modulo più piccolo tra* coheret *et* terra.   f *In bianco per circa cinquantuno lettere.*   g *In A il compendio* p *con* r *soprascritta.*   h e *corretto su* i.   i *Su* bb *segno abbreviativo superfluo.*   j -et *espresso con nota tachigrafica.*

---

[1] Calcinaia, odierno quartiere meridionale di Poggibonsi.
[2] Si intende un percorso della via Francigena.
[3] Si intende Podio Bonizi.

38

CARTULA REFUTATIONIS

1158 aprile 16, in podio et Marturi burgo

Uguizio figlio di Rainuzio refuta a Ranieri abate della chiesa di San Michele tutta la terra e il possesso che ha dal monastero al di là dell'Elsa, nella villa di Castiglione, terra che un tempo tennero i figli di Bernardino, Martino e Imilda.

Originale in ASFi, *Diplomatico*, Bonifacio, 16 aprile 1158 [A].

Pergamena mm 355 × 168, rigata; leggermente evanita.
Sul r e c t o «n° 19». Sul v e r s o in calce di mano del XII-XIII secolo: «carta refuta-tionis que fecit Uguitio de ᵃ Lig[…] ᵇ in Rainerio abbate pro sol(idis) decem»; di mano del XIV secolo: «renunctiatio facta [......]».

(SN) Anno ab incarnatione domini nostri Iesu Christi millesimo centesimo | quinquagesimo ᶜ octavo, indictione quarta, sextodecimo | kalendas madii. Manifestus sum ego Uguitio filius Rainutii, | quia per hanc cartulam refutationis refuto tibi Rainerio abbati | in vice ęcclesie sancti Michaelis, id est totam terram et possessionem | quam ego habeo et detinui a vobis nomine feudi et est illa terra ultra | Elsa in villa que dicitur Castillione[1] et ubicumque fuerit et q(uod) detinuit | filii Bernardini et Martinus et Imilda. Ideo predicta terra cum | fundamento, cum suo edifio ᵈ et cum suis pertinentiis et suis | accessionibus omnia in omnibus in integrum ut suprascripta legitur tibi ea refuta|mus pro qua a te accepimus solidos decem lucensium ᵉ monete | pro ipsa refutatione. Unde ego qui supra Ugitio et per meos heredes repro|mittimus tibi qui supra abbati et in tuis successoribus et in prefata | ęcclesia aut eidem homini cui vos dederitis prefatam refutationem | et prefatam terram aliquo in tempore subtraherę voluerimus per ullum | vis ingenii modum et ab omni homine non defensaverimus | si oportunum fuerit, tunc componerę debeamus nos

---

[1] Castiglioni sulla riva sinistra dell'Elsa, circa 3,5 km a sud-ovest del castello di Martu-ri, cfr. REPETTI, I, p. 605.

vobis et in | prefata ecclesia nomine pene solidos centum de argento et post pena | soluta cartula refutationis in suo permaneat robore. | Insuper ego iam dictus Uguitio iuro quod ego de certo non | removebo prefatam refutationem neque per aliquam submit|tentem persunam per ullum vis ingenii modum. | Actum est hoc in podio et Marturi burgo, in territurio [...] ᶠ. |

Singnum ✠ manus iam dicti Uguitionis qui hec cartula refuta|tionis ut suprascripta legitur fieri rogavit in Rainerio abbate et in prefata | ecclesia. |
Singnum ✠ ✠ ✠ ✠ manuum Episcopus, Maccallus tabernarius, Buciolus, | Ruvitius frater Duranti, rogati testes. |

(SN) Rainerius iudex scriptor huius cartule post | traditam complevit.

ᵃ *In sopralinea.*   ᵇ *Abbr. da sciogliere: su* g *una* o *soprascritta.*   ᶜ *Espresso con* q *e piccola* i *soprascritta.*
ᵈ *In A* edifio.   ᵉ luce *con segno abbr. sovrapposto alla* -e. *Segue ripetuto* lucensiu(m).   ᶠ *Rasura per scancellare quello che vi era stato scritto in precedenza.*

39
ADRIANI IV PAPAE PRIVILEGIUM

1159 maggio 1, Laterano

Adriano IV papa, accogliendo la richiesta dell'abate, prende il monastero di San Michele di Marturi sotto la protezione apostolica, gli conferma tutti i beni e ordina che nessuno costruisca chiese, ospedali o altri edifici sulle terre allodiali del monastero.

Copia del XV secolo in ASFI, *Diplomatico*, Bonifacio, 1134 [B].
Edizioni: PFLUGK-HARTTUNG, *Acta*, III 200 n. 188 ex B.
Regesti: KALTENBRUNNER, XCIV 668 n. 7117a; JAFFÉ-L., 10564; KEHR, III, n. 9, p. 63.
Cfr.: DAVIDSOHN, *Forschungen*, I, n. 50, p. 180.

Pergamena mm 530 × 400, rigata e marginata, scritta per il senso della larghezza. Le lettere iniziali sono in inchiostro rosso e particolarmente elaborate, la scrittura post umanistica.
Sul v e r s o al centro di mano del XV secolo «Innocentio secundo concede alla badia di Poggibonsi tutto | quello l'aveva dato il conte Ugo et nominalo»; segue di mano del XVIII-XIX secolo: «il conte Ugo dona alla badia di Poggibonsi»; su un lato «n° 1»; in calce «1134».
Pflugk-Harttung esprime grossi dubbi sull'autenticità del documento, dal momento che il dettato non corrisponde né a quello solito dei privilegi di Adriano IV né a quello del precedente privilegio di Innocenzo II per lo stesso monastero.

** [a] sancti Michaelis de Martura eiusque fratribus, tam presentibus quam futuris, regulariter substituendis ************************************* [b] consensu(m) ut fidelis | devotio ******************************* [c] filii vestris postulationibus clementes annuimus et prefatum monasterium in quo divino ****************** [d], sub beati Petri et nostra protectione [e] suscipimus. Statuentes ut | quascumque possessiones, quecumque bona idem monasterium in presentiarum iuste et canonice possidet, aut in futurum concessione pontificum, largitione regum vel principum, oblatione fidelium seu aliis iustis modis prestante domino poterit adipisci, | firma vobis vestrisque successoribus et illibata permaneant. Possessiones siquidem et allodia, que ad ius monasterii vestri pertinere noscuntur vobis auctoritate apostolica confirmamus. Decernentes ut asque licentia abbatis eiusdem loci, qui pro tempore fuerit et fratrum ibi existentium, | nullus ea recipere audeat vel quomodo libet retinere. Statuimus etiam, ut in allodio monasterii vestri ecclesiam vel hospitale seu aliquod edificium, quod in damnum monasterii esse debeat, vobis invitis et retinentibus, nullus edificare presummat et si factum fuerit, irritum deducatur. | Decernimus ergo, ut nulli hominum liceat prefatum monasterium temere, perturbare aut eius possessiones aufferre vel ablatas retinere, minuere seu quibuslibet vexationibus fatighare sed illibata omnia et integra conserventur eorum, pro quorum gubernatione et | substentatione concessa sunt usibus omnimodis profutura, salva sedis apostolice auctoritate. Siqua igitur in futurum ecclesiastica secularisve persona hanc nostre constitutionis paginam sciens contra eam temere venire temptaverit, secundo tertiove commonita, | nisi presumptionem sua digna satisfactione correxerit, potestatis honorisque sui dignitate careat reamque se divino iudicio existere de perpetrata et ᶠ iniquitate cognoscat et a sacratissimo corpore ac sanguine dei domini redemptoris nostri Iesus Christi aliena fiat | atque in extremo examine districte subiaceat ultioni. Cunctis autem eidem loco sua iura servantibus sit pax domini nostri Iesus Christi quatinus et hic fructus bone actionis percipiant et adpud districtum iudicem premia ecterne pacis inveniant. Amen. |

(R) Adrianus captolice ecclesie episcopus subscripsi.

✠ Ego Gregorius Sabinensis episcopus subscripsi.
✠ Ego Ubaldus Hostiensis episcopus subscripsi.
✠ Ego Iulinus Prenestinus episcopus subscripsi.
✠ Ego Bernardus Portuensis et sancte Ruffine episcopus subscripsi.
✠ Ego | Iohannes presbiter cardinalis sanctorum Iohannis et Pauli tituli Pamachii subscripsi.
✠ Ego Ildebrandus presbiter cardinalis basilice Duodecim Apostolorum subscripsi.
✠ Ego Oddo diaconus cardinalis sancti Giorgi ad Velum Aureum subscripsi.
✠ Ego | Iacintus diaconus cardinalis sancte Marie in Cosmydyn subscripsi.

✠ Ego Ardicius diaconus cardinalis sancti Theodori subscripsi.

✠ Ego Boso diaconus cardinalis sanctorum Cosme et Damiani subscripsi.

Data Laterano [f], per manu Hermanni domini pape | subdiaconi et scriptoris, kalendas maii, indictione .VII., incarnationis dominice anno .M.C.LVIIII., pontificatus vero donni Adriani pape .IIII. anno .V.

---

[a] *In bianco per lo spazio corrispondente a quarantacinque lettere. All'inizio la parola* exemplar.   [b] *In bianco per lo spazio corrispondente a trentotto lettere.*   [c] *In bianco per lo spazio corrispondente a trentadue lettere.*   [d] *In bianco per lo spazio corrispondente a ventuno lettere.*   [e] *In B* protestatione.   [f] *Così in B.*

40

CARTULA VENDITIONIS

1160 marzo 10, in podio et Marturi burgo

Berardino figlio di Giovanni vende a Ranieri, abate del monastero di San Michele, due s e s t a r i a di terra che sono accanto a Podio Bonizi per il prezzo di venti soldi di moneta lucchese.

Originale in ASFɪ, *Diplomatico*, Bonifacio, 10 marzo 1159 [A].

Pergamena mm 301 × 129 (107), rigata.
Sul r e c t o «n° 20». Sul v e r s o un regesto di mano del XIII secolo: «carta pignoris et venditionis que fecit Berardinus filius Iohanucoli in abbate | Rainerio pro solidis .XX. usque affestum sancti Micha|elis»; di mano del XIV secolo: «iusta Podio Bonizi».
Stile dell'Incarnazione, computo fiorentino.

(SN) Anno ab incarnatione domini nostri Iesu Christi millesimo cente|simo quinquagesimo nono, indictione sexta, sexto | idus martii. Manifestus sum ego Berardinus filius Iohannis | quia per hanc cartulam vendo et trado tibi abbati Rainerio, id est | integre duo sestaria de terra que sunt iusta Podio Bonizi; | coheret ᵃ ei terra Puttuli et terra Berardini et via et si ibique sint | alie coherentie. Ideo predicta integra duo sestaria de terra | cum fundamento et edifitio cum suis pertinentiis in integrum ea | tibi qui supra abbati Rainerio et in monasterio sancti Michaelis vendo et trado, | unde ego recepi a te pretium solidos viginti lucensium monete | in prefinito. Unde ego qui supra Berardinus et per meos herędes | tibi qui supra abbati Rainerio et in tuis successoribus et in prefata ecclesia | aut eidem homini cui dare volueritis meam vendi|tionem vel ᵇ si nos vobis ea tollerę contenderę aut molestarę | voluerimus aliquo modo in aliquo ᶜ tempore per ullum vis ingenii | modum et ab omni homine non defensaverimus si oportu|num fuerit, tunc componerę debeamus in partę vestra nomine | pene iam dictam terram in duplum ut pro tempore fuerit meli|orata aut valuerit sub estimatione et pena soluta | cartula permaneat in suo iure. | Actum est hoc in podio et Marturi burgo, in territurio florentino. |

Singnum ✠ manus iam dicti Berardini qui hec cartula | venditionis ut suprascripta legitur fieri rogavit in abbate Rainerio in vice | ęcclesię.
Singnum ✠ ✠ ✠ manuum Rusticellus magistro, | Milottus, Putto ᵈ, ************ ᵉ rogati testes. |

(SN) Rainerius iudex scriptor huius cartule post | traditam complevit.

ᵃ -et *espresso con nota tachigrafica.* ᵇ vel *espresso con il compendio di origine irlandese.* ᶜ quo *espresso dal compendio* q *con* o *soprascritta.* ᵈ *La prima* t *è aggiunta in sopralinea.* ᵉ *In bianco per circa tredici lettere.*

41

CARTULA VENDITIONIS

1160 aprile 22, nel refettorio dell'abbazia

Arnolfino, Ildiprandino, Gibertulo, Compagno e Berardino fratelli e figli di Rainuccio insieme alla madre Beatrice vendono a Ranieri, abate del monastero di San Michele di Marturi, un pezzo di terra posta nel luogo C a f a g i a n g u l i per il prezzo di cento e otto soldi di moneta lucchese.

Originale in ASFi, *Diplomatico*, Bonifacio, 22 aprile 1160 [A].

Pergamena mm 373 × 127 (111); il lato sinistro risulta evanito a causa di umidità, mentre sul lato destro è presente una lacerazione all'altezza della trentaquattresima riga.
Sul r e c t o «n° 287». Sul v e r s o in calce di mano del sec. XII-XIII un'annotazione: «carta venditionis que fecit Beatrix cum filiis in abbate Rainerio ex una petia de terra que est a Cafagiangoli per sol(idos) centum et octo»; di mano del sec. XIV «al Cafargiangolo».

(SN) Anno ab incarnatione domini nostri Iesu Christi millesimo | centesimo sexagesimo, indictione sexta,| [septima] ᵃ kalendas madii. [Mani]festi ᵃ sumus nos Beatrice, | Arnulfinus [et ᵇ Ildiprandinus] ᵃ et Gibertulo et Compag(ni)us ᶜ, | [et Berardinus germani ᵈ filii] ᵃ Rainucini quia sub interrogatione | Rainerii iudicis vendimus et tradimus nos tibi abbate | in vice sancti Michaelis et monasterii de Marturi, id est integra | una petia de terra que est in loco Cafagianguli ¹; coheret | ei terra sancti Petri de Meoniano, ex alio est terra abbatie, | ex tertio est terra Pellitie, ex quarto laterę est terra Petri ᵉ abbatis.| Ideo predicta integra petia de terra cum fundamento et | cum suo edifitio cum omnibus suis pertinentiis et accessionibus | in integrum tibi vendimus et tradimus et in prefata ęcclesia, pro qua | a vobis pretium recepimus argentum solidos centum et octo solidos | lucensium monete in prefinito. Unde repromittimus nos | qui supra ᶠ Beatrix et Arnulfinus et Ildiprandinus cum ceteris | fratribus una cum nostris heredibus tibi qui supra Rainerio abbati et in tuis | successoribus et in prefato monasterio aut eidem homini cui dare |

_____
¹ Località non identificabile.

volueritis supra ᵍ nostram venditionem, aut aberę decreveritis aut si | nos vobis ea aliquo in tempore in aliquod exinde intentiona||[verimus] ʰ aut retollerę aut minuare presumpserimus per | [ullum] ʰ vis ingenii modum vel cui nos antea dedissemus | vel dederimus, et si nos exinde auctores dare volueri||[ti]s ᵃ et ea vobis [aliquo] ᵃ in tempore ab omni homine defendere | non potuerimus et non defensaverimus si oportunum fuerit, | [tunc] ᵃ spondimus nos vobis nomine pene componerę iam dictam | terram in duplum in consimili loco et vocabulo ut pro | tempore fuerit meliorata aut valuerit sub estimatione | et pena soluta cartula permaneat in suo vigore.| Actum est hoc intus [re]frettorio ᵃ iam dicte abbatię | in territurio florentino. |

Singnum ✠ ✠ ✠ ✠ manuum iam dict(e) Beatricis et Arnulfini et | Ildiprandini et Gibertuli et ceteri fratres qui hec cartula venditionis fieri | rogaverunt in manibus presbiteri Petri camellingo [et Assagia] ⁱ|pane in vice abbatie et monasterii.

Singnum ✠ ✠ ✠ ✠ ✠ manuum Rainucinus Lucardi(s)e ʲ, Lambrittus de Curia | et Stuppi(s)e ᵏ, Episcopus, Nerbottus, Volta germani ˡ, rogati testes. |

(SN) Rainerius iudex scriptor huius cartule post | traditam complevit.

ᵃ *Lacuna per macchia.*   ᵇ et *espresso con nota tachigrafica e così passim in A.*   ᶜ *-gni- espresso dal compendio* g *ed* i *sovrapposta.*   ᵈ *In A* gg *di forma maiuscola con segno abbr. sovrapposto.*   ᵉ *-tri espresso con il compendio* t *ed* i *sovrapposta.*   ᶠ *Espresso dal compendio* sp *con il tipico segno abbr. di* pro *che taglia entrambe le aste.*   ᵍ *-pra espresso dal compendio* p *ed a soprascritta.*   ʰ *Lacuna per mancanza dello strato superficiale della pergamena.*   ⁱ *Lacuna.*   ʲ *Espresso con il compendio* Lucardie *con segno abbr. a forma di* s *tra* i *ed* e.   ᵏ *Espresso con il compendio* Stuppie *con segno abbr. a forma di* s *tra* i *ed* e.   ˡ *In A* gg *con segno abbr. sovrapposto.*

42

Cartula venditionis

1160 aprile 30, in podio et Marturi burgo

Volta e la moglie Viziata vendono a Ranieri, abate di San Michele di Marturi, rappresentato da Guido prete e Pietro prete e monaco nove s e - s t a r i a di terra posta al T o r n a i o per il prezzo di undici lire e sette soldi e mezzo di moneta lucchese.

Originale in ASFi, *Diplomatico*, Bonifacio, 30 aprile 1160 [A].

Pergamena mm 352 × 125 (105), sul lato sinistro, tra la quinta e nona riga, leggero danno dovuto ad una rosicatura; ugualmente sul lato destro tra la prima e la ventesima riga; i nomi degli autori e dell'abate all'inizio sono stati erasi.

Sul r e c t o «n° 22». Sul v e r s o in calce un regesto di mano del sec. XIII: «carta venditionis que fecerunt Volta et Vitiata in abb(ate) p(ro) [libras XI] et | solidos VII et me(dio)» a cui un'altra mano con inchiostro più scuro aggiunse: «posta al Tornaio»; in senso inverso rispetto alla scrittura del r e c t o , evanita, la segnatura «1160=30=aprile».

(SN) Anno ab incarnatione domini nostri Iesu Christi millesimo cen|tesimo sexagesimo, indictione sexta, pridie | kalendas madii. Manifesti sumus nos [Volta et Vitiata] ᵃ | [iugalis] ᵃ quia sub interrogatione Rainerii iud[i]|cis ᵇ vendimus et ᶜ tradimus nos [abbati Rainerio] ᵃ, id est in[te]|[g]ra ᵇ novem sestaria de terra ad iustam mensuram que modo | currit et est in loco a Tornaio; coheret ᵈ ei terra abbatie, ex alio | [est] ᵇ via, ex tertio laterę est terra Nerbotti et Volte. Ideo predicta | integra novem sestaria de terra cum fundamento eiusque, cum | edifitio, cum omnibus suis pertinentiis et accessionibus omnia in | omnibus in integrum, ut suprascripta legitur, tibi ea et in monasterio sancti Michaelis vendi|mus pro qua a vobis pretium recepimus argentum libras | undecim et solidos septem et dimidium lucensium monete | in prefinito. Unde nos qui supra Volte et Vitiate una cu[m] ᵇ | nostris heredibus tibi qui supra abbati et in tuis successoribus [et] ᵇ | in prefata ęcclesia aut eidem homini cui vos suprascripta nostra v[enditione] ᵇ | dederitis aut haberę decręveritis ᵉ aut si nos vobis ea | aliquo in tempore intentionaverimus aut retollere aut m[inua]|re [b] presumpserimus per ullum vis ingenii modum aut v[el] [b] | cui nos antea dedissemus vel [f] dederimus et si nos exinde aucto||[res] [g] et defensores aliquo in tempore dare volueritis et ab omni | homine non defensaverimus si oportunum fuerit, tunc compo|nerę debeamus in parte vestra nomine pene iam dictam terram in du|plum in consimili loco et vocabulo ut pro tempore valu|erit sub estimatione et pena soluta cartula permaneat in suo | iure sine calupnia. | Actum est hoc iusta abbatia in podio et Marturi burgo | in territurio florentino. |

Singnum ✠ ✠ manuum iam dictis Volte et Vitiate | qui hec cartula venditionis ut suprascripta legitur fieri rogaverunt in presbitero | Guido et Petro presbitero et monacho in vice prefati abbatis | et sancti Michaelis. |

Singnum ✠ ✠ ✠ manuum Cintius de Quercu, Arnulfi|nus Christofori, Nerbottus eius frater, rogati testes. |

(SN) Rainerius iudex scriptor huius cartule | post traditam complevit.

---

[a] *Rasura.* [b] *Lacuna per rosicatura.* [c] et *espresso con compendio di origine tachigrafica, così passim in A.* [d] -et *espresso con nota tachigrafica.* [e] c *ed* e *caudata in nesso.* [f] vel *espresso con il compendio di origine tachigrafica.* [g] *Lacuna per mancanza strato superficiale della pergamena.*

43

CARTULA VENDITIONIS

1160 luglio 24, Poggibonsi, nel refettorio del monastero

Mugnaio figlio di Gualfredo vende all'abate Ranieri, rappresentante della chiesa e del monastero di San Michele di Marturi, tre t e n i m e n t a detenuti dai figli di Minculo, da Nero, da Martino e dai figli di Brunitto, insieme con il cosiddetto t e n i m e n t u m R u s t i c i n i, posti a Stuppio, a S c a c c a r i e nella sua c u r t i s e alla Rocca e nella sua c u r t i s per il prezzo di sei lire meno quattro soldi.

Originale in ASFi, *Diplomatico*, Bonifacio, 24 luglio 1160 [A].

Pergamena 350 × 160 (135), in buono stato di conservazione, rigata.

Sul r e c t o «n° 22». Sul v e r s o in calce di mano del sec. XII-XIII: «carta venditionis que fecit Mugnaius in abbate Rainerio et in monasterio sancti Michaelis | pro libras sex sol. quattuor minus»; di mano del sec. XIV: «in co(n)trata de Stappia et Scachari et a la Rocha»; segue un breve regesto di mano del sec. XVII: «vendita di tre campi di terra fatta | da Mugnaio Gualfredi all'abate di S. | Michele de Marturi a Poggibonsi | per lire sei di moneta di Lucca e quattro soldi meno»; poi di mano contemporanea a quest'ultima: «1160»; in senso inverso rispetto alla scrittura del r e c t o la segnatura «1160=24=luglio».

(SN) Anno ab incarnatione domini nostri Iesu Christi millesimo cente|simo sexagesimo, ****** ᵃ nono kalendas agusti ᵇ. Constat | me Mugnaius filius Gualfredi quia per hanc cartulam vendo | et trado tibi abbati Rainerio in vice ecclesie et monasterio sancti ᵇ | Michaelis de Marturi, id est tria tenimenta et terra que sunt | in diversis locis et vocabulis et detinentur illa tenimenta a fi|lii ᵇ Minculi et detinetur a Niro et a Martino e a filiis Brunitti | et tenimentum Rusticini et illa tenimenta sunt a Stuppie ¹ et a Scaccari ² | et in curte eius et a La Rocca ³ et in curte eius et

---

¹ Localizzabile a sud di San Lucchese, nel luogo oggi detto Poggio Tondo, cfr. CAM-MAROSANO, PASSERI, *Repertorio*, p. 353.

² Probabilmente da riferirsi a Montecuccheri, cfr. *ivi*, p. 351.

³ Oggi probabilmente Rocchetta, sulla riva sinistra dell'Elsa, tra Poggibonsi e Colle, cfr. *ivi*, p. 351.

ubicumque inventa fu | erint illa tenimenta et terra. Ideo predicta terra cum funda | mentis et earum edifitiis et accessionibus, omnia in omnibus, cum toto | iure et servitio meo et hominum sopradictorum tenitorum in integrum culta | et inculta vendo et trado, pro qua a te pretium recepi ego libras | sex lucensium monete quattuor solidos minus in prefinito. Unde | repromitto ego, qui supra Mugnaius, aut per meos heredes tibi qui supra | Rainerio abbate ᵇ aut in prefata ecclesia et in tuis successoribus | aut eidem homini cui vos dare volueritis nostram venditionem | aut si nos vobis ea tollerę aut contendere aut molestare | voluerimus, per ullum vis ingenii modum, et ab omni homine non | defensaverimus si oportunum fuerit, tunc componerę debeamus | nos vobis nomine pene iam dictam terram et tenimenta in duplum | in consimilibus locis et vocabulis ut pro tempore fuerint melio | rata aut valuerint sub estimatione et pena soluta cartula permaneat | in suo iure sine calumpnia. | Insuper ego Mugnaius iuro quod a modo in antea observabo ᶜ iam | dictam venditionem et nusquam de certo removebo neque per me neque | per aliquam submittentem ᵈ personam, si deus me adiuvet et ista sancta evangelia | et ab omni homine defendam si oportunum fuerit. | Actum est hoc in balco et refrettorio monasterii et Podio Bonizi, in territurio | florentino. |

Singnum ✠ manus iam dicti Mugnaii qui hęc cartula venditionis | fieri rogavit in manibus presbiteri Petri et monacho et Asagiapanis et aliorum | monachorum in vice iam dicti abbatis et sancti Michaelis. |

Singnum ✠ ✠ ✠ ✠ manuum Ranucinus de Lucardo ᵉ, Martinus, Brunittus | castaldus de Famalgallo, Basso de Castilgio(r)e, rogati testes. |

(SN) Rainerius iudex et scriptor huius cartule post traditam | complevit.

ᵃ *In bianco per circa sei lettere.*   ᵇ *Così in A.*   ᶜ u *di forma acuta.*   ᵈ *Espresso con il compendio* submitte *e segno abbr. su* -e.   ᵉ *Su* Lucardo *segno abbr. superfluo.*

44

CARTULA VENDITIONIS

1162 gennaio 31, in podio et Marturi burgo

I fratelli Berardino, Arnolfino, Gibertulo e Compagno figli di Ranuccino vendono a Bernardo abate della chiesa e del monastero di San Michele di Marturi un pezzo di terra della superficie di dodici s e s t a r i a , posto nel luogo L a V a l l e , dato loro dalla madre Beatrice, per il prezzo di nove lire di argento di moneta lucchese.

Originale in ASFi, *Diplomatico*, Bonifacio, 31 gennaio 1161 [A].

Pergamena mm 355 × 112 (101), rigata. Presenta macchie lungo il margine destro e una lacerazione che interessa l'inizio del margine sinistro.
Sul r e c t o «n° 23». Sul v e r s o in calce un'annotazione di mano del sec. XII-XIII: «carta venditionis que fecit Berardinus et fratres in Bernardo | abbate pro libra novem lucensium mo(ne)t(e)»; segue di mano del sec. XIV: «a la Valle». Infine in senso inverso rispetto alla scrittura del r e c t o la segnatura: «1161=5=febbraio».
Stile dell'Incarnazione, computo fiorentino.

(SN) Anno ab incarnatione domini nostri Iesu Christi | millesimo centesimo sexagesimo | primo, indictione octava, pridie kalendas fe|bruarii. Constat nos Berardinus et Arnulfinus | et Gibertulo et Compagnius germani [a] [filii] [b] Rainucini, | quia per hanc cartulam vendimus et tradimus tibi | Bernardo abbati de ecclesia et monasterio sancti Michaelis | de Marturi, id est integra una petia de terra que est in | loco a la Valle ad iustam mensuram duode|cim sestaria; coheret [c] ei terra Rainucini, ex alio | est terra Volte et Apressati, ex tertio est terra Stagna|vini, ex quarto est terra abbatie; ideo predicta in|tegra petia de terra cum fundamento et cum [suo] [d] | edifitio cum suis pertinentiis in integrum [omnia in] [b] | omnibus vendimus et tradimus tibi pro qua a te | pretium recepimus argentum libras novem lucensium | monete in prefinito. Unde repromittimus nos qui | suprascripti Berardinus et ceteri fratres et per nostros heredes ti|bi qui supra abbati et in tuis successoribus et in pre|fata ecclesia si unquam [e] in tempore agere, causare, | minuare aut tollerę voluerimus aut illi | homini cui vos dederitis nostram venditionem aut | si nos non defensaverimus et ab omni homine si o|portunum fuerit vobis, tunc componerę debeamus | nomine pene iam dictam terram in duplum in [consimi] ᵇ|libus locis et vocabulo ut pro tempore fuerit meli|orata aut valuerit sub estimatione et pena | soluta cartula permaneat in suo iure et iam dicti d(omi)ni | dati fuerunt Beatrici genitrici nostre. | Actum est hoc in podio et Marturi burgo, in territurio florentino. |

Singnum ✠ manus iam dictis Berardini et | ceterorum fratrum qui hanc cartulam venditionis fieri rogaverunt in abbate | Bernardo in vice monasterii. |

Singnum ✠ ✠ ✠ ✠ ✠ ✠ manuum Volte, Maccus, Rola[ndus] ᵇ, | Ingilmannus, Bulione, Martinus, Ugolinus | Virdiane, rogati testes. |

(SN) Rainerius iudex scriptor huius | cartule post traditam complevit.

ᵃ *In A* gg *con segno abbr.*   ᵇ *Lacuna per macchia.*   ᶜ *In A* coh *con segno abbr. che taglia l'asta della* h *per* -er- *e di seguito* -et *espresso con nota tachigrafica.*   ᵈ *Lacuna per lacerazione.*   ᵉ -quam *espresso con una* q *con l'asta tagliata e una* a *soprascritta.*

45

CARTULA VENDITIONIS

1162 aprile 16, in podio et Marturi burgo

Volta Guinizelli, insieme ai fratelli Appressato, Ildiprandino e Gullo e insieme a Zabulina, vende a Bernardo, abate del monastero di San Michele di Marturi, un pezzo di terra situato a Megognano, per il prezzo di cinque soldi di moneta lucchese a s e s t a r i o.

Originale in ASFI, *Diplomatico*, Bonifacio, 16 aprile 1162 [A].

Pergamena mm 315 × 145, in buono stato di conservazione.
Sul r e c t o «n° 24». Sul v e r s o un'annotazione di mano del sec. XII-XIII: «carta venditionis que fecit Volta et Apressato et fratres et Zabulina | in abbate Bernardo de terra que est a Meoniano»; di mano del sec. XIV: «Meugnano».

(SN) Anno ab incarnatione domini nostri Iesu Christi millesimo centesimo | sexagesimo secundo, indictione decima, sexta de|cima kalendas madii. Constat nos Volta filius Guinizelli | et Apressato et fratres mei Ildiprandinus et Gullo germani [a] et Zabulina, | quia per hanc cartulam vendimus et tradimus nos tibi abbate | Bernardo de monasterio sancti Michaelis de Marturi, id est integra | una petia de terra que est in loco a Meoniano; coheret [b] ei terra | abbatie et alio est via et tertio latere est terra ********** | ********** [c] et si ibique sint alie coherentie. Ideo predicta | integra petia de terra cum fundamento, cum suo edificio, | cum omnibus suis pertinentiis et accessionibus omnia in omnibus | in integrum ut suprascripta legitur vendimus et tradimus tibi. Pro qua a te precium | recepimus argentum solidos quinque lucensium monete pro uno | quoque sestario ad iustam mensura [d] in prefinito pretio. | Unde repromittimus nos qui supra Volta et Apressato et fratres mei | et Zabulina una cum nostris heredibus tibi qui supra abbati Bernar|do et in tuis successoribus aut eidem homini cui dare vo|lueritis nostram venditionem aut si nos vobis ea [d] tollere | aut contendere aut molestare voluerimus per ullum vis in|genii modum et ab omni homine non defensaverimus si opor|tunum fuerit, vobis tunc componerę debeamus in parte vestra | nomine pene iam dictam terram in duplum in consimili loco | et vocabulo ut pro tempore fuerit meliorata aut valuerit | sub estimatione et pena soluta cartula permaneat in suo iure. | Actum est hoc in podio et Marturi burgo, in territurio florentino. |

Singnum ✠ ✠ ✠ ✠ ✠ manuum iam dictis Volte et Appressati et fr(atre)s | et Zabulina, qui hec cartula ᵈ venditionis, ut suprascripta legitur, fieri rog|verunt in Bernardo abbate, in vice predicte ecclesie. |

Singnum ✠ ✠ ✠ manuum Lodoicus filius Fari, Berardinus faber, | Capacinus de Luco, ************* ᵉ, rogati testes. |

(SN) Rainerius iudex scriptor huius cartule | post traditam complevit.

ᵃ *In A* gg *con segno abbr. sovrapposto.*   ᵇ *In A* coh *con segno abbr. che taglia l'asta della* h *per* -er *e di seguito* -et *espresso con nota tachigrafica.*   ᶜ *In bianco per l'estensione di circa ventuno lettere.*   ᵈ *Così in A.*   ᵉ *In bianco per l'estensione di circa tredici lettere.*

46

CARTULA VENDITIONIS

1165 aprile 19, in podio et Marturi burgo

Guido e Aldigarda assieme ai figli Paganello e Griffolo e alla moglie di quest'ultimo, vendono a Bernardo, abate del monastero di San Michele di Marturi, un pezzo di terra posto a Iunchito, definito nei suoi confini, insieme all'actio e alla pensione di otto denari, per il prezzo di dieci soldi di argento di moneta lucchese. Inoltre a titolo di pegno cedono all'abate un altro pezzo di terra posto sempre a Iunchito, nel caso che nascesse una nuova controversia su questa terra.

Originale in ASFi, *Diplomatico*, Bonifacio, 19 aprile 1165 [A].

Pergamena mm 255 × 130 (123), rigata, in buono stato di conservazione.
Sul recto «n° 26». Sul verso di mano del sec. XII-XIII: «carta venditionis que fecerunt Guido et filii in abbate Bernardo»; di mano del sec. XV: «in Ciunchieto»; in calce la segnatura: «1165=19=aprile».

(SN) Anno ab incarnatione domini nostri Iesu Christi millesimo centesimo | sexagesimo quinto, indictione tertiadecima, tertia de|cima kalendas madii. Manifesti sumus nos Guido et Aldigarda et Paga|nellus et Griffulo cum uxore, quia per hanc cartulam vendimus et tradi|mus nos tibi Bernardo abbati sancti Michaelis de Marturi vice eiusdem | ecclesię, id est integra una petia de terra que est in Iunchito; coheret | ei terra Martini Toci et terra Ugolini et terra plebis et si ibique | sint alie coherentie. Ideo predicta cum fundamento suoque | cum edifitio cum suis pertinentiis in integrum et cum tota pensione | que inde dant denarios octo et cum tota actione nostra vendimus | et tradimus nos tibi pro qua a te pretium recepimus argentum | solidos decem lucensium monete in prefinito. Unde repromittimus | nos qui supra Guido et Aldigarda cum filiis meis tibi qui supra Bernar|do abbati et in tuis successoribus et in prefata ęcclesia si unquam | in tempore ausi fuerimus tollerę, contendere aut molestarę | iam dictam venditionem per ullum vis ingenii modum | et ab omni homine non defensaverimus, si oportunum fuerit, tunc | componerę debeamus nos in parte vestra nomine pene iam dic|tam terram in duplum in consimili loco et vocabulo ut pro | tempore fuerit meliorata aut valuerit sub estimatione et pena | soluta cartula permaneat in suo iure. | Actum est hoc in podio et Marturi burgo.

Singnum ✠ manus iam|dictis Guidi cum filiis qui hanc cartulam venditionis fieri rogaverunt in manu | presbiteri Guidi et Asagiapane in vice abbatis et in sancti Michaelis. |
Singnum ✠ ✠ ✠ ✠ ✠ manuum Guardavilla, Damianus, Bovus, | Perutius, Ugolinus, rogati testes. |

(SN) Rainerius iudex scriptor huius cartule post traditam | complevit.

Insuper iure pign(er)oris ᵃ damus tibi una | petia de terra que est in Iunchito; coheret ei terra Ugolini | et terra Alberti et Martini, si aliqua controversia innata fuerit | vobis ex iam dicta terra.

ᵃ *Probabilmente abbr. superflua.*

47

CARTULA REFUTATIONIS

1166 febbraio 27, in podio et Marturi burgo

Stuppione e la moglie vendono e refutano a Bernardo abate della chiesa e del monastero di San Michele di Marturi una terra situata oltre il fiume Elsa in quattro luoghi, tenuta Pietro da Cornano, con la sua corrispettiva pensione di otto denari, per il prezzo di dieci soldi di argento di moneta lucchese.

Originale in ASFi, *Diplomatico*, Bonifacio, 27 febbraio 1165 [A].

Pergamena mm 265 × 115, in buono stato di conservazione.
Sul r e c t o «n° 25». Sul v e r s o in calce di mano del XII-XIII secolo: «carta refutationis que fecit Stuppione in abbate Bernar|do in vice sancti Michaelis».
Stile dell'Incarnazione, computo fiorentino.

(SN) Anno ab incarnatione domini nostri Iesus Christi millesimo | centesimo sexagesimo quinto, tertia kalendas | martii. Manifestus sum ego Stuppione cum uxore | mea, quia per hanc cartulam vendimus et refutamus tibi abbati | Bernardo de ecclesia et monasterio sancti Michaelis de Marturi, id est | integram terram et pensionem que detinet Petrus de Corna|no et est ultra Elsa in quatuor locis *********** | *********** ********** ᵃ et si ibique sint alie coherentie. | Ideo predicta et pensionem terra ᵇ cum suis edifitiis et pen|sionem denarios octo monete lucensium vendimus et refuta|mus cum tota actione mea omnia in omnibus vendimus | et refutamus tibi et in prefato monasterio pro qua a te pretium | recepimus argentum solidos decem lucensium monete | in prefinito. Unde repromittimus nos tibi qui supra abbate | Bernardo et in tuis successoribus et in prefato monasterio | si unquam in tempore ausi fuerimus tollere, contendere | aut molestare iam dictam terram et pensionem per ullum | vis ingenii modum et ab omni homine non defensa|verimus, si oportunum fuerit, tunc componere debeamus | nos in parte vestra nomine pene iam dictam terram et pensionem | solidos quadraginta de argento et pena soluta cartula permaneat | in suo iure sine calumpnia. | Actum est hoc in podio et Marturi burgo. |

Singnum ✠ manus iam dicti Stuppionis qui hec | cartula refutationis fieri rogavit in abbate Bernardo. |

Singnum ✠ ✠ ✠ ✠ ✠ manuum Damianus, Turchio Macchi, | Rainerius Guitutii, Martinus, Martinus, rogati | testes. |

(SN) Rainerius iudex scriptor huius cartule | post traditam complevit.

---

[a] *In bianco per l'estensione di circa trentatre lettere.*   [b] *Così in A.*

48

LIBELLUS

1166 settembre 6, Marturi

Bernardo, abate della chiesa del monastero di San Michele di Marturi, con il consenso dei monaci, allivella a Sismondo figlio di Bernardo e a Grimaldo figlio di Rizio due pezzi di terra che sono L e C o s t e , a S u - g i o per un canone annuo di dodici denari di moneta lucchese da pagare nel mese di dicembre. Nel caso in cui i due livellari morissero senza eredi i due pezzi di terra tornerebbero al monastero.

Originale in ASFi, *Diplomatico*, Bonifacio, 6 settembre 1166 [A].

Pergamena mm 270 × 110 (105), con macchie ed evaniture che talvolta impediscono la lettura.
Sul r e c t o «nº 27». Sul v e r s o una mano del XII-XIII secolo annotò: «car(tula) [uenditionis] que fec(it) Bernardus abbas in Sismundo et | Grimaldo in presentia presbiteri Petri et Asagia|pane et aliorum fratrum et pro servitio tuo quod | michi fecisti ex causa Balciani damus»; di mano del XIV sec.: «a le Coste al Sugio».
Cfr. *Carte di Badia*, II, n. 187, pp. 72-73.

(SN) Anno ab incarnatione domini nostri Iesu Christi millesimo cen|tesimo sexagesimo sexto, indictione quarta|decima, octavo idus setembris. Constat me Bernar|dus abbas, quia cum consensu meorum fratrum libellario| iure tradimus vobis Sismundo filius Bernardi et Gri|maldo filius Ritii, id est integre due petie de terris | que sunt a Le Coste a Sugio; coheret eis terra filii Bo|nifatii et terra Ildiprand(in)i et fossato et via et terra filii | Ortii et Pelati et si ibique sint alie coherentie. Ideo | predicte integre due petie de terris cum funda|mentis et earum edifitiis cum suis pertinentiis | in integrum eas vobis iam dictis et in vestris filiis heredibus | iure libellario nomine damus ad habendum, tenendum, | laborandum et usufruendum et per omnes singulos | annos in mense decembris persolverę debeatis in | domo et ęcclesia sancti Michaelis pensionem denarios duo|decim boni lucensium monete et non amplius. | Et si vos iam dictis premortui fueritis sine heredi|bus filiorum ad nos et in ęcclesia [monasterii] dicta terra | sine aliqua calumnia [............] ᵃ [et sin]e fraude; | unde inter [nos ...]ponimus ᵇ, qu[od si non] observa|ve[rimus ...] ᶜ aut ab omni homine non defen|saverimus, [si o]portunum fuerit, tunc simus nos compo(s)iti | unus [...] ᵈ in fide permanserit [.] ᵉ | pene [.......] ᶠ solidos quadraginta de argento | et pena soluta cartula permaneat in suo iure. | Actum est hoc in podio et Marturi burgo.

Singnum ✠ manus iam dicti abbatis qui hoc libellum fieri | rogavit in Sismundo et Grimaldo.

Singnum ✠ ✠ ✠ ✠ ✠ | manuum Fine, Turingellus, Rainerius, Rodulfinus | de Podio, Ugolinus Peroli, rogati testes. |

(SN) Rainerius iudex scriptor huius | cartule post traditam complevit.

ᵃ *Lacuna di circa dodici lettere.* ᵇ *Lacuna di circa tre lettere.* ᶜ *Lacuna di circa nove lettere.* ᵈ *Lacuna di circa venti lettere.* ᵉ *Lacuna di circa una lettera.* ᶠ *Lacuna di circa sette lettere.*

49

CARTULA IURE PIGNORIS

1166 settembre 28, in Podio et Marturi burgo

I fratelli Paganello e Rustico figli di Soarzo a garanzia di un prestito di venti soldi di moneta lucchese danno in pegno a Bernardo abate della chiesa e del monastero di San Michele di Marturi un tenimentum posto nella villa detta Vergnano, che fu un tempo tenuto da Peruzzo genero di Donato, a condizione che una volta pagato il debito con i relativi interessi la terra torni ai figli di Soarzo.

Questa pergamena fu me da vista e trascritta in occasione della preparazione della mia tesi di laurea, nella seconda metà degli anni '80, prima del trasferimento dell'ASFI dagli Uffizi alla nuova sede di piazza Beccaria; si trovava sotto la segnatura ASFI, *Diplomatico*, Bonifacio, 28 settembre 1168. Attualmente non è più nel fondo Bonifacio sotto questa collocazione. Se ne dà la trascrizione effettuata allora, che però, pensata per essere utilizzata in forma di regesto, non corrisponde ai criteri adottati per la seguente pubblicazione.

(SN) Anno ab incarnatione domini nostri Iesu Christi millesimo centesimo sexagesimo sexto, indictione quinta decima, quarto kalendas octubris. Manifesti sumus nos Paganellus et Rusticus germani filii Suarzi, quia per hanc cartulam iure pignoris dare videmur tibi Bernardo abbate sancti Michaelis de Marturi vice eiusdem ecclesie, id est integrum unum tenimentum et terra que est in loco in villa que vocatur Vergnano, et illa terra fuit tenimentum Peruzi, qui fuit gener Donati, ubicumque est per solidos viginti lucensium monete iure pignoris tradimus. In tali vero conditione: in quacumque tempore nos iam dicti Paganellus aut mei heredes reddiderimus tibi et in tuis successoribus iam dictos denarios solidos viginti et lucrum, iam dicte terre habeatis ad laborandum et fruendum quod volueritis et vos et vestris successores sine calumpnia habeatis et soluto debito cartula pignoris ad nos revertatur cum tota terra, unde inter nos pena ponimus qui ita non observavent unus alteri aut ab omni homine non defensaverimus, si oportunum fuerit, tunc simus nos componituri unde alteri ad illos qui in fide permanserit pena numero solidos sexaginta de argento et pena soluta cartula permaneat in suo iure sine calumpnia. Actum est hoc in podio et Marturi burgo.

Signa ✠ ✠ manuum iam dicti Paganelli et Rustici qui hec cartula pignoris fieri rogaverunt in abbate Bernardo.

Signa ✠ ✠ ✠ ✠ manuum Gottifredus Arnulfi, Arnulfinus, Volta, Martinutius castaldus, rogati testes.

(SN) Rainerius iudex scriptor huius cartule post traditam complevit.

50

CARTULA VENDITIONIS

1168 gennaio 25, in P o d i o et M a r t u r i b u r g o

Scarlatto figlio di Bruculo e sua moglie Marsilia, insieme a Gualtiero vendono a Bernardo, abate della chiesa e del monastero di San Michele di Marturi, per il prezzo di trentasette soldi di moneta lucchese, un pezzo di terra posto a Megognano.

Originale in ASFI, *Diplomatico*, Bonifacio, 25 gennaio 1167 [A].

Pergamena mm 250 × 142 (135), in buono stato di conservazione eccettuato un foro situato al centro della pergamena.
Sul r e c t o «n° 29». Sul v e r s o di mano del XIV secolo: «Meungnano»; in calce la segnatura «1167=25=gennaio».
Stile dell'Incarnazione, computo fiorentino.

(SN) Anno ab incarnatione domini nostri Iesu Christi millesimo centesimo | sexagesimo septimo, indictione prima, octava kalendas | februarii. Manifesti sumus nos Scarlattus filius Bruculi et Mar|silia iugalis et Guarterius, quia per hanc cartulam vendimus et tradimus | nos tibi Bernardo abbati de ecclesia et monasterio sancti Michaelis de | Martura, vice eiusdem ecclesię, id est integra una petia de terra que | est in loco a Meoniano et habet coherentias tales: coheret ei terra | abbatie, ex alio est terra Benzolini, ex tertio latere est terra ***** [a]. | Ideo predicta terra cum fundamento, cum suo edifitio, cum suis per|tinentiis in integrum, omnia in omnibus, cum toto iure nostro et nostra actione | nostra vendimus et refutamus; pro qua venditione recepimus a te pretium | solidos triginta et septem lucensium monete in prefinito. Unde re|promittimus nos, qui supra, Scarlattus et Marsilia iugalis et Gualterius, una | cum nostris heredibus, tibi qui supra abbati et in tuis successoribus et in prefato | monasterio aut eidem homini cui [dare volueri]tis [b] nostram venditionem, unde si umquam | in tempore ausi fuerimus tollerę, contenderę aut molestare iam dictam | venditionem, per ullum vis ingenii modum, et ab omni homine non | defensaverimus, si oportunum fuerit, tunc componerę debeamus nos | vobis et in prefata ecclesia, nomine pene, et in suis rectoribus iam | dictam terram in duplum, in consimili loco et vocabulo, ut pro | tempore fuerit meliorata aut valuerit, sub estimatione; et pena | soluta cartula permaneat in suo iure. | Actum est hoc in podio et Marturi burgo.

Singnum ✠ ✠ ✠ manuum iam|dictis Scarlattus et Marsilia iugalis et Gualterius qui hęc cartula | venditionis fieri rogaverunt in iam dicto Bernardo abbate, vice | monasterii.

Singnum ✠ ✠ ✠ manuum Lodoicus filius Fari, Benzolinus | filius Episcopi, Damianus, rogati testes. |

(SN) Rainerius iudex scriptor huius cartule post traditam | complevit.

ᵃ *In bianco per circa cinque lettere.*   ᵇ *Lacuna per foro.*

51

CARTULA VENDITIONIS ET REFUTATIONIS

1168 ottobre 18, in villa Sancti Cassciani

Gerardo figlio di Rodolfino di Tignano e sua moglie Iolittina vendono a Bernardo, abate di San Michele di Marturi, tutta la terra e il servizio che possiedono sulla terra che fu dell'abbazia di Candigio e tutta la terra che fu dei figli di Benzo di castello Marturi situata nelle villae di Novule, Cassiano e Appiano, per il prezzo di tre lire e dieci soldi. Inoltre concedono all'abate a garanzia del rispetto dei termini della compravendita il tenimentum Gerardi, situato nella villa Appiano e detenuto da Gerardo Bottatius.

Originale in ASFi, *Diplomatico*, Bonifacio, 18 ottobre 1168 [A].

Pergamena mm 325 (321) × 141, in buono stato di conservazione.
Sul recto «n° 31». Sul verso di mano del sec. XIV: «de Tingnano»; la segnatura archivistica «1168=18=ottobre» è stata in parte tagliata.

(SN) Anno ab incarnatione domini nostri Iesu Christi millesimo centesimo | sexagesimo octavo indictione secunda, in mense octobris, | in festivitate sancti Luce evangeliste. Manifesti sumus nos Gerardus | filius Rodulfini de Tignano atque Iolittina iugalis, quia per | hanc cartulam vindimus et refutamus vobis abbate Bernardo sancti Micha|elis de Marturi, id est integram totam terram et servitium quod nobis pertinet | quocumque modo in terra et servitio quod nos habemus in terra que fuit abbatie | de Candigio aut habuimus aliquo modo in ipsa terra candigise, per | ullum vis ingenii modum, in terra et in hominibus; et vendimus et refutamus vobis | integram totam terram que fuit filii Benzii de castello de Marturi cum | toto iure nostro et actione que nobis pertinet in iam dicta terra, omnia | in omnibus, in integrum cum terra et servitio et homines [b] in integrum et est ipsa terra | et res in villa a Novule[1] et a Cassiano[2] et Appiano[3] et ubicumque est | inventa illa terra cum suo edifitio, omnia in omnibus, cum toto iure | meo refutamus tibi iam dicto abbate et in prefata ecclesia et in tuis | successoribus. Pro qua venditione et refutatione recepimus a te pretium meritum [a] | libras tres et solidos decem bonorum denariorum lucensium monete in prefinito. | Unde nos qui supra Gerardus et Iolittina iugalis una cum nostris heredibus | tibi qui supra abbate Bernardo et in tuis successoribus et in prefato monasterio | et in tuis successoribus aut eidem homini cui vos dederitis nostram venditionem et | refutationem per ullum vis ingenii modum et ab omni homine non de | fensaverimus, si oportunum fuerit, tunc componerę debeamus nos in parte | vestra, nomine pene, iam dictam terram in duplum in consimilibus | locis et vocabulis ut pro tempore fuerit meliorata aut valuerint | sub estimatione et, pena soluta, cartula refutationis permaneat in suo | iure sine calumpnia. | Actum est hoc in villa Sancti Cassciani in claustro eiusdem ecclesie. |

Singnum ✠ ✠ manuum iam dictis Gerardi et Iolittine iugalum [b] | qui hec cartula venditionis et refutationis fieri rogaverunt sub interrogatione Rainerii | iudicis in manu presbiteri Petri et monaci et Asagiapanis in vice abbatis | et monasterii.

Singnum ✠ ✠ ✠ ✠ ✠ ✠ manuum Ubaldini et Gerardi et Segnorelli, | Ildiprandinus, Guido, Ildiprandinus, Bonoacurso, rogati testes. |

(SN) Rainerius iudex scriptor huius cartule post traditam | complevit. |

Insuper ego Ierardus trado vobis abbate iure pignoris tenimentum | Gerardi, si ita non observabo prefata venditionem et refutationem et istut tenimentum est | in villa Apiano quod iste Gerardus Bottatius detinet.

---

[a] *In A* meritu *con segno abbr. a forma di* s.   [b] *Così in A.*

---

[1] Nel territorio di Barberino Val d'Elsa, nei pressi di Monsanto esiste una località di nome Novoli.
[2] Su Santa Lucia a Cassiano, cfr. REPETTI, I, p. 523.
[3] Su Sant'Appiano, cfr. *ivi*, p. 102.

52

CARTULA REFUTATIONIS

1169 febbraio 13, in Podio et Marturi burgo

Guiduzio figlio di Fantino di Cignano cede al prete Gerardo, rettore della chiesa di San Pietro di Cignano, una vigna ed una casa poste accanto alla suddetta chiesa e dichiara definite per sempre le controversie che lo opponevano al detto sacerdote.

Originale in ASFı, *Diplomatico*, Bonifacio, 13 marzo 1168 [A].

Pergamena mm 260 × 125, in buono stato di conservazione.
Sul r e c t o «n° 30». Sul v e r s o di mano del XII-XIII secolo: «carta refutationis que fecit Guidutius de Gena | in presbitero Gerardo in vice ecclesie sancti Petri de Cigna-no»; di mano del XIV sec.: «sancti Petri de Cingnano»;
Stile dell'Incarnazione, computo fiorentino.

(SN) Anno ab incarnatione domini nostri Iesu Christi millesimo cen | tesimo sexagesimo octavo, indictione | secunda, tertio idus martii. Manifestus sum | ego Guidutius filius Fantini de Cingnano ᵃ [...] ᵇ | gene, quia per hanc cartulam et per hoc scriptum | refuto tibi Gerardo presbitero de ecclesia sancti Petri de Cin | gnano, vice eiusdem ecclesię, id est integra una vinea, | que est iusta eiusdem ecclesie et una integra casa, que | est iusta ecclesia et terra et homines de Cagnano; et re | futo et ex omni litigio, quod in simul olim habuimus, | quocumque modo, sive iuste, sive iniuste, nunc et semper | tibi presbitero Gerardo et in prefata ecclesia sancti Petri et in | tuis successoribus omni modo finem et diffinitionem | et refutationem fatio, sine aliqua querela, ex omnibus | supradictis rebus. Unde ego Guidutius repromitto tibi | supradicto presbitero Gerardo et in tuis successoribus et in | prefata ęcclesia per me et per meos heredes, si unquam in tempore ausi fuerimus tollere, contenderę aut molestare iam | dictam refutationem et diffinitionem, per ullum vis inge(n)i | modum, aliquo modo retractare voluerimus, tunc ab illo | die in antea vobis componerę debeamus et in prefata ęcclesia, | nomine pene, solidos sexaginta de argento et pena soluta, | cartula permaneat in suo iure, sine calumpnia, in manu pote|statis. | Actum est hoc in podio et Marturi burgo intus in | claustro sancti Michaelis in presentia presbiteri Rolandi et | Petri presbiteri et Asagiapanis et Rustici et Iohannis filius | Miliatii de Cornua, Iohannis cellerarius, rogati testes.

Singnum ✠ manus eiusdem Guidutii qui ita fieri rogavit, | ut supra dictum est, in manu presbiteri Gerardi in vice ecclesię. |

(SN) Rainerius iudex scriptor huius cartule post | traditam complevit.

ᵃ Cingnano *su rasura.*   ᵇ *Rasura.*

53

CARTULA IURE TESTAMENTI

1170 giugno 11, in Podio et Marturi burgo

Enriguzio Gatto, anche a nome del fratello Giovanni e insieme alla moglie Cesaria, dona al monastero di San Michele tutte le terre che possiede sulla riva sinistra del torrente Foci.

Originale in ASFI, *Diplomatico*, Bonifacio, 11 giugno 1170 [A].

Pergamena mm 240 × 135 (115), in buono stato di conservazione.
Sul r e c t o «n° 32». Sul v e r s o di mano del XII-XIII secolo: «carta offersionis et testamenti iure que fecerunt Enrigutius | et Cesaria iugalis in manu presbiteri Petri in vice s. Michaelis»; di mano del sec. XIV: «iusta Fusci fluvio».

(SN) Anno ab incarnatione domini nostri Iesu Christi millesimo cente|simo septuagesimo, indictione quarta, tertio | idus iunii. Manifesti sumus nos Enrigutius Gatto | et Cesaria iugalis et pro frate meo Iohanni, quia per istam cartulam | iure testamenti et pro anime nostre mercedem ᵃ dare et tradere prevideor | tibi presbitero Petro, in vice Bernardi abbatis et in vice monasterii | sancti Michaelis, loco proprietatis, id est integram totam terram et pro|prietatem, quam habemus nostram ex ista parte Fusci fluvio, omnia | in omnibus, ubicumque est; et illa terra fuit Geobertini et suo rogatu | et mandato confirmamus et est in diversis partibus et locis, | iusta bossco Sassi et iusta terram Rainaldi et Acursi et Bonfilii. | Ideo predicta terra cum fundamento et cum suo edifitio cum suis | pertinentiis, in integrum, cum toto iure nostro et actione, omnia in omnibus | damus et tradimus iure offertionis et loco proprietatis tradimus | in prefata ecclesia et in suis rectoribus pro anime nostre mercedem ᵃ. Unde | repromittimus nos qui supra Enrigutius et Cesaria una cum nostris heredibus | in prefata ecclesia et in suis successoribus et rectoribus iam dicti monasterii, | si unquam in tempore ausi fuerimus tollere, contendere aut mole|stare iam dictam terram et testamentum per ullum vis ingenii | modum et ab omni homine non defensaverimus, si oportunum fuerit, | tunc componere debeamus nos in parte vestra, nomine pene, | iam dictam terram in duplum in consimili loco et vocabulo | ut pro tempore fuerit meliorata aut valuerit, sub estimatione. | Et pena soluta cartula permaneat in suo iure. | Actum est hoc in podio et Marturi burgo.

Singnum ✠ ✠ manuum | iam dictis Enrigutii et Cesarie iugalis qui hanc cartulam iure | testamenti fieri rogaverunt in presbitero Petro et monaco in vice | sancti Michaelis .
Singnum ✠ ✠ ✠ ✠ ✠ manuum Vivianus Braditi, | [Ac]curso [b], Bonfiliolus, Galvitus, Petrus, rogati testes. |

(SN) Rainerius iudex scriptor huius cartule post traditam complevit.

---

[a] *In A segno abbr. superfluo.*   [b] *Lacuna per corrosione della pergamena.*

54
ALEXANDRI III PAPAE LITTERAE

(1159-1171), s.l.

Papa Alessandro III proibisce ai canonici della pievi di Martura di fe-steggiare solennemente le feste di santa Lucia e di san Michele, poiché è antico uso che si celebrino al monastero di San Michele di Marturi e ordina loro di desistere dal vietare, sotto pena di scomunica, al popolo di recarsi a quelle feste e di scegliere come sede della propria sepoltura il monastero.

Copia in ASFI; *Diplomatico*, Bonifacio, 1175 [B].
Edizione: PFLUGK-HARTTUNG, *Acta* III, p. 281, n. 305 ad a. 1159-81.
Regesti: PFLUGK-HARTTUNG; *Iter*, p. 290, n. 722; JAFFÉ-L., n. 14011 ad a. 1159-81.
Cfr.: KEHR, III, pp. 59-65 sotto *Monasterium S. Michaelis*, n. 10.

Pergamena 355 × 242, danneggiata lungo il margine sinistro da rosicature e da nume-rose macchie che hanno evanito la scrittura.
Sul r e c t o «riprobatio n° 260». Sul v e r s o la stessa mano che scrisse la nota sul r e c t o aggiunse la data: «1255»; segue un'annotazione di mano del XIII secolo: «exemplar litterarum domini Alexandri pape», in calce la segnatura «1255=24=aprile».

[Ale]xander episcopus servus servorum dei, dilectis filiis et canonicis de Martura salutem et apostolicam benedictionem. Quanto vos | [umi]liori ᵃ caritate diligimus tanto magis debemus et turbamur si quando aliqua facitis que honestati obvient vel | [rationi] ᵃ. Non enim debet quis aliena invadere vel proximum sine iusta causa scandalizare, qui sua sibi querit integra obser|vari; ex parte siquidem dilectorum filiorum nostrorum abbatis et fratrum de Martura, nostris est auribus intimatum, quod festivitatem sancte Lucie, | sancti Michahelis et alias festivitates, quas antiquitus habuerunt, de novo sollempniter facere incepistis et populo vestro, ne in prescriptis | festivitatibus ad monasterium eorum solito modo conveniant aut ibi eligant sepolturam, sub excommunicatione [et] h[a]bere non dubitatis. Antiquum | etiam populum ipsius monasterii eis subtrahere et auferre non dubitatis. Sane quia idem monasterium iuris et proprietatis [beati Petri] ᵇ existit et ipsum in libertate et iustitia [sua] | [s]peciali cura protegere ac manutenere debemus, per apostolica vero scripta mandamus atque precipimus, quatenus ea, que predicta sunt, taliter corrigere et emendare | curetis, et predicto abbati et fratribus iura et libertates suas conservetis, quod materiam vero propterea diligendi et honorandi et non occasionem | habeamus indignationem adversum vos concipiendi.

<hr />

[a] *Scrittura evanita.*   [b] .bati. *tra due punti seguito da una* l *tagliata da un segno abbr.*

55
Alexandri III papae litterae

(1171-72) aprile 23, Tusculano

Papa Alessandro III ordina al pievano e ai canonici della pieve di Santa Maria di Marturi di non proibire al popolo di scegliere come sede della propria sepoltura il monastero di San Michele di Marturi.

Copia in ASFi, *Diplomatico*, Bonifacio, [B].
Edizione: Pflugk-Harttung, *Acta*, III, n. 309, p. 283, ex B ad a. 1171-81.
Regesti: Pflugk-Harttung, *Iter*, n. 732, p. 291; Jaffé-L., n. 14285 ad a. 1171-81.
Cfr: Kehr, III, n. 8, p. 59 sg.

Cfr. doc. 54.

Alexander episcopus servus servorum dei, dilectis filiis plebano et fratribus sancte ª Marie de Martura, salutem et apostolicam benedictionem. Audivimus et veementi sumus | commotione turbati, quod vos monasterio sancti Michaelis de Martura antiquas sepulturas, quas habere solebat, auferre minime dubitastis et, quod | gravius est et a sanctorum patrum institutionibus alienum, hominibus de burgo et aliis, illuc venientibus, sub interminationibus anathematis proibuistis | [ne] ᵇ ad prescriptum monasterium convenirent nec ibidem eligerent sepulturam. Licet autem super his nostras litteras nuper receperitis hec tamen iusta [...] ᶜ | mandatum nostrum corrigere noluistis, set potius exinde fratribus prescripti loci maiorem, sicut prius ᵈ, molestiam irrogastis ita quidem, quod contra prohibitionem | nostram festum beate Lucie, quod ipsi habent precipuum et sollemne, nuper plus solito presumpsistis sollemniter celebrare. Quoniam igitur hec incorrecta | dimittere nolumus nec debemus, discrectioni vestre per apostolica scripta precipiendo mandamus et in virtute obedientie iniungimus, quatinus | antiquas sepulturas prescripti monasterii liberas ipsi et absolutas, omni occasione, postposita dimittatis, nisi forte aliquis eorum, qui illic antiquas | sepulturas habere noscuntur, ap(u)t vos ex devotione elegerit sepulturam, et sicut publicum interdictum fecisse dicimini ne aliqui devotionis | intuitu ad monasterium prescriptum conveniant vel ibidem eligant sepulturam, ita publice interdictum ipsum penitus revocetis, supradictis hominibus | proponentes, qualiter liberum est eis, in prescripto monasterio, salva iustitia vestra in parte testamenti, sepulturam sine contradictione qualibet [e] eligere. | Festum autem beate Lucie et alias festivitates quas supradicti fratres speciales habent, sollemniter celebrare nullatenus attempteretis, cum id | potius ex invidia, quam ex devotione facere [videmini] [f]; scituri pro [c(...)uto], nos venerabili fratri nostro florentino episcopo in mandatis dedisse, quod si | preceptum nostrum in his ex[...] [f] destuleritis, vos ad hoc exequendi infra .XXX. dies post litterarum susceptionem nostrarum sublato appell[ationis] [g] reme|dio auctoritate nostra et sua omni cum districtione [compellatis] [f] et nos etiam alias si exinde ad nos intentata [h] querela pervenerit, ad presumptionem | [ve]stram corrigendam [manum] nostram [i] apponere compellemus. Datum Tusculani, .VIIII. kalendas madii [j].

a *Abbreviato con* s *ed* i *soprascritto.* b *Lacuna per evanitura.* c *Lacuna per rasura corrispondente a circa undici lettere.* d *In sopralinea aggiunto da altra mano con inchiostro più chiaro.* e -et *espresso con nota tachigrafica.* f *Lacuna per macchia.* g appell *con segno abbr. che taglia le due* l. h *Ad un* i *segue* n *e-spunto con due punti, uno soprascritto e uno sottoscritto, quindi* t *con* a *soprascritta e poi* aia. i *Restituzione incerta.* j madii *scritto con lettere distanziate.*

56

BREVE CONCESSIONIS TENIMENTI NOMINE

1173 gennaio 2, Poggibonsi

Bernardo, abate del monastero di San Michele di Marturi, con il consenso dei suoi monaci, concede ai consorti Martino delle Tozze, Pero, Aldobrandino, Rustichello, Segnorello e Ubaldino un pezzo di terra posta nel luogo detto P o n t e a P r a t i c a l e con l'obbligo di corrispondere annualmente dodici s e s t a r i a di frumento e di non alienare in alcun modo detta terra se non al monastero stesso.

Originale in ASFi, *Diplomatico*, Bonifacio, 2 gennaio 1172 [A].

Pergamena mm 380 × 191 (157). Il margine destro è rovinato all'altezza delle prime otto righe. Sul margine sinistro sono presenti due rosicature all'altezza della tredicesima, quattordicesima e diciannovesima riga.
Sul r e c t o «nᵒ 34». Sul v e r s o lungo il margine destro «1172»; segue di mano trecentesca «Praticale».

(SN) In Christi nomine. Breve concessionis tenimenti nomine, quod factum est in Pogio Boniczi, | in presentia Rustiki et Spinelli ambo nepoti ᵃ abbatis et Iovanomi et Pedoni et Ub[er]| telli Stefanini. In eorum predictorum presentia Bernardus, dei gratia venerabili ᵃ abbas | ecclesie et monasterio sancti Michaelis de Martori, per consensum monachorum fratrum suorum, dedit | et concessit tenimenti nomine Martino de le Tocze et Pero et Aldobrandino et Rustikello et Sengno|rello et Ubaldino consortibus eorumque heredibus, videlicet ᵇ integram unam petiam terre et rei, que est posit[a] | in loco qui dicitur al Ponte a Praticale, que petia sic decernitur: a duobus lateribus sunt ei finis terre |[ipsius] ᶜ monasterii, a tertio desuper via et in medio similiter via dadit ᵈ, a quarto detinet Veckius | Riccardi; predictam petiam terre una cum omnibus supra se et infra se habitus ᵃ in integrum; sic ipse abbas | de prenominata terra et re, ut dictum est, prefati consortes investivit et concessit ad laborandum et | tenendum, ut ipsi consortes eorumque heredes iam dicta ᵉ terram et rem habeant et teneant et laborent [f] et me|liorent et duodecim sexstaria frumenti, nomine ficti, annualiter [g], in tempore statis, ad sexstarium | venditale de Martori, suprascripti consortes vel eorum heredes vel per eorum missos ad iam dictum | abbatem vel ad suos successores vel ad eorum missos dare debeant et non amplius. Et si ita adim|pleverint, si predictus abbas vel eius successores per se ipsos vel per eorum submittentem personam | vel per eorum factum ad iam dictos consortes vel ad eorum heredes de prenominata terra et re, tam de mobili | quam et inmobili, minuere vel retollere aut amplius, quam superius legitur, eis superimponere presumpserint | et iam dictam terram et rem non defensaverint [h] ab omni parte tenimenti nomine, tunc componituri et | [d]aturi esse debeant prefatus abbas suique successores ad iam dictos consortes vel ad eorum heredes nomine | pene bonorum denariorum solidos .XXXX. Et si iam dicti consortes silicet Martinus et Perus et | Aldobrandinus et Rustikellus et Sengnorellus et Ubaldinus eorumque heredes iam dictam terram et rem | peiorare atque subtraere vel dimittere presumpserint, et predicte duodecim sextaria frumen|ti annualiter non dederint, sicut dictum est, si recipere voluerint, tunc componituri et daturi | esse debeant ad iam dictum abbatem vel ad suos successores similem penam solidos .XXXX., ea vide|licet lege et pacto quod nullo modo liceat eis predictis consortibus vel eorum heredibus ea terra vende|re vel pignorare vel alio [i] alienare nisi in iam dicto monasterio suisque rectoribus. | Factum est hoc anno dominice [k] incarnationis millesimo centesimo septuagesi|mo secundo, quarto nonus ianuarii, indictione sexta; feliciter. Unde duo brevi uno | tenore scripti sunt.

Signa ✠ ✠ ✠ ✠ ✠ manuum iam dictorum consortium, | qui omnia ut superius legitur, fieri rogaverunt. |

(SN) Ego Ildebrandus iudex idemque notarius [huic] | inposui scripto completionem.

---

[a] *Così in A.* [b] -et *espresso con nota tachigrafica.* [c] *Lacuna per evanitura.* [d] *Così in A, al posto di* va-dit. [e] *Manca il segno abbr.* [f] -ent *espresso con nota tachigrafica e lineetta soprascritta; così passim in A.* [g] *Tra la seconda* n *ed a una* o *depennata.* [h] *Tra* n *e* s *una* d *depennata.* [i] *Segue* m(odo) *depennato.* [k] *Nell'abbr. caratteristica di questo notaio* d(omi)niice.

57

INSTRUMENTUM DONATIONIS ET OFFERSIONIS INTER VIVOS

1173 gennaio 30, nel borgo di Casaglia

Ingilmanno figlio di Rustinello e sua moglie Richilda donano a Pietro prete, ricevente per il monastero di San Michele di Marturi, un pezzo di terra posto a Linari nel luogo detto Cerreto. Inoltre Ingilmanno, con licenza del priore di Casaglia, chiede di essere sepolto al momento della sua morte nel detto monastero.

Originale in ASFi, Diplomatico, Bonifacio, 30 gennaio 1172 [A].

Pergamena mm 450 × 195 (170), in buono stato di conservazione.
Sul r e c t o «n° 33». Sul v e r s o un'annotazione di mano del XIV sec.: «a Linare ubi d(icitur) Cerreto». Segue un breve regesto di mano contemporanea o leggermente più tarda: «[C] est una petia terre posita in Linari in loco qui dicitur Cerreto | que donata fuit monasterio s. Michaelis de Martura per Ingilmannum | et uxorem suam pro remedio animarum suarum et ab omnibus partibus est confinata | cum terris dicti monasterii et ab alio via et ab alio terra s. Stefani». In calce la segnatura «1172=30=gennaio».
Stile dell'Incarnazione, computo fiorentino.

(SN) In nomine domini dei eterni. Anno dominice ᵃ incarnationis millesimo centesimo ᵇ | septuagesimo secundo, tertia kalendas februarii, indictione sexta; feliciter. | Constat nos quidem Ingilmannum filium Rustinelli et Rickildam uxorem eius et ego Rickil|da maritali videlicet ᶜ consensu atque legitima Ildebrandini iudicis interrogatione cum con|gruenti responsione precedente, insimul nos prenominati iugales hoc donationis et offersionis instrumen|to in presentiarum perfecto dominii et proprietatis ac possessionis iure, pro dei timore et remedio animarum nostrarum | omniumque nostrorum parentum atque remissione peccatorum nostrorum ᵈ, inter vivos donasse et obtulise atque tradidisse tibi | Petro venerabilis presbitero, accipienti procuratorio nomine in onorem dei et ecclesie atque monasterio sancti | Michaelis de Martori atque in onorem Bernardo dei gratia venerabili abbati ipsius monasterii, acci|pienti in onorem dei eiusdemque sue ecclesie suisque successoribus per proprium, in perpetuum; videlicet integram | unam petiam terre et rei que est Allinare, in loco qui dicitur Cerrito; que petia sic decernitur: a primo la|tere via, a secundo est terra ipsius monasterii, a tertio est terra de subto ipsius monasterii, a quarto est terra sancti Stefani | de Nkiano, que detinent [e] filii Pasianeri [f]. Predictam petiam terre integram totam infra predictos terrifinos, una cum omnibus supra se et infra se habitis [g], | et omni iure et actione vel requisitione seu usu de ea nobis competentibus, omnia ut supradiximus, in integrum, | in presenti donamus, tradimus atque offerimus tibi prenominato presbitero Petro accipienti pro ipsa ecclesia et | monasterio et vice ipsius abbati suisque successoribus, in perpetuum, ad habendum, tenendum ac possi|dendum et quicquid deinceps placuerit ei nomine ipsius ecclesie faciendum, sine nostra nostrorumque heredum | contraditione. Ut nullam litem nullamque controversiam huius rei nomine, quolibet [h] modo, aliquo in tempore, qualibet [h] | ex causa, supradictus abbas vel eius successores aut cui eam dederint utilitate ipsius ecclesie, sustineant | a nobis vel a nostris heredibus, ab omni quoque homine et femina prefatam terram et rem legitime defendere et actoriza|re semper ei eiusque successoribus, nomine eiusdemque ecclesie promittimus. Et si vero nos supradicti iugales, vel | nostri heredes, de hac terra et re deinceps, aliquo modo, per nos vel nostram submittentem personam, aliqua occasione | agere aut litigare presumpserimus, aut si contra quemlibet agentem legitimam defensionem semper | non exhibuerimus, pene nomine, predicte terre et rei duplum eiudem bonitatis et estimationis dare, | omneque dampnum tibi Petro presbitero procuratorio nomine vice ipsius abbati suisque successoribus, resarcire | promittimus; et insuper hoc donationis et offersionis instrumentum, ut superius legitur, semper firmum et incor|ruptum tenere spondemus. Et si iam dicte ecclesie suisque [i] rectoribus oportu(m) fuerit, licentiam et | potestatem habeant, una cum ista cartula, causam exinde agendi, responsum r(et)dendi [j], finem [k] ponendi | et usque ad veram legem perducendi, quam melius potueritis, sicut [l] et nos facere debemus; et insuper predictus | Ingilmannus, per licentiam domini Gerardi, priori de Casallia, iudicavit se in fine sua in predicto | monasterio. Actum in burgo de Casallia; feliciter.

Signa ✠ ✠ manuum iam dictorum iugalium qui hoc instrumen|tum donationis et offersionis, ut superius legitur, fieri rogaverunt.

Signa ✠ ✠ ✠ ✠ ✠ manuum Petri filii | Germondeldi et Pecorarii filii Bernardi et Stramaccii filii Guiduccini et Ubaldini filii | *** [m] et Tingnosi filii Guiducci, rogatorum testium [n] |.

(SN) Ego Ildebrandus iudex idemque notarius huic inposui | strumento completionem [n].

[a] *Nell'abbr. tipica di questo notaio* d(omi)niice. [b] *-te- in sopralinea con segno di richiamo.* [c] *-et e-spresso con nota tachigrafica; così sempre in A.* [d] *In sopralinea con segno di richiamo.* [e] *-e(n)t espresso con nota tachigrafica con segno abbr. sovrapposto.* [f] de Nkiano que detinent filii Pasianeri *in soprali-nea.* [g] *Così in A.* [h] *-et espresso con nota tachigrafica.* [i] *Segue* su *depennato.* [j] *-et- espresso con nota tachigrafica.* [k] *Segue* d *depennato.* [l] *Tra* sic *e* ut *una nota tachigrafica depennata.* [m] *In bianco per l'estensione di circa sei lettere.* [n] *Scritto a lettere spaziate per completare il rigo.*

58

CARTULA VENDITIONIS

1173 marzo 9, Poggibonsi

Baroncino, Sobitella, Aldobrandino e Gioletta vendono a Martino un casolare detto Podio Bonizi per il prezzo di quarantadue soldi.

Originale in ASFᵢ, *Diplomatico*, Bonifacio, 9 marzo 1172 [A].

Pergamena mm 150 × 110 (90), in buono stato di conservazione.
Sul r e c t o «nº 70». Sul v e r s o coperto in parte dal timbro del Diplomatico un appunto di mano del XIV secolo: «de plateis podii»; in calce con inchiostro marrone è stato scritto «Parad(iso)» seguito dalla segnatura «1170=4=marzo».
Stile dell'Incarnazione, computo fiorentino.

(SN) In dei nomine. .M.C.LXXII., die .VIIII. i(n) martii. Pla|cuit nos Baroncinus et Sobitella et Aldobrandinus et Gioletta per ac cartula vendere et tradere adque ᵃ con|cedere tibi Martino videlicet ᵇ unum casulare | qui ᶜ dicitur Podium Bonizi, q(uę) ᵈ est octo bracia de sutto | et in testa settem et sedecim per longum, q(uę) est tenentes cum nostram casam et Dindo et Ranuccino et via, p(ro) pretium solidos | quadragintaduo et solidos quattuor boni unde suplec|ti simus; et si nos vel nostris eredes ᵉ ante aliquit per nos ad te | Martino emtore vel ad tui erede aut cui dederitis in|quietaverimus aut ab omni parte vobis nostro iure non | defensaverimus, tuc ᶠ duplam rei eiusdem bonitatis et omne|que dannum vobis resarcitare debemus. Actum in Podium | Bonizi et si per Rainerii pupillum lix tibi aparuerit, re|stauret te super aliam nostram ᵍ partem ibi. Coram testes Albertino | et Boldrone et Pincione et Pero. Et ʰ si vendere aut | in pingno ponere vis, ad nos pro simile dare debetis pro simile pecu|nia quot alicui sine asto abere potueritis usque ⁱ ad dies .XV. | postquam nobis inquisieritis, si noluerimus, dent cui vis. |

(SN) Ego Acciarius notarius ac cartula ita feci.

[a] -q(ue) *espresso con il compendio usato per il pronome relativo anziché per l'enclitica.*   [b] -li- *aggiunto in sopralinea.*   [c] q(u)i *corretto su* ti.   [d] *La* q, *oltre all'usuale segno abbreviativo per il pronome, presenta anche una cediglia nella parte inferiore del corpo tondo. Così sempre in A.*   [e] *Così in A. Su* d *segno abbr. superfluo.*   [f] *Così in A.*   [g] *Su* n(ost)ra(m) *un unico segno abbr. soprascritto.*   [h] Et *segue sullo stesso rigo introdotto dal segno* # *ripetuto tre volte.*   [i] usq(ue) *con segno abbr. soprascritto sopra la* q.

59

ATTESTATIONES

1174 marzo, s.l.

Deposizioni di testimoni nella vertenza tra il monastero di San Michele di Marturi e la pieve di Santa Maria di Poggibonsi.

Originale in ASFi, *Diplomatico*, Bonifacio, marzo 1173 [A].
Cfr.: WICKHAM, p. 395 sgg.

Il documento è composto da un rotolo di dieci pergamene, legate da tenie pergamenacee. La lunghezza complessiva del rotolo è di circa m 5, 2; la larghezza oscilla tra i mm 176 e i mm 260. La prima pergamena misura mm 266 × 173; la seconda mm 648 × 176; la terza mm 670 × 176; la quarta mm 670 × 180; la quinta mm 680 × 180; la sesta mm 550 × 180; la settima mm 500 × 260 (240); l'ottava mm 660 × 233 (205); la nona mm 158 × 248 (244); la decima mm 380 × 250 (212). Le prime pergamene sono rigate e marginate.

Le prime dieci linee di scrittura sono gravemente rovinate principalmente per un rilevante strappo sul lato sinistro, oltre che per un'ulteriore lacerazione che interessa il lato destro e per lo stato dell'inchiostro; è difficile dire se altre linee di scrittura precedessero quelle che ci rimangono, anche se è da ritenere probabile, come vedremo più tardi. La seconda pergamena presenta numerose lacerazioni sul lato sinistro: tra la 3a e la 9a linea, tra la 21a e la 25a, tra la 37a e la 41a, tra la 53a e la 57a, tra la 69a e la 82a, mentre alcune di minore entità sul lato destro non impediscono la lettura. Le linee di scrittura corrispondenti alle dette lacune risultano evanite; le prime nove righe sono coperte da una macchia scura. La terza pergamena ha il margine sinistro leggermente lacerato e presenta alcune macchie che hanno evanito l'inizio di alcune righe. La quarta presenta sul margine sinistro evaniture che interessano l'inizio delle linee di scrittura 1a-12a, 17a-51a, 60a-63a. Nella quinta pergamena l'inchiostro è talvolta evanito: La settima pergamena presenta due fori: uno nella prima linea di scrittura, l'altro quasi alla fine; la parte centrale è evanita. L'ottava pergamena ha due fori: uno tra la 15a e la 17a riga e uno alla fine, è evanita all'inizio e presenta numerose macchie. La nona pergamena ha una macchia nella parte finale. La quinta e la decima pergamena non presentano anomalie degne di rilievo. Il documento è opera di più mani. L'amanuense A ha scritto le prime sei pergamene che tra l'altro hanno un formato molto regolare e costante, fatto che mi ingiunge a credere che la prima pergamena fosse assai più grande di quanto si presenta oggi; l'amanuense B ha scritto la settima, l'ottava e la nona e il notaio Morando ha scritto la decima.

Sul r e c t o «n° 288» e in calce alla settima pergamena in senso inverso rispetto alla scrittura «n° 213». Sul v e r s o della sesta pergamena la segnatura «1173=marzo» seguita dall'annotazione, presumibilmente coeva, «testes abatie». Il v e r s o della settima ha, di mano del XIV-XV secolo, «staume(n)tu testiu s(an)c(t)e Crucis» e in calce preceduto dall'appunto «examina» di mano diversa un regesto in lingua italiana su tre righe «testimoni esaminati della chiesa di Lucho che [pria] detta chiesa era | della Badia di s(an)c(t)o Michel a Mart(uri) di presso a Podio Bonizi [E .. ato ..] | suso sentenza pro l'abate de Spugna e l'arciprete de Volterra». L'ottava pergamena ha sul v e r s o un'annotazione su tre righe di mano del XIV secolo «Isti sunt testes quomodo monasterium Podii Boniçi posuit rectores et p(rae)c(ip)it in ecclesia sancte Crucis cum quibusdam aliis [q(uesti)onib(us)] que habet in | ecclesia sancte Marie de Podio Bonizi». La nona presenta di mano del XIV secolo «strumenta iuris ecclesie sancte Crucis». Sul v e r s o della decima un'annotazione solo in parte leggibile «De ecclesia de Fiçano: - et de sancta Croce e de sancto Fabiano | era certa questione [...]».

Le prime sei pergamene riportano le testimonianze di vari cittadini di Marturi/Podio Bonizi e di alcuni ecclesiastici e si concludono con una «concordantia testium»; la settima, l'ottava e la nona sono una copia di una parte delle testimonianze che già si trovano nella prima parte, mentre l'ultima riguarda una questione del tutto diversa, cioè quella che verteva intorno alla chiesa nuova di Fizzano.

Per facilitarne la lettura, siamo andati a capo ogni volta che inizia la deposizione di un nuovo testimone.

[...]ᵃ | [... in] obsequiis mortu[orum ...] | [....] est [...] | [...] de [...] tenebat et sunt qu[...] | [... br]achium intus [...]us secundum quod sibi vid[it ...] | [de ecclesia] sancte Crucis dicit idem quod presbiter Ubertus et dicit ᵇ [...] | [...] dicit quod vidit eum monachatum suscipere se presente et i[...] | [...] burgo viros et mulieres frequenter ire ad monasterium intui[tu devotionis]. | [De] Calcinaria dicit quod ibi vidit tres rectores stari per abbatiam; de consue[tudine ...] | abbas cantabat ad plebe in obsequiis mortuorum et de oblatione dicit idem quod [...]. |

Volta iurato dicit idem quod presbiter Ubertus de institutione cappelle | sancte Crucis, de populo eius et de finibus ᶜ parrochie eius per omnia dicit idem quod Ranucinus de [...]; | de masnadis filiorum Bençi vidit apud plebem sepellire. Item dicit quod de [...] | in prato et partibus illis et de toto quod tenet pro allodio in terra ista aut ali[...] | plebi; de eo quod habet ab abbatia dat abbatie; de terra quam emit abbas a Be[nçolino] | plebs solita erat accipere decimam et hoc ex eo scit quod de terra que erat a Be[...]; | idem dicit de terra quam abbas ab eo habuit. Aliud nescit nisi auditu. |

Guiottus iurato dicit de hominibus habitantibus ᶜ in podio isto et de appenditiis ᵈ eius dicit idem quod p[resbiter ...] | veteris castri dicit quod ipse; de quadam terra quam ibi habet dat decimas plebi et filii Porci [...] | [... dicit] quod vidit illud teneri et regi per abbatem ᵉ et ᶠ squillam illuc por[...] | [... abbatis]. Aliud nescit nisi auditu. |

[...] ecc[lesia] de [Lu]co quod per abbatiam fiebat non per plebem et inde | [...] plebem. De reverentia exibita plebi a capellano dicit idem quod [...] | [...............] scit. De decimis et ᵍ sepulturis dicit idem quod presbiter Açzo et de vestimentis idem s(ed) a no[...]. |

[Ma]rtinus castaldo iurato dicit quod de quadam petia terre | in Calcinaria in quo erat vinea, medietatem decime vidit dari plebi et medietatem abbatie | et dedit et Vechius Ricardi emit vineam totam et totam decimam dat plebi. Et dicit quod de quadam vinea | que est in Praticale, quam abbas emit a Rainaldo Ubertelli dari decimam plebi. Et ipse etiam ʰ dedit | et idem dicit de quadam petia terre quam abbas emit a Bernardino Iannuculi ibidem et idem dicit de terra | quam emit al Tornario a filiis Bençi ⁱ; de appenditiis ʲ veteris castri dicit idem quod Bullione; | de decima prati dicit idem quod Iohannes Guittoni. De habitantibus ᶜ in podio isto et appenditiis dicit idem quod presbiter Ubertus ᵏ. | De domo plebis ˡ que est iuxta domum Gua[sconis] dicit idem quod Ubertellus Caffarucii. De hospitali de Calcinaria dicit quod iam sunt .XX. anni quod vi | dit [...] ᵐ regi et teneri per abbatiam. Aliud nescit. |

Ubaldinus de Plano iurato dicit quod iuxta domum Guasconis plebs ˡ habet de terra que fuit abbatie decem brachia in parte | [...] ad brachium .XX. duorum unciarum inferius sunt .VII. brachia, quam terram tenebat Gottifredus ab abbati | [... Gotti]fredus recipit cambium in padule de Papaiano cui de subt[o ...]bs ⁿ currit vie; desuper est abbatie | [...]ctum et iniuram predicti Ubaldini et dicit quod quando mensura[...] pl[...] et domus eius per circuitum | [.........] et aliud nescit. |

[Asta]nicollus iurato dicit quod ipse vidit abbatem venire quando mortuus fuit filius Viviani Braditi et illi de plebe | non permiserunt ei cantare missam; et dicit quod ᵇ quosdam de burgo vidit sepelliri apud abbatiam, scilicet uxorem Duranti et Tre | guanum et Beneincasa et patrem suum et avum, Arnulfum et Scottum filium eius; sed de uxore Duranti vidit discordiam et | omnes fecerunt iudicium plebi, secundum quod credit; dicit quod vidit ʲ decimas de Luco, de terra que est de marcha et in podio Guiniçi dari | plebi et ipsum etiam dedit et de ᵒ allodio abbatie vidit ᵖ dari ad ᵖ abbatiam et ipse etiam dedit; de habitantibus ᶜ in podio isto dicit | idem quod presbiter Ubertus. |

Cencius iurato dicit de sacerdote sancte Crucis quod vidit institui per abbatem sine ulla discordia et missam cantare | in sabbato sancto et postea ibat ad plebem et dicit quod ʲ tenebat terram in Podio ᵒ de Padule ab abbatia et decimam dabat | abbatie et in eodem loco habebat aliam terram de marcha et dabat decimam plebi. De festivitatibus dicit quod illi de |

burgo ibant ad abbatiam in festo sancti Michaelis et sancte Lucie et illi de castello ibant ad plebem in festo sancti Iohannis; de [c] | hominibus habitantibus [q] in podio isto dicit idem quod Niger. Item dicit quod bene scit quod quedam pars [l] domus plebis est fundata in terra quam Gottifredus | tenebat abbatia et habuit in cambium donicatum abbatie quod est in padule de Papaiano et habet in affictum | [...] [r] modio frumenti et scaffium unum. Aliud nescit. |

[Franciscus] iurato [s] dicit quod Anselminus et Cor[b]içus, qui sunt de populo plebis, emerunt casas ab illis qui fuerunt et sunt | [...] capelle sancte Crucis. Item dicit quod [Cian]cius et Ildibrandinus [...] [t] et Albertus gener Dindi [u] emerunt casas ab illis | [...] de populo capelle sancte Crucis qui non fuerunt de populo plebis nisi ex quo venerunt ad abitandum in castri isto, sed | [...] tempus sit quod venerunt diffinite nescit; dicit quod Rogerius [...] qui fuit de populo ecclesie sancte Crucis | [...]bitav(it) [v] in castello veteri, venit ad burgum et casam ibi emit et habitavit ibi; sed quanto tempore ibi abi|tavit ignorat; ibique mortuus est et ad abbatiam sepultus et Guidalottus filius eius ibi habitavit et modo habet ca|sam cum illis de burgo; dicit etiam quod [p] Oliverius, qui est de populo de Meugnano, emit terram a Bençolino, qui est de populo sancte Crucis | et ibi casam fecit; et dicit quod uxor Baccinelli habuit in partem casam quam Baccinellus reliquit sibi qui fuit | de populo sancte Crucis et Brunittus de Busiliano qui non fuit de populo plebis nec de cappella sancte Crucis emit hanc | casam et vadit ad officium ad plebem et dicit quod Gerardinus tintore et Gratianus emerunt domos ab hominibus [w] de burgo. Aliud nescit. |

Bolitus iurato dicit idem [s] per omnia quod Franciscus. |

Petrus iurato dicit idem [s] quod Franciscus, excepto de Ildibrandino de Florentia de quod nescit si emit. |

Soffridellus iurato dicit idem [s] quod Franciscus excepto quod ignorat si homines de cappella sancte Crucis emerunt domos a burgensibus. |

Albertus de Casalia et fratres eius vendiderunt Anselmino; Rainaldus vendidit Corbiço; Sicherius et fratres eius | vendiderunt Ciancio; Ranucius Sassi vendidit Alberto de Pastina; Ugulinus Filippi vendidit Ildibrandino; | [...] uxor Melioritti vendidit casam quam habuit a marito suo qui fuit de populo sancte Crucis. Bru| [...] [n] ipsi vadunt ad plebem ad missam. |

Presbiter Aço iurato dicit quod de institutione sancte Crucis dicit idem quod presbiter Ubertus. De se dicit quod fuit instituitus | [per abb]atem et non per alium et numquam vidit discordiam de institutione sancte Crucis et de Luco. De sepulturis de Luco | dicit quod omnes sepelliuntur ad Lucum, preter unam massaritiam [pascem(l)gne], que sepellitur [x] ad plebem. De illis | qui sepelliuntur ad Lucum dant iudicium plebi; de vestimentis dicit quod vidit dari plebi, exceptis hominibus | abbatis. De festo sancti Martini et de missa et de invitatione clerici plebis dicit idem quod presbiter Petrus camerarius; | de cereis et candelis et ovis quod presbiter Petrus camerarius. Et dicit quod plebs habuit decimationes de hominibus [y] filiorum | Rustici, abbatia [o] et cappella habent de suis; et circam et apparatum episcopi dicit quod dat plebi. Et dicit quod de manifesto | crimine ducit suos ad plebem. Et dicit quod in simbolo et sabbato sancto vadit ad plebem et baptiçat, in letaniis | et in fest(o) [z] de sancti Iohannis et sancte Marie, Epyph(ania) vadit ad plebem; in letaniis suprascriptiis ipse cantat missam in sua cap|pella [aa]. In festo sancti Martini dat officium [bb] cui vult; de populo cappelle [c] sancte Crucis et de hominibus qui abitant infra | terminos assignatos a Petro camerario dicit idem quod ipse camerarius. De sepulturis [c] totius populi sancte Crucis dicit quod omnes | fiebant abbatiam. De scarseplis [cc] et de crucibus et de aqua benedicta dicit idem quod Petrus camerarius [dd]; et dicit quod cappellanus sancte Crucis | omnibus penitentiam dabat populi sui [p] sanis et infirmis [ee]. Requisitus quomodo scieret, dixit quia vidit in pasca | et in nativitate et omnium sanctorum [ff] in missa minore ibant ad cappellam, in maiorem ad abbatiam. De populo | burgi et de eis appenditiis dicit quod omnes ibant ad plebem, exceptis quibusdam [b] qui sepulti fuerunt ad abbatiam. De peregrinis | dicit quod omnes ad plebem sepelliebantur et dicit quod abbas de consuetudine invitabatur ad sepulturam quorundam bur|gensium et missam maiorem cantabat et totam oblationem que sibi fiebat abbas habebat. Similiter et plebanus | et sui clerici ad monasterium et quadam vice, quia abbas non permisit plebano cantare [gg] maiorem missam ad altare | maius, plebanus fecit ei similiter in sua ecclesia. De hominibus [hh] castri veteris qui post destructionem venerunt ad burgum, | ad officium ibant ad plebem, ad penitentias ibant ad cappellam sancte Crucis, ad sepulturas et scarpsellas | ad abbatiam. Et dicit quod vidit abbatem et monachos ad plebem in festo sancte Marie et converso [ii] et illos de plebe | ire ad festo sancti Michaelis. De hospitali de Calcinaria dicit quod iam sunt .XXX. anni et amplius quod rectum est | per abbatiam et vidit ibi duos sacerdotes poni per abbatem unum prius, alterum postea, scilicet presbiterum Guidonem et sa|cerdotem Dominicum. Aliud nescit. |

Guerçone iurato dicit cappellam sancte Crucis per abbatiam institui et duos cappellanos vidit abbatem ibi | ponere. Item dicit quod vidit sex [c] massaritias in podio isto et omnes ibant ad cappellam sancte Crucis. De is [hh] qui venerunt | de castro ad burgum ad habitandum, quia quosdam vidit mori ad abbatiam deferre. De hospitali ji de Calci|naria dicit quod vidit ibi sex rectores per abbatiam et vidit ipsum regi per abbatiam iam sunt .XIIII. anni et item | dicit quod Vivençus in manus abbatis se misit et pactum tale ei fecit, ut in vita et morte ipse et domus eius tota | abbatie esset; postea uxor eius, cum infirmaretur, pecuniam accepit, se iudicavit plebi, de quo Vivençus dolens. Ipsum Guerço|[nem se] ad abbatem misit ut licentiam abbeo kk peteret ne hoc pro malo haberet, qui ivit et licentiam adquisivit et aliud nescit. |

Vivianus iurato dicit quod de l terra abbatie que est | [in] podio scit ubi terminatur silicet in domo Iohannis fabri ex una parte, ex alia ripa et ita porrigitur usque | ad domum Guasconis; de hospitali de Calcinaria dicit quod vidit eum regi per abbatiam iam sunt .XIIII. anni et | aliud nescit. |

Durante iurato dicit ll quia quando Perellus penitentiam accepit a presbitero Petro de Villole, qui morabatur in plebe, | petiit monachari et tunc venit Guido prior monachus, presente presbitero Petro de Villule, et se presente et uxore eius dante | licentiam eum monachavit, qui ut mortuus fuit, clerici de plebe venerunt et portaverunt eum ad plebem contra interdictum | domni papae factum a predicto Guidone, qui etiam predictus prior ipse in plebe interdixit ne sepellirent monachum ab|batie. Item dicit cum uxore sua infirmaretur ad mortem iudicavit se abbatie quam mortuam dum depor|taret k ad batiam; clerici plebis occurrerunt ei obviam et impedimentum ei quantum potuerunt fecerunt et monachos lapidibus ob|ruerunt. Ipse tamen eam ad abbatiam deportavi mm; de his c qui habitabant in podio isto et appenditiis dicit idem quod Querçone. | [De hospitali de Calcinaria] nn dicit quod iam sunt .XXX. anni et amplius quod per abbatiam rectum est. De festo sancte Marie dicit | [quod mona]chi nn de abbatia faciebant solemniter et episcopus dabat ei manducare et ples mm similiter. Item dicit quod abbas dedit | [fe]udum oo filiis Scorcialupi pacto interveniente quod deberent sepelliri apud abbatiam ipsi et eorum heredes, exceptis | [parvulis] et familia; et dicit l quod terra abbatie extenditur pp a porta sancte Marie usque ad domum plebis itaque aliqua | pars parva ipsius terre continetur infra hambitum domus plebis. |

Stagnavinus qq iurato dicit quod sacerdos sancte Crucis prius canebat missam in sabbato sancto sed non sonabat rr campanas | et postea ibat tt ad plebem et iuvabat officium facere. De decimis dicit quod plebs solita erat habere decimas | de terra quam abbas emit ab Episcopo et filio suo. Decimas vinee que fuit Russi et decimas de prato credit fuis|se plebis. De habitantibus c in podio isto tres vidit ire ad p abbatiam, scilicet Lupum et Milioctum, domum Boccam | Barilis. Item dicit quod audivit a patre suo et ab Episcopo dici quod masnada filiorum Bençi solita erat sepellire | apud plebem et vestimenta tam dominorum quam fidelium habebat ples ᵐᵐ et testamentum; hospitale de Calcinaria | vidit sed nescit a quo regebatur et aliud nescit. |

Beniamin iurato dicit de institutione capelle sancte Crucis et de capellanis dicit idem quod presbiter Ubertus; de habi|tantibus ᶜ in podio isto et de terre finibus populi cappelle sancte Crucis dicit idem quod presbiter Ubertus. De penitentis et | de missis, de scarpsellis et de aqua benedicta et de crucibus et de ovis, candelis et cereis dicit idem quod sacerdos Gerardus; de | reverentia exibita plebi a capellano sancte Crucis et de missa que cantabatur in sabbato sancto in cappella | [dicit idem] ᵘᵘ quod prior Guido. Item dicit quod quedam pars ˡ fundata est plebis ᵛᵛ in terra quam ab ʷʷ abbatia tenebat et dicit quod terra | [illa] extenditur ab uno latere plebis usque ad aliud ita quod muri plebis sunt in ea et infra ambitum plebis sunt | .VIII. brachia in longitudine versus introitum ecclesie, ita quod duo brachia erant inter introitum plebis | [et il]lam ⁿⁿ terram et aliud nescit. |

Opiçinus iurato dicit de podio isto et de habitantibus ᶜ in eo et appenditiis idem quod presbiter Ubertus. Addit tamen | alios duos ibi fuisse scilicet Andream de Purcig(n)ano et Sitium ˣˣ et de finibus cappelle sancte Crucis dicit idem quod presbiter | Ubertus. De reverentia exhibita plebi a cappellano sancte Crucis et de institutione et de missa que can|tatur in sabbato sancto dicit idem quod Guido prior. Item dicit quod decimas de Castagnito vidit dari abbatie. De decimis | de appenditiis veteris ʸʸ castri dicit quod Buiottus et Rainaldus Po(r)ci dabant decimas plebi. De hospitali | de Calcinaria dicit quod interfuit quando Christofanus ᶻᶻ et Arnulfus dederunt illud abbatie et sunt iam .XXX. anni. De | alio ospitali dicit quod per plebem est rectum iam sunt .XXX. anni. Item dicit quod audivit ab ᴾ abbate Rainerio et a multis | aliis quod quicquid iuris habebat in podio isto, totum comitis Guidonis dedit eo tamen ᵃᵃᵃ tenore quod [in(de)] ᵇᵇᵇ debebat | habere restaurum. Item dicit quod quedam ˡ pars plebis continetur in terra quam ipse habebat a Begnamino addritto | et ad meçu et extenditur ab uno latere usque ad aliud et infra hambitum ᶜᶜᶜ plebis sunt .VIII. brachia | in longitudine versus introitum ecclesie ita quod unum brachium et dimidium est ᵈᵈᵈ inter introitum plebis et terram illam | et iu[xt]a hanc terram habebat terram Lodoicus ab uno latere versus viam publicam, ab alio latere erat terra filiorum | Bonifatii ᵉᵉᵉ et ab uno capite de suptus erat terra Brunitti Polle et ex alio erat via et terram illam Begnamino ab | abbatia tenebat a pensione et aliud nescit. |

Lodovisius iurato dicit quia populus de castro veteri et illi [c] qui in podio isto morabantur in penitentiis, in officiis | ibant ad cappellam in cotidianis diebus et in dominicis et festivitatibus ad minorem missam; maiores v(e)r(o) ad abba|tiam ad maiorem missam. Scarpsellas quidam accipiebant ab abbatia quidam ad cappellam. Item dicit quod quadam vice cum pater suus | vellet ire [fff] ad Sanctum Iacobum, scarpsellam petiit ab [P] abbate quod pro quadam discordia quam inter se habebant negavit ei | dare; ipse iratus ibat ad plebem et quesivit a plebano, sed abbas statim secutus interdixit plebano ne ei daret. Et ipse | non dedit. Postea intervenientibus Arnolfo et Christofano [ggg] facta est [P] pax inter eos et [P] dedit ei scarsellam. De festivitatibus ab|batie dicit idem quod presbiter Ubertus. Item dicit quod abbas emit terras ab Ubertello in Praticale et a Giberto et a Bernardino | ad ponte Boniçi, de quibus terris plebs habebat decimas, m(onasterium) [hhh] non habet. De hospitali de Calcinaria dicit quod iam sunt .XXX. | anni et amplius quod rectum est per abbatiam et vidit ibi stare presbiterum abbatie et nichil scit nisi auditu. |

Arnolfinus iurato dicit de populo burgi euntis ad abbatiam in festivitatibus sancti Michaelis, sancte Lucie et sancti Blasii | [et sancti Iohannis Evangeliste] [nn] idem quod presbiter Ubertus et per totum circolum anni et dicit quod propter victoriam, q(uam) deus dedit illis cum | [aliis bonis hominibus] [nn] de burgo ordinavit ut festum beate Marie honorifice totus populus burgi in plebem | celebrarent et ex tunc valde honorificentius solito celebratum est festum beate Marie. Item dicit quia quosdam [b] | de burgo vidit sepelliri ad abbatiam scilicet Christofanum [zz], Arnulfum, Scottum, Riccardum, Maccum, Berlingarium et Richet|tum filium Adalardi, Treguanum et Beneincasam et Ginassum et unus ex istis scilicet Christofanus [ggg] in sua sanitate se monacavit, | alii in morte et dicit quod Arnolfus et Riccardus antiquam sepulturas [mm] habuerunt apud monasterium [hhh]. Item dicit quod a suis maioribus scilicet | a patre suo et avo et ab aliis multis audivit quod abbatia debet habere decimas de tota terra quam Ugo marchio | dedit abbatie. Item dicit quod quando Gotoscialcus vendidit [iii] plebi terram quam in Podio de Padule habebat, presbiter Ubertus | de Casciano et fratres eius interdixerunt ei, ne eam [iii] venderet quia abbatie erat et ipsi habebant ab abbatia et hoc audivit | et dicit quod predictum presbiterum vidit venire et a peduare et designare terram quia abbatie dicebat. Item dicit quod quando | comes partem [q] in podio isto concessit senensibus, senenses [kkk] nunquam receperunt; [lll] q(uam)diu non fuit datum restau|rum abbatie ibidem in podio. Item dicit quod nec vidit, nec audivit quod abbas daret comiti ius quod habe|bat in podio. Item dicit quod quando abbas invitabatur ad plebem in sepultura a laicis [kkk] [pro] mortuis semper solitus erat | [cantare] [nn] missam maiorem sed qualiter offerta divideretur [mmm] ignorat vel quis eam haberet; de ospitali [b] de Calcinaria dicit | quod vidit quando pater suus et avus edificarunt illud, nunquam vidit n(ec) audivit quod pater eius vel avus vel etiam | mater sua illud dedisset plebi et dicit quod nullum rectorem vel custodem plebs ibi posuit. Et dicit quod ipse et [q] avun|culus eius dederunt illud abbatie et cartam ei fecerunt nec aliquod pretium inde receperunt sed solo intuitu pieta|tis et pro remedio animarum suarum et parentum hoc fecerunt; et nullum ius in eo sibi reservaverunt nisi ius | patronatus; de alio hospitali dicit quia placitum in(de) vidit sed non fuit finitum, sed ab in(de) vidit illud | teneri et regi per plebem et hoc iam sunt .XL. anni et plus; aliud nescit. |

Presbiter Petrus iurato dicit quod abbas investivit eum de ecclesia sancte Crucis nullo contradicente et dicit quod | cantabat missam in sabbato sancto antequam iret ad baptismum, sed abbas dolebat, sed populus coercebat eum | ex consuetudine q(ua)m [nnn] se habere dicebat. In omnibus reverentiis ita erat in plebe sicuti priori de Papa|iano et [p] clerici plebis quia dicebant ei: «Nisi tu dederis [ooo] circa non eris in societate nostra in obsequiis mortuorum» et | nisi relinqueret [ppp] missam quam cantabant in epyph(ania) et in sabbato sancto antequam iret ad plebem et ideo quadam | vice missam reliquit. De populo sancte Crucis dicit quod quando dabat penit(entiam) infirmis, ortabatur eos ut [qqq] testa|mentum facerent et abbatie et plebi et cappella secundum suam possibilitatem, sed de massaritiis plebs habe|bat semper partem testamenti quandoque .XII. d(enarii) [rrr] quandoque plus, vestimentum non vidit dari. De populo burgi ha|bebat [sss] reverentias sicut [ttt] ceteri cappellani. Item dicit quod, quadam vice, abbas misit eum cum prio|re de Papaiano ad clericos plebis ut ipsi convenirent de terra ubi est refectorium cum abbate et t(un)c Cio(n)e [uuu] vo|luit dari cum fratribus s(ui)s [vvv] tres aut quactuor de [www] singulis annis abbatie, set ipsi de [p] abbatia querebant [k] | sex et i(de)o non convenerunt et postea vidit redire domnum Angelum q(uo)m(odo) contradixit ill(is) de plebe ne laborarent. Item dicit quod clerici | plebis quadam vice excommunicaverunt quosdam homines qui noviter venerant [xxx] in terram istam ad habitandum [yyy] i(de)o quia ibant abb(atiam) in of|ficiis, vel ad cappellam, scilicet tintores U(n)nille et Ieronim(us) [zzz] venerunt ad apostolicum et apostolicus remisit litteras clericis ple|bis ut non infestarent noviter venientes et tintores ab excommunicatione extraherent et [p] haberent licentiam eundi ad ab|batiam. De cappellano de

Luco dicit quod ipse ^{aaaa} exibebat ^{bbbb} reverentiam plebi, sicut ceteri cappellani et clerici plebis ibant ad festum sancti Martini et presbiterum Petrum ibi missam maiorem cantare et circam vidit dare cappellano. Aliud nescit. |

Iohannes Pecora iurato dicit de habitantibus ^c in podio isto et in eius appenditiis et de finibus cappelle sancte Crucis et de | ipsius cappelle institutione dicit idem ^p quod presbiter Ubertus et de missa que cantatur in sabbato sancto dicit idem quod Guido prior et dicit quod |audivit a laboratoribus de Castagito et de Finoclito et de Vallacchi et de Casalino et de Cippito et de medietate Po|dii de Padule ^{cccc} qui dabant decimas abbatie, sed non de tota et dicit quod quedam domus de burgo habebant antiqua sepoltura ad | monasterium, silicet domus filiorum Baroni, Guiduccii, Picchinelli, Conetti et Bonigalli et Stefani Petri, fa|milie et uxores non sepelliebantur ad abbatiam sed ad plebem sed uxorem Stephani Petri vidit seppellire ad | abbatiam et dicit quod de populo sancte Crucis habebat plebs vestimentum de divitibus. Item dicit quod domus plebis est in terra ab|batie sed nescit pro quantam partem firmiter. De hospitali quod est in capite burgi dicit quia vidit discordiam | inter abbatiam et plebem sed nunquam vidit illud abbatiam tenere. De masnadis filiorum Bençi dicit quia a[udi]|vit ^{oo} dici quod apud plebem sepelliebantur. Aliud nescit. |

Ubertellus ^{dddd} quondam Catfaruci iurato dicit de habitantibus ^c in podio isto et appenditiis et de finibus parro|chie cappelle sancte Crucis et de institutione cappelle dicit idem quod presbiter Ubertus. De reverentia exhibita plebi | a cappellano sancte Crucis dicit idem quod Guido prior et eos qui de populo suo tenebantur manifesto crimine | cappellanus ducebat ^{eeee} ad plebem. Item dicit quod ^l domus plebis pro magna parte est fundata in terra abbatie et secundum | quod sibi videtur pro dimidia; de hospitali de Calcinaria dicit quia iam sunt .XX. anni et plus quod vidit illud | regi per abbatiam. De consuetudine populi euntis ad monasterium dicit idem quod Arnolfinus. Aliud nescit. |

Gallutus iurato dicit quod ipse ^{aaaa} fuit de illis qui de castello veteri venerunt ad burgum et in parrochia plebis fecit domum, | postquam vero ascendit in podium cum illis de burgo, accepit plateam et pro burgo omnes vero qui de domo sua postea mortui sunt | ad abbatiam sepellivit, cum esset in burgo ^p quidam peregrinus, mortuus est in domo sua, ad plebem sepultus. Aliud nescit. |

Ranuccinus Pilosus iurato dicit de hominibus habitantibus ^c in podio isto dicit idem quod presbiter Ubertus. Aliud nescit. |

Martinus ᶠᶠᶠᶠ Tondo iurato dicit quod vidit .III. massaritias in podio isto et omnes ibant ad cappellam sancte Crucis in of|ficiis et penitentiis, in sepulturiis ad monasterium et dicit de terra quam emit abbas a Rainaldo Ubertelli a Praticale | plebs solita erat habere decimas et ipsemet terram illam laboravit et decimas plebi dedit. Item dicit quod secundum quod sibi videtur | domus plebis pro parte fundate sunt in terra abbatie sed nescit pro qua parte. Aliud nescit. |

Presbiter Ubertus iurato dicit quod abbas ᴾ instituebat cappellanos in ecclesia sancte Crucis et ipse vidit .VI. ibi, scilicet: presbiterum Bellinum, | presbiterum Ugonem, presbiterum Rusticum, presbiterum Dominicum, presbiterum Silvestrum, presbiterum Gerardum et .III. ex istis vidit abbatem ibi ponere | non presente plebano vel eius nuntio et nullam inde vidit inter eos discordiam; et dicit quia totus populus de castro in coti|dianis et dominicis diebus ibat ad cappellam in officiis et penitentiis tam in vita quam in morte, in festivitatibus prin|cipalibus ad ᴾ abbatiam ᵍᵍᵍᵍ et in purificatione sancte Marie et in ramis palmarum ad abbatiam totus populus ibat et ad cap|pellam non pulsabat ad missam, in omnibus vero aliis festivitatibus ad cappellam et dicit quod medietatem ovorum que offe|rebantur in cappella ad crucem in die veneris sancti et medietatem cereorum qui offerebantur in octavis pasce pro pue|ris cappellanus reddebat abbatie et dicit quod totus populus sepelliebatur ʰʰʰʰ ad abbatiam et iudicium pro beneplaci|to suo faciebat plebi, sed de iudicio facto abbatie, plebs nichil habebat vestimenta, vero nulla vidit | dari abbatie vel plebi. Item dicit quod cum stetisset per plures annos in abbatia non vidit cappellanum sancte Crucis ⁱⁱⁱⁱ | ire ad plebem in eius festivitatibus nec aliquam reverentiam exibire plebi in capitulo et circa et apparatu | episcopi; in simbulo tamen et baptismum cum pueris suis ibat ad plebem et in letaniis cum populo suo et si quis de populo | suo tenebatur crimine manifesto ducebat eum ad plebem et postea cum plebano vel ⁱⁱⁱⁱ eius nuntio ad arcipresbiterum | et dicit quod illos de plebe non vidit venire ad festum sancte Crucis. Item dicit ᶠᶠᶠᶠ quod vidit quasdam massaritias in podio isto ᵏᵏᵏᵏ | et eius appenditiis, scilicet domum Martini Pilosi et Kafaruci, qui morabantur in appenditiis prope burgum et plebem et quasdam | alias massaritias vidit super podium, scilicet domum Gerardini de Tribiuli, que erat prope domum Gottifredi et domum | Martini Polle, que erat prope domum maiorem filiorum Scorcialupi et domum Lupi, que erat prope locum illum | ubi [modo] ᴵᴵᴵᴵ est plebs versus æcclesiam novam de Papaiano et domum Martini filii Amiçelli, que erat prope ecclesiam novam | sancte Crucis et duas domos filiorum Martulini que erant prope portam

Stupiese [mmmm] et domum Milotti que erat suptus | Papaienensem et hec omnes et cetere que erant ex hac parte Leci et ex hac parte fluminis Stagie, superiori parte | podii usque ad flum(inem) Else et usque ad molendinum abbatis, ad via(m) ibant ad cappellam sancte Crucis et abbatiam ut [nnnn] illi | de castro et idem dicit de una massaritia quę erat Açolini in Podio de Padule et omnibus supradictis cappellanus [oooo] sancte Crucis | dabat scarsellas, cruces et aquam benedictam et omnes supradictos cappellanus [pppp] ducebat ad plebem in simbulo, | baptismo, letaniis et in publicis penitentiis. De cappella de Luco dicit quia vidit .VI. cappellanos ibi stare | per abbaçiam scilicet Andream, Gerardum, Ubertum [dddd], Dominicum, Iohannem et Açonem presbiteros et unum illorum scilicet Dominicum vidit abbatem | illic mittere ut ibi moraretur et nullam de hoc discordiam vidit inter abbatem et plebanum [qqqq] et dicit quod vidit ire cap|pellanum de Luco ad plebem in festivitate sancte Marie et sancti Iohannis, in simbulo, in letaniis et baptismo | et baptiçabat; de circa et apparatu et capitulo nichil dicit nisi quod ille qui nunc est cappellanus sibi dixit quod semel circam de|dit et alia vice episcopo [rrrr] et dicit quod vidit clericos plebis venire et invitari ad festum sancti Martini et hono|rifice ibi hab(er)i et predicare populo non tamen vidit eos missam maiorem cantare ibi; de populo dicit quia totus inter cap|pellam et abbatiam sepelliebatur et iudicium pro beneplacito suo faciebat plebi. Vestimenta vero nulla vidit | dari. De populo burgi dicit quia totus ibat ad plebem in officiis [ssss], sepolturis et omnibus aliis reverentiis; dicit [ffff] tamen sepulcra quorumdam | de burgo sibi apud monasterium [hhh] demonstrata fuisse scilicet sepulcra filiorum Baroni nullum tamen eorum vidit ibi sepelliri nisi Ricardum | et alios quosdam de burgo scilicet Treguanum et alios quorum nomina recordatur vidit sepelliri apud abbatiam. Item quod populus de bur|go solitus erat ire ad monasterium [hhh] in festivitatibus sancti Michaelis, sancte Lucie, sancti Blasi, sancti Iohannis Evangeliste, sancti Niccolai et per totum | circulum anni causa devotionis et maxime in vigilia omnium sanctorum. Item dicit quod sepe vidit abbatem et monachos ire ad plebem | in festo sancte Marie et ipse quadam vice ivit cum eis et illos de plebe ad festum sancti Michaelis [tttt] et ad nullum aliud festum vero; | sancti Nic(colai) non ita sollempniter faciebant illi de plebe, ut [nnnn] illi de abbatia. De decimis [g] dicit quia semper vulgo audivit dici quod de | tota terra marce, que est in suo plebeio, plebs debet habere decimam unde dicit quia medietas decime totius terre quam habuit | Ursus de Quercia in Podio et Plano de Padule debet dari plebi et alia [uuuu] medietas abbatie, nam medietas [vvvv] eius terre fu|it de marcha et alteram medietatem Ugo marchio ° dedit abbatie et ipse predicto modo ʰʰʰ vidit decimam plebi et abbatie | dari. Item dicit quod ʷʷʷʷ interdixit plebano Tederico ex parte sua et abbatie et ex parte comitis, ne terram suam quam habe|bat in Podio de Padule emeret a Gotiscialco, qui dixit se non facere et tamen fecit. Item dicit ˣˣˣˣ quod quando abbas invitabatur ut venieret | ad plebem pro sepultura alicuius defuncti, missam maiorem ibi cantabat et oblationem totam habebat et hoc | sepe vidit et quando plebanus invitabatur ad monasterium ʰʰʰ pro sepultura alicuius missam ibi cantabat, sed non maiorem et totam | oblationem que ei offerebatur in missa habebat. Item dicit quod Seracenus frater suus apud plebem reposuit unam arcam ple|nam grano de qua plebanus fecit abstrai unum modium frumenti et ipsemet, presbiter Ubertus, sepe requisivit numquam habere potu|it. Item dicit ʸʸʸʸ quod frater eius quandam terram que est Acceppeto ᶻᶻᶻᶻ dedit plebi ad affictum pro quattuor ᵃᵃᵃᵃᵃ sextariis grani et plebanus Bernardus | illud affictum semper dedit, sed post eius decessum habere non potuit. Idem dicit quando apostolicus interdixit officium toto episcopatui florentino, excepta | terra comitis et adiuvantium eum, capelle sancte Crucis et de Luco non cessaverunt ab officio. Item dicit quod monaci benedicebant | olivas ante portas monasterii ʰʰʰ et olivas laboratas honorifice dabant populo et postea cum processione circuibant monasterium ʰʰʰ. Item dicit quod quando domus | plebis que est iuxta domum Guasconi fundabatur ipse erat apud abbatiam et tunc vidit Angelum redire qui sibi dixit qui inter|dixerat illis de plebe novum opus. De hospitali de Calcinaria dicit quia Arnolfus et Christofanus ᵍᵍᵍ illud edificaverunt | in terra abbatie non requisita abbatis voluntate, nulla ᵇᵇᵇᵇᵇ eius contradictione interposita; nescit tamen quis cum eis fuerit in designa|tione quibus cum plebi supponere illud vellent eo quod grave esset ill(is) retinere, abbas interdixit ne hoc facerent. | Postea voluerunt dare hospitali ierosolimitano, sed illi de hospitali audientes quod esset in terra abbatis ᵏ | noluerunt recipere et postea voluerunt dare apostolico qui omnino ren(untia)vit, qui sicut audivit; dederunt postea abbati et per abbatem rectum est iam | sunt .XXX. anni et plus ᶜᶜᶜᶜᶜ; pro quo hospitali dicit fuisse depositam querimoniam a plebano aversus monachos ᵈᵈᵈᵈᵈ apud dominum Eugenium, | qui misit pro monacis et precepit eis ut respondere(n)t plebano, sed prepeditus aliis negotiis non potuit d(i)c(t)a audire. Postea | secutus est eum pro hac causa quidam monacus nomine Placidus usque ad Sanctum Genesium ubi requisitus a domino apostolico ut ⁿⁿⁿⁿ rationem | faceret plebano; respondit, se non debet facere, absente suo abbate, cum ab eo mandatum non haberet. Sicque apostolicus eum dimisit dicens | ei hospitale abbatie est, pro ut vult regat et disponat, illud qui Placidus mox ut reversus est ad abbatiam retulit | hoc sibi et aliis. De alio hospitali dicit quia vidit Teuçum clericum pro rectorem hospitalis pro eo quod odium abebat cum ple|bano venire ad officia ad cappellam sancte Crucis, qui postea sepultus ad plebem fuit cum maxima tranquillitate ᵉᵉᵉᵉ, de quo | hospitali vidit placitum postea intra abbatem et plebanum ᶠᶠᶠᶠ coram comitissa Imillia, sed propter interdictum episcopi Gotifredi in|discussum remansit; per plebanum tamen semper rectum fuit in offitiis, penitentiis et sepulturis. De Perello ˡˡ dicit quia ipse cum quodam | alio de abbatia ivit ad eum et requisitus presente plebano si vellet monacari timore vel ⁱⁱⁱⁱ amore respondit quod solum | modo pro remedio anime sue monacatum petebat et his uxor eius presens non contradixit, sed quando monacus factus est non interfuit | non erat in terra ista. Aliud nescit. |

Angelus iurato dicit quod tres sacerdotes silicet Dominicum et Petrum et Gerardum sacerdotem vidit poni in cappellam sancte Crucis | per abbatem et ad ᵍᵍᵍᵍᵍ nullius illorum institutionem plebanus vel eius nuntius fuit requisitus nec ad eorum remotionem | et nullam inde vidit contradictionem inter abbatem et plebanum. De populo castri per omnia dicit idem quod presbiter Ubertus | et hoc plus, quod pueri qui mittebantur in ecclesia ad monasterium ducebantur, eo quod illa ecclesia non erat consecrata, secundum | quod sibi videtur. Addit quod medietatem de candelis qui offeruntur in nativitate et in pascha cappellanus dabat | monasterio. Item dicit ᶜ quod illi qui stabant in podio isto et in appenditiis et a podio Liccie usque ad hospitalem de Cal|cinaria et ab hospitali usque ad castrum ibant ad ecclesiam sancte Crucis et ad monasterio ʰʰʰ illo de castro. Et si quis | ex supradictis scarsellam accipere volebat quandoque a cappellano accipiebat, quandoque ad monasterium veniebat, aquam | benedictam et cruces omnibus dabat capellanus. De populo burgi eunti ad monasterium in festo sancti Michahelis et sancte | Lucie et per totum circulum anni causa devotionis dicit idem quod presbiter Ubertus. In festo sancti Iohannis Evangeliste veniebant fideles | abbatis et dicit quod vidit post castri destructionem monachos abbatie ire ad festum sancte Marie et ipse cum eis ibat | et illos de plebe ad festum sancti Michaelis et dicit quod in omnibus festivitatibus beate Marie, ante ʰʰʰʰʰ castri destructionem | et post, soliti erant campanas sonare primo simul omnes postea binas, postea simul omnes, festum sancti Nicholai abbatie | et plebs solite erant celebrare sollempniter. De festo sancte Lucie dicit quod apostolicus prohibuit clericos de plebe ne | festum sancte Lucie preter solitum celebrarent et ipse litteras vidit et legit. De benedictione olivarum et processione dicit idem quod presbiter | Ubertus iiiii. Item dicit quod ex precepto abatis quando domus plebis, que est iuxta domus Guasconis, hedificabatur, venit et magi|stris silicet Bernardo et aliis ex parte domini pape et imperatoris et comitis Guidonis et abbatis et monachorum eius et | omnium suorum fidelium interdixit ne super terram abbatie aliquod hedificium super hedificaret. Item dicit quia quosdam, | quos plebs excommunicavit, scienter in officiis suis esse permiserunt, silicet Gra(tia)nu(m), Gerardinum de Valle Piatta, | Sinibaldum Vulpem et Ciuram et aliud nichil scit nisi auditu. |

Guido prior iurato dicit quod vidit quattuor cappellanos in æcclesia sancte Crucis ab abbate institui | nec plebanus nec suus nuntius interfuit et discordiam inde non iiiii vidit fieri et unum istorum quadam vice ab ec|clesia removit silicet sacerdotem Gerardum et alio tempore ipsum revocavit illuc et duos alios silicet Scarlattum qui non | erat sacerdos et presbiterum Petrum. De toto populo castri qualiter ibat ad cappellam et qualiter ad monasterium | dicit idem quod presbiter Ubertus. De medietate ovorum et candelarum que offerebatur in diebus paschalibus dicit idem quod Angelus. | Item dicit quod cappellanus sancte Crucis ibat ad festum sancti Iohannis Baptiste et in sabbato sancto cum pueris suis et simbulo et in litaniis | cum populo et eos qui de suo populo tenebantur crimine manifesto ducebant kkkkk ad plebem et illos de plebe numquam vidit venire | ad festum sancte Crucis. De finibus c totius populi cappelle sancte Crucis dicit idem quod presbiter Ubertus. De cappella de Luco dicit quia | vidit ibi quattuor cappellanos instituti per abbatem non requisito plebano vel eius nuntio et omnes illi promiserunt | obbedientiam abbati silicet sacerdos Ubertus et Gerardus, Iohannes monachus et presbiter Aço et dabat ova et candelas in resurrectione lllll et | de cereis puerorum dabat. Item dicit quod cappellanus de Luco ibat ad plebem in simbolo, in sabbato sancto et baptiça|bat, in letaniis, in festivitatibus sancti Iohannis et sancti Martini. In festivitate sancti mmmmm Martini nnnnn dicebat missam | maiorem [quoe(m)] ooooo cappellanus volebat consilio monachorum. Dicit quod populus sepeliebatur apud capellam nisi iret ad | abbatiam preter unam massaritiam quam dicebat vidit sepelire ad plebem sicut audivit. De populo b burgi dicit | quia ipse vidit Christofanum ggg monacum et audivit de Arnulfo quia fuit ppppp monacus; de missa que cantatur in sabbato sancto dicit idem quod sacerdos | Guido. De interdictione officii facta ab apostolico qqqqq episcopatui florentino dicit idem quo presbiter Ubertus. Ibi mor|tuus est et Petrum de Sancto Donato et filium eius vidit apud abbatiam sepelliri et Scottum et Ildibrandinum Conetti | et alios quorum non recordatur et de omnibus istis ples habuit unum vestimentum; illi q(u)i ^{mmmmm} iverunt de castro ad burgum | ad habitandum ibant ad cotidiana officia ad plebem sed apud abbatiam sepelliebantur. Dicit de consuetudine | populi euntis ad monasterium idem quod presbiter Ubertus. Item dicit quod vidit monachos sepe ire ad plebem in festo sancte Marie | et ipse quandoque ivit et illos de plebe vidit ire ad festum sancti Michahelis. Item dicit ^{rrrrr} quod decimas de Calcinaria et de | omnibus terris quas marchio Ugo dedit abbatie que erat suum allodium vidit dari decimas abbatie. De Pe|rello ^{ll} dicit quod ipse etiam ^{sssss} monachavit eum, rogatu eius et uxoris et contra suam proibitionem factam ex parte dei et domini | pape ad plebem deportaver(unt); decimationes de appenditiis veteris castri audivit dici quod dabantur plebi; de|cimationes ⁱ sue partis de prato recolligebat abbatia. De bono usu et de consuetudine quam habebat in obsequiis | mortuorum apud plebem abbas et illi de plebe apud abbatiam dicit idem quod sacerdos Ubertus. Vinea que fuit Rossi, quam diu Russus | eam abuit, decimam habebat ples. De ospitali de Calcinaria dicit quia secundum quod audivit Gottifredus et Arnulfus dederunt | abbatie, de quo a plebano deposita est querimonia coram ^q domino Eugenio et de cetero dicit idem quod presbiter Ubertus. De alio | hospitali dicit quia vidit Teuçum clericum, rectorem hospitalis, venire ad abbatiam et dicebat: «Ego sum vester | et domus mea». Requisitus a ^{ttttt} quo regeretur dixit per plebem secundum quod audivit. De missa que cantatur in sabbato dicit quia cappel|lanus sancte Crucis prius cantabat missam populo et postea ibat ad plebem ad Baptismum; non tamen campanas pulsabat. Aliud nescit. |

Sacerdos Gerardus ^{uuuuu} iurato dicit quia in cappella sancte Crucis a pueritia stetit cum magistro ************** ^{vvvvv} | suo Rustico; non vidit eum ibi abitare nisi per abbatem et ipsemet fuit ibi per abbatem i(n)stitut(us) et ei obbedien|tiam promisit et postea fuit remotus per abbatem et postea it(eru)m de eadem cappella reinvestitus per abbatem; circam | numquam dedit nec vidit dari antequam ascenderet podium istum; sed postquam ascendit podium dedit. Ideo quia clerici plebis dice|bant ei: «Si vis habere partem de denariis mortuorum ^{wwwww} da nobis adiutorium» unde eum episcopus excomunicavit et sacerdotem de | Luco. Sed tamen episcopus tiburtinus absolvit eum et florentinus reddidit ei pacem, non data circa; in ^{xxxxx} precipuis ^{yyyyy} in presenti sancti Martini | et sancti Iohannis et epiphanie quandoque in simbolo, in sabbato sancto, in capitulo ibat ad plebem sicut ceteri cap|pellani; de sacerdote de Luco dicit quod semper vidit teneri per abbatem, tamen alias reverentias faciebat plebi sicut ipse hoc tamen plus quia | batticabat. De mortuis qui erant de cappella sancte Crucis dicit quod clerici de plebe invitabantur ad omnes qui erant | alicuius p(re)tii et habebant partem testamenti secundum beneplacitum morientium et illi invitabantur similiter ad | plebem pro defunctis burgi; de vestimentis nescit si dabantur. De terre finibus zzzzz populi p dicit idem quod presbiter Ubertus aaaaaa. Item dicit quod | populus sancte Crucis in purificatione sancte Marie et in ramis palmarum et in omnibus precipuis festivitatibus abbatie et in diebus pasca|libus omnes maiores ibant ad abatiam in officio nec iste dicebat missam bbbbbb, nisi in pascha | missam minorem et reddebat abbate medietatem candele et cereorum, in resurrectione et in natale et medietatem de | ovis in die sancto veneris; et illi de monasterio dabant scarpsellas toti populo predicte cappelle et aponebat ipse cruces | domibus et aquam benedictam dabat. Item dicit quod de manifesto crimine | ipse conducebat homines ad plebem. De hospitali | de Calcinaria dicit quod a parvo tempore vidit illud teneri per abbatem. De alio dicit quod ex quo recordatur vidit illum k | regi per plebem set placitum inde vidit et nescit | si fuit definitum et aliud nescit.

Presbiter Petrus camerarius iurato dicit de institutione cappelle sancte Crucis et de Luco facta per abbatem, idem quod presbiter Ubertus c et idem dicit | de terminis c parrochie sancte Crucis quod ille; | de populo cappelle sancte Crucis et de reverentia exibita abbatie a cappellano in cereis, candelis et ovis, per omnia dicit idem quod presbiter Gerardus. Item dicit quod cappellanus sancte Crucis ibat ad plebem in festo sancti Iohannis Baptiste, | in simbolo, baptismo cum pueris, in letaniis cum populo et de capitulo credit; de circa dicit quod sepe audivit dici a cappellano | quod dabat et illi de monasterio non contradicebant et idem de cappellano de Luco et de cereis et candelis et ovis ab eo datis abbatie. | Item dicit quod illi de plebe invitabantur ad festum sancti Martini et missam maiorem sepius ibi cantabant cccccc et populum predicabant | et dicit quod omnibus hominibus mortuis de Luco habebat plebs vestimentum exceptis hominibus abbatis sicut audivit p a cappella|no de Luco et ab illo populo. Item dicit quod vidit ire monacos ad plebem in festo sancte Marie, suam tamen solleniter faciebant, set | a parvo tempore amore plebis remissus dddddd et illos de plebe vidit ire ad festum eeeeee sancti Michaelis. Item dicit quod litteras domini pape vidit | quibus precipit illis de plebe ne festum sancte Lucie plus solito celebrarent, festum sancti Nicolai utrique sollemniter celebrabant, | festum sancti Iacobi non nisi a parvo ffffff tempore plebs sollemniter fecit. Item dicit b quod quedam domus de burgo habebant sepulcra | apud monasterium scilicet domus Arnolfi, domus Petri Galli, domus Petrini, domus Berlingarii, domus Ricchardi, domus Russi | balbi, domus Arrigoli, domus Ildibrandini de Cedda, domus Astanicolli; harum domorum quidam sepulti fuerunt | ad abbatiam, quidam ad plebem; de illis qui iverunt de castro ad burgum ad habitandum post castri destructionem, dicit quia | veniebant in diebus pascalibus ad abbatiam, ad penitentiam ad cappellanum, in sepulturis ad monasterium. Dicit quod vidit | quando abbas et sui nuntii iverunt interdicere plebi terra q quam emerat a Gotiscialco de Padule. Item dicit quod populus de burgo solitus | erat ire ad abbatiam causa devotionis et dicit quod plebs habebat decimas de quibusdam appenditiis castri et de tota | vinea Russibalbi, que erat iuxta Elsam, ut audivit, et dicit quod de quadam vinea que est in Praticali quam abbatia e | mit a Rainaldo Ubertelli, plebs ante habebat decimam, monasterium hhh non habet ggggg et idem dicit de terra quam abbas emit a filiis | Benzi al Tornario; idem dicit de terra quam emit | a filiis Be(n)ni ad podium, de qua plebs habebat decimam. Decimam i de prato | dicit quod plebs habet, excepto de terra quam abbas dedit Bençolino, quam semper vidit dare abbatie rrrrr; terram quam emit Benti | vingna a Giunchito vidit serviri abbatie. De consuetudine quam habebat abbas apud plebem in obsequiis | mortuorum et illi de plebe ad abbatiam dicit idem quod sacerdos Ubertus. De missa que cantatur in sabbato sancto dicit idem quod | sacerdos Guido. De interdictione officii facta ab apostolico episcopatui florentino dicit idem quod presbiter Ubertus. De hospi | tali de Calcinaria et de querimonia deposita a domino apostolico dicit idem quod presbiter Ubertus. De alio hospitali dicit quod iam sunt | .XL. anni quod rectum est per plebem et aliud nescit. |

    .M.C.L.XXIII., mense martii, indictione septima hhhhhh. |

    Concordantia testium iiiiii. |

    Probavimus iiiiii domo plebis esse fundatas in allodio abbatie per Ubertellum et Spinellum et Bullionem et Tancredum | et per Martinum castaldum et per Ubaldinum de Piano kkkkkk et per Cincium et presbiterum Petrum et per Vivianum et Durantem et per Uber | tellum et per Martinum Tondum et Iohannem Pecora et per Nigrum et idem plebanus Sancti Donati confitetur et Anselminus et Trectus pro | parte qui lllll sunt testes plebis. Et horum quidam videlicet Ubertellus et Ubaldinus et Martinus castaldo distingunt illam terram | per .X. brachia ab i(n)t(ro)itorio(rum) parte et posteriori per .VII. | Et quod l plebs ipsa sit fundata in allodio abbatie probamus pro Beniaminum et Opiçinum et Tancredum et Be | gnaminus et Opiçinus distingunt quod infra hambitum plebis sunt

.VIII. brachia in longitudine versus i(n)t(ro)itu(m) æcclesie. | Per Cionem [j] et Angelum probamus denuntiationem novi operis et per Anselminum per visum et per presbiterum Ubertum et Trectum de auditu. | Decimas [o] allodii monasterii probamus dari debere monasterio per Açum sacerdotem et Lucheruçum et Grippaldum et per Iohannem Guittonis | et priorem sancti Alberti et presbiterum Petrum camerarium et per Rigittum et presbiterum Ubertum et per Astanicollum et per Cincium et privilegia omnia. | Bonum [ll] et antiquum usum populi de burgo q(uem) abbaçia habebat probamus per presbiterum Ubertum et per Arnolfinum et Angelum | et Tancredum et per Guidonem priorem et per presbiterum Petrum et per plebanum Sancti Donati et per plebanum sancti Laçari et per Cionem | et per Anselminum. | De monacho [c] Perello nobis ablato probamus per Guidonem priorem et presbiterum Ubertum et per Tancredum et Durantem et per Cionem. | Quod [c] podius iste sit de parrochia nostra et cappelle nostre probamus per parrochialia [mmmmmm] officia a nobis per cappellanum | nostrum semper [q] exhibita his qui habitabant in loco isto et hoc facimus per presbiterum [nnnnnn] Ubertum et per presbiterum Petrum camerarium et Guer|çonem et dominum Angelum et per Guidonem priorem sancti Alberti et per presbiterum Açonem et per Nigrum et per Begnaminum et Renucinum | de Dalli et Opiçinum et Tancridum et Voltam et Lodoisci et Buiotto et Martinum castaldum et Durantem et Astanicollum | et Cencium et per Iohannem Pecoram et per Ubertellum Caffarucci et per Renucinum Pilosum et per Martinum Tondum. | Et q(uod) [s] illi qui emerunt [oooooo] domos nostre parrochie debeant ad nos probamus [pppppp] pertinere per Franciscum et Boletum et Soffredellum [p] et Petrum. | Ad [qqqqqq] probandum institutionem sancte Crucis et sancti Martini non esse illorum sed nostram probamus per presbiterum Ubertum et Açonem | et Angelum et Petrum et Guidonem priorem sancti Alberti et Gerardum et Petrum camerarium sacerdotem et per Guerzonem. | Quod [rrrrrr] hospitale de Calcinaria non pertineat ad plebem probamus per presbiterum Ubertum et per presbiterum Petrum camerarium | et per Gerardum et per presbiterum Açonem et per Guerçonem et Vivianum et per Guidonem priorem et per Durante et Tancredum | et Buiottum et Opiçinum et Martinum castaldum et per Lodoiscium et Arnolfinum et per Ubertellum Caffaruci. | Quod contra [wwww] interdictum terra de Montepadule fuit empta probamus per presbiterum Ubertum et per Ubertellum et Arnulfinum. De | bono usu q(uem) habebat in obsequiis mortuorum abbas et in oblationibus probamus per presbiterum Açonem et per presbiterum Ubertum et per

Re|nucinum de Dalli et per Tancredum et per presbiterum Petrum camerarium. | Quod ^{ssssss} sacerdos sancte Crucis sit solitus in sabbato sancto canere missam ante baptismum probamus per Spinellum et Stagnavinum | et Begnaminum et per presbiterum Guidonem et per presbiterum Petrum camerarium et per Nigrum et per Iohannem Guittonis et per presbiterum et per | Iohannem Pecoram. | Antiquas ^{tttttt} sepolturas probamus per Ubertellum et per presbiterum Ubertum et Nigrum et per priorem Guidonem et per presbiterum Petrum ca|merarium et per Renucinum de Dalli et per Tancredum et per presbiterum Açum et per Buiottum ^{uuuuuu} et per ^p Cionem et Arnolfinum et Astani|collum testem plebis et per Carinbotto testem plebis et per privilegia. | Quod homines, qui de castello veteri iverunt ad burgum causa hostilitatis, debeant esse de nostro populo probamus per presbiterum | Açonem et per Guerçonem et per Galliutum et per Francesco et Guido ^{vvvvvv} et Petrum et Soffredellum. | Adfittum ^{xxxxxx} .IIII. ^{aaaaa} stariorum frumenti hoc adfitum quod nobis tenent nobis debere dari probamus per Ubertum et per | Ubertellum. |

---

^a *Il poco testo che è rimasto delle prime quattro righe è di difficile lettura a causa dell'evanitura dell'inchiostro.*   ^b *Soprascritto il richiamo .g.g. con la prima lettera in inchiostro nero e la seconda di modulo più grande in rosso.*   ^c *Soprascritto il richiamo .d.d. con la prima lettera in inchiostro nero e la seconda in onciale e in inchiostro rosso.*   ^d *–is corretto su abbr. per –us.*   ^e *abbbm con le aste della seconda e della terza b tagliate da una lineetta.*   ^f *-et espresso con nota tachigrafica.*   ^g *Soprascritto il richiamo .b.z. in rosso.*   ^h *etiam espresso con nota tachigrafica e lineetta sovrapposta aggiunta con un inchiostro diverso in un secondo momento.*   ⁱ *Segue çabuli(n)is depennato.*   ^j *Soprascritto il richiamo .b.b. con la seconda lettera in inchiostro rosso.*   ^k *Fine della pergamena.*   ^l *Soprascritto il richiamo .a.a. con la seconda lettera in inchiostro rosso.*   ^m *Rasura della pergamena che non sembra interessare nessuna lettera.*   ⁿ *Lacuna per macchia che interessa circa tredici lettere.*   ^o *Soprascritto il richiamo .z. in rosso.*   ^p *In sopralinea.*   ^q *In sopralinea aggiunto con inchiostro nero.*   ^r *Lacuna che interessa circa quindici lettere:* [..........] [serte(m)].   ^s *Soprascritto il richiamo .e.e. con la seconda lettera in inchiostro rosso.*   ^t *Una parola di cinque lettere [.rulla] presenta difficoltà di lettura.*   ^u *La prima -i- corretta su -e-.*   ^v *Nella lacuna si intravede una lettera con asta.*   ^w *h- in sopralinea.*   ^x *La parola tra parentesi quadre è stata ripassata con inchiostro nero e presenta quale unica abbreviazione l'asta della -l- tagliata. Nella copia si trova Polluni. Dopo que si trova sepelliunt(ur) con -iu- espunto dalla stessa mano che ha ripassato con inchiostro nero la parola precedente.*   ^y *hoi con segno abbr. in sopralinea su oli- depennato.*   ^z *Nella copia in festum sancti Iohannis.*   ^{aa} *Il secondo l in sopralinea su a.*   ^{bb} *Nella copia honorem officio.*   ^{cc} *scarsepl con lineetta intersecante l'asta di l.*   ^{dd} *Petrus camerarius ripassato con inchiostro nero.*   ^{ee} *In B omnes penitentiam dabat populorum, sanorum et infirmorum. In A o(mn)ib(us) corretto su precedente abbr., così come populi su populor(um), sui in sopralinea, sanis et in infirmis su sanorum et infirmorum.*   ^{ff} *In B in festo omnium sanctorum.*   ^{gg} *Segue plebe(m) poi depennato.*   ^{hh} *Soprascritto il richiamo .i.*   ⁱⁱ *Per conversim?*   ^{jj} *Segue b(us) depennato.*   ^{kk} *Così in A e in B.*   ^{ll} *Soprascritto il richiamo .c.c. con la seconda lettera in inchiostro rosso.*   ^{mm} *Così in A.*   ⁿⁿ *Lacuna per evanitura.*   ^{oo} *Lacuna per lacerazione.*   ^{pp} *ex- in sopralinea.*   ^{qq} *Soprascritto il richiamo .h.*   ^{rr} *sonabant con il secondo n espunto.*   ^{ss} *La parte corrispondente agli asterischi è stata erasa.*   ^{tt} *Su a segno abbr. depenna-*

to. [uu] *Lacuna per lacerazione ed evanitura.* [vv] i *in sopralinea.* [ww] ab *in sopralinea.* [xx] -tium *ripassato con inchiostro nero.* [yy] *Tra* veteris *e* castri, testam(en)ti *depennato.* [zz] Christo *espresso con il crismon.* [aaa] *Dopo* tamen, eo *espunto.* [bbb] *Forse una* m *con una lineetta abbr.:* monasterium? *In B sembra* in *con segno abbr.:* inde. [ccc] *Manca il segno abbr. per il primo* m. [ddd] *Segue in sopralinea* i(n)t(er). [eee] *Corretto in un secondo tempo su* Bonfanti. [fff] *In A* iret. [ggg] Christo- *espresso con* χ *e piccolo* o *soprascritto.* [hhh] *Espresso con* m *e* o *soprascritta.* [iii] *Soprascritto il richiamo* .f.f. [jjj] *Segue depennato* ve *con segno abbr. soprascritto.* [kkk] -s *in fine di parola aggiunto da altra mano con inchiostro nero.* [lll] *Segue:* sicuti reliqui cappellanis et in Sabbato Sancto crismabat pueros; de circa dicit quod semel a [(ub)] dedit et hoc fecit consilio priori et receperunt *espunto da altra mano con inchiostro nero.* [mmm] di- *aggiunto in sopralinea da altra mano con inchiostro nero.* [nnn] *Abbr. espressa con* qm *con piccola* a *soprascritta.* [ooo] -s *corretto su* -t. [ppp] -t *in sopralinea.* [qqq] *Segue depennato* peni. [rrr] d *tra due punti e virgoletta sull'asta.* [sss] *Segue depennato* mass. [ttt] *Segue depennato* de. [uuu] *Abbr. non chiare:* tc *con lineetta soprascritta, seguito da* ci *e da* oe *con lineetta soprascritta.* [vvv] ss *con segno abbr. soprascritto.* [www] *Segue* de *espunto.* [xxx] *Corretto da altra mano in sopralinea su* novera(n)t *depennato.* [yyy] *Tra* habita(n) *e* du(m), tib(us) *depennato.* [zzz] *Un'altra mano ha tracciato di seguito un segno che pare di separazione dalla parola seguente.* [aaaa] e *corretto su* i *da altra mano.* [bbbb] *Segno abbr. superfluo su* a. [cccc] *In A* du paule. [dddd] *La prima* u *maiuscola ed angolare.* [eeee] *Su* i *espunto, in sopralinea,* u *angolare corretta da altra mano.* [ffff] *Soprascritto il richiamo* .d. *scritto con inchiostro rosso.* [gggg] *La terza* a *corretta su* e; *il segno abbr. è stato aggiunto da altra mano.* [hhhh] sepelliebant(ur) *con* -n- *aggiunto in sopralinea da altra mano.* [iiii] Crucis *espresso con una croce.* [jjjj] vel *espresso con il compendio di origine tachigrafica.* [kkkk] *Sul margine sinistro in rosso un segno di difficile interpretazione.* [llll] *L'abbr.* m *con piccolo* o *soprascritto si presenta fortemente evanita.* [mmmm] *La prima* e *soprascritta su* o *espunta.* [nnnn] *Espresso con* u *e punto soprascritto.* [oooo] *A* n *segue* e(s) *espunto.* [pppp] *A* n *segue* o(s) *espunto.* [qqqq] -num *in sopralinea.* [rrrr] *Segue* iii s(cilicet) p(ro)ci *depennato.* [ssss] in officiis *aggiunto in sopralinea da altra mano.* [tttt] Michaelis *in sopralinea su* Nic(colai) *depennato.* [uuuu] alia(m) *con segno abbr. superfluo.* [vvvv] *Segue* hi *espunto.* [wwww] *Soprascritto il richiamo* .f. [xxxx] *Soprascritto il richiamo* .x.x. [yyyy] *Soprascritto il richiamo* .h.h. [zzzz] -pe- *aggiunto in sopralinea da altra mano.* [aaaaa] *Espresso con* .IIII. e *o* r *soprascritto.* [bbbbb] *Espresso con* n *e* o *soprascritta.* [ccccc] et plus *aggiunto in sopralinea da altra mano.* [ddddd] *Su* modo *con* do *depennato corretto in sopralinea da altra mano* nacho(s). [eeeee] -q(ui)l- *aggiunto in sopralinea da altra mano.* [fffff] -nu(m) *aggiunto in sopralinea da altra mano.* [ggggg] ad *aggiunto in sopralinea da altra mano.* [hhhhh] *Segue* de *espunto e depennato.* [iiiii] *Accanto a sinistra sul margine in rosso il richiamo* .b. [jjjjj] non *in sopralinea.* [kkkkk] u *angolare corretta da altra mano su* e *depennata.* [lllll] *Corretto in sopralinea da altra mano su* refectione. [mmmmm] i *corretto su* e. [nnnnn] -tini *aggiunto in sopralinea su* -ie *espunto.* [ooooo] *Espresso con* quoe *con lineetta soprascritta su* oe. [ppppp] fuit *in sopralinea.* [qqqqq] *Segue* auditui *depennato.* [rrrrr] *Soprascritto il richiamo* .z.z. [sssss] etiam *espresso con il compendio di origine tachigrafica.* [ttttt] *Segue* d *espunta.* [uuuuu] Gerardus *in sopralinea.* [vvvvv] *Lasciato in bianco uno spazio corrispondente a circa quindici lettere.* [wwwww] -ru(m) *aggiunto in sopralinea da altra mano.* [xxxxx] i(n) *aggiunto in sopralinea da altra mano.* [yyyyy] p(re), u *angolare e* s *aggiunti in sopralinea da altra mano.* [zzzzz] *Segue* t(er)re *espunto; su* finibus *il richiamo* .d.d. [aaaaaa] *La prima* u *è di forma angolare. Corretto su* Alb(er)t(us). [bbbbbb] *Segue depennato* n(isi) i(n) p(re)dicti(s) festivitatib(us). [cccccc] *Segue* ab *espunto.* [dddddd] *Corretto su* remissis *da altra mano.* [eeeeee] *Aggiunto in sopralinea da altra mano su* plebe(m) *depennato.* [ffffff] *Corretto su* pravo *da altra mano.* [gggggg] *Tra* e *e* t, ba *espunto.* [hhhhhh] indictione septima *scritto a lettere intervallate per occupare il rigo.* [iiiiii] concordantia testium *scritto con inchiostro rosso.* [jjjjjj] vi *aggiunto in sopralinea da altra mano. Su* probavimus *il richiamo* .a.a. [kkkkkk] *Da* Papaiano *sono state espunte* pa *ed* a. [llllll] *Segue* duo *depennato.* [mmmmmm] *L'ultimo* -a *in sopralinea.* [nnnnnn] pres- *in sopralinea.* [oooooo] em- *in sopralinea.* [pppppp] *Tra* proba- *e* -mus, re *espunto.* [qqqqqq] *Preceduto dal richiamo* .f. [rrrrrr] *Preceduto dal richiamo* .g. [ssssss] *Preceduto dal richiamo* .h. [tttttt] *Dopo* buio, ne *espunto e* ttu(m) *in sopraline-*

a. ^{uuuuuu} *Preceduto dal richiamo* .i. ^{vvvvvv} *Sulla* o *di* Guido *una piccola* o*, segue* do-li. ^{wwwwww} *Preceduto dal richiamo* .l. ^{xxxxxx} *Scritto a lettere distanziate ad occupare tutto il rigo.*

60

INSTRUMENTUM PERMUTATIONIS

1174 giugno 3, C e r r i t o   p i c c o l o

I fratelli Dono e Novolise figli di Pasianeri insieme alle mogli Tignosa e Piccola cedono, con il consenso di don Tignoso, priore della chiesa canonicale di Santo Stefano di Chiano, a titolo di permuta a Bernardo abate della chiesa e del monastero di San Michele di Marturi un pezzo di terra posto a C e r r i t o   P i c c o l o, che hanno a livello dalla predetta canonica, ricevendo in cambio un pezzo di terra posto a C i t i l l e.

Originale in ASFɪ, *Diplomatico*, Bonifacio, 3 giugno 1174 [A].

Pergamena mm 335 × 163, rigata, in buono stato di conservazione, a parte una lacerazione che danneggia la parte finale delle prime tre righe.

Sul r e c t o «n° 36». Sul v e r s o in alto una mano del sec. XIII scrisse «str[umentum] de Linare»; in calce, in senso inverso rispetto alla scrittura del r e c t o la segnatura «1174=5=maggio».

(SN) In nomine domini dei eterni. Anno dominice ᵃ incarnationis millesimo centes[imo] | septuagesimo quarto, tertio nonus iunii, indictione septima; feliciter. [Per]mu|tationem utriusque partis consensu fieri oportere iamdudum placuit. Placuit [nobis] | Donus et Novolise germani ᵇ filii Pasianeri et Tingnosa et Piccola uxores eorum, interrogate | legaliter ab ᶜ Aldobrandino iudice, communiter nos prenominati iugales, consensu et voluntate et | precepto domini Tingnosi, prioris ecclesie et canonice sancti Stehani ᵈ de Anclano, damus et permutationis | nomine tradimus atque concedimus tibi Bernardo, dei gratia venerabili abbati ecclesie et monasterio sancti | Michaelis de Marturi, accipienti in onorem dei eiusdemque tue ecclesie et monasterio tuisque successoribus, | in perpetuum, videlicet integram unam petiam terre quam nos habemus et tenemus a supradicta | canonica, libellario nomine, et est posita in loco ubi dicitur Cerrito Piccolo; que petia sic decernitur: | a duobus lateribus sunt ei finis terre ipsius monasterii, a tertio de subto nostra reservata, a quarto desuper via. Predictam petiam terre, una cum omnibus supra se et infra se habitis et omni iure et actione atque usu de [ea] | nobis competentibus, omnia ut predicximus, in integrum, in presenti damus et permutationis nomine tradimus tibi | supradicto abbati vice ipsius monasterii tuisque successoribus ad habendum ac possidendum | et quicquid vobis deinceps placuerit nomine ipsius monasterii faciendum, sine nostra nostrorumque heredum lite ^c contra | ditione; pro alia petia terre quam a te supradicto abbate recipimus nos supradicti iugales, simi | liter causa permutationis, ad onorem supradicte canonice et est posita in loco ubi vocatur Citille; | que sic decernitur: cui ex una parte est terra predicti monasterii, ex alia de subto similiter ipsius mo | nasterii, ex alia nostra reservata, de super via, una cum omnibus supra se et infra se habitis, in integrum. | Ut nullam litem nullamque controversiam, predicte terre et rei nomine, a nobis vel a nostris heredibus quolibet ^f modo, | aliquo in tempore, qualibet ^f ex causa, tu prenominatus abbas vel ^g tui successores aut cui eam dederitis ^h, nomine ipsius monaste | rii, sustineant, ab omni quoque homine et femina prefatam terram et rem legitime defendere et actorizare ⁱ tibi tuisque | successoribus promittimus. Et si vero nos supradicti iugales, vel nostri heredes, prenominata omnia semper fir | miter observare noluerimus, pene nomine predicte terre et rei duplum eiusdem bonitatis et estima | tionis dare, omneque dampnum tibi tuisque successoribus resarcire promittimus; et insuper hoc permutationis in | strumentum, ut superius legitur, semper firmum et incorruptum tenere spondemus. Actum in loco ubi | vocatur Cerrito Piccolo; feliciter. |

Signa ✠ ✠ ✠ ✠ manuum iam dictorum iugalium | qui hoc strumentum permutationis, ut superius legitur, fieri rogaverunt.
Signa ✠ ✠ ✠ ✠ ✠ ma | nuum Rugierocti de Linare et Ugolini de Linare castaldi ipsius monasterii et Bonam[.]ze | et Pedoni ********** ^j et Galgliuti filii Rodulfini, rogatorum testium. |

(SN) Ego Ildebrandus iudex idemque notarius huic inposui | cartule completionem. |

---

^a *In A* d(omi)niice. ^b ggi *con segno abbr. sovrapposto.* ^c *Un primo ab è stato depennato.* ^d *Così in A.* ^e *Su* lite *segno abbr. superfluo.* ^f *Espresso con nota tachigrafica.* ^g vel *espresso con il compendio di rigine tachigrafica.* ^h dederitis *soprascritto con segno di richiamo sulla linea di scrittura.* ⁱ *In A* actoriza. ^j *In bianco per lo spazio di circa undici lettere.*

Sententia

1174 dicembre 20, S p u g n a

Ugo, arciprete della chiesa volterrana, e Mauro, abate del monastero di S p u g n a , delegati da papa Alessandro III, definiscono le liti sorte tra la pieve di Poggibonsi e l'abbazia di San Michele di Marturi a causa delle cappelle di Santa Croce a Marturi e di San Martino di Luco.

Originale in ASFi, *Diplomatico*, Bonifacio, 20 dicembre 1174 [A].
Edizione: Pflugk-Harttung, *Iter*, n. 84, p. 499.
Cfr.: Kehr, III, n. 18, pp. 59-65.

Pergamena mm 635 × 384, rigata e marginata, in buono stato di conservazione. Presenta una macchia alla fine delle prime quattro righe.

Sul r e c t o «n° 289». Sul v e r s o in alto di mano del sec. XIII: «de investitura ecclesie de Luco», segue un regesto più tardo (XIV-XV secolo): «sententia data inter abbatem Podioboniçi et plebanum | plebis s. Marie de Podioboniçi per dominum Ugonem arci|presbiterum ecclesie uulterrane et per Maurum abbatem de | Spongia ex precepto pape Alexandri»; più in basso in senso inverso rispetto alla scrittura del r e c t o un'annotazione del XV-XVI secolo: «sententia data per lo arciprete de Volterra et abate | di Spugna chome la chiesa di Santo Martino a Lucho e [...] | della badia di Santo Michele a Mart(uri) di presso a Pogiobonici | et chome a detta badia s'apartiene amette a Lucho | il capellano in detta chiesa dal qual [....] tutto [   ] ordi|nano a detta badia»; in calce la segnatura «1174=20=dicembre».

(SN) In nomine patris et filii et spiritus sancti. Amen. Nos Ugo, vulterrane ecclesie archipresbiter, et ᵃ Maurus, abbas de Spongia, delegati a domino papa Alexandro ad cognoscendas lites et con|troversias, que vertebantur inter plebanum de Martura et fratres suos ex una parte, et abbatem et fratres suos ex alia; siquidem plebanus agebat condictione ᵇ ex lege decretorum contra predictum [abbatem] ᶜ de toto populo sue | plebis suarumque ecclesiarum, silicet ᵈ sancte Crucis et sancti Martini de Luco, de quo dicebat iniuriam sibi et suis ecclesiis ab abbate fieri. Et ᵉ de institutione duarum ecclesiarum videlicet ᵈ sancte Crucis et sancti Martini de Luco; de festivi|tate sancte Crucis ad quam non invitabatur et de missa, que cantatur in sabbato sancto in ecclesia sancte Crucis ante baptismum. Et de penitentiis quas dicebat abbatem et suos fratres tribuere tam in populo sue plebis quam in populo suarum ecclesiarum tam | sanis, quam infirmis et de quibusdam mortuis, silicet Silvagno et quodam Theotonico et quodam homine de Sancto Miniate, et de sepolturis mortuorum ecclesie sancte Crucis et sancti Martini de Luco, et de vestimentis eorumdem, et de quibusdam festivi|tatibus sue plebis et de pulsione campanarum pro mortuis in vigilia omnium sanctorum et de diffinitionibus ab abbate sue ecclesie factis et de privilegis plebis ab abbate fractis et de cappella sancte Crucis, quam volebat contiguam fieri abbatie | et de eo quod excommunicant populum suum et quod excommunicatos ab eo sol[vun]t et cum eis participant. Et de hospitali de Calcinaria quod esse sui iuris dicebat [f] et abbas contra suum velle ipsum ordinabat et de quibusdam suis decimis et suarum ecclesiarum. Econtra respondebat | abbas de predictis in nullo teniri. Plebanus non ad fundandam suam intentionem privilegia apostolicorum et testes et instrumenta produxit, quibus se sufficienter omnia, que dicebat, probasse allegabat. Econtra abbas respondebat plebanum nichil probasse. | Abbas econtra adversus plebanum agebat actione in rem et condictione ex lege illa: «S i q u i s i n t a n t a m[1]», et edicto: «D e o p e r i s n o v i n u n t i a t i o n e[g 2]» et actione in factum reddita loco interdicti: «q u o d v i a u t c l a m[3]»; de quadam sua terra quam dicebat | contineri infra ambitum plebis et de quadam alia terra in qua dicebat domum plebis pro parte esse fundatam. Agebat etiam [h] condictione ex lege decretorum adversus eum de quibusdam decimis et de quibusdam festivitatibus et de quibusdam sepulturis | et de bono et antiquo usu populi euntis ad monasterium intuitu orationis et de privilegiis abbatie a plebano fractis et de quodam Perello monacho mortuo et de omnibus hominibus habitantibus in parrochia sancte Crucis infra quam dicebat totum | Podium Boniczi contineri et de quibusdam casis quas dicebat esse cappelle sancte Crucis silicet, domum que fuit Mag[iu]lini et domum Baccinelli, domum Ildiprandini Mille, domum Alberti Dindi, domum Ciancii, domum Corbizi, | domum Anselmini, domum Oliverii et domum Ildibrandinutii et de bono usu quem abbas dicebat se habere apud

---

[1] *Corpus Iuris Civilis*, II, *Codex Iustinianus*, rec. Paulus Krueger, Berolini 1906[8] (rist. a-nast., Dublin-Zürich 1970), liber 8, 4 «Si quis in tantam».

[2] *Ivi*, I, *Institutiones*, rec. Paulus Krueger. Digesta, rec. Theodorus Mommsen, Berolini 1911[12] (rist. anast., Dublin-Zürich 1973), liber 39, 1 «De operis novi nuntiatione».

[3] Cfr. *Decretali di Gregorio IX*, libro II, titolo 13, *De restitutione spoliatorum*, capitolo VI, *Non obstat exceptio criminis agenti interdico unde vi, vel quod vi aut clam*, in *Corpus Iuris Canonici*, ed. Ae. Friedberg, *Pars secunda. Decretalium Collectiones*, Leipzig 1879 (ristampa, Graz 1959).

plebem in obsequiis mortuorum et de viginti quattuor sextariis frumenti et quattuor [i] sextariis afficti et de | hospitali quod est subtus burgum. Econtra plebanus respondebat se in nullo teniri, set [j] abbas ad fundandam suam intentionem privilegia, instrumenta et testes produxit quibus sufficienter dicebat se probasse quod allegabat. Econtra | plebanus dicebat nichil per predicta esse probatum. Unde [k] nos predicti delegati visis et auditis et diligenter inspectis allegationibus utriusque partis auctoritate domini pape Alexandri pronuntiamus: totum populum | burgi et de eius appenditiis in omnibus esse plebis, excepto si intuitu religionis sine submissione et non proprii arbitrii temeritate apud monasterium aliquis eorum in extremis sepelliri elegerit, quod precipimus plebi | ut non contradicat; ita tamen quod plebs habeat medietatem totius testamenti et vestimenta. Aliunde autem advenientes qui non habent in podio suas cappellas, plebi in omnibus [l] adiudicamus nisi intuitu | devotionis ut supradicti in extremis monasterium elegerint vel nisi advenerint in domibus cappellę sancte Crucis quos cappelle adiudicamus, nisi intuitu devotionis apud plebem in extremis elegerint sepelliri. Idem | per omnia precipimus de peregrinis. Cappelle vero sancte Crucis totum illum populum adiudicamus, quem tunc habebat, quando castrum vetus de Martura destructum fuit a Florentinis, illis exceptis qui acceperunt domos | vel plateas in Podio Bonizi tamquam burgenses vel qui intraverunt in domos burgensium et in eius morantur, de quibus omnibus dicimus, quod sepelliantur ad abbatiam nisi intuitu devotionis sine submissione et proprii arbitrii temeritate apud plebem | in extremis sepelliri elegerint, quod ne illi de abbatia prohibeant precipimus. Idem dicimus de domo filiorum Benzi, excepto quod vestimenta eorum familie et masnade plebi dari precipimus; quisque tamen eorum testamentum faciat pro suo | velle plebi. De populo de Luco dicimus, quod illi, qui habitant ibi, sepeliantur ad cappellam, nisi intuitu devotionis, alibi sepelliri elegerint excepto domo Pasce mulier quam plebi adiudicamus, nisi intuitu devotionis abbatiam | elegerint; testamentum quisque eorum faciat plebi pro ut vult et omnium vestimenta habeat plebs exceptis hominibus abbatis. A petitione [m] institutionis et investiture sacerdotum ecclesiarum silicet sancte Crucis et sancti Martini de Luco absolvimus | abbatem; in omnibus aliis reverentiis cappellanus de Luco ita respondeat plebi, sicut alii cappellani eiusdem plebis; ad festum quoque sancti Martini invitet clericos plebis et habeant dominium in missa et in toto officio et eos qui manifesto crimine | tenentur ducat ad plebem ad penitentiam. Idem etiam precipimus de cappellano sancte Crucis preter circam et apparatum episcopi et de invitatione clericorum plebis in festivitate sancte Crucis a quibus eum absolvimus. Missam in sabbato sancto si vult cantare | ante baptismum sibi concedimus, campanam tamen non pulset [i]. Item precipimus quod abbas et sui fratres nulli de populo plebis tribuant penitentiam sano vel infirmo. Precipimus etiam ut in nulla cappella plebis, exceptis supradictis duabus, ab | bas et sui fratres missam preter voluntatem plebani populo celebrent. De festivitatibus precipimus quod illi de plebe festum assumptionis sancte Marie sollemniter prout volunt celebrent, festum sancti Michahelis ut diem dominicum. Abbas | vero festum sancti Michahelis prout [n] vult sollemniter celebret, festum sancte Marie ut diem dominicum. De pulsatione tintinnabulorum in vigilia omnium sanctorum pro commemoratione omnium fidelium defunctorum precipimus ne [o] illi | de abbatia faciant. Precipimus etiam ne abbas de cetero et sui fratres aliquem de plebeio plebis excommunicent excepto populo sancte Crucis, vel nisi hoc faciant de illis qui monasterium depredati fuerint. Item precipimus, ne recipiant | excommunicatos plebis ad officium nec cum eis communicent. Decimam de tota terra Benzulini, de prata et decimam vinee, quam emit abbas a Ranaldo Ubertelli in Praticale et terre, quam emit a filiis Iannuculi de Casa | lia iuxta pontem Bonizi et decimam culture quam tenet [i] Peruzzo Bailo al Tribbiolo, iuxta donicatum filiorum Rustichi et decimam terre Petruculi, que est ibidem et decimam terre, quam tenet [i] Ranuccinus de Dallo | ad Olivum et decimam terre, quam tenet Ioannuccus in Luco, quam abbas emit a filiis Iannuculi de Casalia totam plebi adiudicamus. Item precipimus, ne abbas interdicat hominibus quos emit in Luco a filiis Ian | nuculi de Casalia silicet G(ri)ppaldo, Alberto [p] Raparino, Guiduccio filio Brunitti magistri, Ugolino M(en)chi et uxori Tebaldini decimam dari plebi, quam plebi dare consueverunt. Similiter nec | his quos emit a filiis Sassi in curte de Stoppie silicet Iantoni, Tinioso Lecci et Bernardo qui intravit domum M(en)chi de Scaccari. Decimam vero de Meugnano totam plebi et cappelle adiudicamus, his terris | exceptis, quas abbas suis sumptibus laborat. A petitione vero decime vinee Russibalbi et eius patrui que est iuxta Elsam et a petitione decimarum terre quas abbas acquisivit a filiis Benzi et a filiis Sassi et a filiis | Iannuculi de Casalia al Tornario, quam suis sumptibus laborat et a petitione decime vinee quam emit a filiis Sassi et a filiis Ardingi ad Monteornello absolvimus abbatem. Ex alia vero parte pro | nuntiamus ne illi de plebe festum sancte Lucie sollemniter celebrent quam diem dominicum; festum sancti Nicholai et sancti Iacobi, pro suo velle utrique celebrent. Appetitione decimationum totius prati et podii de Pa | dule et vinee filiorum Porci et terre Buiotti, que est iuxta vineam eorumdem in appendiciis veteris castri, set a petitione decime de Cippito, de Finocclito, de Casalino, de Petra Antiqua, de Valachi et de Castagneto, | de his terris de quibus plebs solita fuit recipere decimas eam absolvimus. Similiter a petitione [m] decime terre quam Bentevegna emit in Gioncheto et a petitione decime vinee Mathei et vinee Mattafelloni | et medietatis vinee Vecchi Riccardi que sunt in Calcinaria plebem absolvimus. In alia vero medietate decimationis vinee Vecchi Riccardi eam condemnamus. Decimas vero de Luco quas abbatia antiquitus | solita fuit habere de cetero libera habeat. De sepulturis cartulam diffinitionis precipimus servari. De bono et antiquo usu populi euntis aliquando ad monasterium intuitu devotionis et orationis precipimus ut de cetero | illi de plebe non prohibeant salva tamen reverentia debita plebis. Domum Brunitti de Bulisciano adiudicamus cappelle sancte Crucis, a reliquis domibus petitis absolvimus plebem. In restitutionem vero | terre posite iuxta domum Guasconis in qua domus plebis pro parte est fundata, sicuti oculata fides testibus iure iurando constrictis [q] nobis innotuit et terminis designari fecimus, pleba|num condemnamus. A petitione vero terre in qua abbas dicebat pro parte plebem esse fundatam plebanum absolvimus. Ab omnibus vero aliis questionibus coram nobis ab abbate [n] et plebano invicem factis et in | hac cartula superius comprehensis ad invicem utramque partem absolvimus. Insuper auctoritate et mandato domini pape Alexandri abbati et plebano firmiter precipimus ut neuter eorum in cotidianis officiis | populum alterius recipiat et neminem pactionibus astringant aut aliquibus promissionibus et munusculis alliciant ad suam ecclesiam in vita vel in morte venire. Hec omnia supradicta | auctoritate et mandato domini pape Alexandri firma et illibata [r] in perpetuum observari utrique parti precipimus. Ad hec omnia que in diffinitione olim inter abbatiam et plebem facta | continentur et superius dicta non sunt in omnibus sub predicta auctoritate domini pape firma in perpetuum servari precipimus. A petitione hospitalis de Calcinaria absolvimus abba|tem. A petitione hospitalis quod est subtus veterem burgum absolvimus plebem. A petitione quoque penarum utramque partem absolvimus. | Acta sunt hec in claustro ecclesie de Spongia presentibus plebano sancti Donati in Poce et plebano de Colle et plebano sancti Ypoliti et presentibus quibusdam canonicis plebis de Martura | scilicet sacerdote Guidone et presbitero [s] Ildibrando et Cione et presentibus presbitero Petro camerario et presbitero Rollando monachis de Martura et Arnulfino Christofani et Bernardino medico | et Matheo Arduinni et Calcitto et Ventura Florenzitti, Anselmino et Carimbotto et Gottifredo Ubaldini testibus et aliis pluribus. | Anno dominice incarnationis .M.C. septuagesimo .IIII., .XIII. kalendas ianuarii, indictione .VIII. |

✠ ^t Ego Ugo uulterranę ecclesię archipresbiter subscripsi.
✠ ^t Ego Maurus abbas de Spongia subscripsi.

(SN) Ego Uttigerius domini imperatoris notarius mandato domini Ugonis vulterrane ecclesie archipresbiteri et Mauri abbatis de Spongia hanc sen | tentiam scripsi.

---

^a et *tachigrafico; così passim in A.*   ^b *Il secondo* c *soprascritto tra* i e t *con richiamo sul rigo.*   ^c *Lacuna per macchia.*   ^d -et *espresso con nota tironiana; così passim in A.*   ^e *All'inizio di frase sempre una* e *maiuscola onciale.*   ^f dicebat *in sopralinea.*   ^g *In A* nutiatio(n)e.   ^h *Espresso con il simbolo di origine tachigrafica; così passim in A.*   ⁱ *In A* IIII *con* or *soprascritto.*   ^j -et *espresso con nota tachigrafica.*   ^k u *di forma angolare.*   ^l *Segue* omnibus *depennato.*   ^m *In A* appetitione *con il primo* p *espunto.*   ⁿ *In sopralinea.*   ^o *In sopralinea su* de *espunto.*   ^p *In A* Abbto.   ^q *Segue* co(n)sc(ri)pi *depennato.*   ^r *Segue* p *espunto.*   ^s *Segue* po *depennato.*   ^t *Croce e firma autografa.*

62
APPELLATIO

dopo il 1174 dicembre 20

L'abate e i monaci del monastero di San Michele di Marturi si appel-
lano al papa contro la sentenza pronunziata da Ugo arciprete volterrano e
Mauro abate di Spugna, delegati papali, nella causa che li opponeva alla
pieve di Marturi, ritenendola lesiva verso il loro monastero.

Copia in ASFI, *Diplomatico*, Bonifacio, 1175 [B].
Regesto: KEHR, n. 19, p. 65.

Pergamena mm 231 × 172, in buono stato di conservazione.
Sul r e c t o «n° 262». Sul v e r s o in calce la segnatura «1175».

Insinuamus [a] clementie vestre, sanctissime [b] pater, quoniam [c]
sententiam quam [d] protulit archipresbyter vulterranus super causam [e] que
vertebatur | inter [f] monasterium et [g] plebem de Martura sibi et abbati de
Spongia concordia [h] vel [i] iudicio finienda a vestra sede sanctissima
dele|gata, quam etiam [j] nec sententiam nominare debemus, observare vel
tenere nullatenus qualibet ratione compellimur [k], | primo quoniam [c] litem
illam nec iudicio neque concordia sed suo proprio arbitrio terminare
voluerit cum in mandato vestro | sibi diligenter fuerit assignatum [l] ut
absque lesione partis alterius silicet [m] iura consuetudines et [n] libertates
servando | iudicio vel concordia diffiniretur. Quod taliter transgressum
esse dinoscitur, quoniam [c] nulla fuit de sententia inter partes | concordia,
iudicium autem non sequens [o] vestri mandati terminos nimium excessit,
videlicet [p] de actione duarum ecclesiarum | nostrarum quas ab initio nostri
monasterii [q] possedimus inconcusse et de populo eorundem ecclesiarum.
De festivitate quoque sancte Crucis [r] et sancti Mar|tini de Luco, de missa
etiam quae cantatur in sabbato sancto in ecclesia sancte Crucis [r], de
sepulturis insuper mortuorum sancte Crucis [r] et sancti Martini de | Luco.
Item de vestimentis mortuorum, item de pulsatione campanarum pro
mortuis in vigilia omnium sanctorum, item de diffinitio|nibus, item de

privilegiis, item de capella sancte Crucis ^r, quam ^s plebani volebant abbatie fieri contiguam, item de decimis ecclesiarum plebis. | Hec sunt .XI. capitula in quibus sanctitatis vestre mandatum excessit ^t. [...] preter eos qui intraverint domos capelle sancte Crucis; | enormem autem lesionem monasterii nostri clementie vestre assignamus, quod omnes supervenientes plebi in omnibus adiudicavit ^u contra rationem | et omnium ecclesiarum consuetudinem et contra ^v auctoritatem privilegiorum nostre ecclesie ab appostolicis ^w indultorum et contra manifestam et inrefragabilem | probationem .XX.duorum testium quibus perspicue probavimus totum Podium Boniti semper fuisse de parrochia monasterii. Similiter mona|sterium enormiter lesum esse denuntiamus in eo quod proventum decimationum possessionum nostrarum plebi seu cappellis adiudicavit. Contra ^v auctorita|tem omnium privilegiorum nostrorum et precipue contra ^v auctoritatem privilegii vestre claritatis et precipue de decimis Benzi ^x. Item | in eo quod iussit cappellanos sancte Crucis ^r et sancti Martini de Luco in omnibus velud alios cappellanos eiusdem plebis reverentiam plebi exhibere | cum hoc nec in mandatis habuerint nec unquam actenus fuerit consuetum. Item de dominio misse et totius officii quem in ecclesia sancti Martini de | Luco eis habendum decrevit. Item de pulsatione campanarum in vigilia omnium sanctorum pro mortuis quam ^d ne monasterius faceret inhibuit. Item de [petitione] ^y | terre super quam ^d plebs ab anteriori parte fundata est quod contra ^v rationem et contra ^v omnia privilegia nostra plebanos proprio arbitrio denuntiavit ab [initio] ^z. | Item vestre clementie suggerimus quia iuramentum calumpnie nec exquisivit nec recipere voluit annostra parte petitum et | [.....] ^{aa} volente. Item quia quedam potiora dicta quorundam nostrorum honorabilium testium videlicet ^m presbiteri Uberti, Arnulfini, | Lodovisii, Volte et etiam Guerzonis scribere minime fecit. Item quia Bernardum de plebe ad reddendum testimonium iurare ^{bb} | non coegit quem studiosius exquirebamus presertim cum sit homo bone oppinionis et quia plenarie noverat terminos nostre possessionis | super quam plebs de Podio et domus eiusdem plebis pro parte fundate sunt et etiam de nuntiationem novi operis factam a parte sciebat. Item | quod in mensura domus plebis manifeste discordavit plebis ^{cc} a testibus his omnibus et a nostris ^{dd} monasterium enormiter et intollerabiliter | esse lesum asserimus et quoniam tam fortiter nos pregravatos conspeximus sententiam. Si tamen sententia esset per appellationem infra | legitimos dies suspendimus. Unde ^{ee} ad vestros pedes confugientes iustitiam a vobis humiliter ^{ff} nobis fieri postulamus. | Item de terra quam plebani emerunt contra interdictum de qua testes recepit et in sententia nichil dixit [gg]. | ✠ [hh] in medietatem testamenti defunctorum apud monasterio sepultura eligentium. Item in vestimentis familiarium filiorum Benzi.

[a] *Il documento inizia con una* i- *in forma allungata ed* -n- *capitale.* [b] *Segno abbr. omesso.* [c] *Espresso con* qm *e segno abbr. su* m. [d] *Espresso con una* q *dall'asta tagliata perpendicolarmete e da una* a *soprascritta.* [e] *Espresso con* ca *e piccolo* a *soprascritto.* [f] i- *con lineetta soprascritta e su* m *di* monasterio *una piccola* t *con segno abbreviativo soprascritto per* -er. [g] et *in forma tachigrafica. Così passim in* A. [h] con- e- *spresso con il segno abbr. speciale di origine tachigrafica. Così passim in* A. [i] *vel espresso con il segno di origine tachigrafica. Così passim in* A. [j] *etiam espresso con il segno di origine tachigrafica. Così passim in* A. [k] -r *corretta su* p. [l] *Su* g *una piccola* a. [m] -et *espresso con nota tachigrafica.* [n] et *in legatura.* [o] seque *con segno abbr. in forma di* s *sulla seconda* e. [p] v *in forma angolare.* -et *espresso con nota tachigrafica.* [q] *Espresso con* mo *e segno abbr. in forma di* s *soprascritta.* [r] Crucis *espresso con una croce e quattro punti negli angoli formati dai bracci.* [s] qua *con lineetta soprascritta.* [t] *Fin qui scritta in modulo più grande. La stessa mano ricomincia i modulo più piccolo con una* s *maiuscola particolarmente evidenziata seguita da una croce.* [u] *Segue tra* u *e* c *in sopralinea una croce, forse un segno di richiamo.* [v] *Espresso con* cc *e piccola* a *soprascritta.* [w] *Espresso con* applici *con l'asta di* l *tagliata ed* s *soprascritto all'ultimo* i. [x] *Su* i *una croce, forse un segno di richiamo.* [y] *Lacuna per foro e per mancanza dello strato superficiale della pergamena.* [z] *Lacuna corrispondente a quattro lettere per mancanza dello strato superficiale della pergamena.* [aa] prare *con segno abbr. circonflesso soprascritto. Da sciogliersi forse con* probare. [bb] i *abrasa.* [cc] *Scritto in sopralinea da altra mano con inchiostro più chiaro.* [dd] *Scritto in sopralinea da altra mano con inchiostro più chiaro da* et *fino a* nostris. [ee] u *di forma angolare.* [ff] m *di forma onciale.* [gg] *Da* item a dixit *aggiunto da altra mano con inchiostro più chiaro.* [hh] *Segno di richiamo in forma di croce.*

ALEXANDRI III PAPAE LITTERAE

(1173-1176) settembre 18, Anagni

Papa Alessandro III ingiunge al pievano e ai chierici della pieve di Marturi di rispondere immediatamente alle questioni riguardanti la controversia con il monastero davanti ai giudici delegati dallo stesso pontefice. Inoltre ordina di non molestare l'ospedale di Calcinaria, che si trova dal tempo di Innocenzo II sotto la protezione papale.

Copia in ASFi, *Diplomatico*, Bonifacio, 1175 [B].
Edizioni: G. D. MANSI, *Sacrorum conciliorum nova et amplissima collectio*, XXII, *ab anno 1156 usque ad annum 1225*, Venetiis 1778, n. 2, p. 323; FRIEDBERG, *Quinque compilationes*, p. 15; PFLUGK-HARTTUNG, *Acta*, III, n. 249, p. 244, da B.
Regesti: PFLUGK-HARTTUNG, *Iter*, n. 1040, p. 809; JAFFÉ, n. 9191 all'anno 1159-1181; JAFFÉ-L., n. 12666 all'anno 1173-1176.
Cfr.: KEHR, III, n. 14, p. 64.

Cfr. doc. 54.

Alexander episcopus servus servorum dei, dilectis filiis plebano et clericis plebis marturensis, salutem et apostolicam benedictionem. Miramur | [plur]imum ᵃ et movemur quod cum causam que inter ᵇ vos et dilectos filios nostros abbatem et fratres marturenses monasterii vertitur dilectis filiis nostris | archipresbitero vulterrano et abbati de Spongia, commisissemus fine debito terminandam et abbas et fratres parati essent iudicium eorum subire, | si vos eius ᶜ super questionibus quas adversus vos proponunt deberetis in continenti respondere vos sicut idem iudices suis nobis litteris | [inti]maverunt, id efficere noluistis. Unde ᵈ quoniam rationis ordo exigit, ut, qui sibi vult ab alio iustitiam fieri, ei non debeat, quod iustum est, | [denegare] universitati vestre per apostolica scripta precipiendo mandamus et mandando precipimus, quatinus actione, quam ad|versus predictos abbatem et fratrem intenditis proposita ᵉ et responsione facta, eidem ᶠ abbati et fratribus coram predictis iudicibus et in continenti | respondeatis, [ut] causa vestra et ipsorum vicissim post modum audiri debeat et terminari. Nos enim eisdem ᵍ iudicibus dedimus |

in mandatis, ut vos ad [id] efficiendum instanter moneant et auctoritate nostra districte compellant. Nichilominus etiam vobis | mandamus atque precipimus, ut hospitale de Calcinaria, quod beate memorie Innocenti pape sub beati Petri protectione | recepit, de cetero nullatenus indebite fatigare aut perturbare quomodolibet ᵸ presumatis, et de [..] ⁱ quod monachos | et clericos [...] ʲ monasterii, qui ibi officium celebrabant, excommunicare ausi fuistis, ita congrue et plenarie satis | faciatis, quod ad nos amplius non debeat huiusmodi querela perferri et vos si secus egeritis, duplicem non debeatis | penam portare. Sicut enim non licet ᵸ vobis clericos alterius episcopatus excommunicare ita quoque et multo minus licuit vobis | monachos vel clericos nostros excommunicationi aut interdicto subicere et ideo nos sententiam ipsam decernimus nullam | fuisse. Datum Anagnie ᵏ, .XIIII. kalendas octobris.

ᵃ *Lacuna per lacerazione.*   ᵇ *Lacuna per macchia.*   ᶜ *Così in B.*   ᵈ *u di forma angolare.*   ᵉ *Alla fine della parola un –s depennato.*   ᶠ *ei è staccato* de(m).   ᵍ *u erasa.*   ᵸ *-et espresso con nota tachigrafica.*   ⁱ *Lacuna per rasura.*   ʲ *A causa di una macchia si legge solo una* r *con segno abbr.*   ᵏ *Scritto a lettere distanziate che coprono tutto il rigo.*

64

BREVE FINITIONIS ET REFUTATIONIS

1175 gennaio 2, Poggibonsi

Martino m a i s t r u s e la moglie Aimelina refutano a Bernardo abate della chiesa e del monastero di San Michele di Marturi un pezzo di terra posto a Megognano, che i detti coniugi tenevano per il monastero, e ricevono da lui quaranta soldi.

Originale in ASFi, *Diplomatico*, Bonifacio, 2 gennaio 1174 [A].

Pergamena mm 345 × 90. Presenta alcune macchie la più estesa delle quali copre la fine delle righe 13-16 e 34-38; dei piccoli fori impediscono la lettura delle ultime due lettere della ventiquattresima riga.

Sul r e c t o «n° 35». Sul v e r s o si legge un regesto di mano del XIV-XV secolo, in parte coperto dal timbro del Diplomatico: «ista est cart(ula) quod Martinus magister | et Aimelina uxor dederunt, finie | runt et concesserunt Bernardo abbati | sancti Michaelis de Podio Boniçi unam | petiam terre posita in Megugnano | quam predicti tenebant a dicto | abbate»; a metà si trova un'annotazione contemporanea di altra mano: «de la terra de Meungnano». In calce, in senso inverso rispetto alla scrittura del r e c t o la segnatura «1174=2=gennaio».

Stile dell'Incarnazione, computo fiorentino.

(SN) In Christi nomine. Breve finitionis, refutati | onis, securitatis ac firmitatis pro futura | ostensione, quod factum est in Podio Bonicti, in presentia | Aldobrandini de Talcione et Rustiki de Abbatia | et Ugoni fabbri et Guidonis; in eorum predictorum | presentia, Martinus maistrus et Aimelina uxor | eius, per consensum viri sui, insimul ipsi iugales finie | runt et refutaverunt et concesserunt Bernardo abbati | ecclesie et monasterio sancti Michaelis de Marturi suisque | successoribus, in perpetuum, videlicet[a] integram unam | petiam terre que est a Meongnano posita, quam predicti | iugales tenebant a supradicto abbati, cui ex | una parte est terra Rugierini, ex alia Capacci | ni, ex alia Arnolfini ex alia via. Predictam petiam | terre una cum omnibus supra se et infra se [habitis], in in | tegrum, ut ipse abbas et eius successores [aut] cui eam | dederint utilitate ipsius monasterii, habeant eam | et teneant et faciant exinde a presenti die quicquid | ei placuerit sine predictorum iugalium eorumque | heredum lite [b] contraditione vel [c] repetitione et | omni iure et actione atque usu de ea eis predictis iugalibus | competentibus. Et insuper sponderunt et promiserunt pre|dicti iugales pro se ipsis eorumque heredibus ut si unquam | in tempore per se ipsos vel per eorum supmittentem personam [aut] | ingenium seu per eorum factum contra predictum abbatem | vel [c] eius successores aut cui eam dederint [d] in aliquid ex|inde agere, causari vel [c] eos molestare aut in placito | vel [c] extra placitum fatigare presumpserint per quodlibet [a] in|genium, vel [c] si exinde apparverit datum aut factum | vel [c] quodlibet [a] scriptum firmitatis, quod ipsi in aliam partem | factum habeant aut in antea faciant, et claruerint, | et exinde omni tempore taciti non permanserint [e] et omnia, ut dictum est, | non observaverint, tunc componituri et daturi esse debe|ant predicti iugales vel [c] eorum heredes ad supradictum abbatem | vel [c] ad eius successores aut cui eam dederint nomine pene du|pla querimoniam unde causaverit et insuper nomine pene | bonorum denariorum [f] libras .IIII. et post penam | datam hec finis semper firma sit; et pro illa finitione | et refutatione dedit iam dictus abbas a supradicti | iugales solidos quadrainta bonorum denariorum. | Factum est hoc anno dominice [g] incarnationis millesimo | centesimo septuagesimo quarto, quarto nonus ianu|arii, indictione .VIII.; feliciter.

Signa ✠ ✠ manuum | iam dictorum iugalium qui omnia, ut superius legitur, fieri rogaverunt. |

(SN) Ego Ildebrandus iudex idemque | notarius huic inposui fine completionem. |

---

[a] -et *espresso con nota tachigrafica.*　[b] lite *con segno abbr. superfluo.*　[c] vel *espresso con il compendio di o-rigine tachigrafica.*　[d] *Il secondo* -de- *in sopralinea.*　[e] -man- *in sopralinea.*　[f] *Segue* sol *depennato.*　[g] d(omi)niice *come solito in Ildebrando.*

65

BREVE INVESTITIONIS ET CONCESSIONIS

1175 ottobre 26, Poggibonsi

Rolando, abate della chiesa e del monastero di San Michele di Marturi, con il consenso dei suoi monaci concede per investitura a Giovanni Gacco cinquanta s t a i o r a s di terra e vigna posti a Montemorli, con l'obbligo di costruirvi un'abitazione in cui risiedere, di corrispondere annualmente un moggio di frumento e di non alienare in alcun modo detta terra e vigna se non alla chiesa stessa. Per questa investitura l'abate riceve da Giovanni Gacco quaranta soldi.

Originale in ASFi, *Diplomatico*, Bonifacio, 26 ottobre 1175 [A].

Pergamena mm 350 × 280 (160), rigata; rosicature e una macchia di umidità interessano le prime quindici righe lungo il margine destro.
Sul r e c t o «n° 290». Sul v e r s o un'annotazione del XII-XIII secolo: «cartula Iohannis Gatie d(e) Casalia»; di mano moderna (post XVII secolo) «carta di terreni a Mo(n)temorli»; in calce la segnatura «1175=26=ottobre».

(SN) In Christi nomine. Breve investitionis et concessionis tenimenti nomine quod factum est [in Po] a | dio Bonicti in presentia Appressati et Alberti de Pastine et Guerzoni de Papai[ano] | et Rugieri et Venerucci de Casallia, istorum et aliorum presentia, Rolandus dei [gratia] | venerabili abbas ecclesie et monasterio sancti Michaelis de Marturi, per consensum monachorum [fratrum] | suorum, dedit et concessit atque investivit nomine tenimenti Iohanni Gacco suisque heredibus, | videlicet b integre quinquaginta stariorum inter terras c et vineas que sunt a Monte[morli] | infra os terrifines silicet usque ad fluvium Else et usque ad stratam que vadit supra Frassito, pred[ic] | tas quinquaintas staioras terras et vineas una cum omnibus supra se et infra se haben[tibus] | in integrum sic ipse prenominatus abbas de prenominatis terris et vineis ut dictum est prefatum | Iohannem investivit et inconcessit ad laborandum et tenendum, ut ipse d Iohannes et suique heredes ipsas | terras et res habeant et teneant et laborent [e] et meliorent. Et omni anno in mense augusti iam dic|tus Iohannes vel eius heredes vel eorum missos dent a supradicto abbati vel ad eius succes|sores vel ad eorum ministros unum modium frumentum nomine ficti ad sexstari[um] | venditale de Marturi et non amplius tali pacto, quod nullo modo liceat iam dicti Iohanni vel | eius heredes eas terras et vineas vendere vel pingnorare vel alio modo alienare nisi | in predicto monasterio et insuper super ipsas terras mansionem faciendum et residen|dum atque habitandum. Et si ita adimpleverint, si iam dictus abbas vel eius suc|cessores ad predictum Iohannem vel ad suos heredes de prenominatis terris et vineis tam | de mobili quam et inmobili minuere vel retollere aut amplius quam superius legitur eis | superimponere presumpserint, tunc componituri et daturi esse debeant iam dictus abbas | vel eius successores ad iam dictum Iohannem vel ad eius heredes nomine pene bonorum | denariorum solidos .C. Et si ipse Iohannes suique heredes iam dictas terras et vineas peiora|re atque subtraere vel dimittere [f] presumpserint et predictum modium [g] | frumentum annualiter non dederint et pacto non observaverint, tunc compo|nituri et daturi esse debeant ad [h] iam dictum abbatem vel ad eius successores | similem penam solidos .C. Et pro ipsa investitione et concessione recepit iam dic|tus abbas solidos .XL. bonorum denariorum a supradicto Iohanni [i] et insuper su|pradictus Iohannes iuravit ad sancta dei evvangelia predictum modium frumen|tum omni anno in predicto monasterio dare et non retinere studiose sine para|bola predicti abbati vel de suis successoribus. Factum est hoc an|no dominice [i] incarnationis .M.C.L.XXV., .VII. kalendas novembris, indictione nona; feliciter. |

Signum ✠ manus iam dicti Iohannis qui omnia ut superius legitur fieri | rogavit.

(SN) Ego Ildebrandus iudex idemque notarius huic in|posui scripto completionem.

---

[a] *Lacuna per rosicatura e macchia e così passim in A.*   [b] -et *espresso con nota tachigrafica.*   [c] *Su a segno abbr. superfluo.*   [d] *In sopralinea con segno di richiamo.*   [e] -ent *espresso con nota tachigrafica e lineetta soprascritta così passim in A.*   [f] *Segue* p(re)di *depennato.*   [g] *Segue* st *depennato.*   [h] ad *in sopralinea con segno di richiamo.*   [i] *Preceduto da* Ioh *depennato.*   [i] *Nell'abbr. tipica di questo notaio* dniice *e segno abbr. sovrapposto.*

66

LIBELLUS ET CARTULA FINITIONIS

1177 febbraio 22, Poggibonsi

Rolando, abate della chiesa e del monastero di San Michele di Marturi, allivella ai fratelli Vicino e Bonfigliolo, figli di Guiditto, un pezzo di terra e vigna posto a I s o l a d e i C a m p i, per il canone annuo di tre denari da pagare il giorno di Natale. Dai predetti concessionari riceve il prezzo di due soldi oltre alla refutazione di ogni diritto ed azione che compete ai due fratelli su un pezzo di terra e vigna posto accanto all'Elsa.

Originale in ASFI, *Diplomatico*, Bonifacio, 22 febbraio 1176 [A].

Pergamena mm 383 × 152 (142), rigata e marginata; in buono stato di conservazione.
Sul r e c t o «n° 291». Sul v e r s o di mano del XII-XIII sec. l'annotazione: «cartula Vicinii et Bonfilioli»; di mano del XIV secolo un regesto in sette righe: «In contrata de campi: est una petia terre | cum vinea quod terram et vineam abbas Rolandus dedit | possidendum Vicino et Bonfiliolo pro annuo censu trium | denariorum solvibil(ium) dicto monasterio in alba Natalis | pro qua datione terre predicti Vicinus et Bonfiliolus | renuntiaverunt omni iure quod habebant in qua dicta terra | et vinea posita iusta Elsam pro ut in dicta terra continetur».
Stile dell'Incarnazione, computo fiorentino.

(SN) In nomine domini dei eterni. Anno dominice incarnationis millesimo centesimo | septuagesimo sexto, .VIII. kalendas martii, indictione .X.; feliciter. Ego | Rolandus, dei gratia venerabili abbas ecclesie et monasterio | sancti Michaelis de Marturi, secundum convenientiam nostram ad ha|bendum, tenendum, laborandum, fruendum libellario nomine dare | previdi vobis Vicino et Bonfiliolo germanis [a] filiis Guidicti | vestrisque heredibus, videlicet [b] unam petiam terre et vinee que est | in Isola de Campi posita, cui ex una parte est terra Perucci | maistri, ex alia desuper Ugolini Pancaldi, de subto Ciappoli|ni, a quarto vestra prenominati germani [c]. Infra os terrifines, sicut vos | mostrastis et pedovastis a castaldo ipsius monasterii, habeatis | una cum omnibus supra se et infra se habitis in integrum vobis vestrisque | heredibus [d] dare et firmare previdi. Et mihi iam dicto abbati meisque suc|cessoribus vel nostro misso vos prefati germani vestrique heredes sive | per vestrum missum dare debeatis pensionem pro iam dicta terra ᶜ et | vinea annualiter in alba natalis domini denarios tres | sine commestione bonos et expendibiles et non amplius; quicquam | tali pacto quod nullo modo liceat vobis ea terra et vinea vendere | vel pingnorare vel alio modo alienare sine licentia mea ᶠ predicto abba|ti vel de ᵍ meis successoribus. Et si vobis adimplentibus, si ego | supradictus abbas vel mei successores de predicta terra et vi|nea tam de mobili quam et inmobili minuere vel retollere | aut amplius quam superius legitur vobis superimponere presumpserimus | aut si vobis exinde ex alia parte intentio evene|rit et nos vobiscum ʰ non steterimus ⁱ et iam dictam terram et vineam | vobis non defenderimus tunc componituri et daturi vobis esse | debeamus nomine pene bonorum denariorum libras tres | per vos et vestros heredes ᶠ sub eandem penam promittentem predictam pensio|nem annualiter ut superius legitur solvere et pro hac con|cessione recepi ego iam dictus abbas solidos .II. a vobis | Vicino e Bonfiliolo. Unde duo libellos uno tenore | fieri rogaverunt. Et insuper nos supradicti Vicinus | et Bonfiliolus finimus et refutamus omne ius et actionem | et requisitionem seu usum quam nobis pertinet aliquo modo de | una petia terre et vinee que est iusta Elsam posita, cui | ex una parte ᵈ detinet ᵇ filiorum Bernardi Cioni, ex alia Ciappolino, | ex alia similiter Ciappolino, ex alia ⁱ Elsa ᵏ, tibi iam dicto | abbati tuisque successoribus et insuper ˡ per nos nostrosque heredes | promittimus tibi abbati sub penam .C. solidorum tibi vel ᵐ tuis suc|cessoribus solvendam predictam nostram refutationem semper fir|mam tenere et non removere. Actum in Podio Bonicti; feliciter. |

Signa ✠ ✠ manuum iam dictorum germanorum ⁿ qui omnia ut superius | legitur fieri rogaverunt.

Signa ✠ ✠ ✠ ✠ manuum Martini Medallie et Gridavini et Martini Ariczi | et Ariczo, rogatorum testium. |.

(SN) Ego Ildebrandus iudex idem[que notarius huic] | inposui libello et fine complet[ionem].

ᵃ ggi(s) *con segno abbrev. sovrapposto.* ᵇ -et *espresso con nota tachigrafica.* ᶜ gg *con segno abbrev. so-vrapposto.* ᵈ *Aggiunto in sopralinea con richiamo sul rigo.* ᵉ *Segue* r *una lettera depennata.* ᶠ *Aggiunto in sopralinea.* ᵍ *Segue* suis *depennato.* ʰ *Forse* c *corretta su* t. ⁱ *Il secondo* te *in sopralinea.* ⁱ *La se-conda* a *soprascritta ad* i. ᵏ *Seguono quattro punti disposti a forma di rombo.* ˡ *Segue* pro *depennato.* ᵐ vel *espresso con il compendio di origine tachigrafica.* ⁿ ggor(um) *con segno abbrev. sovrapposto.*

67

LIBELLUS

1177 marzo 24, Poggibonsi

Rolando, abate del monastero di San Michele di Marturi, allivella a Guidotto e a Benincasa di Lecchi un pezzo di terra e vigna posta nel p a - d u l e di Papaiano, nel luogo detto a l F o n d o , per il canone annuo di dodici denari più una c o m e s t i o n e da pagare per la festa di san Giovanni Evangelista. Per tale concessione riceve da Guidotto e da Benincasa dieci lire, con il patto che se desiderassero venderla dovranno per primo offrirla al monastero per un prezzo minore e se passati trenta giorni non fosse desiderio dei monaci acquistarla, potranno cederla a chi vorranno, salvo restando lo i u s p r o p r i e t a t i s .

Originale in ASFI, *Diplomatico*, Bonifacio, 24 marzo 1176 [A].

Pergamena mm 240 × 128 (117) in buono stato di conservazione salvo un foro sulla settima e sull'ottava riga e uno più piccolo sulla ventiquattresima.
Sul r e c t o «n° 38». Sul v e r s o di mano del XII-XIII secolo in libraria: «Guidocto e Beneincasa de Lechie»; di mano del sec. XIV «(C) ista est carta in qua continetur quod abbas | Rolandus monasterii sancti Micha[elis de Podiob]oniçi | concessit in [enfiteosi] unam petiam terre cum [una] | vinea posita in padule de Papaiano | Guidocto et Benincase ita quod [.......] debeant | dare dicto monasterio .XII. denarios et unam comestionem | in festo sancti Iohannis»; in calce evanita una segnatura archivistica.
Stile dell'Incarnazione, computo fiorentino.

(SN) In nomine dei eterni. Anno ab incarnatione eius .M.C.LXXVI., indic|tione .X., .VIIII. kalendas aprelis. Ego Rolandus abbas monasterii | sancti Michahelis de Martura concedo vobis, scilicet [a] Guidotto et Bene|incase de Lichie vestrisque heredibus, in perpetuum, unam terre petiam et vine|am positam in padule de Papaiano, in loco qui dicitur al Fundo cum omnibus que | super se et infra se habet cum omni iure et actione que m(ihi) pertinet [a] vice dicti mo|nasteri de predicta terra [et] vinea; cuius ex una parte Stagie flum(en) currit, | ex duabus parti[bus ....]ia [b] habet Buiamo(n)s et Bonafides et Tancredus | et Torsellus et

Fronte, cuius concessionis c(irc)a .X. libras bonorum denariorum re | cepi et promitto ut habeatis et teneatis iure libellario [c] et omni anno in festo sancti Iohannis de | nativitate domini mihi iam dicto [d] abbati vel [e] meis successoribus .XII. denarios | bonos et expendibiles solvatis et vestri heredes ulterius com(m)estione(m) recepturi [f]. Et hoc pacto vobis con | cedo, ut si in aliquo tempore vos vel vestri heredes predictam terram et vineam vendere | volueritis alicui mihi vel meis successoribus dare debeatis pro minori pretio sci | licet [a] .XX. solidorum q(uam) [g] ab alio potestis habere sine asto infra .XXX. di | es post inquisitionem et si accipere noluerimus exinde tribuatis iure libella | rio cuicumque volueritis salva proprietate dicte terre et vinee et iam dicta pen | sione et ex pacto tenitorem supradicte terre et vinee restauretis [h] ad | laudamentum domini Asagiapani et sacerdotis Gerardi de Lichie. Unde per me | meosque successores duplum nominate concessionis sollempniter promitto si [i] predictam | terram et vineam [j] molestare vobis [k] vel vestris heredibus voluero vel mei suc | cessores vel si predicte pensioni addere voluero et si ab omni homine legitime | non defendero vel mei successores vobis vel vestris solvendum heredibus si quod dictum est | superius non observabo vel mei successores vobis obligantibus sub eadem pena per vos | et vestros heredes pensionem omni anno in iam dicto cenobio solvere et omnia pacta | observare nominata penaque fidem servanti soluta suum predicta robur obti | neant. Actum in Podio Bonizi, territurio florentino, coram Rustico Abbatis, | Spinello Abbatis et Martino Puttulo, testibus rogatis. |

(SN) Ego Maurinus sacri palatii iudex et notarius ut legitur | scripsi superius supradictis rogantibus.

---

[a] -et *espresso con nota tachigrafica.* [b] *Lacuna per circa dieci lettere.* [c] iure libellario *in sopralinea.* [d] *Segue* l *depennato.* [e] vel *espresso con il compendio di origine tachigrafica; così passim in* A. [f] commestionem recepturi *in sopralinea.* [g] *Espresso con* q *con piccolo* a *sovrascritto e asta tagliata dal segno abbr.* [h] *Segue* al *depennato.* [i] i *inserita in un secondo tempo.* [j] *Segue* n *con segno abbr. depennato.* [k] vobis *ripetuto.*

68

1177 marzo 30, Poggibonsi

Rolando, abate della chiesa e del monastero di San Michele di Marturi, allivella a Bastardo figlio di Martino Selvagni una piazza della superficie di braccia nove per venti, posta accanto al P o d i o , per il canone annuo di dodici denari da pagare il giorno di Natale. Per tale concessione riceve da Bastardo quarantaquattro soldi. Inoltre Bastardo dichiara pubblicamente il monastero come futuro luogo di sepoltura per sé e la sua famiglia.

Originale in ASFi, *Diplomatico*, Bonifacio, 30 marzo 1177 [A].

Pergamena mm 381 × 138, rigata e marginata in buono stato di conservazione.
Sul r e c t o «n° 110». Sul v e r s o di mano del sec. XII-XIII: «cartula Bastardi»; di mano del sec. XIII-XIV: «de plateis Podii Boniçi»; segue in calce in senso inverso rispetto alla scrittura del r e c t o , evanita, la segnatura: «1177=30 marzo».

(SN) In nomine domini dei eterni. Anno dominiice [a] incarnationis millesimo | centesimo septuagesimo septimo, .III. kalendas aprilis indictione | .X.; feliciter. Ego Rolandus dei gratia venerabili [b] abbas ecclesie et | monasterio sancti Michaelis de Marturi una per consensum monac|horum fratrum meorum, secundum convenientiam nostram, libellario nomine | do et concedo atque trado tibi Bastardo filio Martini Selvangni | tuisque heredibus, videlicet [c] unam placzam terre extra Podium, | posita iusta Podium, que est iusta mensurata .VIIII. brachia per | amplitudinem et per longum vero .XX., cum omnibus supra se habitis | in integrum tibi tuisque heredibus dare et firmare previdi ad h|abendum, tenendum, dificandum, et quicquid tibi placuerit facien|dum. Et michi, iam dicto abbati, meisque successoribus vel nostro | misso tu, prefatus Bastardus, tuique heredes sive per vestrum missum | dare debeatis pensionem pro iam dicta placza terre annualiter [d] | in alba natalis domini denarios duodecim bonos et expendibi|les et non amplius et commestionem debeamus dare omni anno [e] | ad unum hominem quando predictam pensionem aducxeris. Tali pacto | qualecumque ratione habet comes Guido de suis plateis | atque casis in terra ista [f] ita tales reserbo michi. Et si vobis adimplentibus, si | ego iam dictus abbas vel [g] mei successores aut submissa a nobis perso|nam vel [g] per nostrum factum de predicta placza terre tam do [b] mobili quam et | inmobili minuere vel retollere aut amplius quam superius legitur vobis | superinponere presumpserimus aut si vobis exinde ex alia par|te intentio evenerit et nos vobiscum non steterimus et iam dicta | placza terre vobis non defenderimus ab omni parte libellario nomine, | tunc componituri et daturi vobis esse debeamus nomine pene | bonorum denariorum solidos .C. per te et tuos heredes sub | eandem penam promittens predictam pensionem annualiter ut | superius legitur solvere. Et pro hac libelli concessione et dati|one recepi ego supradictus abbas .XL. et .IIII. solidos bonorum | denariorum a te iam dicto Bastardo. Et insuper ego | supradictus Bastardus iudico me in fine mea cum tota | mea familia in predicto monasterio. Unde duos libel|los uno tenore fieri rogaverunt. Actum in Podio Bo|nicti; feliciter.

Signum ✠ manus iam dicti Bastardi qui omnia, | ut superius legitur fieri rogavit.

Signa ✠ ✠ ✠ ✠ ✠ ✠ manuum Dianise Caccie et Locterii et Ebriaki et Aiuti | de Sancto Geminiano et Rustiki de Abbatia et Carlictini, | rogatorum testium. |

(SN) Ildebrandus iudex idemque notarius huic | inposui libello completionem.

---

[a] *Nell'abbr. tipica di questo notaio* dniice *e segno abbr. sovrapposto.*   [b] *Così in A.*   [c] -et *espresso con nota tachigrafica.*   [d] *Su* i *depennato,* a *soprascritto.*   [e] *Segue* q(uan)do p(re)dic *depennato.*   [f] in terra ista *in sopralinea.*   [g] vel *espresso con il compendio di origine tachigrafica.*

69

LIBELLUS

1177 aprile 17, s.l.

Rolando abate della chiesa e del monastero di San Michele di Marturi, con il consenso dei monaci, allivella a Gottifredo Tedesco una piazza posta nell'orto situato accanto allo stesso monastero, della superficie di otto braccia per venti, per il canone annuo di dodici denari da pagare il giorno di Natale; a titolo di prezzo riceve 30 soldi.

Originale in ASFI, *Diplomatico*, Bonifacio, 17 aprile 1177 [A].

Pergamena mm 279 × 175 (161), in buono stato di conservazione.
Sul r e c t o «nº 41». Sul v e r s o di mano del sec. XII-XIII: «cartula Gottifredi Teutonici»; di mano del sec. XIV: «de plateis podii»; segue «C» con accanto il disegno di una spada; poi ancora di mano trecentesca: «una platea terre lata brach. .VIII. longa .XX.»; in senso inverso rispetto alla scrittura del r e c t o si trova la segnatura: «1177=20=aprile».

(SN) In nomine domini dei eterni. Anno dominice [a] incarnationis millesimo centesimo septuagesimo | septimo, .XV. kalendas madii, indictione .X.; feliciter. Ego Rolandus, dei gratia venerabi|li [b] abbas ecclesie et monasterio sancti Michaelis de Marturi, una per consensum monac|horum [c] fratrum meorum, secundum convenientiam nostram, libellario nomine do et trado atque con|cedo tibi Goctifredi Tedisco tuisque heredibus, videlicet [d] unam placzam terre que est posita | in orto prope ipsius monasterii et est per amplitudinem .VIII. brachia iusta mensurate | et per longum vero .XX.; predictam placzam terre una cum omnibus supra se habitis in integrum | tibi tuisque heredibus dare et firmare previdi ad habendum, tenendum et quicquid tibi dein|ceps placuerit faciendum. Et michi iam dicto abbati meisque successoribus vel nostro | misso tu prefatus Goctifredus tuique heredes sive per vestrum [e] dare debeatis pensi|onem pro iam dicta placza annualiter in alba natalis domini denarios [f] duodecim | bonos et expendibiles et non amplius et commestionem recipiatis omni anno quando predic|tam pensionem aducxeritis. Tali pacto qualescumque ratione habes comes | Guido de suis plateis atque casis in terra ista, tales reservo mihi. Et si | vobis ita ᵍ adimplentibus, si ego iam dictus abbas vel mei successores aut submissam ʰ | a nobis personam vel per nostrum factum de predicta placza terre tam de ⁱ mobili | quam et inmobili minuere vel retollere aut amplius quam superius legitur vobis super|imponere presumpserimus aut si vobis exinde ex alia parte intentio | evenerit et nos vobiscum non steterimus et iam dictam placzam terre non defen|derimus ab omni parte, tunc componituri et daturi vobis esse debeamus | nomine pene bonorum denariorum solidos .C. per te ʲ et tuos heredes sub eandem | penam promittens predictam pensionem annualiter ut superius legitur solvere. | Et pro hac concessione recepi ego supradictus abbas solidos .XXX. bonorum de|nariorum ac ᵏ iam dicto Goctifredi. Unde duos libellos uno tenori fieri | rogaverunt.

Signum ✠ manus iam dicti Goctifredi qui hoc libellum ut superius | legitur fieri rogavit.

Signa ✠ ✠ ✠ manuum Stangnavini et | Ciuffi ✶✶✶✶✶✶ ˡ et Iohannis castaldi ipsius monasterii, rogatorum testium. |

(SN) Ego Ildebrandus iudex idemque notarius huic inposui | libello completionem ᵐ.

ᵃ Nell'abbr. tipica di questo notaio dniice e segno abbr. sovrapposto. ᵇ Così in A. ᶜ In A mana-chor(um). ᵈ -et espresso con nota tironiana. ᵉ Manca missum. ᶠ In A dnario(s). ᵍ ita in soprali-nea. ʰ In A submis(s)a. ⁱ In A do. ʲ Tra t e e, una i depennata. ᵏ Così in A (oppure at). ˡ In bianco per lo spazio corrispondente a circa sei lettere. ᵐ completionem a lettere spaziate per riempire il rigo.

70
CARTULA PERMUTATIONIS

1177 ottobre 3, Poggibonsi

Berardino, figlio di Renuccino Gibertini, e Rolando, abate della chiesa e del monastero di San Michele di Marturi, permutano alcuni beni: Berardino dà all'abate, ricevente per il monastero, un pezzo di terra, tenuta da Uliviero, posto nel luogo detto La Valle, descritto nei suoi confini; l'abate gli dà in cambio tre pezzi di terra posti al Poggio de' Lintanati.

Originale in ASFi, *Diplomatico*, Bonifacio, 3 ottobre 1177 [A].

Pergamena mm 320 × 180, rigata. Presenta una lacerazione sul margine destro in basso all'altezza della c o m p l e t i o del notaio.
Sul r e c t o «n° 39». Sul v e r s o di mano del XII-XIII secolo «cartula permutationis Berardini filii Gibertini»; in alto la segnatura «1177=3=ottobre».

(SN) In nomine domini dei eterni. Anno dominice ͣ incarnationis millesimo centesimo sep|tuagesimo septimo, quinto nonus octubris, indictione .XI.; feliciter. Ego Berar[dinus] | filius Renuccini Gibertini permutationis causa dare atque tradere et concedere | placuit michi tibi Rolando dei gratia venerabili abbati ecclesie et monasterio sancti | Michaelis de Marturi accipienti in onorem dei eiusdemque tuo monasterio tuisque succes|soribus in perpetuum, videlicet ᵇ integram unam petiam terre quam Uliverius detinet ᵇ | a me et est posita in loco qui dicitur ne la Valle, que petia sic decernitur: a primo la|tere est ei finis terra Bullioni de Castello, a secundo Golli, a tertio Volta, a quarto | similiter Volta et hospitalis sancti Iohannis; predictam petiam terre una cum omnibus supra | se et infra se habitis et omni iure et actione vel requisitione seu usu de ea mihi | conpetentibus omnia ut supradicxi in integrum in presenti do et permutationis | nomine trado atque concedo tibi prenominato abbati tuisque successoribus ad haben|dum, tenendum ac possidendum et quicquid vobis deinceps placuerit faciendum, | sine mea meorumque heredum [c] lite et contraditione; pro tribus petiis terrarum et rerum quas | a te supradicto abbati recepi [d] similiter causa permutationis et sunt al Pogio de' Lin|tanati posite cum omnibus supra se habentibus cum [e] omni iure et actione atque usu de eis | predicti abbati et sui monasterii competentibus. Et tunc obligamus atque promittimus | inter nos predicti permutatores ego Berardinus pro me et pro meis heredibus, et | ego abbas pro me et pro meis successoribus ut si unquam in tempore per nos vel per | nostram submittentem personam aut ingenium vel per nostrum factum inter nos | vel [f] cui dederimus ab omni quoque homine et femina defendere non potuerimus et non | defensaverimus, tunc componituri et daturi esse debeamus inter nos vel [f] cui | dederimus predictas terras et res in duplum sicut pro tempore fuerint melio|rate aut valuerint sub estimatione in consimilibus locis de nostris | propriis terris et rebus proprietario iure. Actum in Podio Bonicti. Feliciter. |

Signum [g] ✠ manus iam dicti Berardini qui hanc cartulam permutati|onis ut superius legitur fieri rogavit.

Signa ✠ ✠ ✠ manu|um Siribelli et Gerardini fabbris et Ubertelli de la Quer|cia, rogatorum testium. |

(SN) Ego Ildebrandus iudex idemque notarius huic inpos[ui] | cartule completionem [h].

---

[a] *Nell'abbr. tipica di questo notaio* dniice *e segno abbr. sovrascritto.* [b] -et *espresso con nota tironiana.* [c] *In sopralinea con richiamo, espresso con due punti, sul rigo.* [d] *Segue* o *depennato.* [e] cum *in sopralinea.* [f] vel *espresso con il compendio di origine tachigrafica.* [g] u *corretto su* a. [h] completionem *a lettere spaziate per riempire il rigo.*

INSTRUMENTUM DONATIONIS ET OFFERSIONIS

1177 dicembre 13, Poggibonsi

I fratelli Beliotto e Bernarduccio figli del fu Peccatore e Boncio figlio di Tignoso donano a Pietro prete e camerario della chiesa e del monastero di San Michele di Marturi, ricevente a nome di quest'ultimo e di Bernardo abate, un pezzo di terra, descritto nei suoi confini, posto a Campo Vignale.

Originale in ASFi, *Diplomatico*, Bonifacio, 13 dicembre 1177 [A].

Pergamena mm 380 × 150, rigata e marginata. Tutto il margine destro è rovinato da rosicature. L'inizio delle ultime sei linee di scrittura lungo il margine sinistro è ugualmente danneggiato da rosicature.

Sul r e c t o «n° 40». Sul v e r s o in calce un regesto di mano del sec. XII-XIII: «cartula oblationis quam fecerunt Belioctus et Bernarducius | filii Peccatoris de Linare» seguito sulla stessa linea da un'annotazione di mano più tarda (sec. XIV): «de una petia terre posita in Campo | in Vingnialie»; in alto la segnatura «1177=13=dicembre».

(SN) In nomine domini dei eterni. Anno dominice incarnationis millesimo cente[simo] | septuagesimo septimo, idus decembris indictione .XI.; feliciter. Con[stat] | nos quidem Belioctum et Bernarduccium germanos [a] filios Peccatori et | Bonci[um] filium Tingnosi insimul hoc donationis et offersionis [b] instrumento in presentia [...] | perfecto dominii et proprietatis ac possessionis iure pro dei timore et remedio animarum | nostrarum omniumque nostrorum parentum atque remissionem peccatorum nostrorum inter vi | vos donasse et obtulisse atque tradidisse tibi Petro venerabili presbitero atque | camerario ecclesie et monasterio sancti Michaelis de Marturi, accipienti [c] | procuratorio nomine in onorem dei et eiusdem monasterii atque in onorem B[ernar] | do dei gratia venerabili abbati ipsius monasterii suisque successoribus [...] | [u(m)] in perpetuum, videlicet [d] integram unam petiam terre que est in Camp[o in] | Vingnale posita, cui ex una parte est terra ipsius monasterii, a [secundo] | Rustiki Giandolfi et de suis consortibus, a tertio Germondoli et ipsius

[mo] | nasterii, a quarto de subto fossato infra os terrifines integram med[ietatem] | ipsius petie terre et si plus nobis pertinet ᵈ una cum omnibus supra se et inf[ra se] | habitis et omni iure et actione vel requisitione seu usu de [ea] | competentibus omnia ut prediximus in integrum, in presenti donamus et tra[di] | mus atque offerimus tibi prenominato Petro camerario accipienti pro ipso | monasterio et vice ipsius abbati suisque successoribus ad habendum, | tenendum ac possidendum et quicquid deinceps placuerit ei nomine ipsius mo | nasterii faciendum sine nostra nostrorumque heredum lite et contraditione; | ut nullam litem nullamque controversiam predicte terre et rei nomine ᵉ a nobis vel a nostri[s] | heredibus quolibet ᵈ modo aliquo in tempore qualibet ᵈ ex causa supradictus abbas vel eius s[uc] | cessores aut cui eam dederint utilitate ipsius ᶠ monasterii sustineant. | Ab omni quoque homine et femina prescriptam nostram donationem et offersio[nem] | legitime defendere et actorizare semper supradicto abbati suc[cessori] | bus promittimus. Et si vero nos supradicti Belioctus et Bernardu[ccius et] | Boncius vel nostri heredes omnia supradicta semper firmiter non [obser] | vaverimus et ab omni parte non defensaverimus tunc pene nomine p[redic] | te terre et rei duplum eiusdem bonitatis et estimationis tibi Petro p[ro] | curatorio nomine vice predicti abbati suisque successoribus dare p[ro] | [m]ittimus et insuper [ha(n)c] ᵍ donatione semper firmam et incorruptam ten[e] | [r]e spondemus. Actum in Podio Bonicti; feliciter.

Signa ✠ ✠ ✠ ma | [nuum] iam dictorum Beliocti et Bernarducci et Bonci qui hanc cartulam dona | [tio]nis et offersionis ut superius legitur fieri rogaverunt.

Signa ✠ ✠ ✠ ma | [nu]um Ugolini de Linare castaldi ipsius monasterii et Gerardi de | la Porta et Tancredi de Abbatia, rogatorum testium. |

(SN) Ego Ildebrandus iudex idemque notarius huic [impo] | sui cartule completionem.

ᵃ ggos *con segno abbrev. sovrapposto.* ᵇ et offersionis *in sopralinea.* ᶜ *Segue* ino *depennato.* ᵈ -et e-spresso *con nota tachigrafica.* ᵉ *In sopralinea con richiamo sul rigo.* ᶠ *Espresso con* ipi *più il segno abbr. per* -us. ᵍ *Vi si legge con difficoltà per essere la* e *molto evanita* heca; donatione *senza segno abbr. per* m.

CARTULA PERMUTATIONIS

1178 marzo 5, Poggibonsi

Ammirato di Linari con suo fratello e Rolando, abate della chiesa e del monastero di San Michele di Marturi, permutano alcuni beni: i fratelli cedono all'abate un pezzo di terra che si trova nel d o m n i c a t u m del monastero posto nel luogo detto Pratomaggio descritto nei suoi confini e ricevono da colui un pezzo di terra posto nel luogo detto G i u n c h i t o, ugualmente descritto nei suoi confini.

Originale in ASFI, *Diplomatico*, Bonifacio, 5 marzo 1177 [A].

Pergamena mm 340 × 170, rigata e marginata; sul lato destro la scrittura è in più punti scolorita.
Sul r e c t o «nº 42». Sul v e r s o, in calce di mano del XII-XIII secolo: «cartula commutationis quam fecit Ammiratus de Linare et fratres eius»; evanita, in senso inverso rispetto alla scrittura del r e c t o la segnatura «5=marzo =1177».
Stile dell'Incarnazione, computo fiorentino.

(SN) In nomine domini dei eterni. Anno dominice incarnationis millesimo, centesimo | septuagesimo septimo .III., nonus martii, indictione .XI.; [feliciter. Permutationem] | utriusque partis consensu fieri oportere. Iamdudum placuit, [placuit] | nobis silicet Amiratus et ********** a germani b filii ****** c de Linare | permutationis causa dare atque tradere tibi Rolando dei gratia venerabili | abbati ecclesie et monasterio sancti Michaelis de Marturi accipienti in onorem dei | et eiusdem ecclesie tuisque successoribus in perpetuum, videlicet d unam petiam terre | que est intus donicato ipsius monasterii, quod donicatum est in loco qui vocatur in | Prato Magio, que petia terre sic decernitur: a primo latere de subto est ei finis | terra filiorum Bonconti de Linare, ab aliis tribus partibus est terra predicti monaste|rii; predictam petiam terre una cum omnibus supra se habitis et omni iure et actione | vel requisitione seu usu de ea nobis competentibus omnia ut predicximus in inte|grum in presenti damus et permutationis causa tradimus, tibi prenominato abbati |

tuisque successoribus ad habendum, tenendum ac possidendum et quicquic vobis | deinceps placuerit utilitate ipsius monasterii faciendum, sine nostra | nostrorumque heredum lite et contraditione; pro alia petia terre quam a te | supradicto abbati ᵉ recepimus similiter nomine permutationis, que est in loco qui dicitur in | Giunkito: de subto est terra Manassei, a secundo Bulgia, a tertio filiorom Grilli de Anclano, desuper via ᶠ cum omnibus supra se habitis; ut nullam litem | nullamque controversiam predicta petia terre a nobis vel a nostris heredibus | quolibet modo aliquo in tempore qualibet ᵈ causa ᵍ tu prenominatus abbas vel | tui successores aut cui eam dederitis sustineant, ab omni quoque | homine et femina prefatam terram legitime defendere et [actorizare] | semper tibi tuisque successoribus promittimus. Et si vero nos supradictus | Amiratus et *********** ʰ vel nostri heredes prenominata nostra permu|tatione ⁱ semper firmiter observare noluerimus pene nomine | predicte terre et rei in duplum eiusdem bonitatis et estimationis tibi | tuisque successoribus dare promittimus et insuper hoc permutationis | instrumentum, ut superius legitur, semper firmum et incorruptum te|nere spondemus. Actum in Podio Bonicti; feliciter. |

Signa ✠ ✠ manuum iam dictorum germanorum ʲ qui hanc cartulam | permutationis ut superius legitur fieri rogaverunt. |

Signa ✠ ✠ ✠ ✠ ✠ manuum Buccioli de Talcioni et | Renuccini de Bolito et Pelliccioni de Linare et Palla de | Linare et Iovannuczi, rogatorum testium. |

(SN) Ego Ildebrandus iudex idemque notarius h[uic] | inposui cartule completionem.

ᵃ *In bianco per lo spazio corrispondente a undici lettere.* ᵇ *ggi con segno abbrev. sovrapposto.* ᶜ *In bianco per lo spazio corrispondente a sei lettere.* ᵈ *-et espresso con nota tachigrafica.* ᵉ *In sopralinea.* ᶠ *Segue un p con un segno accanto che non so identificare come abbreviazione.* ᵍ *Segue a depennato.* ʰ *In bianco per lo spazio corrispondente a dodici lettere.* ⁱ *Tra t e a un i depennato.* ʲ *ggor con segno abbrev. sovrapposto.*

73

1178 agosto 11, Poggibonsi

Sicherio Grassi con la moglie Sobilla ed il fratello Enrico cedono a Rolando, abate del monastero di San Michele di Marturi, una vigna posta nel luogo Campotaccoli per avere ratificata la vendita che essi fecero di beni che avevano in feudo dal monastero a Piero di Capraia e a Corbizo. L'abate riconcede ai due fratelli la predetta vigna in feudo, che tuttavia non potrà venire alienata senza la sua licenza.

Originale in ASFI, *Diplomatico*, Bonifacio, 11 agosto 1178 [A].

Pergamena mm 415 × 150 (164), in buono stato di conservazione.
Sul r e c t o «n° 43». Sul v e r s o un'annotazione di mano del sec. XIV: «de Champo Taccoli»; in calce la segnatura «1178=11=agosto».

(SN) In nomine dei eterni. Anno ab incarnatione eius .M.C.LXXVIII., indictione | .XI., .III. idus augusti. Quod mens humana diu retinere non | valet memorie necesse est ut litterarum serie perpetuo conservetur | memoria. Inde est ᵃ quod ego Sicherius Grassi et uxor mea nomine So|billa et Henrigus frater meus unam concorditer et bona voluntate tibi abbati | Rolando monasterii sancti Michahelis de Martura vice eiusdem monasterii da|mus et tradimus et in proprietatem quandam nostram vineam positam in loco qui dicitur | Campotacoli ¹ cum eius fundamento et cum omnibus que supra se et infra se habet, cum omni iure | et actione ᵇ que nobis pertinet ᶜ in prefata vinea transferimus, ut tu nominatus abbas | tuique successores in perpetuum iam dicte vinee proprietatem vice dicti monasterii ᵈ | possideatis ᵉ sine nostra nostrorumque heredum lite et contradictione; | cuius vinee ex una parte ᶠ via decurrit, ex alia nostra remanet ᶜ, ex alia * | ***** ᵍ, ex alia ****** ᵍ. Unde nos et nostros heredes

---

¹ Potrebbe forse trattarsi di Campotatti che si trova lungo la strada che dalla Magione sale a Talciona, cfr. PIERI, p. 222.

sollempniter obligamus | sub pena dupli estimationis iam dicte vinee ab omni homine prefatam vineam le|gitime defendere et que dicta sunt superius non removere sed [h] semper firma et intac|ta custodire. Quam vero traditionem vinee nominate ideo tibi abbati nominato faci|mus quod ratam habe(s) venditionem quam fecimus Piero de Capraia et Corbizo de propriis | possessionibus prefati cenobii, quas in feudum pro [i] iam dicto monasterio possedimus.| Egoque nominatus abbas cum fratribus meis monachis tibi Sicherio et Henrigo fi|liis quondam Grassi vestris et heredibus nomine feudi perpetuo concedimus prefatam | vineam, cuius proprietatem hodie in predictum contulistis monasterium, ut loco pos|sessionum proprietatum prelibati monasterii venditarum Piero de Capraia et Corbizo [j] ul|terius retineatis et habeatis, ita quod nulli vendatis nec pignoretis nec aliquo | modo alienetis sine mea meorumque successorum licentia. Nosque iam dicti | fratres hoc pactum semper firmum sub predicta pena tenere sollempniter obligantes | promittimus penaque tibi abbati nominato vel [k] tuis soluta successoribus [l], que dicta sunt | superius semper firma perseverent [m] et illibata custodiantur perpetuo. | Actum in Podio Bonizi, territurio florentino, coram Arnulfo et Lopino Gottifredi, Baron|cello Malpilii, Benzolino Episcopi, Volta Guinizelli, Buciolo de Talcione et | Corbizo, testibus rogatis. |

(SN) Ego Maurinus sacri palatii iudex et notarius ut legitur | scripsi superius supradictis rogantibus. |

---

[a] est *aggiunto in sopralinea.*   [b] *Segue ad* a *segue un* c *espunto.*   [c] -et *espresso con nota tironiana.*   [d] *Segue* p(er) *depennato.*   [e] *Il rigo inizia con* no(s) *et* n(ost)ro(s) h(e)r(e)de(s) *depennato.*   [f] *In* A palrte.   [g] *In bianco per lo spazio corrispondente a sei lettere.*   [h] *Espresso con* s *e nota tironiana.*   [i] *Segue* a.   [j] *Sul primo* o *segno abbr. depennato.*   [k] *Espresso con il compendio di origine tachigrafica.*   [l] *Il primo* c *in sopralinea.*   [m] -ent *espresso con nota tironiana.*

NOTITIA IURAMENTI

1179 gennaio 1, Poggibonsi

Bonagiunta di Guascone giura sul Vangelo di avere sottratto al monastero di Marturi per partigianeria nei confronti della pieve di Santa Maria di Podio Bonizi, al momento della misurazione della casa della pieve e della piazza ad essa adiacente, sei passi che gli pertinevano secondo quanto era stato stabilito dall'arcivescovo volterrano e dall'abate di Spugna, delegati dal papa a comporre la vertenza esistente tra il monastero e la pieve.

Originale in ASFi, *Diplomatico*, Bonifacio, 1 gennaio 1178 [A].

Pergamena mm 250 × 164, in buono stato di conservazione. Lungo il margine superiore rimangono tracce di cucitura.

Sul r e c t o prima del s i g n u m   n o t a r i i si trova la lettera «a» scritta tra due punti nella variante della scrittura libraria. Sul v e r s o in calce di mano del XII-XIII secolo: «concordia testium» e in senso inverso rispetto alla scrittura del r e c t o la segnatura «1178=1=gennaio».

Stile dell'Incarnazione, computo fiorentino.

(SN) In nomine dei eterni. Anno ab incarnatione eius .M.C.LXXVIII., | indictione .XII., .III. kalendas ianuarii. Ex hac publica litterarum se|rie cunctis evidenter appareat, quod ego Bonaiunta Guasco|nis iuro super sancta dei euuangelia quod cum metiretur domus plebis et pla|tea iuxta ipsam domum, ex sententia quam dominus Hugo vulterranus archipresbiter | et Maurus venerabilis abbas de Spongia tulerit inter monasterium sancti Michahelis | de Marturi et plebem sancte Marie, et ego funem ex uno capite in ipso actu mensure | pro clericis ipsius plebis tenerem integros sex passus qui ad monasterium pertinebant | secundum tenorem sententie in fraudem monasterii sancti Michahelis amore ple|bis subtraxi procul dubio et hoc per meum ius iurandum quod coram infrascrip|tis testibus [...] ᵃ publice subii, interrogatus a Maurino publico iudice, tibi | domino venerabili abbati Rolando tuisque fratribus et monachis manifestum fa|cio et ita in veritate protestor. | Actum in claustro ipsius monasterii in Podio Bonizi coram Arnulfino Christo | fori [b], Volta Guinizelli, Lopino Gottifredi, Baroncello Malpilii, Buiamon | te de Papaiano, Benzolino Episcopi, Gottifredo Ubaldini, Gullo, Berardino | Ranucini Gibertini, Spinello abbatis, Rustico abbatis, Ildibrando notario | et Iocolo de Casciano, testibus rogatis. |

(SN) Ego Maurinus invictissimi romanorum imperatoris Frederi | gi iudex publicus atque notarius dum hec agerentur interfui | et hec ideo omnia memorie publicis litteris denotavi rogatus. |

[a] *Segno abbr. di difficile interpretazione.*   [b] Christo- *espresso con* χ *ed* o *soprascritto.*

75

Finis et refutatio

1179 aprile, Poggibonsi

Iocolo di Casciano e suo figlio Ranieri refutano irrevocabilmente a Rolando, abate della chiesa e del monastero di San Michele di Marturi, quello che loro pertiene dei due mulini, costruiti sul fiume Elsa detti m u - l i n i f i o r e n t i n i insieme con tutta la terra che hanno a livello dal monastero situata tra i detti mulini e il fiume, oltre a rinunciare ad ogni rivendicazione fatta nei confronti del monastero. Ricevono dall'abate ventitre lire.

Originale in ASFi, *Diplomatico*, Bonifacio, aprile 1179 [A].

Pergamena mm 380 × 160, in buono stato di conservazione, salvo un deterioramento della parte iniziale che però non impedisce la lettura.
Sul r e c t o «n° 45». Sul v e r s o di mano del XIV secolo: «de duobus molendinis»; in calce la segnatura «1179=aprile».

(SN) In nomine domini dei eterni. Anno dominice incarnationis millesimo centesimo | septuagesimo nono, in mense aprilis, indictione .XII.; feliciter. Ego | quidem Iocolus de Casciano et Rainerius filius meus insimul | nos pater et filius finimus et refutamus atque perpetuo penitus abrenuntiamus | tibi Rolando dei gratia venerabili abbati ecclesie et monasterio sancti Mic|haelis de Marturi vice tui monasterii tuisque successoribus in perpetuum, | videlicet [a] quicquid nobis pertinebant [b] aliquo modo de duobus molendinis qui | vocantur molendina florentine et erant in fluminis [b] Else dificate cum | tota accessione eis molendinis pertinentiis in integrum. Similiter refutamus | totam terram et rem, quam nos tenebamus da predicto monasterio iure libel|lario vel aliquo modo et est posita terra iusta predicte molendina et iusta | predicto fluminis [b]. Seu similiter refutamus omnem repetitionem [c] quam [nos] [d] | faciebamus aliquo modo adversum predictum monasterium; predicta omnia [ut] [d] | dinominatum est una cum omnibus supra se et infra se habentibus et omni iure et actione vel requisitione seu usu de predictis molendiniis et terra nobis competentibus ^e omnia, | ut supradicximus, in integrum in presenti finimus et refutamus tibi prenominato | Rolando abbati vice ipsius monasterii tuisque successoribus in perpetuum | ad habendum, tenendum ac possidendum et quicquid vobis deinceps | placuerit faciendum sine nostra nostrorumque heredum lite et contradictione | vel repetitione. Et ^f insuper spondemus et promittimus nos supradicti pater | et filius scilicet Giocolus et Rainerius per nos nostrosque heredes ut si unquam in tempore | per nos vel nostram submittentem personam aut ingenium seu per nostrum fac|tum contra te predictum abbatem vel tuos successores aut cui eas dederitis | in aliquid exinde agere, causari vel vos molestare aut in placito | vel ^g extra placitum fatigare presumpserimus per quodlibet ^a ingenium vel si ex|inde apparuerit datum aut factum vel ^g quodlibet scriptum firmitatis ^h quod | nos factum habeamus ⁱ in aliam partem aut in antea faciamus et | claruerint et exinde omni tempore taciti non permanserimus et omnia ut dictum | est non observaverimus tunc componituri et daturi esse debeamus tibi iam | dicto abbati vel tuis successoribus aut cui eas dederitis nomine ipsius mo|nasterii nomine pene dupla ^b querimoniam unde causaverimus et insuper | nomine pene bonorum denariorum solidos .M. et post penam solutam hec | finis semper firma sit. Et pro illa nostra finitione et refutatione | recepimus nos pater et filius libras .XX. et .III. bonorum denariorum a te | iam dicto abbati. Et insuper nos supradicti pater et filius scilicet Iocolus et Re|inerius iuramus ad sancta dei euvangelia suprascriptam nostram refuta|tionem deinceps semper firmam tenere et nullo tempore per nos neque per | nostram submittentem personam ⁱ eam removere. Actum in Podio Bonicti; feliciter. |

Signa ✠ ✠ manuum iam dictorum scilicet Giocoli et Rainerii qui omnia | ut superius legitur fieri rogaverunt.

Signa ✠ ✠ ✠ ✠ ✠ ma|nuum Arnolfini filii Cristofori et Benzolini filii Viscovi et Vol|ta et Golli et Appressati, rogatorum testium. |

(SN) Ego Ildebrandus iudex idemque notarius huic in|posui fine completionem. |

---

^a *-et espresso con il segno di origine tachigrafica.* ^b *Così in A.* ^c *re- in sopralinea.* ^d *Lacuna per rosicatura.* ^e *Un segno di richiamo riporta qui la frase* et ... competentibus *scritta dopo le sottoscrizioni dei testimoni.* ^f *All'inizio di frase sempre per esteso con la* e *di tipo maiuscolo. Altrimenti la* et *è espressa*

sempre con il segno di origine tachigrafica.   [g] vel *espresso con il compendio di origine tachigrafica.*   [h] -tis *in sopralinea.*   [i] *Segue* (et) aut *depennato.*   [j] personam *in sopralinea.*

LIBELLUS

1179 aprile 8, Poggibonsi

Rolando abate della chiesa e del monastero di San Michele di Marturi allivella a Martinello figlio di Burnitto Scaldabrine una piazza della superficie di braccia nove per ventisette posta a Praticale per il canone annuo di due soldi da pagare il giorno di Natale. Il portatore riceverà un pranzo.

Originale in ASFɪ, *Diplomatico*, Bonifacio, 8 aprile 1179 [A].

Pergamena mm 447 × 133 (110), rigata e marginata. Presenta alcuni fori che interessano la prima, la seconda, l'ottava, la quindicesima e la trentaduesima riga.
Sul r e c t o «nº 44». Sul v e r s o di mano del XIII secolo: «carta quam fecit abbas Rolandus Martinello [..] | Scaldabrine»; di mano del XIV secolo: «Praticale»; in calce la segnatura «1179=8=aprile».

(SN) In nomine domini dei eterni. Anno dominice incarnationis millesimo | centesimo septuagesimo .VIIII. ᵃ, .VI. idus aprilis indictione | .XII.; feliciter. Ego quidem Rolandus, dei gratia venerabili | abbas ecclesie et monasterio sancti Michaelis de Marturi, una | per consensum monachorum fratrum meorum secundum convenien|tiam nostram ad habendum, tenendum, gubernandum, dificandum | seu et meliorandum libellario nomine dare previdi tibi Mar|tinello filio Bur[nit]ti ᵇ Scaldabrine tuisque heredibus | videlicet ᶜ unam placzam terre in Praticale posita si|cut terminata est silicet ᵈ per amplitudinem brachia nove | et per longum vero .XX. et .VII. iuste mensurate. Predictam | placzam terre sicut ᵉ terminata est una cum omnibus supra | se habitis in integrum tibi Martinello tuisque heredibus | dare et firmare previdi. Et michi iam dicto abbati me|isque successoribus [vel nostro] ᶠ misso tu prefatus Martinellus | tuique heredes sive per vestrum missum dare debeatis pen|sionem pro iam dicta placza terre annualiter in alba | natalis domini denarios solidos duas ᵍ bonos et ex|pendibiles ʰ et nichil amplius et commestionem recipiatis | omni anno quando predictam pensionem nobis aducxeri|tis tali pacto quod nullo modo liceat tibi vel [i] tuis here|dibus ea placza terre vendere vel pingnorare vel alio | modo alienare sine licentia mea vel [i] de meis suc|cessoribus et si tu premori [j] sine filiis seu filiabus legi|timis predicta placza terre in predicto meo mona|sterio libera revertatur; similiter non liceat tibi facere | aliquam congnurationem quod fia(n)t [k] ad obrobrium neque | ad dapnationem mei monasterii predicti. | Unde [l] per me meosque successores penam tres | librarum bonorum denariorum promitto tibi Marti|nello vel tuis solvendam heredibus. Si non ab | omni quoque homine et fe[mi]na [f] prefatam placzam terre | legitime defenderimus vel amplius pensionem quam | superius dictum sit a te vel a tuis heredibus exi|gere voluerimus. Per te et tuos heredes sub | eandem penam [m] predictam pensionem solidos decem et octo | annualiter ut superius legitur solvere in predicto | meo monasterio et omnia pacta supradic|ta observare pena soluta non defendentes | et omnia dicta observare nolentes suum predicta | robur obtineant. Et pro hac libelli concessione | et datione et recepi ego iam dictus abbas | solidos .XX. et .VI. bonorum denariorum a te | Martinello. Unde [l] duos libellos uno te|nore fieri rogaverunt. Actum in Podio | Bonicti; feliciter. |

Signu(m) ✠ manus iamdicti | Martinelli qui omnia ut superius legitur fieri | rogavit.

Signa ✠ ✠ manuum | Caroccini filii Petri Carocci et Aldo|brandini [de Scarna] et Giraldi de [Papa] [n] |iano rogatorum testium [...]. |

(SN) Ego Ildebrandus iudex | idemque notarius huic inposui libel|lo completionem.

---

[a] *Su* nono *depennato,* .VIIII. *aggiunto in sopralinea.* [b] *Un foro interessa la parte sottostante delle lettere tra parentesi.* [c] *La* v *di forma angolare.* [d] -et *espresso con nota tironiana.* [e] scut *corretto con l'inserimento di* i *tra* s *e* c. [f] *Lacuna per foro.* [g] *Su* decem et octo *depennato* sol. duas *aggiunto in sopralinea.* [h] *In A* expendiles. [i] vel *espresso con il segno di origine tachigrafica.* [j] *Così in A.* [k] *La prima lettera sembra in realtà una* s. [l] *La* u *di forma angolare.* [m] *Sul rigo* q(uod) mitte(n)s. [n] *Sembra quasi che la scrittura sia stata grattata.*

77

CARTULA PERMUTATIONIS

1180 novembre 26, Poggibonsi

Pietro prete e camerario della chiesa e monastero di San Michele di Marturi per mandato dell'abate Rolando e dietro consenso dei suoi fratelli monaci, e Guglielmo prete e rettore della chiesa di San Fabiano posta nel luogo detto F a m a l g a l l o, permutano alcuni beni: Pietro concede al prete Guglielmo un pezzo di terra posto accanto alla chiesa di San Fabiano e riceve da lui in cambio due pezzi di terra, uno posto davanti alla detta chiesa e uno situato a San Lorenzo al Castello.

Originale in ASFi, *Diplomatico*, Bonifacio, 26 novembre 1180 [A].

Pergamena mm 430 × 172, in buono stato di conservazione.

Sul r e c t o «n° 292». Sul v e r s o in calce in senso inverso rispetto alla scrittura del r e c t o una mano del XII-XIII scrisse un'annotazione di cui si individuano solo poche parole: «[...] abati [.........] Fabiani»; di mano del sec. XIV: «Permutatio de duas [.......]na»; segue di mano del sec. XV-XVI: «[...] l'abate Rolando permuta [...] terra cum Guilielmo rectore | ecclesia de sancto Hebbiano del loco che se dicie a Famalgallo dando el dicto | rettore due peçe de terra de la dicta sua ecclesia al monasterio | predicto»; più sotto la segnatura «1180=26=novembre».

Le sottoscrizioni dei monaci sono state scritte tutte dalla stessa mano in un inchiostro di colore più chiaro.

Le sottoscrizioni dei testimoni sono introdotte dal disegno a griglia.

(SN) In nomine domini dei eterni. Anno dominice incarnationis .M.C.LXXX., .VI. kalendas | decembris, indictione .XIIII.; feliciter. Permutationem utriusque partis consensu fi | eri oportere iamdudum placuit. Placuit michi presbitero Petro came | rario ecclesie et monasterio sancti Michaelis de Marturi, ex mandato | domini Rolandi abbati [a] ipsius monasterii atque per consensum monachorum fratrum | meorum, videlicet presbiteri Uberti et Asagiapani et Rigicti diaconi et Consilii et | aliorum fratrum, permutationis causa dare atque tradere et concedere tibi presbitero Guili | elmo, dei gratia rectori ecclesie sancti Hebiani de loco qui dicitur a Famalgallo, accipi | enti vicem tue nominate tuisque successoribus in perpetuum, videlicet [b] unam petiam | terre integram, que est prope ecclesie tue dicte, silicet [b] de subto ex una parte est ei | finis terre predicte tue ecclesie, ex alia via et classo, ab aliis duabus lateribus est | terra prenominati monasterii. Predictam petiam terre una cum omnibus supra se et in | fra se habitis et omni iure et actione atque usu de ea prenominati monasterii | conpetentibus omnia, ut suprascriptum est, in integrum in presenti ego supra | dictus Petrus camerarius ex mandato supradicti abbati [a] et vice ipsius mona | sterii do et permutationis nomine trado atque concedo tibi prenominato Guili | elmo presbitero vice tue ecclesie nominate tuisque [c] successoribus in perpe | tuum ad habendum, tenendum ac possidendum et quicquid tibi placuerit dein | ceps utilitate tue ecclesie faciendum sine predicti abbati [a] suorumque succes | sorum lite et contraditione. Et insuper ego supradictus presbiter Guilielmus | vice mee ecclesie dicte similiter causa permutationis do et trado atque con | cedo tibi prenominato presbitero Petro camerario accipienti vice ipsius monasterii | atque abbati suisque successoribus in perpetuum, videlicet duas petias terrarum | et rerum una quarum est antea ecclesia mea predicta posita; a duobus lateribus | est donicato ipsius monasterii, ab aliis duobus lateribus vie sibi recurrunt; | alia est posita a Sancto Laurenzo al Castello: a duobus lateribus vie recurrunt, | desuper fossato castelli, a quarto est terra Ugolini Panzecti et Martini Ton | di. Predictas duas petias terrarum et rerum una cum omnibus supra se et infra se et in | fra se [a] habentibus et omni iure et actione atque usu de eius michi et mee ecclesie | competentibus omnia ut predicxi in integrum in presenti do et permutationis | nomine trado atque concedo tibi prenominato camerario accipienti | vice predicti monasterii atque in onorem supradicti abbati [a] suisque succes | soribus in perpetuum ad habendum, tenendum ac possidendum et quicquid deinceps | placuerit supradicti abbati [a] suisque successoribus utilitate sui mona | sterii faciendum sine [d] mea meorumque successorum lite et contradictione | Et tunc obligamus et promittimus inter nos predicti permutatores ego supra | dictus camerarius vice predicti abbati [a] suisque successoribus et ego predictus | Guilielmus pro me meisque successoribus ut si unquam in tempore per nos vel [e] nostram | submittentem personam aut ingenium vel per nostrum factum inter nos vel cui | dederimus agere, causari, tollere [f], contendere, contradicere, intentionare vel minu | ere presumserimus per quodlibet [g] ingenium aut si eas inter nos vel cui eas | ab omni homine et femina defendere non potuerimus et non defensaverimus, | tunc componituri et daturi esse debemus inter nos vel cui dederimus | predictas terras et res in duplum sicut pro tempore fuerit meliorate | aut valuerint sub estimatione in consimilibus ᵸ locis de nostris propriis | terris et rebus proprietario iure. Unde duas cartulas permutationis | uno tenore fieri rogaverunt. | Actum in Podio Bonicti iusta monasterium dictum, territurio ⁱ florentino; | feliciter.

✠ Ego Petrus camerarius subscripsi.

[✠] Ego Ubertus s(upradictus) subscri|psi.

✠ Ego Petrus s(upradictus) subscri|psi.

✠ Ego Anastasius levita subscripsi.

✠ Ego Asagiapane levita ʲ subscripsi.

✠ Ego | Rigicto subscripsi.

✠ Ego Riccobaldus subscripsi.

✠ Ego Consilius subdiaconus subscripsi. |

✠ Ego Ionathas subscripsi. ᵏ

Signa ✠ ✠ ✠ ✠ ✠ manuum Maurini iudicis et Volta et Spinel|li de abbatia et Gridavini filii Renuccini Pilosi et Ubertelli | de la Quercia, rogatorum testium.

(SN) Ego Ildebrandus iudex idemque notarius huic inpo|sui cartule completionem.

ᵃ *Così in A.* ᵇ -et *espresso con nota tachigrafica.* ᶜ *Segue* suisque *depennato.* ᵈ *Dopo* si- *segue* me *depennato a cui è stato aggiunto* -ne. ᵉ *vel espresso con il compendio di origine tachigrafica. Così passim se non altrimenti segnalato.* ᶠ tollere *in sopralinea con richiamo sulla linea di scrittura.* ᵍ *Segue* b- *una nota tachigrafica depennata e poi di seguito* -et. ᵸ *Segue* d *depennato.* ⁱ toto *con segno abbr. sovrapposto.* ʲ Levita *in sopralinea.* ᵏ *Le sottoscrizioni autentiche dei monaci sono state scritte con un inchiostro di colore arancio.*

78

Scriptum concessionis

1180, Poggibonsi

Rolando, abate del monastero di San Michele di Marturi, concede, con il consenso dei suoi monaci, a Martino p i c c o l i n o una piazza posta in Podio Bonizi perché la tenga a nome del monastero e vi edifichi sopra, riservandosi la proprietà e il diritto di prelazione in caso di vendita per un termine di trenta giorni, decaduto il quale Martino sarà libero di rivolgersi ad altri. Per questa concessione riceve sei soldi, mentre Martino impegna sé ed i suoi eredi a far parte del popolo del monastero sia per gli affari spirituali che per quelli temporali, in vita e in morte.

Originale in ASFi, *Diplomatico*, Bonifacio, 1180 [A].

Pergamena mm 360 × 150 (102). Una rosicatura in alto a sinistra interessa all'inizio dalla quarta all'ottava riga. Presenta varie macchie due delle quali, piuttosto estese, coprono gran parte del testo dalla sedicesima alla ventunesima riga.
Sul r e c t o «n° 69». Sul v e r s o un regesto di difficile lettura di cui si individuano soltanto poche parole: «[...] Martini Piccolini [Podium] Bonitii»; segue: «de plateis Podii» di mano del XIV secolo. In calce la segnatura «1180» e in senso inverso rispetto alla scrittura del r e c t o : «carte reddende».

(SN In nomine domini dei eterni. Anno dominice incarnationis | .M.C.LXXX., ********** [a], indictione .XIII.; feliciter. | Ego quidem Rolandus abbas monasterii | sancti Michaelis de Martura, consensu mo | [n]achorum fratrum meorum, do et concedo tibi | [M]artino Piccolino tuisque heredibus in perpe | [tuum], videlicet [b] unam plateam positam in Podio | [B]oniczi, cuius ex una parte habet Peruczi [germanus] [c], | ex alia prenominati monasterii, ex alia via re | currit, **************** [d]; predictam plateam | una cum omnibus supra se et infra se habitis | in integrum; et quia tu prenominatus Martinus ob | tulisti et obligasti te sponte et tuos heredes | de iure et populo predicti monasterii fare | deinceps in temporalibus et spiritualibus et transtulisti | te et vivum et mortuum, ideo volo ut predic | tam plateam habeas et teneas et possideas pro iam | dicto monasterio, salva tamen proprietatem | prefato monasterio et insuper eam [...] ᵉ hedi|fices et si in aliquo tempore vendere vel [pingnorare] vo|lueris vel ᶠ tui heredes me vel meos successores | primum inquireres debeas et mihi vel mei successo|ribus tribuere debeas vel tui heredes si tantum | dare voluero vel mei successores dare vo|luerint infra .XXX. dies post tuam vel tuorum here|dum inquisitionem factam sine fraude quantum | ab aliis sine asto accipere potueritis; post .XXX. | vero dies habeatis potestatem tu vel tui heredes | illi vel illis hominibus qui sint de predicto monasterio | ut de te dictum est in hac concessione sine | mea meorumque successorum lite et contradictione | tali pacto: si in aliquo tempore tu vel tui heredes vendide|ritis, si ego vel mei successores non tollimus talem rati|onem mihi reservo inde quales habes comes Guido de | suis plateis atque casis in terra ista. Unde me | et meos successores obligo sub pena dupli eiusdem | bonitatis tibi vel tuis solvendam heredibus promitto. | Si non ab omni quoque homine et femina predictam plateam | legitime defenderimus te obligante sub eandem | penam omnia pacta que dicta sunt superius observare per te et | tuos heredes pena fidem servanti soluta que dicta sunt | superius semper firma permaneant et pro hac concessione | recepi ego iam dictus abbas solidos .VI. bonorum denario[rum] | a te predicto Martino. Unde duos scriptos | isto tenore fieri rogavit. | Actum in Podio Bonicti, territorio ᵍ florentino. |

Signa ✠ ✠ ✠ manuum Guerrucci | de Luco et Iohannis Longi castaldi ipsius monasterii | et Sengnoricti fratris Vernacci, | rogatorum testium.

(SN) Ego Ildebrandus iudex idemque | notarius huic imposui scripto com|pletionem.

ᵃ *In bianco per l'estensione di circa dieci lettere.* ᵇ *-et espresso con nota tachigrafica.* ᶜ *ggn con segno. abbr. sovrapposto.* ᵈ *In bianco per l'estensione di circa sedici lettere.* ᵉ *Lacuna per circa cinque lettere.* ᶠ *vel espresso con il compendio di origine tachigrafica. Così passim quando non altrimenti segnalato.* ᵍ *toto con segno abbr. sovrapposto.*

79

ALEXANDRI III PAPAE PRIVILEGIUM

(1159 settembre 20 - 1181 agosto 30), s.l.

Estratto di un privilegio di Alessandro III con il quale si confermano al monastero di San Michele di Marturi tutti i suoi beni, i suoi diritti su Podio Bonizi e sulla chiesa di Santa Croce, oltre al patronato sulle chiese di Papaiano e di Pini, alle decime e ai suoi diritti sulle spolture.

Copia autentica del secolo XII, eseguita da «Maurinus sacri palatii iudex et notarius» in ASFi, *Diplomatico*, Bonifacio, 1 novembre 1068 [B].

Per la descrizione della pergamena cfr. doc. 8. Precede il testo la frase: «Item in duobus privilegis vestris, sanctissime pater, hec capitula continentur».

Statuentes ut quascumque possessiones, quecumque bona idem monasterium in presentiarum iuste et | legitime possidet[a] aut in futurum concessione pontificum, largitione regum, marchionum vel[b] principum, oblatione fidelium seu aliis iustis modis prestante domino | poterit adhipisci firma tibi tuisque successoribus in perpetuum et illibata permaneant. In quibus hec propriis nominibus duximus adnotanda: castrum videlicet[a] de | Marturi cum omnibus ecclesiis pertinentiis et adiacentiis suis et quicquid iuris habet in Podio Boniti cum ecclesia sancte Crucis sita in eodem podio cum omnibus pertinen|tiis suis. Ius quoque patronatus quod habet in ecclesia sancti Andree de Papaiano et ecclesia sancti Bartholomei de Pini sitis in predicto podio et omnia que nobilis me|morie Hugo marchio eidem monasterio noscitur contulisse et proprio scripto firmasse. Decimas vero et primitias de cunctis terris que ad eundem pium locum pertinere | videntur, absque alicuius contradictione tam vobis quam fratribus vestris in monastica religione permanentibus habendas concedimus. Porro episcoporum seu episcopalium ministrorum | exactiones omnes ab ecclesiis et eiusdem monasterii clericis removemus. Sepolturam quoque ipsius loci omnino liberam esse decernimus, ut eorum qui se illic sepelliri | deliberaverint devotioni et extreme voluntati nisi excommunicati sint vel [b] interdicti nullus obsistat; salva iustitia ecclesiarum illarum in parte testamenti a qui | bus corpora mortuorum summentur. |

[a] -et *espresso con nota tachigrafica.* [b] vel *espresso con il compendio di origine tachigrafica.*

80

Instrumentum permutationis

1181 novembre 9, Poggibonsi

Guitto figlio di Burnitto e sua moglie Rustichina cedono a titolo di permuta a Guglielmo prete, rettore della chiesa dei SS. Fabiano e Sebastiano posta nel luogo detto La Corte, un pezzo di terra posto lungo il torrente Carfini oltre a quanta terra sia necessaria per la gora del mulino appartenente alla stessa chiesa posto lungo il detto corso d'acqua; in cambio ricevono un pezzo di terra posto a La Corte, eccetto cinque olivi che si trovano su di esso.

Originale in ASFi, *Diplomatico*, Bonifacio, 9 novembre 1181 [A].

Pergamena mm 207 × 174 (170), rigata, in buono stato di conservazione. Presenta in testa e alla fine fori di cucitura.
Sul v e r s o un'annotazione del sec. XIV-XV: «sancti Fabiani et Sebastiani de Corte Nova»; di un'altra mano contemporanea: «sancti Fabiani de Curte Nova»; di una segnatura erasa rimane «dicembre».

(SN) In nomine domini dei eterni. Anno dominice [a] incarnationis .M.C.LXXX. primo, .V. idus novembris, indictione X[V]; feliciter. | Permutationem utriusque partis consensu fieri oportere iamdudum placuit. Placuit michi silicet [b] | Guicto filio Burnicti et Rustichina uxo[re] mea insimul, permutationis causa dare atque | tradere et concedere tibi presbitero Guilielmo, dei gratia rectori ecclesie sancti Hebiani et Bastiani sito in loco | qui dicitur la Curte accipienti in onorem dei eiusdemque tue ecclesie tuisque successoribus in perpetuum, videlicet [b] | integram unam petiam terre que est in Carfini: de subto Carfini currit, desuper est terra que fuit de Ima|locchi et Baldovini, a tertio ipsius ecclesie; seu similiter damus tantam terram et rem de illa, quam nos habemus | aliquo modo ibi in prenominato loco ex utraque parte fluminis dicti [c], quanta necesse fuerit ad goram molini | ipsius ecclesie et est ibi; si in aliquo tempore necesso [d] fuerit deinceps predictas terras et res ut supradictum est | una cum omnibus supra se et infra se habentibus et omni iure et actione atque usu de eis nobis competentibus, omnia | ut supradicximus in integrum in presenti damus et permutationis causa tradimus atque concedimus tibi prenominato | presbitero Guilielmo accipienti vice tue ecclesie tuisque successoribus in perpetuum ad habendum, tenendum | ac possidendum et quicquid tibi deinceps placuerit utilitate ipsius ecclesie faciendum, sine nostra nostrumque | heredum lite et contradictione. Et insuper ego iam dictus presbiter Guilielmus vice prenominate mee ecclesie similiter | causa permutationis do et concedo vobis prenominatis iugalibus, silicet Guicto et Rustichina vestrisque heredibus in | perpetuum, videlicet unam petiam terre que est in loco qui dicitur a la Curte: ex duobus lateribus vie sibi re|currunt, a tertio fossato, a quarta est terra vestra predictorum iugalium; predictam petiam terre cum omnibus supra se et | infra se habitis excepto .V. olivis, que sunt super eam et omni iure et actione atque usu de ea michi et mee ecclesie | competentibus. Ita ut volo deinceps predictam terram habeatis et teneatis et quicquid vobis deinceps placuerit fa|ciatis sine mea meorumque successorum lite et contradictione. Unde inter nos predicti permutatores | nos supradicti iugales per nos nostrosque heredes et ego iam dictus presbiter per me meosque successores dupli penam | eiusdem bonitatis inter nos vel [e] cui dederimus solvendam promictimus, si non ab omni quoque homine et femi|na prefatas terras et res inter nos legitime defenderimus [f]. Et insuper hoc permutationis | instrumentum ut superius legitur semper firmum et incorruptum tenere inter nos spondemus. | Actum in Podio Bonicti, territorio [g] florentino; feliciter. |

Signa ✠ ✠ ✠ manuum iam dictorum permutatorum, qui omnia ut superius legitur fieri rogaverunt. |

Signa ✠ ✠ ✠ ✠ manuum Maczavitelli et Orselli de Papaiano et Uliverii filii Men|coni de Ficzano [h] et Guidi filii Ugolini, rogatorum testium. |

(SN) Ego Ildebrandus iudex idemque [i] notarius huic inposui cartule completionem.

---

[a] dniice *con segno abbr. su* –ic-.   [b] -et *espresso con nota tachigrafica. Così passim in A.*   [c] *Su* dicti *segno abbr. superfluo.*   [d] *Così in A.*   [e] vel *espresso con il compendio di origine tachigrafica.*   [f] *Segue* p *depennato.*   [g] *Espresso con* toto *e segni abbr. sulle due* o.   [h] -i- *corretta su* o.   [i] *Manca però il segno abbr. per* m.

INSTRUMENTUM DONATIONIS INTER VIVOS ET CONCESSIONIS

1182 gennaio 6, Poggibonsi

Alberto Buccifalli figlio di Pero dona i n t e r v i v o s e concede a titolo livellario ad Alberto, maestro operaio del monastero di San Michele,
ricevente in nome dell'opera di quest'ultimo, due pezzi di terra, uno posto
nel luogo detto G i u n c h i t o , e l'altro a Casale, entrambi descritti nei loro
confini; il canone annuo viene fissato nella cifra di 12 denari da pagare nel
mese di dicembre alla canonica di Santo Stefano di Chiano.

Originale in ASFi, *Diplomatico*, Bonifacio, 6 gennaio 1181 [A].

Pergamena mm 212 × 154 (140), rigata. Presenta alcune macchie ed evaniture che
non impediscono la comprensione del testo. Ugualmente si può dire di un foro alla tredicesima riga.
Sul r e c t o «n° 46». Sul v e r s o una annotazione di mano del sec. XIV: «de Giun-
chieto»; segue la segnatura «1181=6=gennaio».
Stile dell'Incarnazione, computo fiorentino.

(SN) In nomine domini dei eterni. Anno dominice [a] incarnationis
.M.C.LXXX. primo, .VIII. idus ianuarii, in | dictione .XV.; feliciter. Constat
me, quidem Albertum Buccifalli filium Peri hoc donationis et
conces | sionis instrumento in presenti iure libellario inter vivos, dono et
trado atque concedo tibi | Alberto maistro operario monasterio sancti
Michaelis de Marturi accipienti vice et utilitate | tue operis sancti Michaelis
tuisque successoribus in perpetuum, videlicet [b] duas petias terrarum et
rerum | una quarum est in loco qui dicitur a Iunchito, ex una parte via, ex
alia Druove fluminis, | a tertio detinet Berlingerius, a quarto hospitale. Alia
est in Casale, ex una parte de | tinet Malacarta, ex alia Bussa, ex alia
Ugolinus Fossa; predictas duas petias [c] | terrarum et rerum una cum
omnibus supra se et infra se habentibus et omni iure et actione | atque usu
de eis michi competentibus omnia ut supradicxi [d] in integrum in presenti |
iure libellario inter vivos dono et trado atque concedo tibi prenominato
Alberto mai | stro accipienti vice tue operis tuisque successoribus in

perpetuum ad habendum ac | possidendum et quicquid tibi deinceps placuerit utilitate tue operis sancti Micha[elis] [e] faci|endum, sine mea meorumque heredum lite et contradictione salvi(s) [f] duodecim denarios | nomine pensionis bonis et expendibilibus omni anno in mense decembris [g] in ecclesia et canonica | sancti Stefani de Anclano [h] vel eius minist(ros) [f] solvendis et nichil amplius quicquam; ut nullam | litem nullamque controversiam nomine predictarum terrarum et rerum a me vel a meis heredibus quolibet [b] | modo aliquo in tempore qualibet ex causa tu prenominatus Albertus vel [i] tui successores aut cui eas | dederitis utilitate tue operis sustineant; ab omni quoque homine et femina prefatas terras et res | legitime defendere et actorizare semper tibi tuisque successoribus nomine eiusdemque tue | operis promitto. Et si vero ego iam dictus Albertus Buccifalli vel mei heredes prenominata | mea donatione semper firmiter observare noluerimus, pena nomine predicte | terre et rei duplum eiusdem bonitatis et estimationis dare et omneque dampnum tibi tuisque | successoribus vice tue operis resarcire promitto [j] et insuper donationis et concessionis | instrumentum ut superius legitur post penam solutam semper firmum et incorruptum | tenere spondeo. | Actum in Podio Bonicti, territorio florentino; feliciter. |

Signum ✠ manus iam dicti Alberti qui omnia, ut superius legitur, fieri rogavit. |

Signa ✠ ✠ ✠ ✠ ✠ ✠ manuum Benzolini et Volta et Loduisi et Spinelli de | Abbatia et Apresati et Guidonis [mai]stri de abbatia et Bucelli maistri, | rogatorum testium.

(SN) Ego Ildebrandus iudex idemque notarius huic inposui | libello completionem.

---

[a] Nell'abbr. tipica di questo notaio dniice e segno abbr. sovrascritto.   [b] -et espresso con nota tachigrafica; così passim in A.   [c] petias ripetuto.   [d] Segue mi depennato.   [e] Lacuna per foro.   [f] Così in A.   [g] Segue c depennata.   [h] Segue solu depennato.   [i] vel espresso con il compendio di origine tachigrafica.   [j] promittomus con mus depennato e o corretto su i.

82
BREVE FINITIONIS

1184 maggio 19, Poggibonsi

Brocciardo figlio di Russo rinunzia irrevocabilmente nei confronti di Rolando, abate del monastero di San Michele, agente per quest'ultimo, ad ogni diritto che possiede sul podere che fu di Senucciolo e alla metà di una casa e terra posta in Podio Bonizi, a Santa Croce, che l'abate gli aveva concesso, oltre a tutti i diritti che gli pertengono sull'altra metà della stessa casa.

Originale in ASFI, *Diplomatico*, Bonifacio, 19 maggio 1184 [A].

Pergamena mm 246 × 200. Lungo il margine sinistro presenza lacerazioni e macchie di umidità.
Sul r e c t o «n° 49». Sul v e r s o di mano del sec. XII-XIII: «carta refutationis quam fecit Brocciardus de tota actione que habebat in toto podere Senuccioli»; di mano de sec. XIV: «de plateis Podii | Sancta Crucis».

(SN) In Christi nomine. Breve finitionis, refutationis ac perpetue abrenuntiationis et transactionis, qui fac | tum est in Podio Bonicti, iusta monasterium sancti Michaelis, in presentia ª Benzolini Episcopi et Buccioli de Talcioni | et Rustichi de Abbatia et Spinelli fratris eius et Guidonis filii Peruczi maistri et Iohannis Longi castaldi ipsius mona | sterii et Ruspoli similiter castaldi monasterii dicti; istorum et aliorumque plurium presentia, Brocciardus | filius Russi finivit, refutavit atque perpetuo penitus abrenuntiavit Rolando venerabili abbati dei gratia supra | dicti monasterii sancti Michaelis accipienti vice ipsius monasterii suisque successoribus, in perpetuum, videlicet | omne ius et actionem et requisitionem et usum que ei aliquo modo pertinebat et petebat de toto podere quod fuit Senuc | cioli et ipse Senucciolus possedit aliquo modo ubicumque; seu similiter refutavit et finivit integram medieta | tem unius case et terre quam suprascriptus abbas concessit a prenominato Brocciardo et insuper refutavit totum ius et actio | nem, que ei de alia medietate ipsius case aliquo modo pertinebat et de toto prenominato podere Senuccioli, silicet [b] mobilem | [et inmobilem] atque stabilem, que casa est in Podio Boniczi positam a Sancta Cruce: ex una parte est casa Albertinuczi | [...] [c], ex alia est domum Badolfi, ab alii duobus lateribus vie sibi recurrunt. Predicta omnia ut deter|[minatum] est, ut sunt per loca et vocabula, una cum omnibus supra se et infra se habentibus, omnia ut suprascriptum est | in integrum ipse prenominatus Brocciardus finivit et refutavit ac in perpetuum, ut dictum est, abrenuntiavit supra|scripto Rolando abbati suisque successoribus, ut ipse abbas et eius successores aut cui eas dederint, habeant et teneant | et faciant exinde a presenti die quicquid eis placuerit sine predicti Brocciardi suorumque heredum lite et contraditione. | Ut nullam litem nullamque controversiam nomine supradictarum rerum iuris vel [d] actionis in hac fine continentium ipse abbas suisque [e] successores | aut cui eas dederint nomine ipsius monasterii [f] quolibet modo aliquo in tempore sustineant. Et si vero iam dictus Brocciardus vel eius heredes per se | ipsos vel per eorum submittentem personam aut ingenium contra predictum abbatem vel eius successores aut cui eas dederint nomine alicuius rei | iuris seu actionis in hac fine continentium agere aut litigare in placito seu extra placitum eos molestare per quodlibet inge|nium vel si exinde apparuerit datum aut factum seu quodlibet [b] scriptum firmitatis quod ipse in aliam partem factum habeant | [aut in antea] faciant et claruerint et omni tempore taciti non permanserint et omnia ut dictum est non observaverint tunc quicquid ipse | Brocciardus aliquo modo habet et detinet ubicumque ab ipso monasterio nomine pene et refutationis deveniat | in eundem monasterium sine contraditione et lite predicti Brocciardi et de suis heredibus et post penam solutam omnia su|prascripta per se et suos heredes semper firmam tenere spondit. Factum est hoc in presentia iam dictorum hominum | anno dominice [g] incarnationis .M.C.LXXX.IIII., .XIIII. kalendas iunii, indictione secunda; feliciter. |

Signum ✠ manus iam dicti Brocciardi qui omnia ut superius legitur fieri rogavit. |

(SN) Ego Ildebrandus iudex idemque notarius huic imposui fine completionem.

---

[a] *Segue* sci *depennato.*   [b] *-et espresso con nota tachigrafica.*   [c] *Lacuna per circa dodici lettere a causa di una macchia.*   [d] *vel espresso con il compendio di origine tachigrafica. Così passim in A.*   [e] *Così in A.*   [f] *Segue* s *depennato.*   [g] *Nell'abbr. tipica di questo notaio* dniice *e segno abbr. sovrascritto.*

CHARTA REFUTATIONIS

1185 settembre 9, Colle di Val d'Elsa

Sicherio Gottifredi refuta al sacerdote Giovanni e al diacono Enrico, riceventi per la chiesa di Santa Maria di Fabbriciano e per la chiesa e monastero di San Michele di Marturi, tutto il podere che fu di Guiduccio Barozoli, insieme a tutti i diritti che su di esso gli competono e alla colona Pelata, liberandola da ogni tipo di rapporto servile che la legava a lui. Per questa refutazione riceve venticinque soldi.

Originale in ASFₗ, *Diplomatico*, Bonifacio, 9 settembre 1185 [A].

Pergamena mm 191 × 150 (141), in buono stato di conservazione.
Sul r e c t o «n° 47». Sul v e r s o un regesto di mano del sec. XV-XVI, in parte coperto dal timbro di accesso nel Diplomatico: «Questa carta se contiene che Sicherio de Gottefredo per pacto | intervente et per stipulatione solempne si fe fine et [refutatione] et conce|ssione et [per] nome de [transactione] a pre[t]e Iohanne et Erigo diacono per | nome de la chiesa di santa Maria da Fabriciano et [or]denatamente | per nome del monastero di santo Michele di Poggio Bonizi e del suie | successore de uno podere che fu de Guiducio de Barçolo com[e] se contien|ne e[n] iste carte». In calce in senso inverso rispetto alla scrittura del r e c t o la segnatura «1185=9=settembre».

(SN) In nomine dei eterni. Anno ab incarnatione domini .M. centesimo octuagesimo quinto ᵃ, .V. idus septembris, | indictione quarta ᵇ. Quod memori nullus valet ᶜ umquam mente tenere, expedit ut studeat scriptura semper habere. | Inde est quod ego Sicherius Gottifredi, pacto interveniente stipulatione etiam ᵈ legitime facta, libere | et bona voluntate, finem et refutationem atque concessionem nomine transactionis facio ᵉ vobis sa|cerdoti Iohanni et Enrigo diacono loco vestre sancte Marie videlicet de Fabriciano et nominatim loco ecclesie | et monasterii sancti Michaelis de Martula vestrorumque successorum de toto podere quidem quod fuit Guiducii | Baroçoli cum omnibus que supra se et infra se habet; et omne ius et omnem actionem in rem vel in personam | directam vel contrariam ᶠ vel utilem quem mihi ᵍ competit in predictis rebus adversus quamcumque aliam quamlibet personam; | et volo ut iam dictum podere habeatis et teneatis et iure proprio loco predictarum ecclesiarum possideatis et ve|stri successores ulterius et de predictis rebus omnibus factis quod vobis et vestris successoribus facere placuerit | ut ipso nomine possitis intendere et agere et experiri et excipere et ad vestrum libitum eo utamini ulterius | absque mea meorumque heredum lite et contradictione [f]. Et insuper refuto vobis Pelatam colonam meam et ab omni | colonaria et abscriptitia conditione quoquo modo mihi tenetur eam absolvo; hanc vero prefatam refutatio|nem ideo vobis feci quod .XXV. solidos denariorum a vobis dictis recepi; idcirco me et meos sollempniter heredes obligo | sub pena dupli rei extimationis prefatam refutationem sive totum quod superius vobis refutavi deinceps | non molestare nec litigare nec aliquo modo vel [h] tempore retractare, quod omne si non conservavero penaque vo|bis vel vestris soluta successoribus suum iam dicta semper robur optineant. | Actum in Colle, territorio vulterrano, coram Ildibrandino Carsilie, Guidotto Adalasie et Bonardo de Ci|usano, testibus rogatis.

(SN) Ego Cianforninus sacri palatii notarius ut legitur scripsi superius Sicherio dicto | rogante.

---

[a] *Espresso con* .V. *e* to *soprascritto.* [b] *Espresso con* .IIII. *e* ta *soprascritto.* [c] -et *espresso con nota tachigrafica.* [d] etiam *espresso con nota tachigrafica e segno abbr. sovrapposto.* [e] *Segue* ius *depennato.* [f] contra *espresso con* cc *e segno abbr. sovrapposto.* [g] m(ihi) *in sopralinea. Segue* nob(is) *depennato.* [h] vel *espresso con il compendio di origine tachigrafica.*

84

SENTENTIA MISSIONIS IN POSSESSIONEM

1186 settembre 6, presso San Miniato al Tedesco

Rolando, abate del monastero di San Michele di Marturi, essendosi appellato ai giudici della curia di re Enrico contro il conte Guido Guerra, il cui padre si era appropriato di beni posti in Podio Bonizi che in precedenza aveva permutato col monastero, ne ottiene l' assegnazione.

Originale in ASFɪ, *Diplomatico*, Bonifacio, 6 settembre 1186 [A]; copia autentica in ASFɪ, *Diplomatico*, Bonifacio, 6 settembre 1186 [B].

[A] Pergamena mm 337 × 205 (191), in buono stato di conservazione, tranne una rosicatura in alto a sinistra ed alcune macchie, che tuttavia non impediscono completamente la lettura.
Sul r e c t o «n° 258». Sul v e r s o in calce in scrittura libraria «sententia domini regis Enrigi de possessione Podii Bonizi inter monasterium et comitem Guidonem»; a metà circa della pergamena di mano più tarda la parola «placitis»;. lungo il lato in senso perpendicolare di mano del XVII-XVIII sec. «1186»; in senso inverso rispetto alla scrittura del r e c t o la segnatura: «1286=6=settembre», in parte erasa.
[B] Pergamena mm 625 × 261 (222) in buono stato di conservazione, tranne alcune macchie e un foro sulla prima riga.
Sul r e c t o «n°48». Sul v e r s o di mano del XIV-XV secolo «de placitis podii»; in calce la segnatura: «1186=6=settembre».
La copia fu redatta da Ildebrando giudice e notaio: «(SN) Ego Ildebrandus iudex i-demque notarius hautenticum huius exemplaris vidi et legi et quicquid in eo reperi fideliter exemplavi». La formula di autenticazione del notaio sottoscrittore: «(SN) Ego Ildibrandinus scriptor atque notarius hautenticum huius exemplaris vidi et legi et signum mee manus suscripsi» a seguito della sentenza e in calce alla memoria: «(SN) Ego Ildibrandinus scriptor atque notarius hautenticum huius exemplaris vidi et legi ideoque subscripsi».
Siro Salimbene r e g i e a u l e i u d e x e Guido di Elma compaiono più volte in documenti della cancelleria di Federico I e di suo figlio Enrico VI, cfr. FICKER, IV, nn. 73, 74, 147, 154, 164-168, 171, 172, 175.

(SN) Anno dominice incarnationis millesimo centesimo octuagesimo sexto, octavo idus setempbris, | indictione quarta. Veniens ante presenciam iudicum curie serenissimi | regis Heinrici ᵃ Rolandus abbas sancti Michaelis de Podio Boniçi ᵇ, de | | [p]osuit ᶜ querimoniam de comite

Guidone Guerra de cambio quod pater eius fecit cum Rane | rio abbate prefati monasterii sancti Michaelis suo predecessore de quibusdam rebus positis in castro | Podii Boniçi quas pater dicti comitis causa permutationis ei dedit et postea hic abstulit | et de quibusdam aliis possessionibus infra idem castrum positis et partim extra castrum et infra | portam et extra portam sancte Marie ex utraque parte burgi, a via, videlicet que vadit ad fontem usque | ad domos plebis, quas ei abstulit et intra domos eiusdem plebis et ex alia parte eiusdem castri | de eo quod est circa portam sancti Michaelis que omnia de iure et antiqua consuetudine predictus abbas | dicit ad monasterium suum pertinere, silicet ad monasterium sancti Michaelis. Cumque predic | tus comes Guido sepe et sepius litteris domini regis citatus fuisset et perentorio edicto et viva voce | a iudicibus curie monitus et venire recussaset, ego Syrus Salimbene papiensis regalis curie iudex, | consilio socii mei Guidonis de Lelma habito, iudico predictum abbatem esse mittendum in possessionem | omnium supradictarum rerum et eum ᵈ mitto, ita ec tam ut si venerit ᵉ infra annum, non audiatur de posse | sione nisi restitutis expensis quas predictus abbas fecit pro iudicatura ᶠ et sentencia ᵍ scribenda. | Actum apud Sanctum Miniatum. | Interfuerunt testes Loterius iudex [1], Ildebrandinus Bulgarini, Ildebrandinus Gili [2], Ildebrandinus Io | sep de Sena [3], Iohanes iudex de Feretre, Orgensis comes [4], Ugolinus Scolarii [5], Ranaldus iudex Senensis. |

(SN) Ego magistrus Turisendus tordonensis imperialis de regie aule notarius interfui | et hanc sententiam iussu predictorum iudicum scripsi et in publicam | formam redegi.

ᵃ regis Heinrici *in caratteri di modulo più grande.*   ᵇ *In B* Boniczi; *così passim in B.*   ᶜ *Lacuna per rosicatura; il resto della parola leggibile con la lampada di Wood.*   ᵈ *In B* um *con* e *soprascritto depennato*

---

[1] «Lotherius de Sancto Genesio ... aule regie iudex», cfr. *Caleffo Vecchio*, I, n. 37 del 22 ottobre 1186; FICKER, *Forschungen*, IV, nn. 168. 172, 174, 192.
[2] Gilius Ildebrandini c o n s u l m e r c a t o r u m sottoscrive il 10-12 luglio 1221 il patto di osservanza della lega conclusa tra Poggibonsi e Siena, cfr. *Caleffo Vecchio*, I, n. 170.
[3] Più volte presente come testimone negli atti del Caleffo Vecchio, p.e. negli atti con cui Guido Guerra dona ai Senesi l'ottava parte di Podio Bonizi (I, nn. 1, 2) o molto più tardi il 4 dicembre 1193 insieme al figlio Iacob nel documento con cui Guituccio di Alberico sottopone i suoi villani al dazio e alla colletta di Siena (I, n. 48).
[4] Uno dei conti Guilleschi di Siena si chiamava Orgese, cfr. *Caleffo Vecchio*, I, n. 37.
[5] Su Ugolino Scolari, cfr. *Caleffo Vecchio*, vol. n. 29: «Il visconte Ugolino Scolari dà al comune di Siena un terzo dei suoi diritti sulle miniere di argento, piombo e oro del territorio di Batignano e Montorsaio e giura pepetua amicizia», attribuito all'anno 1178.

seguito da eum. ^e *Frase di dubbia restituzione; in* B ec tam *non si legge e dopo* ut *viene* si ven *seguito da* n *espunto e da* rit *con* i *corretta su* e. ^f *In* B iudicaria. ^g *In* B sentenzia.

85

MEMORIA MISSIONIS IN POSSESSIONEM

1186 settembre 10, Poggibonsi

Il notaio Ioseph dietro mandato dei giudici Siro Salimbene di Pavia e Guido di Lelma pone l'abate di Marturi fisicamente in possesso dei beni contestati.

Copia autentica in ASFᵢ, *Diplomatico*, Bonifacio, 6 settembre 1186 [B].

[B] Pergamena mm 625 × 261 (222) in buono stato di conservazione, tranne alcune macchie e un foro che interessa la prima riga.
Sul r e c t o «n° 48». Sul v e r s o di mano del XIV-XV secolo «de placitis podii»; in calce la segnatura: «1186=6=settembre».
Formule di autenticazione: «(SN) Ego Ildibrandinus scriptor atque notarius hautenticum huius exemplaris vidi et legi ideoque subscripsi» e «(SN) Et ego Ildebrandus iudex idemque notarius hautenticum huius exemplaris vidi et legi et quicquid in eo reperi fideliter exemplavi».

(SN) Ihn dei patris nomine. Exemplar mæmorie ᵃ qualiter ad castrum de Podio Boniczi ego Ioseph per|gens cum degreto serenissimi regis ᵇ Henrici romanorum et semper augusti et parabola atque precepto eiusdem | regis iudicum videlicet ᶜ Siri Salimbeni de Papia et Guidonis de Lelma misi corporaliter in possessionem | de quibusdam rebus et casis Rolandum dei gratia abbatem monasterii sancti Michaelis eiusdem loci positi. Prima casa | est extra portam sancte Marie prope ibidem et tenet ᶜ unum caput in via, alterum caput cum ᵈ uno latere in | terra suprascripti monasterii, aliud vero latus in via et terra qua inhabitat Miratus et in secunda in qua habitat Scoctus infra predictam portam et in tertia in qua habitat Petrus faber iuxta portam sancti | Michaelis et in alteram in qua habitat Vulpe et in domum in qua habitant filii Florenzicti et in quibusdam | aliis pro omnibus ceteris quibus continentur et designantur in publico strumento per manum magistri Turi|sendi regi aule notarii et sentenzia data contra Guidonem comitem Guerre, appresatis iudicibus | regis; et prefatus Ioseph notarius ut impositum fuit michi possessionem dedi sicut scripta est et data |

sententia. Actum in eodem castro anni domini millesimo centesimo octuagesimo sexto, quarto | idus septembris, indictione quinta. Hee acte fuere et date possessiones in presentia Buccioli quandam[e] | Rolandi, Rainarii Gilii et filiorum suprascripti Buccioli, Apresati et Golli quondam Nerbocti, Rustichi | et Spinelli, Bernardini de Monte Volterai, Bernarducci de Bibiano, Benincasa de Lechio, | Iocoli de Casciano, presbiteri Petri et monaci, presbiteri Uberti monaci, presbiteri Rainerii eiusdem | monasterii, Bonifatii [...][f] plebani de sancto Appiano, Consilii monacii et camerarii, | Ionathe monaci, Bonifatii cum fratris iam dicti cenobii, qui presentes interfuere. |

(SN) Ego Ioseph notarius domini imperatoris ex iusione supradictorum iudicum hec publicis licteris | de scribere dignum fore putavi.

[a] ae *in nesso.* [b] r *di forma maiuscola.* [c] -et *espresso con nota tachigrafica.* [d] *In B* cu. [e] *Così in B.*
[f] *L'abbr. è di difficile interpretazione.*

BREVE FINITIONIS, REFUTATIONIS ET TRANSACTIONIS

1188 ottobre 12, Poggibonsi

Villanuzza figlia di Seracino refuta a Lazzero, operaio dell'opera di San Michele di Marturi, ricevente a nome della detta opera, un pezzo di terra e vigna posta oltre porta a Lappeto. Per questa refutazione riceve da Lazzero dieci soldi.

Originale in ASFI, *Diplomatico*, Bonifacio, 12 ottobre 1188 [A].

Pergamena mm 216 × 176 (164); numerose macchie rendono difficile la lettura.

Sul r e c t o «n° 50». Sul v e r s o lungo il lato destro «1188»; inoltre di mano del sec. XIV: «in contrada de porta a Lappeto»; in calce in senso inverso rispetto alla scrittura del r e c t o la segnatura «1188=12=ottobre».

(SN) In Christi nomine. Breve finitionis, refutationis et transactionis quod factum est in Podio | Boniczi in presentia Siribelli et Guiccibaldi et Bucelli maistri et [Sur] | di maistri et Rigicti maistri generi Gangi, istorum et aliorum presentia. Villa | nucza filia Seracini finem et refutationem fecit Laczero operario opere | sancti Michaelis de Marturi vice eiusdem operis sancti Michaelis recipienti suisque successoribus | in [... per]petuum, videlicet unam petiam terre et vinee positam ultra porte | qui dicitur al Lappeto; ex una parte habet [Buonacursus] filius Martini Beringerii | et frater eius, ex alia habet Vaccardus, ex alia flumen Druove recurrit, ex alia | via, infra os confines totam cum omnibus super se et infra se habitis in integrum ius totum et | actionem omnine et usum que inde ei pertinet [a] quoque modo predicto Laczero vice ipsius opere | finivit et refutavit atque tradidit; ita si quidem quod ab hac ora in antea dicto Lac | zero et eius successores in opere vel [b] cui dederint utilitate ipsius opere, habeant et | teneant atque quieta possideant et quicquid voluerint faciant sine predicte Villanucze | suorumque heredum lite et contraditione vel repetetione. Et promisit predicta Villa | nucza finitionem et refutationem hanc ut legitur superius semper firmam et inliba | tam tenere per se et suos heredes et nullo tempore removere stipulante predicto | Laczaro sub pena .LX. solidorum bonorum denariorum quam ei vel eius successoribus in opere | dare spopondit et insuper omnia suprascripta post penam soluta [c] incorrupta | tenere dicxit. Et pro hac fine et refutatione recepit predicta Villa|nucza solidos decem bonorum denariorum a iam dicto Laczero [d]. | Factum est in presentia iam dictorum hominum anno dominice [e] incarnationis millesimo centesimo octuagesimo .VIII., quarto idus octubris, indictione .VI.; feliciter.

(SN) Ego Ildebrandus iudex idemque notarius rogatus superius scripsi.

[a] -et *espresso con nota tachigrafica.* [b] vel *espresso con il compendio di origine tachigrafica. Così passim in* A. [c] *Così in* A. [d] *In* A Laczaro *con la seconda* a *depennata ed* e *corretta in sopralinea.* [e] *Nell'abbr. tipica di questo notaio* dniice *e segno abbr. sovrascritto.*

87

INSTRUMENTUM CONCESSIONIS

1190 aprile 27, Poggibonsi

Rolando, abate del monastero di San Michele, con il consenso dei suoi monaci e fratelli, concede a Labiano, figlio del fu Gerardino Rapasacchi, la terza parte delle terre e vigne poste a Papaiano, C u r t e, Castagneto che Rodolfino Preitieçi teneva per il monastero, per un canone annuo di sei denari da pagare nel giorno di santo Stefano, senza concedere alcun diritto di alienazione. Labiano promette di rispettare i patti ed afferma di avere dato all'abate venti soldi quale i n t r o i t u m.

Originale in ASFi, *Diplomatico*, Bonifacio, 27 aprile 1190 [A].

Pergamena mm 335 × 115, rigata e marginata. Presenta rosicature lungo il margine destro e nella parte alta del margine sinistro.
Sul r e c t o «n° 51». Sul v e r s o una mano del sec. XIV scrisse: «In co[ntr]ata de Papaiano et Castagneto»; segue di mano coeva: «Papaiano et Castagneto» in parte coperto dal timbro del Diplomatico.

(SN) In nomine dei eterni. Anno ab incarnatione domini nostri | Iesu Christi millesimo centesimo nonagesimo, quinta kalendas madii, | indictione octava. Ego Rolandus, abbas monasterii | sancti Miccaelis ᵃ, cum consensu meorum monacorum et tria | fratrum presbiteri Herrigi videlicet, Asagiapani | et dum Pieri et aliorum, nomine tenimenti, do et concedo tibi | [Lab]iano filio olim Gerardini Rapasacchi et tuis her[e] | [dibus] integram in tertiam partem de omnibus terris et vineis, | quas habuit et tenuit Rodolfinus Preitieçi ab nobis per | predictum monasterium et sunt ᵇ posite ille terre Pa | paiano et in Curte et Castagnieto vel pro aliis lo | cis et ubicunque terre ille invente fuerint tibi La | biano dicto et tuis heredibus tertiam partem dictam nomine | tenimenti ad habendum, tenendum, fruendum, meli | orandum et non peiorandum confirmo et annu | aliter in die sancti Stephani mihi vel meis successoribus sex | denarios bonos et expendibiles sine comestione dare debeas et nullam potestatem de illis terris quas | presentialiter tibi concedimus vel primum ab nobis habe|bas alicui alienandi nec vendendi sine mea meorumque | successorum licentia habeas et promitto tibi Labiano | prefatam tertiam partem terrarum ubicumque erit non in|quietare set eam semper rationabiliter exspedire sub | pena centum solidorum quam penam tibi vel tuis heredibus | si omnia que dicta sunt non observabo dare promit|to et datam penam omnia incorrupta tenere spondeo.| Et insuper ego Labianus omnia sic esse profiteor et pre|dictos denarios, sicut dictum est, tibi domino abati | vel tuis successoribus annualiter dare promitto et terram | alicui non alienabo nec vendidero sine vestrorumque suc|cessorum licentia, quod si facerem omnes terras quas ab vobis | haberem pacifice et quiete vobis relinquere et | postea non repetere promitto nec etiam inquieta|re set eas rationabiliter exspedire su [a] pena centum | solidorum quam penam tibi domino abati vel tuis posteris | si ea, que dicta sunt, non observabo dare promitto | et datam penam omnia incorrupta tenere spondeo et .XX. solidos | tibi domino abati dedi introitum. Actum Podio Bo|niçi. Coram Locteringo, Benincasa de Lecchio, Gui|docto, Bonoacorso Sacchi et Buttichello, qui testes fuere.

(SN) Ego Ildebrandinus scriptor et notarius hoc instr|umentum scripsi rogatus.

---

[a] *Così in A.*   [b] *Manca il segno abbr. per* n.

LIBELLUS

1191 luglio 22, Poggibonsi

Rolando, abate della chiesa e del monastero di San Michele di Marturi, allivella a Bardellino, che si è offerto e obbligato con la sua famiglia verso il monastero scegliendolo come sede della sua futura sepoltura, una piazza posta a Poggibonsi fuori porta San Michele affinché vi possa edificare una casa. Se in futuro fosse suo desiderio vendere dovrà osservare il diritto di prelazione. Il canone annuo è di quattordici n u m i ; per questa concessione dichiara di avere ricevuto venti soldi.

Originale in ASFi, *Diplomatico*, Bonifacio, 22 luglio 1191 [A].

Pergamena mm 294 (285) × 141 (120), in buono stato di conservazione, eccetto che per un foro che interessa l'inizio della seconda e della terza riga.
Sul r e c t o «n° 53». Sul v e r s o di mano coeva al documento (o più presumibilmente del sec. XIII): «cartula Bardellini»; di mano del sec. XIV secolo: «de plateae podii»; in basso evanita la segnatura «1191=[...]».

(SN) In nomine domini dei eterni. Anno ab incarnatione eius millesimo centesimo nonagesimo | primo, .XI. kalendas augusti, indictione nona; feliciter. Ego quidem Rolandus, dei gratia venera|bi[lis] ᵃ abbas ecclesie et monasterio sancti Michaelis de Marturi, una per con|sensum monachorum meorum et fratrum, videlicet presbiteri Uberti et presbiteri | Hanrigi et presbiteri Pieri et Ionathan camerarii et Asagiapanis et Bart|holomei et Angeli, una communiter et concorditer et bona voluntate iure libellario | damus et concedimus tibi Bardellino tuisque heredibus, videlicet ᵇ unam plateam po|sitam extra portam sancti Michaelis: ex una parte habet Bacinellus ta|vernarius, ex alia Ugolinus nepos Bernarducci, de subto habet ᵇ Ugolinus de Gra|naio et Martinus pingnolaius, desuper est fossa castri, via est in medio. Et quia | tu Bardellinus obtulisti et obligasti te sponte et tuos heredes de iure et populo | predicti monasterii et fore deinceps et in temporalibus et spiritualibus et transtulisti te | vivum et mortuum et seppellire apud eadem monasterium et totam tuam fa|miliam, ideo volumus ut predictam plateam ^c totam infra os confines cum omnibus que | super se et infra se habitis, habeas et teneas et iure libellario tuo nomine possideas, | deinceps silicet ^b pro iam dicto monasterio, salvo tamen proprietate prefato mona|sterio et super eam domum hedifices ^c et si aliquo tempore et hedeficium et tuum ius ven|dere vel pingnorare volueris vel tui heredes nobis vel nostris successoribus primum inquirere | debeas ^d et nobis vel nostris successoribus tribuere debeas vel tui heredes; si tantum dare | voluerimus vel nostri successores infra .XXX. dies post tuam vel tuorum heredum in|quisitionem factam sine fraude, quantum ab aliis sine astio accipere po|tueritis et pro .X. solidis minus; post triginta vero dies des illi vel illis hominibus qui sint de pre|dicto monasterio, ut dictum est in hac concessione, sine nostra nostrorumque | successorum lite et contradictione, salva pensione .XIIII. numorum | bonorum omni anno nobis vel nostris successoribus in alba natali domini solvendam | a te vel a tuis heredibus vel ab illis cui dederis, ut dictum est. Pro qua vero nominate | plateæ concessione a te Bardellino .XX. solidos de bonis numis recepimus | et in utilitate prefati monasterii dedimus. Unde nos et nostros succes|sores obligamus sub pena .X. libras bonorum denariorum quod eam plateam | nec tibi nec tuis heredibus auferimus ^e nec aliquod supra iam dicte | pensionis super addiderimus aliquo modo vel tempore. Set ^b eam ab omni quoque homine et | femina legitime defendemus vel te obligante sub pena eadem | per te et tuos heredes, quod omni anno ut dictum est nominatam pensionem predicto | monasterio solvere et omnia pacta que dicta sunt superius nobis vel nostris | successoribus vice dicti monasterii semper observabis et pena fidem | servanti soluta que dicta sunt superius semper firma permaneant; preterea | cum pensionem reduxeris ad monasterium tibi vel tuis heredibus omni an|no commestionem dabimus. Unde duos libellos uno tenore | fieri rogaverunt. | Actum in Podio Boniczi, coram Bonagiunta del Macata | et Guerrucci de Luco et Ruspolo castaldo dicti | monasterii et Iovannuczo dicti monasterii, | testibus rogatis.

(SN) Ego Ildebrandinus iudex idemque notarius huic | inposui libello completionem.

---

^a *Lacuna per foro.*   ^b -et *espresso con il segno di origine tachigrafica.*   ^c *In A* platta(m)   ^d de- *ripetuto.*
^e i *corretta su* e.

89

INSTRUMENTUM CONCESSIONIS

1191 dicembre 17, Poggibonsi

Rigolo Deina e Buonricolto, suo parente, concedono a Grottolo di Villole in enfiteusi un pezzo di terra posto a G e n e s t r e t o con le sue pertinenze e l'uso dell'acqua e della terra, per il canone annuo di un denaro da pagare nel giorno di santo Stefano o durante il mese di gennaio. Per questa concessione ricevono da Grottolo otto soldi.

Originale in ASFI, *Diplomatico*, Bonifacio, 17 dicembre 1191 [A].

Pergamena mm 158 (104) × 210 (65), in cattivo stato di conservazione: integre rimangono solo le prime cinque righe, a parte un foro che menoma minimamente la prima; la parte sinistra del resto della pergamena è seriamente danneggiata a causa forse di rosicature. Il testo è scritto non nel senso della lunghezza, ma perpendicolare ad esso.

Sul r e c t o «n° 52». Sul v e r s o di mano del sec. XIV: «in Villole in loco qui dicitur Genestreto».

Sul giudice Graziano: cfr. *Carte di Badia*, II, 153.

(SN) In nomine [domini dei] eterni. Anni [a] ab eius incarnatione millesimo centesimo nonagesimo primo, sex | [ta] decima kalendas ianuarii, indictione decima. Nos Rigolus Deina et Bonricolto eius congnus | tradimus atque concedimus tibi Groctolo de Villole in ephyteosin et tuis here | dibus perpetue unam petiam terre positam a Genestreto, cuius ex una parte est ter | [ra tua] Groctole, a secundo sancti Iusti de Villole [1] et ab inde aqua de Strolla [2], infra hos confi | [nes ...] [b] [perti]nentiis et cum usu aque et terre, ut liceat tibi et tuis heredi | [bus ...]ra tuo arbitrio et per ipsam aquam ducere et quicquid volueris exinde fa | [cere ...] in die sancti Stefani vel per totum mensem ianuarii dare | [...] denarium unum monete tunc currentis et non plus. Et | [...]ges quod predictam terram non minuemus nec aliquo modo | [...]que semper et legitime expediemus et nullo ingenio

---

[1] Villole, sulle colline che a sinistra del torrente Staggia risalgono verso Castellina in Chianti, cfr. REPETTI, V, p. 781; CAMMAROSANO, PASSERI, *Repertorio*, 42.18.

[2] Borro Strolla, affluente del torrente Carfini.

ali│[...]nemus. Et si contravenerimus et omnia non, ut dicta sunt, │ [...]mus pene nomine solidos viginti dare et omnia insuper observare │ [...] c omnia tibi dicto Groctolo et tuis heredibus omnibus. Et insuper nos │ [...] recepisse pro hac concessione a te Groctolo solidos octo dena│[riorum ...]. Et ego Groctolle confiteor omnia sic esse, si distulero ego vel mei │ [...] denarium ut dictum est dare eandem penam vobis sol│[...]ralem. Actum Podii Bonicçi, coram Brunectino et Pa│[...] et Morando filio Ugolini, qui testes fu│[erunt].

[(SN) Gratian]us d iudex sacratissimi inperatori Frederici │ [et notarius idem], ut legitur superius, scripsi rogatus.

---

a *Così in A.*　b *Le seguenti lacune interessano tutte circa venti lettere.*　c *Lacuna di circa 15 lettere.*
d *Identificato tramite il signum notarii e la calligrafia; cfr. i numeri 92 e 102.*

90

PRONUNTIATIO ARBITRII

1192 aprile 23, Siena nel chiostro di Santa Maria

Rustico, arciprete della chiesa senese, e Bernardo, abate di Sant'Eugenio in Siena, arbitri delegati da papa Celestino III della controversia che
verteva tra Ranieri, pievano di San Pietro in Bossolo, e Rolando, abate del
monastero di San Michele di Marturi, insieme con Marco, prete della chiesa
di San Casciano, sentenziano che l'abate abbia il potere di eleggere il rettore della chiesa di San Casciano; che il rettore debba entro otto giorni dalla sua nomina notificarla al pievano richiedendogli di recarsi alla sua chiesa
per investirlo nello spirituale. Il rettore sarà tenuto a rispettare nei confronti della pieve tutti i doveri che sono soliti anche alle altre chiese da essa di-
pendenti.

Originale in ASFi, *Diplomatico*, Bonifacio, 23 aprile 1192 [A].

Pergamena mm 320 × 327, rigata. Lacunose le prime sette righe e quelle centrali lungo il lato destro; precedentemente piegata a lettera, conserva tracce di quattro pieghe, che
hanno causato una lacerazione nel punto di incontro.
Sul r e c t o «n° 54». Sul v e r s o in senso inverso rispetto alla scrittura del r e c t o
di mano del XV sec.: «Laudum inter abbatem marturensem et plebanum sancti Petri in Bossolo super electionem ecclesie S. Cassiani»; segue la segnatura «1192=23=aprile».

In nomine patris et filii et spiritus sancti; amen. Cum controversia
verteretur inter Rainerium plebanum sancti Petri in Bossolo, ex una parte
nomine sue ecclesie agente[m] et presbit[erum Marcum] | et Rolandum
marturensis monasterii abbatem ab eodem presbitero Marco pro ecclesia
sancti Cassiani[1] dominum in iudicio nominatum ex altera parte
contradicentes, quam ecclesiam sancti [Cassiani] | plebanus dicebat ad
suam parrochiam pertinere, et contra voluntatem suam et se inrequisito ab
eodem Marco gubernari et res eius pro suo beneplacito voluntatis ordinari
et disp[... ad]|iciens quod idem Marcus debitam obedientiam et

---

[1] Santa Lucia a Cassiano presso Barberino Val d'Elsa, cfr. REPETTI, I, p. 523.

reverentiam sibi non exiberet, propter quod dicebat plebanus prescriptum presbiterum a florentino episcopo excommunicatum, et econtra presbiter Marcus et [abbas pre]|fatus in supradictis contradicerent et de his ad sedem apostolicam per plebanum querimonia delata fuisset [a], contigit quod dominus Celestinus papa .III. nobis Rustico senensis ecclesie archipresbitero [et] Be[rnardo] | sancti Eugenii senensis abbati causam delegavit, precipiens ut presbiterum illum Marcum appellatione et excusatione cessante cogeremus memorato plebano debitam obedientiam et subiectionem impe[n]|dere et pro eo quod sententiam florentini episcopi sicut plebanus dicebat vilipendeat, animadversione canonica puniremus. Abbas vero econtra respondebat quod ecclesia sancti Cassiani nec per pleba|num debebat institui, nec rector illius ecclesie obedientiam ei tenebatur promittere, eo quod a sexaginta retro annis nullus illius ecclesie rector plebanis obedientiam promisisset aut per | plebanos ecclesia instituta fuisset [a]; sententiam vero episcopi contra presbiterum Marcum latam ideo non tenere dicebat, quia ante prolationem sententie ad sedem apostolicam appellaverat. Unde | utique fuit quod utraque parte vocata et legitimis datis induttis ad nostram accesserunt presentiam et auditis que hinc inde proponebantur questionibus, postulavimus ut totam controver|siam nostro arbitrio committerent terminandam, quod ad petitionem nostram factum est. Qua compromissione Senis nobis facta: ego Rusticus archipresbiter de consensu sotii accessi cum Aimerigo iudice ad memoratum monasterium et plebem ad consensum exquirendum fratrum utriusque collegii, quo habito nos Rusticus senensis archipresbiter et Bernardus sancti Eugenii abbas, | auditis diligenter que ab utraque parte proponebantur questionibus et in quibus discordabant et conveniebant de voluntate et consilio amicorum utriusque partis laudamus et arbitramur ut | quotiens prefata ecclesia sancti Cassiani rectore vacaverit in potestate habeat abbas eligere rectorem et invenire quem voluerit et in memorata ecclesia sancti Cassiani ponere; qui positus et sub|stitutus rector infra octo dies sive per se, sive per idoneum nuntium plebano qui pro tempore in ecclesia sancti Petri de Bossolo fuerit institutionem suam significabit, rogans ut plebanus accedat ad | ecclesiam sancti Cassiani, ab eodem plebano spiritualia recepturus; et plebanus infra illos octo dies ad ecclesiam cum quot expedit id est cum duobus sotiis veniat et positum ibi rectorem de spiritualibus in|vestiat. Presbiter vero per librum investituram dabit plebano, quod rationes plebis plebi prestabit et studiose non subtrahet neque defraudabit et de cura animarum sibi respondebit. Quod totum rectorem qui nunc | ibi est vel in presentiarum fuerit institutus aut si duo ibi fuerint eum qui inter eos maior fuerit, iubemus et arbitramur implere et hoc totum iudicamus, laudamus et arbitramur pro utraque ecclesia sancti | Cassiani de quibus rationibus aliqua duximus exprimenda vocabula, videlicet [a] ut ad capitulum, ad simbolum, ad battismum, sicut alii cappellani, ad letanias, ad festivitatem sancti Petri et sancti Io|hannis Battiste et Evangeliste, ad epiffaniam ad plebem vadat et obsequia divina cum aliis fideliter impleat et quando datium pro consecratione episcopi fuerit expetitum et de procuratione [sue] | canonice datur episcopis portionem suam que sibi competerit tribuat quod et de circa similit[er] faciat et ad festivitates suas presbiter dictus plebanus invitet [a] et more solito recipia[t et] | honoret. Item precipimus et arbitramur ut plebanus rectori illius ecclesie beneficia de plebe [et de] plebeio suo sicut aliis cappellanis de spiritualibus et ut consuevit conferat. Item laudam[us], | precipimus et arbitramur ut cum plebanus de novo in plebe supradicta canonice fuerit elect[us], tunc rector ecclesie sancti Cassiani cum clerici ad prestandam obedientiam venerint et [...]|riter cum eis conveniat et investituram supradictam novo plebano re[...] de spiritalibus renovatam recipiat. Et haec omnia precipimus et arbitra[mur] | observari sub pena centum librarum undique legitime promissa. | Datum Senae in claustro sancte Marie coram presbitero Madio, presbitero Iohanne, Ugone cantore, magistro Guido, [senensius] [b] canonicis, priore sancti Martini, presbitero Rainerio et presbitero Abbat[e] | presbiteris sancti Christofori, Iacobo Ildebrandini Antonini, Assalito Guidi et aliis pluribus rogatis testibus, anno domini millesimo centesimo nonagesimo secundo, .VIIII. kalendas madii, indictione decima. | Ante haec die quinto decimo kalendas madii, indictione eadem, ego Aimerigus iudex cum predicto archipresbitero pro exquirendo fratrum consensu, ut dictum est, ad dictum monasterium et ple|bem accessi et exquisitum consensum inveni, ita videlicet [a] quod consenserunt commissioni et dationi pignorum et promissioni pene et promiserunt arbitrium tenere firmum | sicut apparverit scriptum per meam manu[m] et eidem arbitrio subscribere. Nomina fratrum monasterii de Marturi qui consenserunt, sunt haec: Ubertus presbiter et monacus, Anastasius presbiter et monacus, Arrigus presbiter et monacus, Assagiapanis diaconus et monacus, Ginassa diaconus et monacus, Angelus monacus, Amideus monacus, Bartalomeus subdia|conus et monacus; horum consensui in [c] et promissioni interfuerunt testes: Rusticus de Abbatia, Guascone Vermillii, Turchius Macchi, Bernardinus medicus de Montevultrai | et Ardimannus Rolandini. Nomina fratrum plebis qui consenserunt et promiserunt sicut predicti fratres die sequenti sunt haec:

presbiter Scottus, presbiter Rolandus, presbiter Signore, Bellundinus |
subdiaconus, Gualteroctus canonicus, presbiter Vitalis, presbiter Amicus et
Brunectus conversus, hii tres sunt familiares; horum consensui et
promissioni interfuerunt testes predictus | Ardimannus, Broncolus
Iohannucoli, Arrigus Odaldelli, Pierus Ripaioli et Paganellus Guitti. |

(SN) Ego Aimerigus iudex et notarius pronuntiationi predicti arbitrii
et aliis, ut dictum est, interfui et de mandato predictorum scripsi et in
publicam formam redegi.

---

^a -et *espresso con nota tachigrafica.* ^b *In A* senensius *con segno abbr. sopra la* u. ^c *Così in A.*

91

INSTRUMENTUM CONCESSIONIS

1192 ottobre 20, nel chiostro di San Michele

Rolando abate del monastero di San Michele di Marturi, con il consenso dei suoi monaci, concede in enfiteusi a Farinella e Buonsignore, fratelli e figli del fu Lamberto, una piazza posta in Podio Bonizi per il canone di un cero di una libbra da consegnare ogni anno a settembre per la festa di san Michele. Per la detta concessione dichiara di avere ricevuto dai detti fratelli venti soldi. Nel caso desiderassero rivendere la piazza a terzi Farinella e Bonsignore dovranno richiedere il permesso all'abbazia e pagare ad essa la decima della somma riscossa.

Originale in ASFɪ, *Diplomatico*, Bonifacio, 20 ottobre 1192 [A].

Pergamena mm 341 X 158, rigata e marginata, in buono stato di conservazione.
Sul r e c t o «n° 55». Sul v e r s o, evanita, l'annotazione: «d[e] pla[tei]s», più in basso, in senso inverso rispetto alla scrittura r e c t o, la segnatura «1192=20=ottobre» seguita da una «C» di tipo trecentesco-quattrocentesco.

(SN) In nomine domini dei eterni. Anni ab eius incarnatione millesimo centesimo nonagesimo secundo, tertia decima | kalendas novembris, indictione undecima. Ex hac serie scripturarum evidenter cuntis app|aread quod Rolandus gratia divina venerabilis abbas monasterii sancti Michaelis | de Martura, consensu et voluntate monacorum et fratrum suorum, concessit in enphyte|osin perpetuo Farinelle et Bonsegnori germanis [a] quondam Lanberti filii et eorum heredibus et des|cendentibus unam plateam positam in Podio Bonicçi, cuius a primo latere est murus | castelli, a secundo via, a tertio casa Rugerini, a quarto est platea filiorum Rusti|chy, infra hos confines totam cum omnibus suis pertinentiis et cum omnibus rebus super se et infra | se habentibus; dictis germanis [a] dedit et concessit ad habendum, tenendum, tali lege et pac|to, quod annualiter dare debeant nomine pensionis [et de]biti [b] census in die sancti Micha|elis et eius festivitate in mense septembrio in ecclesia sancti

Michaelis de Martura cere|um unum unius libre, lator cerei ab eadem ecclesia commestione recepta. Et pro hac | concessione coram infrascriptis testibus venerabilis abbas confesus fuit se recepi|sse a prefatis germanis soldos viginti denariorum. Et ideo obligavit se dominus abbas | solempni stipulatione hanc concessionem senper per se et suos sucessores posterosque observa|re et nullo modo vel tempore inquietare vel aliquod superinponere et undique c expedire | semper et legitime et si contravenerit et omnia non observaverit d soldos centum denariorum | nomine pene per se et suos posteros germanis a prefatis dare et datam omnia observare promisit. | Preterea dicti fratres Farinella et Bonsegnore confessi publice fuerunt omnia inter ipsos | et dominum abatem convenisse promittentes solempniter omnia dicta per se suosque observare here|des et si voluerint vendere dominum abatem et suos fratres debent requirere et pro eodem quod ab aliis con|sequi possent dare eidemque decimam vendictionis dare et si dominus abas non em[er]it cuicumque | voluerint vendere possint, dum tamen conventiones qua cum e domino abate habent in contractu | vendectionis omni modo observerent hec omnia et supradicta observare venerabile stipulante | abbate sub pena solidorum centum promiserunt, quam domino abbati si contravenirent et eius posteris | dare spoponderunt. His omnibus consenserunt expressa voce sacerdos Henrigus et camera|rius, sacerdos Ubertus et Iohnata monacus et Asagiapane et hoc instrumentum fieri rogav|erunt. Actum in claustro dicti monasterii coram Bonamico Talcionis, Bonaco, | Ito Bellasii et Sentone maritus Pellegrine, qui testes fuerunt.

(SN) Gratianus iudex sacratissimi imperatoris Frederici | et notarius idem ut legitur superius in scriptis redegi rogatus.

---

a ggis *con segno abbr. sovrapposto.* b *Lacuna per foro.* c -q(ue) *espresso con il compendio usato per il pronome relativo anziché per l'enclitica.* d *Così in A.* e cum *in sopralinea.*

PUBLICAE LITTERAE

1192 dicembre 9, C u r t e

Gli uomini della parrocchia della chiesa dei SS. Fabiano e Sebastiano di C o r t e , abitanti nella villa di Fizzano, giurano di mantenere i diritti e le consuetudini spirituali e temporali ad essa pertinenti mentre Guglielmo, sacerdote e rettore della chiesa sopraddetta, concede loro in allodio la terra necessaria per costruire la futura chiesa di Fizzano a patto che essa sia sottomessa alla chiesa dei SS. Fabiano e Sebastiano e al monastero di San Michele e che sia retta dallo stesso sacerdote.

Originale ASFI, *Diplomatico*, Bonifacio 9 dicembre 1192 [A].

Pergamena mm 360 × 310, rigata e marginata, in buono stato di conservazione. Presenta in alto e in basso fori di cucitura.
Sul v e r s o di mano del sec. XIV: «sancti Fabiani et Sebastiani de Curte nuova»; in calce la segnatura «1192=9=dicembre».

(SN) In nomine dei eterni. Anno ab incarnatione eius .M. .C. nonagesimo secundo, .V. idus decembris, indictione .XI. Publicis his litteris notum sit omnibus quod nos homines de parrochia | ecclesie sancti Fabiani et Sebastiani, que fundata est in loco qui dicitur Curte [1], qui moramur in villa de Fizano [2], Rainaldus scilicet [a] et Cucierius quondam Bandi et Alio | ttus filius Rainaldi et Petrucius Alberti et Azolinus Alberti et Gherbellus et Riccardus Peruzi et Pincionus Gerarducii et Iohannes filius eius et Orlandinus Menconi et Guittonus Bran | dini et Francardellus Martinucii et Ildibrandinus et Bonacursus Ugolini et Benintende Rustichelli et Petrucinus Petrucii et Bonsegnore Pincionius, predicte ville | de Fizano

---

[1] Si tratta del luogo oggi detto San Fabiano di Cortenuova sulle colline che risalgono verso Castellina in Chianti, cfr. REPETTI, I, 808.

[2] Fizzano si trova dirimpetto a San Fabiano sull'altra riva del borro di Carfini. I documenti del monastero di Marturi provano come non sia accettabile l'identificazione di Fizzano, suggerita da *ivi*, *Supplemento*, 278, con l'odierno Cinciano, luogo termale nei pressi di Poggibonsi.

habitatores, pro commodo et salvamento nominate ecclesie nostrique commodum inspicientes sponte super sancta dei evvangelia iuramus quod omnia iura et omnes consuetudi|nes, quas predicta ecclesia beati Fabiani in spiritualibus et temporalibus in predicta villa et alibi habere consuevit usque modo [b] pro posse nostro salvabimus et in perpetuum manute|nebimus; et non erimus in consilio neque in facto neque in assensu ut ipsi ecclesie de Fabiano spiritualia iura et spirituales et temporales consuetudines eius diminuantur in aliquo et nos | iura et consuetudines quas in nobis et antecessoribus nostris et ubique ipsa ecclesia de sancto Fabiano habere consuevit usque modo [b] in spiritualibus et temporalibus eidem ecclesie neque recto|ribus eius in totum vel [c] in partem temere non auferemus neque diminuemus neque nostris dominis nec alicui alii persone vel loco; favebimus ulterius, ut eas eidem ecclesie vel rectoribus | eius iuste vel iniuste auferant aut minuant in aliquo; si qua vero [d] persona secularis vel ecclesiastica consuetudines et iura que predicta ecclesia sancti Fabiani in ipsa vil|la de Fizano et in aliquo alio loco et nominatim in nobis et in aliis hominibus et bonis predicte ville de Fizano usque modo [b] solita est habere et bona que nunc habet et in futurum aliqua | occasione potint adhipisci eidem ecclesie violenter abstulerit vel in aliquo diminuerit et inde te [e] sacerdotem Guilielmum et futuros eiusdem ecclesie sacerdotes atque custodes | temere pertubaverit ipsam nominatam ecclesiam teque dictum sacerdotem tuosque catholicos successores iuste requisiti contra omnem personam et locum ubique modis omnibus | adiuvabimus, exceptis nostris propriis dominis quibus pure mercedem querendo et preces sine malitia porrigendo resistemus. Et insuper nos nostrosque descendentes sub pena | .C. librarum nummorum expendibilium et sub districtu domini apostolici et domini imperatoris obligantes interposita legitima stipulatione promitimus quod omnia que dicta sunt semper firma | tenebimus nilque gessimus usque modo [b] nilque geremus in futurum quod omnia que dicta sunt observare non possimus plenarie; que omnia si plene non observaverimus nominatam penam tibi | nominato sacerdoti vice ipsius ecclesie vel tuis catholicis successoribus componemus et post universa que dicta sunt sub simili pena semper observabimus et in his omnibus supradictis | nostros descendentes sub similis pene obligatione sic observaturos in perpetuum obligamus. Ego vero sacerdos Guilielmus supradicte ecclesie de sancto Fabiano diligens custos | atque prelatus ad reverentiam et honorem domini senensis episcopi et totius episcopatus et domini archipresbiteri senensis ecclesie qui nunc est plebanus plebis sancte Agnetis [3] et honorem et reverentiam eiusdem | plebis et ad honorem et utilitatem monasterii sancti Michahelis de Marturi et domini Rolandi venerabilis abbatis et omnium successorum eius vobis nominatis viris et habitatoribus de Fi | zano in allodio et propria terra supradicte ecclesie sancti Fabiani in predicta villa posita et pro commodo ipsius dicte ecclesie ecclesiam fieri concedo ea tamen lege et conditione | ut ipsa futura ecclesia de Fizano unum corpus efficiatur cum ipsa ecclesia beati Fabiani et semper sit sub ipsa ecclesia de sancto Fabiano et sub ipso monasterio sancti Michahelis, velut est | ipsa ecclesia de sancto Fabiano, et ego meique catholici successores pro eadem ecclesia sancti Fabiani in ipsa ecclesia concessa divina celebremus officia tamquam custodes eius atque | rectores et a nullo alio sacerdote vel rectore gubernetur vel regatur ulterius nisi a sacerdote vel rectore qui pro tempore fuerit in predicta ecclesia beati Fabiani et Sebastiani. | Actum in loco qui dicitur Curte in domo ecclesie beati Fabiani et beati Sebastiani coram Guicto Burnitti, Guittucio Guicti, Piero Imelde, Ruberto genero Ricii, Iohanne | de Piru, Ben[...] [f] Iohannis de Paronza, Gerardino de Ripalta et Carolo, testibus ad haec omnia specialiter introductis atque rogatis. |

(SN) Ego Maurinus invictissimi quondam romanorum imperatoris domini Frederigi iudex publicus atque notarius his omnibus peragen | dis interfui et universa que dicta sunt ideo in publicam formam redegi rogatus. |

---

[a] -*et espresso con nota tachigrafica.* [b] modo *espresso dal compendio* m *più o soprascritta.* [c] vel *espresso con il compendio di origine tachigrafica. Così passim in A.* [d] vero *espresso con* v *e* o *soprascritta.* [e] te *in sopralinea.* [f] *Lacuna corrispondente a circa cinque lettere causata da una macchia.*

---

[3] La pieve di Sant'Agnese, enclave senese tra la diocesi fiorentina e quella fiesolana, inquadrava spiritualmente tutto il territorio tra il fiume Staggia e Castellina in Chianti, cfr. REPETTI, I, 58; CAMMAROSANO, PASSERI, *Repertorio*, 10.53.

93

LIBELLUS

1193 marzo, Poggibonsi

Il prete Enrico, a nome di Rolando abate, con il consenso dei suoi fratelli monaci, allivella al prete Gianni, rettore della chiesa di San Bartolomeo di Pini, un pezzo di terra o r t i v a posta a T o r n a r i o per il canone annuo di tre denari e la decima da pagare il giorno di santo Stefano, risevando al monastero un diritto di prelazione in caso di vendita, con uno sconto di dodici denari sul prezzo offerto da altri.

Originale in ASFi, *Diplomatico*, Bonifacio, marzo 1192 [A]

Pergamena mm 230 × 142, rigata e marginata con una punta; in parte lacunosa a causa di rosicature che interessano il margine sinistro. Presenta fori di cucitura in alto e in basso.

Sul v e r s o di mano coeva alla scrittura del r e c t o : «libellum presbiteri Iohannis de Pino»; di mano del sec. XIV: «de Pini»; in calce la segnatura: «1192=marzo».

Stile dell'Incarnazione, computo fiorentino.

(SN) In nomine domini, amen. Anno ab eius incarnatione millesimo centesimo nonagesimo secundo, | mense martii, indictione .XI. Ego quidem presbiter Henrigus, vice do|mini abbatis Rolandi, cum consensu meorum fratrum domini Uberti videlicet, Gia|[nasse], Nastasii, Assagiapani et Angioli in perpetuum libellario nomine damus | [atque con]cedimus tibi presbitero Gianno rectori et domino ecclesie sancti Bartalomei de Pi|[ni [1] et] tuis successoribus in dicta ecclesia succedentibus, pectiam unam terre [a] ortivam | positam al Tornarium: cui inferius et desuper sunt terre [a] Appressati, ab uno latere | est via et ab alio est filiorum Bordelle, infra hos confines totam cum omnibus rebus | super se et infrasse habentibus illam tibi et tuis successoribus in dicta | ecclesia

---

[1] Forse trattasi di Villa Pini, località a sud di Poggibonsi sulla sinistra del corso del fiume Staggia. La chiesa di San Bartolomeo di Pino faceva parte del piviere di Santa Maria di Poggibonsi, cfr. *RDT*, I, 23.

succedentibus libellario damus et concedimus pacto tali, quod annualiter |
nobis exinde solvere debeatis decimam et tres denarios in die sancti
Stefa|ni nomine pensionis et non plus; et si aliquo tempore terram
supradictam volue|ritis vendere, nos requirere debeatis et exspectare usque
ad triginta dies | proximos, si voluerumus nobis dare debeatis duodecim
denarios pro minori | pretio quam alicui, sin autem istis similibus modis et
pactis vendas alii quod si tu | et tui successores omnia supradicta firma
semper observaveritis, sic promittimus | vobis per nos successoresque
nostram dictam terram vobis nullo tempore tollere vel | minuere et nichil
plus servitii addere et undique illam semper rationabiliter | defendere et
exspedire sub pena [pote]statis aliquo tempore Podio Boniçi | existentis et
decem librarum bonorum denariorum, quam tibi vel tuis sucessoribus |
dare promittimus, si omnia que dicta sunt firma semper non
observaverimus, et data | pena omnia incorrupta tenere spondemus et
quinque solidos ab te introitum recepimus. | Et insuper ego presbiter
Giannus omnia supradicta sub pena prefata sic ob|[serv]are promitto et si
ea firma semper non observavero dictam penam vobis dare | [spond]eo et
data pena omnia incorrupta tenere promitto. Actum Podio Boniçi |
[coram] Actaviano, Rustichello clerico, qui testes fuere.

(SN) Ego Ildeprandinus scriptor et notarius supradicta omnia scripsi.

ᵃ *In A* tte.

94

CARTULA DONATIONIS INTER VIVOS

1194 marzo 10, Mortennano

Scorcialupo, Guido, Enrico, Riccardo, Ugolino, Ubertino e Giovanni col consenso di Scorcialupo donano all'abate Rolando, rettore del monastero di San Michele di Marturi, rappresentato dal prete Enrico, una piazza posta a Castagnoli per edificarvi la chiesa di San Donato di Verzeto e la sua abitazione con il vincolo di non poterla cedere a terzi.

Originale in ASFi, *Diplomatico*, Bonifacio, 10 marzo 1193 [A].

Pergamena mm 254 × 176, rigata e marginata. Presenta fori di cucitura in alto e in basso.

Sul v e r s o in calce, evanito, leggibile solo con la lampada Wood: «Carta donationis filiorum Scorcialupi».

(SN) In nomine dei eterni, amen. Millesimo centesimo nonagesimo tertio, sexto idus martii, in | dictione .XII. Nos quidem Scorcialupus, Guido, Henrigus, Ricciardus, Ugolinus, | Ubertinus et Iohannes cum consensu Scorcialupi una communiter et concorditer pro amore dei et re | medio animarum nostrarum inter vivos donamus, offerimus, tradimus atque concedimus tibi sacerdoti Henrigo recipienti vice domini abbatis Rolandi rectoris monasterii | sancti Micchaelis et vestris omnibus fratribus et successoribus in monasterio sancti Micchaelis | succedentibus ad ecclesiam sancti Donati de Verdeto [1] et domum eiusdem habitatoriam edificandam plateam unam positam in Castagnioli [2] cui inferius, superius et ab uno latere | sunt vie, infra hos confines tantam platee cum omnibus rebus super se et infrasse | habentibus proprio [a] tibi, vice domini abatis dicti, recipienti et omnibus vestris fratribus donamus, | offerimus,

---

[1] Verzeto in Valdelsa nel territorio comunale di Castellina in Chianti, cfr. REPETTI, V, p. 701.

[2] Castagnoli di Castellina in Chianti, cfr. *ivi*, I, p. 528; CAMMAROSANO, PASSERI, *Repertorio*, 10.5.

tradimus atque concedimus, ubi prefatam ecclesiam et domum eiusdem habitato|riam valeatis edificare et alicui illam aliquo modo vel genere non possitis | alienare; et si illam aliquo modo alienaveritis, centum libras bonorum denariorum | nomine pene, sub pena potestatis aliquo tempore provinciam istam regentis, nobis dare de|beas vice domini abbatis promittemptem et facta alienatione nichil valeat. Et pro|mittimus tibi dictam plateam, ecclesiam et domum ab odie in antea non mo|lestare nec etiam aliquo modo contempdere vel inquietare, set hanc donationem semper | firmam tenere et ab omni quoque homine et femina semper rationabiliter defendere | et exspedire sub pena potestis aliquo tempore provinciam istam regentis et cemptum libras | bonorum denariorum quam penam obligamus nos nostrosque heredes tibi vice domini ab|batis stipulanti et vestris omnibus fratribus et successoribus in monasterio sancti Miccaelis succe|dentibus daturos promittemptes si omnia quae dicta sunt firma semper non observaverimus | et data pena omnia incorrupta perpetuo tenere spondemus. Actum Mortinano[3], coram | Tebaldo de Linari, Cianpolo, Guido Guardainfrancia et Parisio Beringeri de Mon|teboni, qui testes fuere specialiter introducti atque vocati. |

(SN) Ildebrandinus scriptor et notarius hanc cartulam scripsi et complevi rogatus.

[a] *Espresso con l'abbr. tipica per* pro, *con i soprascritta, seguita da una* o.

---

[3] Trattasi dell'odierno Montennano in Valdelsa, castello di proprietà della famiglia Squarcialupi, cfr. REPETTI, III, p. 447; CAMMAROSANO, PASSERI, *Repertorio*, 10.13.

95

VENDITIO

1194 agosto 24, Poggibonsi

Benincasa di Lecchi vende al prete Enrico con il consenso dell'abate di San Michele di Marturi un pezzo di terra posto a F a m a l g a l l o per il prezzo di tre lire.

Originale in ASFI, *Diplomatico*, Bonifacio, 23 novembre 1194 [A].

Pergamena mm 222 × 175, rigata e marginata, mutila della parte destra.
Sul r e c t o «nº 56». Sul v e r s o di mano del sec. XIII: «charta venditionis».

(SN) In nomine domini dei eterni, amen. Ab eius incarnatione millesimo centesimo nonagesimo quarto, nona k[alendas] | settembris, indictione duodecima. Nos Benecasa de Lechie ************ ᵃ uxor eius communiter | et concorditer vendimus, tradimus atque concedimus tibi Henrigo presbitero unam petiam terre positam | a Famalgallo cum omnibus que super se et infra se habet et cum omni iure et actione nobis exinde competen[te], | cuius ex duobus lateribus sunt terre sancti Micchaelis de Martura et a tertio est via et [a quarto] | est fovea castellari ᵇ de Famalgallo, totam infra hos confines ut liceat tibi H[enrigo pres]|bitero habere et tenere et quicquid iure proprio volueris facere. Causa cuius vendictionis confiteo[r] | recepisse a te sacerdotis Henrici ᵇ tres libras bonorum denariorum nomine pretii. Ideoque cedimus | atque mandamus tibi dicto Henrigo omnes actiones nobis gratia possessionis et proprietatis con|petentes utiles et directas constituentes te tue rei procuratorem, ut tuo nomine agas, | intendas et quemlibet agentem excipias. Et obligamus nos et nostros heredes hanc vendictionem, si | aliquando inquietaverimus et omnia que dicta sunt non observaverimus, pene nomine rem | dictam venditam in duplum tibi vel tuis posteris dare promittimus et dat[a ᶜ pena] | observare stipulationem spondemus. Is omnibus supradictis concessit dominus […] | abbas monasterii sancti Micchaelis de Martula.| Actum

Podii Boniçi, coram Morando quondam Arnolfi et Bongianneto quondam Guido|ni et Ultremonte quondam Rapertelli, qui testes fuerunt.

(SN) Morandus scriptor et notarius omnia supradicta | scripsi roga[tus] d.

---

a *In bianco per lo spazio di circa tredici lettere.* b *Così in A.* c dat *con segno abbr. soprascritto.* d rogatus *scritto a gruppi di lettere intervallati.*

96

FICTUS

1195 agosto, Poggibonsi

Negro Giannellini, suo figlio Pannocchia e Bonaccorso del fu Upezzino concedono in affitto ai fratelli Rodolfo e Bonincontro una terra per la quale attualmente i detti fratelli versano già una pensione annua di otto denari, e un'altra terra in Tignano e nella sua c u r t i s, concessione che non comprende Cerbaia, in cambio di cinque staia di grano da pagare ogni anno in agosto.

Originale in ASFI, *Diplomatico*, Bonifacio, agosto 1195 [A].

Pergamena 260 × 154, in buono stato di conservazione.
Sul r e c t o «n° 58». Sul v e r s o oltre al timbro e alla segnatura poste al momento dell'ingresso nel Diplomatico si intravedono in calce tracce di una segnatura erasa.

(SN) In nomine dei eterni. Anno ab eius incarnatione millesimo centesimo nonagesimo quinto, mense | agusti, indictione .XIII. Nos Niger Giannellini et Pannocchia eius filius et Bonac|corsus quondam Upecçini communiter damus et concedimus tibi Rudolfo, recipienti pro te et | pro Bonincontro fratre tuo, nomine ficti perpetuo totam terram illam de qua nomine pensi|onis dabatis nobis omni anno octo denarios et aliam totam quam habemus Tineano [1] et | eius curte cum omnibus rebus super se habentibus, excepto illud de Cerbaria [2] et volumus | ut vos et vestri heredes et descendentes ulterius habeatis et teneatis et singulis annis | in die sancte Marie de agusto vel per illum mensem totum quinque staria grani cum stari|o venditale de Sommofonti, cum quo communis pro tempore vendetur, nuntio nostro venienti | pro eo et nostrorum heredum ad vestram casam dare debeatis vos et heredes vestri et nicchil aliud; et pro [a] hanc concessionem et dationem confitemur nos nomine introitus

---

[1] Tignano nei pressi di Barberino Val d'Elsa, cfr. REPETTI, V, pp. 525-526.
[2] Cerbaia nel piviere di San Donato in Poggio, cfr. *ivi*, I, p. 653.

recepisse | a te .XV. solidos denariorum solvente pro te et fratre tuo. Ideoque obligamus nos et | nostros heredes in pena viginti librarum et obligo potestatis terrenum nostrum regentis | hanc rem ad afitum concessam senper firmam et incoruptam observare et nullo | modo vel ingenio retollere vel minuere aut aliquid superinponere vel plus | exigere et undique res prefatas vobis legitime et vestris heredibus defendere. Et si con|travenerimus et omnia non observaverimus prefatam penam tibi Rudolfus vel | tuis heredibus dare et data omnia incorrupta promittimus senper observare. Et ego Ru|dolfus confiteor omnia ut dicta sunt supra inter nos convenisse et si distule|ro ego vel Bonincontro frater meus vel nostri heredes et omnia ut dicta sunt adinplere | et servitium annualiter dare, similem penam vobis stipulantibus sub obli|gatione prefate potestatis dare promittimus et data omnia incorrupta senper | observare spondemus. Actum Podio Bonicçi coram Piero filio Ildebran|dini, Bonsignore olim Lamberti Bene et Ildebrandino, testibus rogatis. |

(SN) Iacobus domini Henrigi invictissimi imperatoris scriptor et notarius | ut legitur superius appartibus scripsi rogatus.

ª *Così in A.*

97

NOTITIA

1195 agosto 10, s.l.

Alla presenza di Rolando, abate del monastero di Marturi, di Bartolomeo monaco, di Tancredi podestà di Semifonte, di Alberto prete di M u g n a n o e di molti altri, Miranguiso, Pero Belluncini, Pasquale, Mingone e Riccio rivelano quali sono le terre del monastero di San Michele che gli uomini di M u g n a n o occupano ingiustamente senza rendere il servizio.

Originale in ASFi, *Diplomatico*, Bonifacio, 10 agosto 1195 [A].

Pergamena mm 154 × 224, rigata. Presenta lacerazioni e macchie lungo il margine destro e in calce che talvolta impediscono la lettura. Le ultime quattro righe e mezzo sono scritte in un modulo molto più piccolo.

Sul r e c t o «n°57». Sul v e r s o in libraria: «di[t]e de Mugnano»; in senso inverso rispetto alla scrittura del r e c t o la segnatura: «1195=11=agosto», che copre in parte un regesto quasi del tutto evanito: «[...] questa carta de Meugnano co[ntiene] come gl'uomene | del dicto loco reggono certe pecçe de terra del mone|stero [....] supra ciò iurato | [... t]estemonia tutto se contiene nella dicta carta».

In nomine dei, amen. Anno domini .M.C. nonagesimo .V., .IIII. idus augusti. In pre|sentia domini Rolandi marturensis abbatis et Bartholomei monachi et Tancred[i] | potestatis de Somefonti et presbiteri Alberti de Mugnano [1] et Bonini et Ildibrandi|ni Iordanis et Ubertellini et Compagni, Redolfini, Navantati, Rogerii, Sertor[is], | Bovis et Madii et aliorum plurium. Miranguiso, Perus Belluncini, Pascalis, Mingone, Ricius iurati corporaliter ostenderunt nobis terras monasterii sancti | Michaelis de Martura, que ab hominibus de Mugnano sine servitio iniuste | detinebantur, in primis in culto de Cafarello, in vallibus Carrarie, Rapale, | Cafagio, Monte Corbini et platee a via publica usque ad fossatum, tribiol[...] [a] | et clusura, a via publica usque ad fossatum; in Ortali duas

---

[1] Se ne propone l'identificazione con Meognano in Valdelsa, cfr. REPETTI, III, p. 191.

petias terrarum; in Aqua [Vi] [b]|va, Podium Bolgarelli sicut classum tenet [c] usque ad domum Roberti et est ibi area | filiorum Roberti et palearium et domus Petri Belluncini cum toto culto et area eiusdem | et totum cultum Ricii et omnes possessiones, quas habet idem Ricius et fossatum de Lame et | totum Cluseramule usque ad summitatem montis de Mugnano; et in Citine[2], | excepta terra comitum que inferius est, usque ad sumitatem montis de Mugnano, | Ripertuli totum, totum Campus Longus et in Mugnano unam petiam, | quam habet Rogerius, cui ex uno latere possidet [c] Renucius et ab alio | possidet [c] idem Rogerius: desuper est via; et Pastrine[3]: ab uno l[atere] | est vinea Ruberti, ab alio possidet Rogerius, desuper est terra de | abbatia, inferius est via publica. Petrus filius Guiduci et Albertinellus filius Gui|duci, Iohannes filius Ubertelli, Mugnanellus filius Ubertelli, Vallinus, Vetulus et Medicus, domus Finelli, Iohannes de [...] | Fronte filius Cafarelli: omnes isti sunt homines de abbatia. Domus Tipi et Petri habent unam masciam in villa D[ini]; | Gualfreducius de Corte habet annualiter tres sextaria frumenti absque ulla iustitia et ratione; haec omnia confessus [est] [d] | Miranguiso nomine sacramenti, quod prestitit nobis cum esset [e] in initio [...] [f] ad sc[...]. [g]

---

[a] *Lacuna per lacerazione che interessa una o due lettere.*   [b] *Lacuna per lacerazione che interessa tre lettere.* [c] *-et* espresso con nota tachigrafica.   [d] *Lacuna che interessa sei lettere.*   [e] *Segue* i(n) ititio *depennato.* [f] *Lacuna per lacerazione che interessa dieci lettere.*   [g] *Lacuna che interessa tre lettere.*

---

[2] Lungo la strada statale che collega Certaldo a Poggibonsi, ai piedi di Vico d'Elsa.
[3] Pastine, lungo la strada che collega Vico d'Elsa a Barberino, cfr. REPETTI, IV, p. 66.

98

INSTRUMENTUM DONATIONIS INTER VIVOS ET OFFERSIONIS

(1175-1195), P r a t i c a l e accanto al ponte di Bonizo

Ubertello dona i n t e r   v i v o s all'abbazia di San Michele e all'abate Rolando, rappresentato da Rigitto, monaco e diacono, un podere situato nella c u r t i s   e t   d e s t r i c t u s di Podio Bonizi, oltre alla metà di una casa e terra posta in Podio Bonizi, descritta nei suoi confini.

Originale in ASFɪ, *Diplomatico*, Bonifacio, 11 [A].

Pergamena mm 311 × 171, rigata e marginata. La pergamena è mutila della parte iniziale.
Sul v e r s o «n° 236». In calce la segnatura «11......».

[... remissio]ne peccatorum meor[um inter vivos donasse et obtulisse atque tradidisse tibi Rigicto] ᵃ | monaco et diacono ecclesie et monasterio sancti Michaelis de Martura accipienti pro[cura]|torio nomine pro Rolando venerabili dei gratia abbas supradicti monasterii, accipienti | in onorem dei et eiusdem monasterii suisque successoribus in perpetuum, videlicet ᵇ totum | integrum meum poderem mobilem vel inmobilem quod ego habeo et teneo aliquo modo | vel alii per me et est positum in curte et districto Podii Boniczi et per alia loca et | vocabula, ubicumque de prenominato meo esse invenitur, una cum omnibus supra se et | infra se habentibus. Et insuper medietatem integram unius case et terra ᶜ cum suo fun|damento et omni suo dificio que est in Podio Bonicti positam, iusta domum Grilli de | Sticciano, ex alia est domum filii Seracini de Castello, ab aliis duobus lateribus | vie sibi recurint; infra os confines integram medietatem ipsius case cum omnibus supra | se et infra se habet ᵇ et omni iure et actione vel requisitione seu usu de eo podere | et medietate ipsius case mihi competentibus omnia ut supradicxi in integrum in presenti | inter vivos dono, trado atque offero et concedo tibi prenominato Rigitto procuratorio | nomine pro ipso monasterio atque abbati suisque successoribus in perpetuum ad habendum, | tenendum ac possidendum et quicquid deinceps placuerit ei utilitate ipsius mo|nasterii faciendum, sine mea meorumque heredum lite et contradictione. Ut | nullam litem nullamque controversiam nomine prenominato meo podere et medietatem ipsius case | a me vel a meis heredibus quolibet modo aliquo in tempore qualibet ex causa supradictus | Rolandus abbas vel eius successores aut cui eum podere et casa dederint sustineant | ab omni quoque homine et femina prefatum poderem et casam legitime defendere et acto|rizare semper tibi ᶜ procuratorio nomine vice ipsius abbati suisque successoribus | promitto. Et si vero ego iam dictus Ubertellus vel mei heredes prenominata | mea donatione et offersione semper firmiter observare noluerimus | pene nomine predicto podere et casa duplum eiusdem bonitatis et estimationis | sollempni stipulatione tibi Rigicto procuratorio nomine vice ipsius monasterii | atque abbati resarcire promitto et insuper hoc donationis et offersionis in|strumentum ut superius legitur, semper firmum et incorruptum tenere spondeo. | Actum in loco in Praticale, prope ponte Bonicti; | feliciter.

Signum ✠ manus iam dicti Ubertelli qui hoc strumentum donationis et offersionis, | ut superius legitur, fieri rogavit. |
Signa ✠ ✠ ✠ ✠ ✠ manuum Rugerini del Sasso et Reinaldi Volliole de | Papaiano et Fridiani et Upictini et Martini de abbatia, rogatorum testium. |

(SN) Ego Ildebrandus iudex idemque notarius huic inposui cartule completionem. |

ᵃ *Lacuna per circa quarantasei lettere.* ᵇ *-et espresso con nota tironiana.* ᶜ *Così in A.* ᵈ *In A* recuri(n)t. ᵉ *Segue depennato* pn *con segno abbr. sovrapposto.*

99

COMPROMISSUM

(1175-1195), s.l.

Rolando, abate del monastero di San Michele di Marturi, e Ardizzone, prevosto della pieve di Santa Maria di Marturi rimettono all'arbitrato di Arnolfino e di Anselmino tutte le liti e controversie che vertono tra la pieve e il monastero, secondo la forma e il tenore dell'incarico affidato dal papa all'abate di Isola, al pievano di San Ierusalem e all'abate di Elmi.

Originale in ASFI, *Diplomatico*, Bonifacio, 11 [A].

Pergamena mm 305 × 160 (137); presenta alcune macchie.
Sul r e c t o «n° 234». Sul v e r s o di mano del XIV secolo: «C[.....] concordia inter plebem et monasterium»; segue di altra mano coeva «compromissum»; in calce la segnatura «12..».
Lo spazio di tempo in cui viene collocata la pergamena è stato desunto dal periodo in cui Rolando fu abate (dal 1175 al 1203), dalla data da cui cominciano ad apparire i documenti stilati da Maurino (1177) oltre che dagli anni in cui fu in carica Ugo abate dell'Isola (dal 1160 al 1195 circa) durante i quali Maurino scrisse molte carte per il suo monastero. Il nome del pievano di Marturi intorno al 1155 è Teodorico (cfr. KEHR, III, p. 59, sotto *Eccl. S. Mariae ad Marturam*).

✠ ᵃ In nomine ᵇ pa[tris, fil]ii et spiritus sancti amen et in nomine vere pacis et vere concor|die et ad honorem domini [Henri]ci [1] et domini episcopi de Florentia [2] et omnium fratrum monasterii sancti | Michahelis et plebis de ᶜ Martura et fidelium utriusque ecclesie. Nos scilicet ᵈ Rolandus abbas | monasterii ᵉ prefati et Ardicio prepositus predicte plebis compromittimus in vobis Arnulfino et | Anselmino omnes lites et controversias que vertuntur inter plebem nominatam et monasterium dictum, | secundum formam et tenorem mandatorum domini pape, que

---

[1] Enrico VI divenne re die Romani il 18 agosto 1169 e fu incoronato re di Germania dopo la morte del padre il 19 giugno 1190. Venne incoronato imperatore il 14 aprile 1191.
[2] I vescovi fiorentini del periodo in cui si può inquadrare questo documento furono: Julius (1158-1182), Bernardus (1182-1187), Paganus (1187-1190), Petrus (1190-1205), cfr. G. W. DAMERON, *Episcopal Power and Florentine Society. 1000-1320*, Harvard University Press, Cambridge, Massachusetts-London, England 1991, *Appendix A*, p. 205.

commisit abbati de Isola [3] et plebano | sancte Ierusalem et abbati de Elmo et eidem plebano, exceptis terminis qui continentur in illis | mandatis; et omnes lites et discordias damus in vestra libera potestate et eius vel [f] eorum quos | vestro arbitrio eligeritis, ut in tantum quantum nos concordaverimus vos ratum habebitis et fir|mum nobis tenere facietis et in quantum nos concordes non erimus sive in toto sive in par|te sit in vestra libera potestate et eius et eorum quos, ut dictum est, eligeritis ad conser|vandam iustitiam et bonam consuetudinem utriusque ecclesie, ut nichil novitatis quod fac|tum habeamus vel [f] alii per nos a tempore adventus domini Ardicionis prepositi usque ad finem istius | compromissi alicui parti noceat et huic compromisso terminum ponimus a presenti resur|rectione usque ad aliam proximiorem dei; vero fortuito casu acciderit quod vos lites et | controversias nominatas non finieritis hoc totum quod nunc facimus nulli parti preiudicium | generet et nullam malitiam per nos vel [f] per nostras submittentes personas; adiungemus quod | huic facto […] [g] inpedimentum [h] et hoc totum facimus ad vestrum purum et sanum | intellectum et eius vel [f] eorum quos, ut dictum est, eligeritis. Et si infra dictum termi|num aliqua discordia de novo apparuerit inter nos in vestro arbitrio relinquimus. | [...] [i] quantum mandata domini pape missa supradictis abbatibus et plebano continent secundum | [formam] et tenorem eorum ita observare facietis. In omnibus aliis rebus et discordiis vel et | litibus in vestro arbitrio committilemus, ut supradictum est etiam omnes lites. |

(SN) Ego Maurinus sacri palatii iudex et notarius voluntate nominati abbatis| et iam dicti prepositi et eorum communi concordia ut legitur scripsi superius eorum ro|gatu.

[a] *Il protocollo è introdotto da un'invocazione simbolica in forma di croce potenziata.*   [b] *Segue* de *depennato.*   [c] *Segue* pa *depennato.*   [d] -et *espresso con nota tironiana.*   [e] *Segue* sci *depennato.*   [f] vel *espresso con il compendio di origine tachigrafica.*   [g] prot *con segno abbr. soprascritto.*   [h] *L'asta di* p *porta un segno abbr. superfluo.*   [i] *Lacuna per macchia che interessa circa cinque lettere.*

[3] Ugo fu eletto abate dell'Isola tra il 1155 e il 1160. Del 24 agosto 1197 è il documento in cui viene per la prima volta nominato il suo successore, cfr. CAMMAROSANO, *Abbadia*, pp. 117-126.

INSTRUMENTUM IUDICATI

(1190-1197), Peccioli

Oliviero figlio del fu Pietro, come sua ultima volontà, offre alla casa degli infermi di Rivolta e a Populiana un pezzo di terra posto nei confini di Peccioli in luogo detto Roscellino, oltre a cinquanta denari di monata pisana di cui è creditore nei confronti del comune di Peccioli.

Originale in ASFᵢ, *Diplomatico*, Bonifacio, 119. [A].

Pergamena mm 361 × 118 (82), in alcuni tratti evanita. Presenta segni di cucitura lungo il margine superiore.

Sul v e r s o in senso inverso rispetto alla scrittura del r e c t o un'annotazione del sec. XIII, evanita: alla luce di Wood si legge soltanto: «cartulam testamenti»; di mano trecentesca «Instrumentum unius | peti[s] terre domus | infirmorum de | Rivolta [communis] de | Peccioli».

(SN) In nomine domini nostri Iesu | Christi dei eterni. Amen. | Ex hac publica litterarum serie | omnibus clare appareat, quod ego Oli|verius quondam Petri, quamvis gravi infirmi|tate gravatus tamen [interrogatus] ᵃ et sensu [sanus in] | ultima mea voluntate iudico tibi Populi|ane domine domus infirmorum de Rivolta et | ipsi domui, unum pectium terre cum omni pertinen|tia sua, positum in confinibus Pecciori, in loco qui | dicitur Rosscellino, et tenet ᵇ unum capud in terra fi|liorum quondam Donesegnie, aliud in terra Bonacursi Diane, | latus unum tenet ᵇ in terra Guiscardini et terra que | fuit Minci silicet in terra plebis sancti Verani et | Iohannis quondam Opythini. Et insuper iudico tibi soldos | quinquaginta bonorum denariorum pisane nove monete, | quos debeo recipere a commune de Pecciori. Et volo quod | hec ultima mea voluntas valeat iure civili | et omni alio iure quocumque melius valere potest. | Et taliter Fornarium domini imperatoris iudicem et no|tarium scribere rogavi. Actum in ista domo infir|morum de Rivolta, presentibus Viventio quondam Guar|nieri et Barone quondam Corbillionis et Gualanducio quondam | Talibuoni et Boncristiano quondam Burnetti et Iacobino | quondam Uguicionis, testibus ad hec rogatis. |

(SN) Ego Fornarius domni Frederigi olim Ro|manorum imperatoris atque eiusdem filii | domini Henrigi item Romanorum impera|toris iudex ordinarius eiusdemque notarius hanc car|tam scripsi, firmavi atque complevi et dedi.

ᵃ inte *con abbr. lineetta su* n.   ᵇ -et *espresso con nota tironiana.*

101

VENDITIO ET CONCESSIO

1199 gennaio 27, Poggibonsi

Ildebrandino del fu Orlandino, figlio di Bucciolo, Iulittina vedova di Bucciolo e Tenda Orlandini vendono al sacerdote Enrico una terra posta a F a m a l g a l l o nel luogo detto L a V a l l e per il prezzo di venticinque soldi di moneta pisana.

Originale in ASFI, *Diplomatico*, Bonifacio, 27 gennaio 1198 [A].

Pergamena mm 145 × 222, in buono stato di conservazione, rigata e marginata. Presenta due piccoli fori alla quinta e alla diciassettesima riga.
Sul r e c t o «n° 59». Sul v e r s o in alto dopo la segnatura d'archivio, in parte coperta dal timbro, una scritta di mano del XIV secolo: «de Chorte Nova». All'estrema destra un'altra mano scrisse: «1198». Alla fine in senso inverso rispetto alla scrittura del r e c t o la segnatura: «1198=27=gennaio».
Stile dell'Incarnazione, computo fiorentino.

(SN) In nomine domini dei eterni. Millesimo centesimo nonagesimo octavo, | sexto kalendas februarii, indictione secunda. Nos Ildebrandinus quondam Orlandi|ni, Buccioli filius, et Iuloctina relicta Buccioli et Tenda Orlan|dini communiter atque concorditer ᵃ vendimus, tradimus atque concedimus tibi | venerabili sacerdo[ti] ᵇ Henrico unam terram positam a Famalgallo ubi | dicitur a la Valle, cum omnibus que habet super se et infra se, cuius ex omni latere est | terra monasterii sancti Michaelis de Martura; et volumus ut tuo nomine et iure | proprio habeas eam et teneas et quicquid exinde volueris facias, sine lite et con|tradictione nostra vel nostrorum heredum. Causa cuius vendictionis et concessionis | confitemur ᶜ recepisse a te venerabili sacerdote nominato supra vigin|ti et quinque solidos de bonis numis pisanis. Ideoque cedimus atque manda|mus tibi omnes actiones conpetentes nobis occasione possessionis et proprietatis | prefate rei utiles et dirictas intensive [in persona] ᵈ costituentes te procuratorem | iure tua, ut nomine tuo liceat tibi agere et omnes agentes excipere, denunti|ationis omnino necessitate tibi remissa, donantes tibi quicquid pretio quod consecu|ti sumus a te, videtur excedere inrevocabiliter et pure. Et nos et nostros heredes | obligamus in penam dupli similis rei et eidem exstimationis similiter et rec|torum communis de Podio Bonicçi hanc venditionem et concessionem semper incor|ruptam observare et nulla occasione iuris aut facti te prefatum Henricum | sacerdotem ᶜ neque cui eam dederis exinde inquietare et undique illam tibi et cui eam | dederis legitime defendere omni penitus iuri abrenuntiantes quod nobis posset prodesse ᶠ | ad hunc contractum rescindendum, vel aliquo modo contraveniendum et si contrave|nerimus et omnia non observaverimus prefatam penam tibi stipulanti dare et insuper omnia | incorrupta promittimus observare. | Actum Podiobonicçi, coram Apressato Nerbocti, Genassio quondam Grilli et Guictu|ccio filio Guicti de Famalgallo, qui testes speciales fuerunt. |

(SN) Gratianus ordinatus ᵍ iudex domini Frederici sacratissimi Roma|norum imperatoris et idem notarius officium exercens, ut legitur superius, causa memorie | in scriptis redegi rogatus.

ᵃ or *in legatura come nel genitivo plurale maschile* -orum.   ᵇ *Lacuna per foro.*   ᶜ *Preceduto da un* et *ta-chigrafico depennato.*   ᵈ *In A* inp(er)oa *con segno abbr. sulle ultime due lettere.*   ᵉ *Espresso con* sac *e* s *soprascritto.*   ᶠ *Cfr.* Carte di Badia, *II, n. 234, stesso notaio:* patrocinari.   ᵍ *Su* -tus *segno abbr. super-fluo.*

102

LAUDUM

(sec. XII), s.l.

I consoli fiorentini sentenziano che i figli di Mazolino osservino il lo-ro giuramento di abitare a Marturi e vi edifichino una casa entro due anni; che Guittardo possa abitare a Marturi, salva la reverenza che deve ai suoi signori; che gli uomini di Linari restituiscano all'abbazia di San Michele le terre che hanno usurpato, senza per altro dovere un risarcimento in caso di danni. La stessa cosa viene stabilita per le terre degli abitanti del borgo di Marturi, per quelle degli abitanti del castello e per quelle degli Scorcialupi, eccetto i l i b e l l a r i a t e n i m e n t a f e u d a; ugualmente viene stabilito riguardo agli uomini di Papaiano. Il lodo che venne già sentenziato nella vertenza tra i figli di Ardingo e quelli di San Gimignano ha sempre validità. Ordinano inoltre che gli uomini di San Gimignano rendano ciò che hanno acquisito da quelli di Linari nella c u r t i s di Canaglia e li sciolgano da ogni giuramento che sia contro l'onore degli abitanti di Marturi.

Originale in ASFI, *Diplomatico*, Bonifacio, 11 . . [A].
Edizione: SANTINI; *Documenti*, I, p. 369.

Pergamena mm 287 × 141 (138), presenta rosicature all'inizio lungo il margine sini-stro.
Sul r e c t o «n° 261». Sul v e r s o in alto un breve regesto di mano del sec. XII: «breve refutationis quod boni homines | de Linare sub sacram [...] fecerunt de omni iure | [et potes]tate sancti Michaelis».

[I]n nomine patris et filii et spiritus sancti. Nos consules | [f]lorentini laudamus ut filii Mazolini prout iure iuran|do firmaverunt ut habitent Marturi, et si quid | aliud eis iuraverunt, observent similiter et infra duos | annos proximos domum ibi ędificatam habeant, si Mar|turenses platiam dederint. Et Guittardus sine interdic|tione Sikerii vel alterius hominis pro eo habitet Marturi | [si] vult, salva reverentia quam debet dominis suis. Et | similiter laudamus et precipimus ut terram quam de abbatia | sancti Michaelis de Marturi homines de Linare super id | quod debeant apprehenderunt ᵃ predictę abbatię sine | omni contradictione et molestia reddant et deinceps nul|lo modo inquietare presumant. Et si quem malum | usum in terris quas ipsi homines de Linare vel undecumque sint | a predicta abbatia habent vel in illis quas predicti mona|sterii abbas retinet impositum est, remittatur, et nullo modo | ulterius ullo in tempore superimponatur. Et similiter dicimus de | terris burgensium de Marturi et castellanorum et | Scorcialupi, excepto libellaria tenimenta feuda, | et si servita non sint, amicabilem conventionem faciant. | Et similiter dicimus de hominibus de Papaiano post | hanc guerram inceptam. Et item laudamus ut lau|dationem quam posuimus inter filios Ardingi[1] et illos | de Sancto Geminiano firmam inter se teneant. Et si quid | deest quod non sit completum de eo quod laudatum est, | precipimus ut conpleatur infra tres menses proximos. Et | illud quod homines de Sancto Geminiano acquisierunt | ab hominibus de Linare in curte de Casalia retro | revertatur precipimus et si aliquod sacramentum illi de | Sancto Geminiano ab hominibus de Linare receperunt | quod sit contra honorem Marturensium precipimus | ut absolvatur.

ᵃ *Santini legge* apprehederunt.

---

[1] Sui filii Ardingi de Marturi, cfr. *Carte di Badia*, II, pp. 200-201.

ATTESTATIONES

(anni 90 del XII sec.), s. l.

Gli abitanti di Gretole testimoniano nella controversia riguardante la chiesa di Santa Croce di Gretole.

Cfr. doc. 60.

[Item] testes ex parte ecclesie sancte Crucis.

Baroncellus de Gretole iuratus et interrogatus testis dicit quod de domo ᵃ Calcaneorum vidit tres generationes videlicet Al|bertinuntium et Acçulinum filium eius et uxorem [Sonçi] ᵇ et bene recordatur .LX. annis retro et hoc tempore vidit istos ire ad ecclesia sancte Crucis sicut | populus vadit a suam cappellam et quiete atque pacifice preter quam ab edificatione ecclesie de Ficçano in antea et dicit quod sacerdos Guilielmus | de sancto Fabiano ante edificatione ecclesie de Ficçano per .IIII. annos requisivit sacerdotem de Gretula de hominibus de quibus lis est. Interrogatus de | ecclesia Petruci et de cuius sit populo, respondit bene per .XX. annos vidit eum venire ad ecclesiam sancte Crucis sicut populus vadit ad suam ecclesiam an[te] | edificationem ecclesie de Ficçano et dicit quod iste noviter venit in Fiçano. Interrogatus si scit quod supradicti homines fuissent de populo sancti Fa|biani aliquo tempore respondit: «Dicebant homines quod propter transitus aque dificultatem abstulerunt se ab ecclesia sancti Fabiani»; se dicit quod ipse vidit po|nere primum lapidem ecclesie sancte Crucis et senper vidit Albertinuctium et Acçulinum balitores ecclesie sancte Crucis. Aliud nescit. |

[Item] Ieremia de Gretule iuratus et interrogatus testis et dicit se vidisse Petrucium venientem in villa de Ficçano et suscipientem ibi [uxo]|rem et dicit quod fecit ibi domum et postea dicit quod dedit se in manu sacerdotis Uberti de Gretule [a populum] vivendo et moriendo | et in omnibus spiritualibus et h(aec) omnia vidit h(ic) testis u(t) dicit. Item dicit quod villa de Ficçano est in parrochia plebis et ecclesia sancte Crucis sicuti | vadit via de Fiçano que ducit in capite vinee Guidonis Scorcialupi et que ducit Affelcetum et mittit a molendinum Ste | fani de Fonte et ex ista parte ducit affontem de Faeto et venit per medium pratum plebis et ducit usque fossatum de Lufo. Interrogatus | quo modo scit quod ista sit parrochia plebis et sancte Crucis respondit quia omnis decimatio pertinet ad plebem et alii homines qui stant ex alia parte vie deci | mationes dant ecclesie sancti Fabiani. Interrogatus de cuius populo casa Calcaneorum sit de qua nunc agitur, respondit et dicit quod recordatur bene .L. annis retro | et hoc tempore toto vidit homines et feminas venire ad ecclesiam sancte Crucis de Gretula sicuti populus vadit ad suam ecclesiam in omnibus et ad ecclesiam | sancti Fabiani nunquam vidit eos ire; dicit tamen quod quicquid ecclesiam sancte Crucis ibi habebat totum pro plebe habebat, q(uo)m(odo) propria curia plebis | erat, ut dicit. Item interrogatus si audivi quod sacerdos sancti Fabiani querimoniam fecisse aliquo tempore alicui, respondit «Audivi a patre meo quod | rector sancti Fabiani conquestus fuit quodam tempore de plebano sancte Agnetis et de ecclesia sancte Crucis» et dicebat quod abstulerant ei populum suum | et tunc presente plebano et presente sacerdote de sancto Fabiano concessit episcopus populum plebano et scripturam debet inde habere ecclesia de Gretule de omni | bus q(ue) inter eos tunc episcopus fecit. Item [c] dicit exvisu et auditu quod in edificatione ecclesie de Ficçano cum dominus archipresbiter poneret | ibi lapidem benedictum venit quidam nomine Guiducius massarius de Gretule et dicit archipresbitero: «Cur facit hoc super ecclesiam de Gretu | le?»; archipresbiter respondit et vocavit sacerdotem de sancto Fabiano et dicit ei: «Vis tu quod omnes rationes ecclesie sancte Crucis et plebis sint salve qua | actenus abuerunt?». Respondit sic et ter eum interrogavit et ter respondit sic. Aliud nescit. |

[Item] Guiducius de Gretule iuratus et interrogatus testis et dicit de datione Petrucii facta in ecclesia de Gretule idem quod Ieremia et | hoc dicit exvisu. Item dicit quod .V. pueri de domo Petruci sunt sepulcrati in ecclesia de Gretule quos vidit ipse. Interrogatus si | aput sanctum Fabianum sunt sepulcrati de predicta domo respondit sic: «Tres usi ibi [d] videtur se furtim» et dicit quod homines de casa Calcaneorum vidit | stare aput ecclesiam de Gretule in omnibus spiritualibus per .XL. annos sicuti Ierimia dicit per .L. et quiete tenuit ut dicit; tamen dicit quod | sacerdos Guilielmus ab aventu suo cepit requirere sacerdotem de Gretule de supradicto populo et populum similiter. Item dicit quod quando | ultimus ex supradictis .V., qui sepulti ᵉ fuerunt a Gretule de domo Petruci obb(i)it, tunc venit sacerdos de sancto Fabiano et ce|pit dicere quod pertinebat ad eum; responderunt duo ex massariis eiusdem sacerdotis videlicet Rainaldus et Gucerius et dixerunt ita per|tinet ad ecclesiam sancte Crucis sicuti aliquis de suo populo et tunc sacerdos de sancto Fabiano [iuvit] eum seppellire et obsequia que mortuo | fuerit facere; de eadem domo dicit quod quidam alius postea obiit q(uem) sacerdos de sancto Fabiano dicebat se delaturum ad hospi|talem domine Tavernarie ad seppelliendum ad hoc ut litem evitaret quem postea retulit ad ecclesiam suam et sepulcravit | ibi. Interrogatus de parrochia cuius sit respondit idem quod Ieremia et asignavit eam plebis et ecclesie sancte Crucis per confines et | decimationes sicut ille. Item dicit quod in edificatione ecclesie de Ficçano ipsemet dixit archipresbitero: «T u f a c i s c o n t r a D e u m q u o d | t u a u f f e r e s r a t i o n e m s a n c t e C r u c i s» et tunc dixit archipresbiter cum sacerdote de sancto Fabiano sicuti Ieremia per omnia. De que|rimonia que fuit facta ab Sutriolo coram episcopo et de scriptura dicit ex auditu ut Ieremia. Aliud nescit. |

[Item] Querciolus de Gretule iuratus et interrogatus testes et dicit de datione Petruci facta in ecclesia de Gretule idem quod Ieremi|a. Item dicit quod primogenitus filius eius ad ecclesiam sancti Fabiani primum suscepit sacramentum et de .V. suis filiis dicit idem | quod Guiducius sextus vero a sacerdote sancto Fabiano ecclesie de Gretule furtim est oblatus ᶠ. Item dicit quod bene recordatur .XL. an[nis] | retro quo tempore toto vidit homines qui dicuntur Calcanioli ire ad ecclesia sancte Crucis sicuti populus vadit ad suam ecclesiam | ad omnia spiritualia preter eam que suscipiebant a plebem preter quam ab edificatione ecclesie nove de Ficçano quod est | tempus .XII. vel .XIIII. annorum. Interrogatus in cuius parrochia homines de quibus lis est habitant et respondit et dicit idem quod Ieremia. | Interrogatus si vidit vel audivit quod sacerdos de sancto Fabiano conquereretur aliquo tempore d(icit): «N o n n i s i m o d o»; dicit quod quando ar|chypresbiter posuit lapidem benedictum in ecclesia de Ficçano in omnibus dixit eum sacerdote Guilielmo sicut dixit Ie|remia. Aliud nescit. |

[Item] Albertus Macio iuratus et interrogatus testes et dicit quod recordatur bene .XL. annis retro quod tempore toto vidit | Petrucium et Acçulinum Calcanioli ire ad ecclesiam sancte Crucis de Gretule sicuti populus vadit ad | suam ecclesiam et dicit quod tunc h(ic) testes venit Mortenanum quando castrum de Stagia dextructum est. Item | dicit quod Petrucius noviter venit in Ficçano et recordatur aventum eius fuisse ad ecclesiam sancte Crucis bene | per .XXX. annos eo excepto quod reversus est ad ecclesiam de Ficçano ab eius edificatione in antea qui est terminus | .VIII. vel .X. annorum. Item dicit quod fere duo anni sunt quod Riccardus et Gerbellus reversi sunt ad ecclesiam de Ficçano. | Item dicit se g audivisse a pluribus quod nominati Calcanioli fuerunt olim de populo sancti Fabiani, set | eius temporis nunc non extat memoria de querimonia facta a rectore vel a rectoribus sancti Fabiani nichil | scit. Interrogatus de parrochia de Ficçano respondit: «Nichil scio»; dicit insuper se audivisse quod supradicti ho[mines] | quibus lis est tanto tempore consuetudinem abuerunt ad ecclesiam sancte Crucis quod illam edificare [iuv]unt. Aliud nescit. |

(SN) Ego Morandus scriptor et notarius hec omni supradicta scripsi.

ᵃ do *in sopralinea*.   ᵇ *Di difficile lettura*.   ᶜ *Segue* ex *depennato*.   ᵈ *In* A usibi.   ᵉ *In* sepulcrati, -cra-espunto; *segue* s(un)t *depennato*.   ᶠ o- *corretto su* a-.   ᵍ *Segue* vididi *depennato*.

INDICE DEI LUOGHI, DELLE PERSONE
E DELLE COSE NOTEVOLI

Nella compilazione dell'indice si è fatto ricorso ad alcune abbreviazioni che vengono riportate qui di seguito:

card.	=	*cardinalis*
diac.	=	*diaconus*
eccl.	=	*ecclesia*
f.	=	*filius*
f.b.m.	=	*filius bonae memoriae*
iud.	=	*iudex*
l.	=	*locus*
mon.	=	*monasterium*
not.	=	*notarius*
presb.	=	*presbiter*
q.dic.	=	*qui dicitur*
q.voc.	=	*qui vocatur*
qd.	=	*quondam*
s.	=	*sanctus*
u.dic.	=	*ubi dicitur*

amicus: parentes et amici, 135

Amicus presb., 294

Amideus monacus, 293

Amiratus (di Linari), 249, 250

Amizo, 43, 44; v. Martinus

Amizo f. Ursi, 47, 55

Amizus, v. Petrus

Anagnia (*Anagni*), 232

Anania, 38, 50, 59, 87

Anastasius: frater, 301; levita, 263; presb. et monacus, 293

anathema, 49, 74, 187; a. maranatha, 75

anathematizatus, 87

ancilla, 48, 82; libera sive a., 90

Anclanum, Ankianum (*Chiano a nord di Poggibonsi*), 43, 54, 112; curtis Quilleradi (Uuilleradi), 46, 55; eccl. et canonica s. Stefani, 219, 272; eccl. s. Stefani, 192

Andreas (Andrea), 43, 44; v. Dominicus; Andrea de Colline, 42; Andrea presb. de Luco, 208; Andreas de Purcignano, 203; Andreas f. Iohannis, 44; Andreas f. Petri, 42; Andreas f. Petri Albi, 44; Andreas f. Ursi, 44; Andreas monachus, 87; Andreas Muschita, 45

Andreas s. (*S. Andrea di Papaiano*): capella, 82; eccl., 78, 81; eccl. de (in l.) Papaiano, 79, 267

angaria: a. de Papaiano, 81

Angelus, 205, 209, 210, 211, 215, 287; domnus, 205, 215; frater, 301; monacus, 293

Angelus s.: eccl. in Monte Rupto, 112

Angiolus, v. Angelus

animadversio canonica, 292

Ankianum, v. Anclanum

annuere, 51; petitionibus a., 93

Ansanus s.: eccl. in Galugnano, 42

Anselminus, 200, 214, 215, 225, 313; domus Anselmini, 222

anteponere, 56, 79

Antimus s.: eccl. sita Bibiano in l.q.dic.

Civiano, 107

antiquitus: a. habere, 185, 225

Antognanum, Antonianum (*nel territorio bolognese-modenese*): cum ceteris aquis de ipsa curte Antoniano, 54; curtis, 47, 48, 54, 112; l. et fundus, 36

Antoninus, v. Ildebrandinus

Antula (*nei pressi di Poggibonsi?*), 46, 55

Apiano, v. Appiano

apostolicus (*aggettivo*): apostolica auctoritas, 74; apostolica confirmatio, 75; apostolica tuitio, 50; dominus a., 115, 117, 214; sedes apostolica, 50, 74, 90, 105, 111, 112

apostolicus (*sostantivo*), 50, 205, 209, 210, 211, 214, 228, 298

apparatus, 82; a. episcopi, 201, 207, 208, 223

appellare, 292

appellatio, 188, 228, 292

appendix, 198, 199, 201, 202, 203, 206, 207, 210, 212, 214, 223; appendices veteris castri, 199, 225

Appiano (*Sant'Appiano in Valdelsa*): villa, 180

Appianus s.: plebs, 282

apponere: a. cruces domibus, 213

Appressatus Nerbocti, 167, 168, 235, 256, 272, 282, 318; terra Appressati, 301

Apresatus, v. Appressatus

aptare: castrum a., 116

aqua, 56, 99, 133; v. Maleto, Strolla, Vitrica; a. benedicta, 201, 203, 208, 210, 213; a. de posta, 37; cum ceteris aquis, 37, 47, 54; cum usu aque et terre, 289; in aquis, 112; in aquis sive in terris, 37; sive de aquis sive de terris, 47, 54; transitus aque, 321

Aqua [Vi]va (*Acquaviva a nord-ovest di Poggibonsi?*), 310

Aquilone, v. Urso

arbitrari, 292, 293

arbitrium, 223, 227, 228, 289, 292,

293, 294, 314

arbor, *v.* ramus

arca, 209

archangelus, *v.* Michael

archiepiscopus, 74; *v.* Rugerius

archipresbiter, 207, 322, 323; *v.* Voloterra, *v.* Rustichus, Ugo; a. senensis eccl. qui nunc est plebanus plebis s. Agnetis, 299; dominus a., 322

Ardericus iud., 91

Ardicio prepositus (*di Marturi*), 313, 314

Ardicius diac. card. s. Theodori, 155

Ardimannus Rolandini, 293, 294

Ardingus, *v.* Ubertus; Ardingus f.b.m. Uberti, 79, 82, 83; filii Ardingi, 320; vinea quam abbas emit a filiis Ardingi a Monternello, 224

Arduinnus, *v.* Matheus

area: a. filiorum Roberti, 310

argentum, 70, 120, 122, 133, 159, 161, 165, 167, 169; a. bonum, 68, 80, 124; a. optimum, 70, 146, 148; a. purum, 138, 140; argenti pondera, 50, 58; librae argenti (de argento), 80, 94, 100, 138, 140, 146, 148; marcae argenti, 150; solidi de argento, 144, 172, 174, 176, 182

Arginne, 47, 56

Ariczo, 238; *v.* Martinus

Arimundus, 66

Arnolfinus, *v.* Arnulfinus

Arnolfus (Arnulfus), 56, 199, 203, 204, 209, 212; *v.* Gottifredus, Morandus; Arnolfus f.b.m. Stefani, 91, 102; Arnulfus de Martura, 94; Arnulfus Gottifredi, 252; Arnullo, 47; domus Arnolfi, 214; monachus, 211

Arnulfinus Christofori, 99, 127, 128, 131, 141, 144, 146, 148, 150, 162, 176, 204, 206, 215, 216, 225, 228, 254, 256, 313; terra Arnolfini, 233

Arnulfinus f. Rainucini, 159, 160, 165

Arnullo, *v.* Arnolfus

Arrigolus: domus Arrigoli, 214

Arrigus Odaldelli, 294

Arrigus presb. et monacus, 293

arx, 74

Arziclum (*nel territorio bolognese-modenese*): eccl. S. Salvatoris et S. Marie, 37

Asagiapane, 160, 164, 170, 180, 182, 240, 261, 285, 287, 296; diac. et monacus, 293; frater, 301; levita, 263

ascendere, 116, 212

asceptare, *v.* exceptare

Asciano (*Sciano nel territorio certaldese*): u.dic. Ulpaio, 47, 56

Assagiapane, *v.* Asagiapane

Assalitus Guidi, 293

assensus, 74, 111, 298

assignare, 227, 228, 323; infra terminos assignatos, 201

assumptio, *v.* Maria s.

Astanicollus, 199, 215, 216; domus Astanicolli, 214

astio: sine astio (*senza contesa*), 288

astringere, 225

astus: sine asto (*senza inganno*), 195, 240, 266

astutia: obreptionis a., 90

atramentarium, 50, 59

attinere: a. proprietario iure, 90

auctor, 140, 160; (nec) auctores nec (et) defensores, 122, 144, 162; Christo auctore, 61, 101, 107, 125, 127, 129; deo auctore, 74, 105, 111; iuxta auctoris vocem, 65

auctoritas, 74, 75, 188; a. apostolica, 74, 154; a. apostolice sedis, 112; a. domini pape, 223, 225; a. et mandatum domini pape, 225; a. privilegii, 228; a. sacre legis, 90; auctoritate munire, 94; auctoritate nostra compellere, 232; pagina nostra auctoritate suffulta, 94; salva sedis apostolice auctoritate, 154

auctorizare, actorizare: defendere et a., 192, 220, 248, 250, 272, 312

aureus: tabulae aureae, 82

aurum: a. optimum, 50, 58, 91

Auundo, 44
auxilium, 40, 53
avocatus, *v.* advocatus
avunculus, 205
avus, 204, 205
Azo (Azzo, Aço, Açzo, Actio, Actius, Aczus): Aço (Açzo) presb., 199, 200, 211; Aço (Aczo) presb. (*della cappella di Luco*), 208, 215, 216; Actio f. Guiberti, 67, 68; Actius f.b.m. Stephani, 126; Açus sacerdos, 215; Aczus, *v.* Petrus; Azo (Azzo) f. Petri Nigri, 46, 55, 81; homines Azzi, 81; Azo f. Petri, 47, 56; Azo massarius, 43, 47, 56; Azzo f.b.m. Carboni, 87; filii q. Azi, 130
Azolinus: massaritia Azolini in Podio de Padule, 208
Azolinus Alberti, 297
Azolinus Calcanei (Calcanioli), 321, 323
Azolinus f. Seracini, 136

Baccinellus, 200; domus Baccinelli, 222; uxor Baccinelli, 200
Baccinellus tavernarius, 287
Bacelfi, **Pacelfi**, *v.* Lupus
Bacilfi, 46, 55
Badolfus: domus Badolfi, 274
Bailo, *v.* Peruccius
Baisio (*Baisie nel contado di Reggio Emilia*), *v.* Ragimundus
balco: in b. et refrettorio monasterii, 164
Baldino f.b.m. Albertini, 101, 102
Baldovinus: terra que fuit de Imalocchi et Baldovini, 269
balitores, 321
Banciola: l. et fundus, 65
Bandinello, *v.* Martinus
Bandus, *v.* Cucierius
bannum: banni pena, 94
baptiçare, 201, 208, 211, 213
baptismum, baptismus, 205, 207, 208, 212, 213, 216, 222, 224, 293

Barbarino (*Barberino Val d'Elsa*), 140
Bardellinus, 287, 288
Barnato f. Gerardi, 130
Baroccius (Baroccio, Barocio), 43, 45; *v.* Teuzo; Barocio f. Rainzi, 43
Barocio, *v.* Baroccius
Baroçolus, *v.* Guiducius
Baroncellus de Gretole, 321
Baroncellus Malpilii, 252, 254
Baroncellus massarius, 55
Baroncinus, 195
Barone, *v.* Aldobertus; domus filiorum Baroni, 206; filii Baroni, 208
Barone q. Corbillionis, 315
Bartalomeus, *v.* Bartholomeus
Bartholomeus, 287; monacus, 309; subdiac. et monacus, 293
Bartholomeus s.: eccl. de Pini, 267, 301
Baruncello, 47
Baruncellus, *v.* Aldibertus
Baruncius de Castillione, 102
basilica, 112
Basso de Castilgione ?, 164
Bastardus f. Martini Selvangni, 241, 242
Bastianus, *v.* Sebastianus
Battebicco, *v.* Petrus
battismum, *v.* baptismum
Beatrix, 159, 160, 166
Beatrix comitissa, ducatrix, marchionissa, 77, 78
Beczus, *v.* Bezus
Begnaminus, *v.* Beniamin
Belioctus f. Peccatori, 247, 248
Bellasius, *v.* Ito
Bellino, 45
Bellinus presb., 98
Bellinus presb. (*cappellano di S. Croce*), 207
Bellundinus subdiac., 294
Benço, *v.* Benzo
Bençolinus, *v.* Benzolinus
Benecasa, *v.* Benincasa
benedicere, 75, 209

benedictio, 75, 187, 211; b. apostolica, 185, 187, 231

Benedictus, 44; *v.* regula

Benedictus presb., 43

Benedictus s. (*sul poggio di Marturi*): eccl., 41

beneficium: b. conferre, 293

Beneincasa, *v.* Benincasa

beneplacitus, 207, 208, 213, 291

Benettus, *v.* Perus

Beniamin, 203, 214, 215, 216; terra quam B. ab abbatia tenebat, 203

Benincasa (Benecasa, Beneincasa) de Lecchi (Lecchio, Lechie, Lichie), 199, 204, 239, 282, 286, 305

Benintende Rustichelli, 297

Benno f. Guinizi, 82, 83

Benno f.b.m. Uberti q. Ardingo voc., 62

Bennus: filii Benni, 214

Bentevegna: terra quam Bentevegna emit in Gioncheto, 214, 225

Bentius, *v.* Benzo, Iohannes

Bentivingna, *v.* Bentevegna

Benzo (Bentius, Benzius, Benzus, Benço), 104; Bentius (Benzus) f.b.m. Benti (Benzi), 68, 77, 80; Benzo advocatus, 104; decime Benzi, 228; domus filiorum Benzi, 223; familiares filiorum Benzi, 229; filii Benzi (Bençi), 198, 199, 203, 206, 214; proprietas Benzii f. Rodulfi et Zenobis et Siçelli, 139; terra que fuit de filii Benzi (Bençi), 179; terrae quas abbas acquisivit a filiis Benzi al Tornario, 224

Benzolinus de burgo Sancti Genesii, *v.* Martinus

Benzolinus Episcopi (Viscovi), 178, 198, 214, 252, 254, 256, 272, 273; *v.* Episcopus; q. est de populo s. Crucis, 200; terra Benzolini, 177, 224

Benzulinus, *v.* Benzolinus, Episcopus

Benzus, *v.* Benzo

Berardinus: terra Berardini, 157

Berardinus f. Iohannis, 137, 138, 157, 158

Berardinus f. Iohannucoli, 122

Berardinus f. Rainucini, 159, 165, 166

Berardinus f. Renuccini (Ranucini) Gibertini, 245, 246, 254

Berardinus faber, 168

Berardinus gener Guidutii, 124

Berardus, *v.* Raineri

Berardus f.b.m. Bezi, 51, 59

Beringerius, *v.* Martinus, Parisius

Berlingarius, 204; domus Berlingarii, 214

Berlingerius, 271

Bernardinus, 204; filii Bernardini, 151

Bernardinus Iannuculi, 199

Bernardinus medicus, 150, 225; de Montevultrai (Monte Volterai), 282, 293

Bernarduccius, *v.* Ugolinus

Bernarduccius de Bibiano, 282

Bernarduccius f. Peccatori, 247, 248

Bernardus, 103, 104, 224; *v.* Pecorarius, Sismundus

Bernardus abbas (*del monastero di S. Eugenio a Siena*), 292

Bernardus abbas (*dell'abbazia di Marturi*), 165, 166, 167, 168, 169, 171, 172, 173, 175, 176, 177, 178, 179, 180, 183, 189, 191, 219, 233, 247

Bernardus Cioni: filii Bernardi Cioni, 238

Bernardus de plebe, 228

Bernardus magister, 211

Bernardus not. domni imperatoris, 38

Bernardus plebanus (*della pieve di Marturi*), 209

Bernardus Portuensis et s. Ruffine episcopus, 154

Berte, *v.* mansa

Bestiaculo, *v.* Urso

Bezo, 45

Bezus, *v.* Berardus, Bonifatius

bibianise, *v.* terra

Bibiano (*Bibbiano presso Castellina in*

no, 181

Calcanei, 324; casa Calcaneorum, 322; domus Calcaneorum, 321; homines de casa Calcaneorum, 322; homines q. dic. C., 323

Calcanioli, *v.* Calcanei

calcina: casa a petre et a c. seo a rena, 69, 70

Calcinaia, Calcinaria (*quartiere di Poggibonsi, ai piedi del Poggio Imperiale*), 150, 198, 199; decima di C., 212; hospitale, 199, 201, 202, 203, 204, 205, 206, 209, 210, 212, 213, 214, 215, 222, 225, 232; l.q.dic., 101; vinea Mathei et vinea Mattafelloni et vinea Vecchi Riccardi que sunt in Calcinaria, 225

Calcinaria, *v.* Calcinaia

Calcittus, 225

calumnia, calumpnia, calupnia, 228; sine c., 100, 131, 138, 162, 164, 172, 174, 175, 176, 180, 182

calumniari, calunniari, 107

calumpnia, *v.* calumnia

calupnia, *v.* calumnia

camallingus, *v.* camarlingus

camarlingus, *v.* Petrus presb.

cambium, 200, 278; c. recipere, 199

camera: c. comitisse (nostre), 94

camerarius, *v.* Consilius, Henrigus, Ionathan, Petrus presb.

Camerinus: molendinum Camerini, 100

campana: campanas pulsare, 212, 222, 224, 227, 228; campanas sonare, 202, 210

Campo in Vingnale, 247

Campolungo (*Campolungo presso Castelnovo nei Monti in provincia di Reggio Emilia?*): fundus, 37

Campomaio, Campomaiore (*Campomaggio?*), 43; l.q.dic., 143

Campomaiore, *v.* Campomaio

Camporamuli, 47, 55

Campotacoli: l.q.dic., 251

Campulus f.b.m. Benti, 68

campus, 37, 55; *v.* Vedrecha

Campus Longus (*in Valdelsa*), 310

Canale (*nei pressi di Cignano*), 133

candela, 201, 203, 210, 211, 213

candiggise, *v.* mansa

Candigio (?): abbatia, 179

canonica, 293; *v.* Casalia

canonice, 49, 50, 153

canonicus, 293; *v.* Gualteroctus; canonici de Martura, 185, 225

cantor, *v.* Ugo

Capaccinus: Capaccinus de Luco, 168; terra Capaccini, 233

Capacinus, *v.* Capaccinus

capanna, 99

capella, 37, 65, 204, 205, 211, 215, 321; *v.* Andreae s., Crucis s.; *v.* plebs; c. marchionis, 82; curtis, castrum et c., 65; in domibus capelle, 223

capellanus, 82, 199, 201, 203, 205, 206, 207, 208, 210, 211, 212, 213, 214, 215, 223, 228, 293; *v.* Luco

capitulum, 207, 208, 212, 213, 228, 293

Cappanole (*Capannoli in Valdera*): l. et fundus, 65

cappella, 223; *v.* capella

cappellanus, *v.* capellanus

Capraia, *v.* Piero

Capraria (*presso Ligliano*), *v.* Leo

caput, 70, 104, 203, 281, 315, 322

car, 82

Carbone, *v.* Azzo

cardinalis, *v.* Ardicius diac., Boso diac., Iacintus diac., Ildebrandus presb., Iohannes presb., Oddo diac.

Carfini (*Casa Nuova de' Carfini nel territorio di Castellina in Chianti*), 269

Carfini (*torrente che attraversa il territorio di Castellina in Chianti e sfocia nello Staggia*), 269

Carimbottus (Carinbotto), 225; Caimbottus, 216

Carlictinus, 242

116; plebs Castelli, 115, 116

Castilgione ?, *v.* Basso

Castillione (*Castiglioni nel territorio di Colle di Val d'Elsa*), 112, 151; *v.* Baruncius

castrum, 65, 201, 208, 210, 211, 214; *v.* Marturi, Stagia; c. aptare, 116; c. vetus, *v.* Marturi; destructio castri (*di Marturi*), 214; fossa castri, 287

casulare, 195

Casule, 47

Catfarucius, *v.* Caffarucius

causa, 62, 136, 185, 192, 209, 210, 220, 227, 231, 245, 246, 248, 249, 250, 261, 262, 269, 292, 312, 317; c. memorie, 318; c. pia, 90; causam agere, 93; permutationis c., 270, 278; qualibet ex c., 192, 272

causare: agere aut c., 68; agere, c., minuare aut tollere, 165; agere, c., tollere, contendere vel minuare sive per placito fatigare, 80; agere, c., tollere, contendere vel minuare sive per placito fatigare, 68; tollere, auferre, agere, c. vel minuare, 86; tollere, contendere, agere, c., intromittere, intentionare aut per placito fatigare, 109

causidicus, *v.* Fralmus, Franciscus

Cavalle (*a est di Talciona*), 46, 55

Cedda (*nel territorio di Castellina in Chianti*), 45, 55; *v.* Ildebrandinus

celebrare, 187, 188, 204, 210, 213, 224, 232, 299

Celestinus papa (*Celestino III*), 292

cellerarius, *v.* Iohannes, Petrus

cemsus, *v.* census

Cencius, 199, 214, 215

cenobium, *v.* coenobium

census, 69, 70, 295; ad censum constitutum, 103

Centinuto, *v.* Iohannes

Cepeto, *v.* Cippito

cera, 82

Cerbaria (*Cerbaia nella zona di S. Dona-*

to in Poggio), 307

Cerbonius not. domni imperatoris, 70, 71

cereus, 201, 203, 207, 211, 213, 296; c. unius libre, 296

Cerrito Piccolo (*nel territorio di Linari*), 119; l.q.dic., 192, 219, 220

Cerrito Picculo, *v.* Cerrito Piccolo

certum pretium, *v.* pretium

Cesaria, 183, 184

cessare, 209

charta, carta, 41, 125, 126, 145, 146, 148, 205, 316

chrisma, 75

Christofanus, *v.* Christoforus; casa solariata Cristofani, 70

Christoforus, 203, 204, 209; *v.* Arnulfinus; monachus, 211

Christoforus s.: eccl. civitatis Senensis ?, 293

Ciacius, 109

Ciampolus, 304

Ciancius, 200; domus Ciancii, 222

Cianforninus not. sacri palatii, 276

Ciappolinus, 238; terra Ciappolini, 237

Cicinensis fluvius (*fiume Cecina*), 95

Cignano (*nel territorio di Castellina in Chianti*), 44, 68; *v.* Iustus s., Petrus s.; *v.* Fantinus; curtis cum eccl., 112; eccl. s. Petri, 44

cimiterium, *v.* coemeterium

Cincius, *v.* Cencius

Cintius de Quercu, 162

Cinziano (*Cinciano lungo il torrente Drove?*), 43

Cione, 205, 215, 216; *v.* Bernardus

Cione presb.: canonicus de Martura, 225

Cippito, 47, 55, 206, 209; decima de Cippito, 225

circa, 201, 205, 206, 207, 208, 212, 213, 223

circuire, *v.* circumire

circuitus, 90, 199

circumire, 209

Compagnius f. Rainucini, 159, 165

completio, 126, 128, 190, 193, 220, 234, 236, 238, 242, 244, 246, 248, 250, 256, 260, 263, 266, 272, 274, 288

compromissum, compromissio, 292, 314

comsortes, *v.* consors

concedere, 42, 74, 78, 86, 90, 93, 94, 99, 105, 112, 154, 204, 224, 240, 252, 267, 270, 273, 286, 295, 299, 304; ad habendum, tenendum ac possidendum (et faciendum) c., 145, 147; ad laborandum et tenendum c., 189; dare et c., 189, 265, 285, 287, 295, 307; dare et c. atque investire, 235; dare et tradere et (atque) c., 145, 147, 241, 243, 245, 261, 269; dare et tradere et refutare et c., 99, 139; dare, c. et corroborare, 86; donare et tradere atque c., 271; donare, c., tradere et offerre, 41, 303; finire et refutare et c., 233; in perpetuum c., 239, 265; investire et c., 189; offerre et c., 311; offerre, tradere et c., 48; tradere et (atque) c., 219, 245, 262, 270, 289; vendere et tradere atque c., 195, 305, 317

concessio, 111, 153, 236, 238, 240, 244, 266, 267, 275, 288, 290, 296, 317, 318; *v.* breve; c. et datio, 307; donationis et concessionis instrumentum, 271, 272; libelli c. et datio, 242, 260

Concinno (*nel territorio bolognese-modenese*): ripa, 37, 47, 54, 112

concordantia, 214

concordare, 314

concordia, 227, 313, 314

concorditer, 251; communiter et c., 287, 303, 305, 317

concubina, 82

condemnare, 225

condere: conditus atque munitus, 90

conditio, condictio, 221, 222, 299; ab

omni colonaria et abscriptitia conditione absolvere, 276; persona cuiuslibet conditionis magna parvaque, 94

Conettus, *v.* Ildebrandinus; domus Conetti, 206

conferre, 41, 54, 78, 94, 112, 252, 267; c. et iudicare, 105; ex suis rebus c., 65

confessor, *v.* Nicolaus

confinis, 283, 288, 289, 295, 301, 303, 305, 311, 315, 323

confinium, 130

confirmare, 74, 75, 86, 90, 93, 94, 105, 124, 140, 154, 183; ad habendum, faciendum c., 65; ad habendum, tenendum, fruendum, meliorandum et non peiorandum c., 285; c. et corroborare, 74; decernere et c., 41; donare, tradere, offerre atque c., 125, 127, 128; eligere seu ordinare atque c., 48; investire, c., corroborare, 86; manu mea c., 51; propriis manibus c., 87; subter confirmans, 66, 69

confirmatio, 74; c. apostolica, 75; decretum confirmationis, 91

confiteri, 214, 290, 296, 305, 307, 308, 310

congnuratio, *v.* coniuratio

congnus, *v.* coniux

congregare, 57

congregatio, 49, 57, 75, 90

congruere, 90

Conittus f.b.m. Petrini, 128

coniuratio, 260

coniux, congnus, 67, 289

conquirere, 47, 48, 54

conscribere, 74

consecrare, 65, 74, 75, 210

consecratio, 75, 90, 112; c. altarium seu basilicarum, 112; c. episcopi, 293

consensus, 100, 147, 153, 219, 249, 261, 265, 269, 285, 292, 293, 294, 301, 303; consensu et voluntate,

213, 223
crisma, *v.* chrisma
Cristofanus, *v.* Christofanus
crosna, 80
Cruce (*La Croce nel territorio di Castellina in Chianti*), 46, 55
crux, 201, 203, 207, 208, 210; c. apponere, 213
Crux s.: eccl. de Gretole, 321, 322, 323, 324; populus eccl., 323
Crux s. (*sul poggio di Marturi*), *v.* festivitas, festum; capella, 198, 200, 201, 203, 206, 207, 208, 209, 210, 212, 213, 222, 223, 225, 228; capellanus, 201, 203, 206, 207, 208, 211, 212, 213, 223, 228; eccl., 41, 42, 198, 205, 207, 210, 211, 221, 222, 227, 267; eccl. nova, 207; festum s. Crucis, 211; in domibus capelle s. Crucis, 223; institutio (capelle) s. Crucis, 200, 203, 206, 213, 215; parrochia, 198, 206, 213, 222; populus (capelle) s. Crucis, 198, 200, 201, 203, 205, 206, 211, 213, 224; sacerdos, 199, 202, 216, 223
Cucierius q. Bandi, 297
cucullareus, 37
Cultellatio, 130
cultellus: per cultellum, 49, 58
cultura, 224
cultus (*participio*), *v.* colere
cultus (*sostantivo*): cultus religionis, 49
cupiditas, 38, 50, 59
curare, 97
curatura: teloneum sive c. de ponte, 42
curia, *v.* Lambrittus; c. plebis, 322; c. regalis, 278; c. serenissimi regis Heinrici, 277; iudices curie, 278
Curniolo (*nel territorio bolognese-modenese*): fundus, 37
Curradus iud. donni imperatoris, 91
Curte (*S. Fabiano nel territorio di Castellina in Chianti*), 285; l.q.dic., 269, 270, 297, 299
Curte Freda (*in Val di Pesa nel piviere di*

S. Pietro in Bossolo), 46, 55
Curteboni (*nei pressi di Chiano*): l.q.dic., 43
curticella, *v.* Ponzano
curtis, 37, 38, 47, 48, 54, 56, 65, 69, 70, 74; *v.* Anclano, Casalia, Doni, Famalgallo, Galisterna, Ignavo, La Rocca, Rivaria, Scaccari, Stuppie, Tenzano, Tignano, Torregrano, Vico; *v.* casa; c. comunalis, 70; c. domnicata, 36; c. et castellum, 37; c. vel eccl., 91; casa et c., 56, 57, 58; casa et c. domnicata, 54, 56
curtis et districtus: in curte et districto Podii Boniczi, 311
custos, 62, 75, 205, 298, 299

Dallechie, *v.* Lecchie
Dalli, *v.* Renucinus
Dallo, *v.* Ranuccinus
Damianus, 99, 138, 170, 172, 178
damnatio, 260
damnum, dampnum, dannum, 154, 192, 195, 220, 272
dapnatio, *v.* damnatio
Dathan, 38, 50, 59, 87
datio, 293, 322, 323; concessio et d., 307; libelli concessio et d., 242, 260
datium, 293
debitum, 231; nomine pensionis et debiti, 295; solutum d., 175
decanus, decanius, 103, 104
decernere, 41, 49, 50, 58, 74, 90, 105, 112, 122, 133, 137, 140, 154, 160, 161, 189, 192, 219, 220, 228, 232, 245, 249, 267
decessus, 209
decima, 48, 74, 86, 93, 94, 105, 109, 112, 198, 199, 202, 203, 204, 206, 207, 208, 209, 212, 214, 215, 222, 224, 225, 267, 302; d. Benzi, 228; d. culture, 224; d. de prato, 202, 214; d. eccl. plebis, 228; d. prati, 199; d. terre, 208, 224, 225; d. vendictionis, 296; d. vinee, 202, 224, 225

mense septembrio, 295; in die s. Stefani, 285, 289, 302; infra legitimos d., 228; infra octo (quindecim, triginta) d., 91, 104, 188, 266, 288, 292; infra spatium triginta dierum, 100; post triginta vero d., 266, 288; usque ad d. quindecim, 195; usque ad triginta d., 302

diffinitio, 97, 98, 181, 222, 225, 227; cartula diffinitionis, 225

dificare, *v.* aedificare

dificium, *v.* aedificium

Digestorum, *v.* liber

dignari, 58

dignitas, 112, 154; persona cuiuslibet dignitatis, 94

dignoscere, dinoscere, 38, 74, 111, 227

dignus, 49, 154, 282

dilatio, 74

diminuere, 298

diminutio: diminutionem facere, 94

Dindo, 195; *v.* Albertus

dinoscere, *v.* dignoscere

directa actio, *v.* actio

dirictum, 86

discordare, 228, 292

discordia, 199, 200, 204, 206, 207, 208, 211, 314; lis et d., 314

dispendium: cum communi dispendio, 97

disponere, 57, 128, 210

dispositio: d. dei et hominum, 116

dissipator, 87

distinguere, 214

distribuere, 116

districtio, 188

districtus, *v.* Ricavo; *v.* curtis; domini apostolici et domini imperatoris d., 298

ditio, 74

diurnus, *v.* officium

dividere, 116, 205

divitiae, 206

doctor legis, *v.* Pepo

dolere, 205

dolus: sine dolo, 140; sine dolo et fraude, 104

Dominicus, 45; *v.* Sasso

Dominicus f. Andree, 46, 55

Dominicus f. Leonis, 44

Dominicus f. Martini, 43

Dominicus massarius, 47, 55

Dominicus presb. de Luco, 208

Dominicus presb. et sacerdos (*cappellano di S. Croce*), 207, 210

Dominicus sacerdos (*rettore dell'ospedale di Calcinaria*), 201

dominium, 124, 166; d. habere in missa et in toto officio, 223; d. misse et totius officii, 228; iure dominii et proprietatis, 135, 146, 148; perfecto dominii et proprietatis ac possessionis iure, 191, 247

dominus, 116, 117, 298; *v.* Stipule; d. in iudicio, 291

domnicatus, donicatus (*aggettivo*): casa et curtis domnicata, 54, 56; casa et res domnicata, 38; curtis domnicata, 36, 47, 48; opus domnicatum, 81; pratum domnicatum, 93, 94; res domnicata, 37, 45, 47, 54, 56, 57, 58, 65; silva domnicata, 93, 94; terra domnicata, 82; villa et curtis domnicata, 37

domnicatus, donicatus (*sostantivo*), 37, 43, 45, 47, 48, 74, 82, 86, 249, 262; curticella de Ponzano manse VII cum domnicato, 55; d. abbatie, 200; d. filiorum Rustichi, 224; d. s. Michaelis, 109; in Casalino manse duo et domnicato, 55; terra et d., 119

Domnicello, 45

domus, 86, 90, 199, 200, 202, 206, 213, 215, 223, 225, 253, 288, 303, 304, 321; *v.* Albertus, Anselminus, Arnolfus, Arrigolus, Astanicollus, Baccinellus, Badolfus, Barone, Benzo, Berlingarius, Boccabarile, Bonigallus, Bonus, Brunittus, Caffarucius, *Calcanei*, Ciancius, Conettus,

Corbizus, Finellus, Florenzictus, Gerardinus de Tribiuli, Gottifredus, Grillus, Guascone, Guiducius, Iannellus, Ildebrandinus, Ildibrandinutius, Iohannes, Lupus, Magiulinus, Martinus f. Amiçelli, Martinus Pilosus, Martinus Polle, Martulinus, Menchus, Milottus, Oliverius, Pasce mulier, Perus Belluncini, Petrinus, Petrus, Petrus Gallus, Picchinellus faber, Richardus, Robertus, Rugerius Grassus, Russobalbus, Scorcialupus, Seracinus, Stefanus, Tipus; *v.* burgus; d. burgensium, 223; d. habitatoria, 304; d. infirmorum, 315; d. plebis, 199, 200, 202, 206, 207, 209, 222, 225, 228, 253, 278; d. prioris de Talciona, 145, 147; domum edificare, 319; domum facere, 206; in domibus capelle s. Crucis, 223, 228; in domo et eccl. s. Michaelis, 173

donare, 49, 65, 82, 125, 127, 192, 248, 303, 318; inter vivos d., 191, 247, 271, 303, 311

donatio, 105, 110, 248, 272, 304, 312; cartula (instrumentum) donationis et offersionis, 191, 192, 247, 248, 312; instrumentum donationis et concessionis, 271, 272

donator, 65

Donatus, *v.* Peruccius, Petrus

Donatus Blasius s.: eccl. de Fabriciano, 112

Donatus s.: eccl., 115

Donatus s. (*a Lucardo*): eccl. de Lucardo, 45, 112

Donatus s. (*a Verzeto nel territorio di Castellina in Chianti?*): eccl., 44; eccl. de Verdeto, 303

Donatus s. (*di Ama nel Chianti?*): eccl. de Ame, 112

Donatus s. (*di Cesano*): eccl. de Vico in loco Cisano, 112

Donesegnie: terra filiorum q. Donesegnie, 315

Doni (*nel territorio bolognese-modenese*): villa et curtis domnicata, 37

donicatus, *v.* domnicatus

Donus f. Pasianeri, 219

Drove, Druove, 143; flumen, 271, 283

Druove, *v.* Drove

ducatrix, *v.* Beatrix, Matilda

ducatus, 90

Duodecim Apostolorum basilica, *v.* Ildebrandus presb. card.

duplum, 62, 86, 134, 192, 195, 220, 234, 240, 248, 252, 256, 270, 272, 276, 312, 318; in d. componere, 50, 120, 122, 140, 157, 160, 162, 164, 166, 168, 170, 178, 180, 184, 246, 262; in d. dare, 250, 305; in d. inferre, 58; in d. restituere, 66, 126, 131, 136

dupplum, *v.* duplum

Durante, 202, 214, 215; *v.* Ruvitius; uxor Duranti, 199

dux, 74, 94; *v.* Bonifatius, Gotifredus, Ubertus, Ugo

Ebriakus, 242

ecclesia, 37, 54, 56, 57, 112, 154, 267; *v.* Andreas s., Angelus s., Ansanus s., Antimus s., Bartholomeus s., Bastianus s., Benedictus s., Cassianus s., Crux s., Donatus s., Donatus Blasius s., Fabianus s., Fizano, Hebianus s., Iustus s., Lucia s., Luco, Maria s., Martinus s., Michael s., Petrus s., Pontianus s., Salvator s., Sena, Spongia, Stefanus s.; Romana e., 75, 136

ecclesiasticus: ecclesiastica secularisve persona, 112, 154; persona secularis vel ecclesiastica, 298

ecscipere, *v.* excipere

edictum, 222; perentorio edicto, 278

edificare, *v.* aedificare

edifitium, *v.* aedificium

elegere, *v.* eligere

elemosina, elimosina, helemosina, 48,

206, 207, 213, 228

exhibitio: e. humanitatis, 89

exibere, *v.* exhibere

exitus, 115; introitus et e., 125, 127

expedire, exspedire, 286, 289, 292, 296, 302, 304

expellere: me exinde foris expuli, 50, 58

expendere: expensa, 98

expetere, 90

exposcere, 74

exprimere, 293

exquirere, 228, 292, 293

exsceptare, *v.* exceptare

exscipere, *v.* excipere

exsolvere, 69

exspedire, *v.* expedire

exstare, 91

extremus: in extremis, 223

faber, *v.* Berardinus, Gerardinus, Iohannes, Petrus, Ugo

Fabianus et Sebastianus ss. (beatus Fabianus, beati Fabianus et Sebastianus, s. Fabianus, s. Hebianus, ss. Hebianus et Bastianus), 322; eccl., 43, 269, 298, 299, 321, 322, 323; eccl. de Famalgallo, 261; eccl. que fundata est in l.q.dic. Curte, 297; homines de parrochia eccl. ss. Fabiani et Sebastiani, 297; in domo eccl., 299; parrochia, 297; populus s. Fabiani, 321, 324; rector s. Fabiani, 322, 324; sacerdos s. Fabiani, 322, 323

fabrica, 38, 48, 56, 127

Fabrica (*vicino a Sciano*): villa, 47, 56

fabricare, 82

Fabriciano (*Fabbriciano a nord-ovest di Colle di Val d'Elsa*), *v.* Roczo; curtis cum eccl. s. Donati Blasii, 112; eccl. s. Marie, 275; l., 123

Fabrizano, *v.* Fabriciano

factum, 62, 80, 126, 128, 130, 234, 242, 244, 246, 256, 262, 274

facultas, 91

Faeto: fons de F., 322

Famalgallo (*S. Fabiano a Famalgallo a est di Poggibonsi*), 305; *v.* Guictucius; castaldus de F., 164; castellare, 305; curtis, 136; l.q.dic., 261; l.q.dic. a la Valle, 317

familia, 202, 206, 242, 288; (*dei filii Benzi*), 223

familiaris, 82, 294; *v.* Benzo

familiaritas, 82

famulatus, 74

famulus, 82

Fantinus, *v.* Guidutius

Fari, *v.* Lodoicus

Farinella q. Lamberti, 295, 296

faticiis, 47, 54

fatigare, 112, 154, 232; per (in) placitum (placito) vel extra placitum f., 234, 256; per placitum (placito) f., 80, 109

fatighare, *v.* fatigare

favere, 298; divina favente clementia, 86

Felcetus, 322

Felicula filia comitis Richelmi, 115

femina, 322; homo (vir, masculus) aut (et) f., 49, 62, 131, 134, 192, 220, 246, 248, 250, 262, 266, 270, 272, 288, 304, 312

Feretre, *v.* Iohannes

Ferizo, 43, 45

festivitas, 185, 188, 199, 204, 207, 208, 213, 222, 224, 227, 293; f. abbatie (*di Marturi*), 204; f. beate Marie, 210; f. omnium sanctorum, 123; f. s. Blasii, 204; f. s. Crucis, 221, 224; f. s. Iohannis, 211; f. s. Iohannis Evangeliste, 204; f. s. Luce Evangeliste, 179; f. s. Lucie, 185, 204; f. s. Marie, 208; f. s. Martini, 211; f. s. Michaelis, 185, 204, 295; f. s. Petri, 293; f. s. Petri et s. Iohannis Battiste et Evangeliste, 293

festum 208; b. Lucie, 187, 188; f.

assumptionis s. Marie, 224; f. s. Crucis, 207, 211; f. s. Iacobi, 213; f. s. Iohannis, 200, 240; f. s. Iohannis Baptiste, 211, 213; f. s. Iohannis Evangeliste, 210; f. s. Lucie, 210, 213, 224; f. s. Marie, 201, 202, 204, 210, 212, 213; f. s. Martini, 201, 206, 208, 213, 223; f. s. Michaelis, 103, 200, 201, 210, 212, 213, 224; f. s. Nicholai, 210, 213; f. s. Nicholai et s. Iacobi, 224; s. Iohannis, 201

feudum, 49, 140, 252, 320; f. filiorum Scorcialupi, 202; nomine feudi, 130, 150, 151, 252

feum, *v.* feudum

Ficçano, *v.* Fizano

Ficinule, 45, 55

fictus, affictus, afitus, 200, 209, 216, 223, 308; nomine ficti, 190, 236, 307

Ficzano, *v.* Fizano

fidelis, 86, 94, 103, 203, 210, 211, 224, 313; devotio f., 111, 153; donatio fidelium, 105; f. vir, 86, 87; fideles Christi, 86; fidelissimus christianus, 74; interventio fidelium, 93; oblatio fidelium, 111, 154, 267

fideliter, 293

fidere, 82

fides, 78, 240, 266, 288; bona f., 49, 91, 104; in fide permanere, 174, 175; oculata f., 225

fiducia, 86

filia, 119

filii, *v.* Ardingus, Azus, Barone, Bennus, Benzo, Bernardinus, Bernardus Cioni, Bonconte de Linare, Bonifatius, Bordelle, Brunittus, Bucciolus, Donesegnie, Florenzictus, Gerardus, Grillus de Anclano, Iannuculus, Ildebertus, Iohannes, Lucci, Martulinus, Mazolinus, Minculus, Ortius, Pasianeri, Petricinus, Petrus, Petrus de Ricavo, Pipinus, Porcus, Rainucinus, Robertus, Rugerius Grassus, Rustichus, Scorcialupus, Seracinus

de Castello, Stefanus

Filippus, *v.* Ugulinus

filius, *v.* Bucciolus, Guido, Guifredus

Fine, 174

Finellus: domus Finelli, 310

finire, 227, 233, 238, 255, 256; finitum pretium, 135; litem et controversiam f., 314; placitum f., 205

finis, 42, 45, 54, 90, 97, 107, 115, 125, 181, 189, 192, 198, 203, 206, 211, 213, 219, 234, 238, 242, 245, 249, 256, 262, 274, 275, 314; f. et refutatio (facere), 283, 284; f. seculi, 49; finem ponere, 62, 192; finem recipere, 97; in loco et finibus, 45, 69, 70; perpetuo fini mancipare, 136

finitio, 234, 256, 283; *v.* breve

Finocclito, *v.* Finoclito

Finoclito, 206; decima de Finocclito, 225

Finodeto, 55

Finuclinto, 47

firmare, 102, 107, 117, 238, 241, 243, 259, 316, 319; manu f., 87; scripto f., 112, 267

firmitas, 50, 68, 99, 110, 146, 148; *v.* breve; scriptum firmitatis, 41, 80, 234, 256, 274

firmiter, 49, 225

firmus, 225, 274, 302, 304, 308, 320; arbitrium firmum tenere, 293; cartula (pagina, diffinitio) firma (et stabilis) permanere, 50, 59, 62, 87, 98; cartula firma et stabilis persistere, 59; f. esse, 50; firmum et illibatum, 111, 225; hec finis semper firma esse, 234; instrumentum semper firmum et incorruptum tenere, 192, 220, 250, 270, 272, 312; oblatio firma manere, 128; pactum semper firmum tenere, 252; privilegium firmum et inviolabile manere, 75

fistucum: f. nodatum, 49, 58

Fiticiano, 45

Fizano (*Fizzano nel territorio di Castel-*

f., 65; l. et f., *v.* Antognanum

Furcule (*Forcoli in Valdera*): l. et fundus, 65

Fusci (*Fosci a ovest Poggibonsi*): burgus, 54

Fusci, Fusscy (*Foci*): fluvium, 130, 183

Fusco, *v.* Ildizo

Fusculinus, *v.* Guinizo

Fusscy, *v.* Fusci

futurus: (pro) (modernis et) futuris temporibus, 94, 99; f. custos, 298; futura eccl. de Fizano, 299; in futuris temporibus, 75; in futurum, 111, 153, 154, 267, 298; preteriti, presentes et futuri, 41; tam presentes quam futuri, 49, 94, 153

Gabiano (*Gabbiano nel comune di Castellina in Chianti?*), 46, 55

Gaccus, *v.* Iohannes

Gaiano (*Gaggiano a est di Poggibonsi*), 45; *v.* Iohannes clericus

Gaibana (*nel territorio bolognese-modenese*): villa et ensula, 37

Galera (*nel territorio bolognese-modenese*), 112; ripa, 37

Galisterna (*nel territorio bolognese-modenese*), 112; curtis et castellum, 37

Galliutus, 216

Gallutus, 206

Galugnano (*Galognano tra Poggibonsi e Colle di Val d'Elsa*), 42

Galvito (Galvitus), 131, 184

Gangi, *v.* Rigictus

Garo, 43

Garruccio f. Agi, 46, 55

Garuccio, *v.* Garruccio

gastaldio, *v.* castaldo

Gaverse (*Gaversa presso Castellina in Chianti*), 44

Gavignano (*a nord-est di Poggibonsi*), 43; *v.* Iohannes

Gazanetica (*nel territorio bolognese-modenese*): fundus, 37

gazophilatium, 87

Gemma, *v.* Gottulus

Gena (*moglie di Guziere*), 134

Genassius q. Grilli, 318

gener, *v.* Albertus, Berardinus, Peruccius, Rigictus

generatio, 321

Genestreto (*a est di Poggibonsi*), 289

genetrix, genitrix, 36, 166

genitor, 36, 65, 69, 70, 71

Geobertinus, *v.* Rainerius; illa terra fuit Geobertini, 183

Gerardinus de Ripalta, 299

Gerardinus de Tribiuli: domus Gerardini de Tribiuli, 207

Gerardinus de Valle Piatta, 211

Gerardinus f.b.m. Petri, 109

Gerardinus faber, 246

Gerardinus Rapasacchi, *v.* Labianus

Gerardinus tintore, 200

Gerarducius, *v.* Pincionus

Gerardus, 180, 215; *v.* Barnato, Gherardus, Iohannes, Teudice, Ugitto; Barnato et Ugitto germani filii Gerardi, 130; filii Gerardi, 47, 56

Gerardus Bottatius, 180; tenimentum Gerardi, 180

Gerardus de la Porta, 248

Gerardus f. Rodulfini de Tignano, 179, 180

Gerardus iud. domni (donni) imperatoris, 59, 38, 51

Gerardus monachus, 87

Gerardus prepositus (*del monastero di Marturi*), 78

Gerardus presb., 86

Gerardus presb. de eccl. s. Petri de Cingnano, 181, 182

Gerardus prior (*del monastero di Marturi*), 87, 104

Gerardus prior de Casallia, 192

Gerardus sacerdos (*cappellano di S. Croce*), 203, 207, 210, 211, 212, 213

Gerardus sacerdos (*della cappella di Luco*), 208, 211

Gerardus sacerdos de Lichie, 240

Gretule, 321; *v*. Gretole

Gridavinus, 238

Gridavinus f. Renuccini Pilosi, 263

Griffulo f. Guidi, 169

Grillus, *v*. Genassius

Grillus de Anclano: filii Grilli de Anclano, 250

Grillus de Sticciano: domus Grilli de Sticciano, 311

Grimaldi, 140

Grimaldus f. Ritii, 173, 174

Grimaldus not., 92

Grippaldus, 215, 224

Groctole de Villole, 289, 290

Grotario (*nel territorio bolognese-modenese*): fundus, 37

Gualanducius q. Talibuoni, 315

Gualdo, *v*. Qualdo

Gualfreducius de Corte, 310

Gualfredus castaldus, 37, 47, 54

Gualmannus, *v*. Sibilla

Gualterius, 177, 178

Gualteroctus canonicus, 294

Guandolfus, *v*. Sofridus

guanto, uuanto: per quantonem, 49; per uuantonem, 58

Guardainfrancia, *v*. Guido

Guardavilla, 170

Guarnierus, *v*. Viventius

Guarno (Quarno), 47, 56

guarpire, uuerpire, 50, 58

Guarterius, *v*. Gualterius

Guascone, *v*. Bonaiunta; domus Guasconis, 199, 202, 209, 211, 225

Guascone f. Richardi, 134

Guascone Vermillii, 293

guaso, uuaso: per quasonem terre, 49; per uuasonem terre, 58

gubernare, 259, 291, 299

gubernatio, 112, 154

Gucerius massarius, 323

Gucerus f.b.m. Guidi, 108

Gudusuli, *v*. Godusuli

guera, *v*. guerra

Guerçone, *v*. Guerzone

guerra, 116, 117, 320

Guerra, *v*. Guido

Guerruccius de Luco, 266, 288

Guerzone, 201, 202, 215, 216, 228

Guerzone de Papaiano, 235

Gugnano, 46, 55

Guibertus, *v*. Azo

Guiccibaldus, 283

Guicerius, 95

Guictucius f. Guicti, 299, 318

Guictus, *v*. Guictucius

Guictus f. Burnicti, 269, 270, 299

Guidalottus f. qd. Rogerii, 200

Guidericus, *v*. Guidricus

Guidictus, *v*. Bonfiliolus, Vicinus

Guido (Guidus), 169, 170, 180, 201, 202, 216, 233, 270, 272, 273, 278, 281, 293, 303, 304; *v*. Adalardus, Assalitus, Bongiannettus, Gucerus, Guziere, Ildebrandus, Petrus, Teuzo, Uguus; filius Guidi, 46, 55; Guido comes (*Guido figlio di Tegrimo dei Conti Guidi e di Ghisla figlia del marchese Ubaldo, vivo tra il 992 e il 1029?*), 56; Guido comes (*Guido Guerra I, figlio adottivo della contessa Matilde*), 91; Guido f. Rusticelli, 98; Guido f. Ugonis, 98; Guido f.b.m. Rigiti, 109; Guido Guerra comes (*Guido Guerra III*), 203, 204, 211, 242, 244, 266, 278, 281; Guido Guerra comes Tuscie (*Guido Guerra II, morto nel 1157*), 145, 146, 147, 148; Guido monachus, 87; Guido prepositus eccl. s. Antimi, 107; Guido presb., 162, 170, 216; Guido presb. et monachus, 121, 122, 124; Guido prior, 203, 206, 211, 215, 216; Guido prior s. Alberti, 215; Guido sacerdos, 211, 214; Guido sacerdos, canonicus de Martura, 225; Guido Scorcialupi, 322; Guidus f.b.m. Ubertelli, 101, 102; Wido episcopus tiburtinus, *v*. Guido

Guidoctus, 286

nice (*S. Stefano di Anclano*), 220; h. dei, 127, 128, 219, 245, 247, 249, 269, 311; h. dei et pauperum, 86; h. dei et s. Marie Volterrarum, 116, 117; h. dei et s. Michaelis archangeli, 41, 75, 90, 94; h. domini Henrici (*Enrico VI*), 313; h. domini senensis episcopi et totius episcopatus et domini archipresb. senensis eccl., 298; h. episcopi, 116; h. Marturensium, 320; h. sanctorum, 65; honoris gradus, 75

honorare, 89, 186, 293

hora: ab hac h., 283

hortalis, 48, 56

hospes: ad sustentationem hospitum, 86

hospitale, 127, 154, 203, 205, 210, 212, 214, 271; *v.* Calcinaia; h. domine Tavernarie, 323; h. hierosolimitanus, 209; h. in capite burgi (*di Marturi*), 206; h. iuxta burgum (*di Marturi*), 90, 105, 112; h. iuxta pontem Bonizi, 112, 127; h. s. Iohannis, 245; h. subtus burgum (*di Marturi*), 223; h. subtus veterem burgum, 225

hospitalitas, 48

hostilitas, 216

Hubertellus, *v.* Ubertellus

Hubertus, *v.* Ubertus

Hugo, *v.* Ugo

humanitas, 89

hymnus, 48, 57

Iacintus diac. card. s. Marie in Cosmydyn, 154

Iacobinus q. Uguicionis, 316

Iacobus d. Henrigi invictissimi imperatoris scriptor et not., 308

Iacobus Ildebrandini Antonini, 293

Iacobus s.: festum, 213, 224

Iannellus de Rencine: domus Iannelli de Rencine, 145, 147

Iannuculus, *v.* Bernardinus

Iannuculus de Casalia: homines quos abbas emit in Luco a filiis Iannuculi de Casalia, 224; terra quam abbas emit a filiis Iannuculi de Casalia iuxta pontem Bonizi, 224; terra quam abbas emit in Luco a filiis Iannuculi de Casalia in Luco, 224; terrae quas abbas acquisivit a filiis Iannuculi de Casalia al Tornario, 224

Iantone: homo quem abbas emit in curte de Stoppie a filiis Sassi, 224

idoneus, 90; idoneum testimonium, 94

Ierardus, *v.* Gerardus

Ieremia de Gretule, 321, 322, 323

Ieronimus tinctor, 205

Ierusalem, Ierosolimitanus: hospitale ierosolimutanus, 209

Ierusalem s. (*pieve di S. Donnino in Valdelsa*): plebanus, 314; plebs de Lucardo, 47, 56

Ignavo (*nel territorio bolognese-modenese*): curtis et castellum, 37

Iherusalem, *v.* Ierusalem

Ildebertus: filii Ildeberti, 94

Ildebrandinus (Ildibrandinus, Ildiprandinus), 180, 200, 297, 308; domus Ildibrandini de Cedda, 214; Ildebrandinus Antonini, *v.* Iacobus; Ildebrandinus Bulgarini, 278; Ildebrandinus Gili, 278; Ildebrandinus Iosep de Sena, 278; Ildebrandinus iud., 191; Ildebrandinus iud. idemque not., 288; Ildebrandinus q. Orlandini, 317; Ildebrandinus scriptor et not., 286, 304; Ildeprandinus scriptor et not., 302; Ildibrandinus Carsilie, 276; Ildibrandinus comes f.b.m. Ildibrandi comitis, 91; Ildibrandinus Conetti, 211; Ildibrandinus de Florentia, 200; Ildibrandinus Iordanis, 309; Ildiprandinus de Piscia, 99, 100, 144; Ildiprandinus f. Rainucini, 159, 160; Ildiprandinus frater Volte, 167; Ildiprandinus Mille, 222; terra Ildiprandini, 173

La Rocca (*Rocchetta a ovest di Poggibonsi?*): curtis, 163

La Valle, *v.* Famalgallo; l., 165; l.q.dic., 245

Labianus f. olim Gerardini Rapasacchi, 285, 286

laborare, 48, 57, 70, 81, 190, 205, 207, 224, 236; ad habendum, possidendum, tenendum, inperandum, laborare fatiendum et usufructuandum, 38; ad habendum, tenendum, laborandum et fruendum, 101, 237; ad habendum, tenendum, laborandum et usufruendum, 173; ad laborandum et fruendum, 175; ad laborandum et tenendum, 189, 235; potestas abendi, tenendi, imperandi, laborare faciendi et usufructuandi, 58

laborator, 206

laboratorius: terra laboratoria vel agresta, 104

Laçarus s.: plebanus s. Laçari, 215

Laczerus operarius opere s. Michaelis de Marturi, 283, 284

laicus, 87, 91, 116, 117, 205

Laino, *v.* pons

lama, 99

lambardus, *v.* Petrus

Lambertus Bene, *v.* Bonsignore, Farinelle

Lambertus presb., 47, 55

Lambrittus de curia, 160

Lame: fossatum, 310

Langobardi, *v.* lex

Langubardia, *v.* regnum

lapis, 202, 321, 322, 323

Lappeto, *v.* Porta

largitio, 111, 153, 267

Laterine, *v.* Urso

latitudo, 145, 147

laudare, 80, 87, 293, 319, 320

laudatio, 320; in laudationes iudicis vel sapientis, 104

launechild, 80

Laurentius s.: eccl. iuxta monte Stipule, 115

Lavinum (*nel territorio bolognese-modenese*), 37

Le Coste, 173

Lecchie (Lechie, Lechio, Licchie, Lichie, Lichye) (*Lecchi a sud-est di Poggibonsi*), 108, 239, 240, 305; *v.* Benincasa, Rimbaldus

Lecci, *v.* Tiniosus

Lechie, *v.* Lecchie

Leci, 208

lectio, 48

legaliter, 219

legiptime, *v.* legitime

legitime, 111, 136, 146, 148, 192, 220, 240, 248, 250, 260, 266, 267, 270, 272, 275, 288, 289, 293, 296, 308, 312, 318

legitimus: l. dies, 228; legitima defensio, 136, 192; legitima interrogatio, 191; legitima investitura, 49, 58; legitima possessio, 105; legitima stipulatio, 298; legitima uxor, 57; legitimae indutiae, 292; sine filiis seu filiabus legitimis, 260

Lelma, *v.* Guido

Lene, 45

Leo, *v.* Dominicus, *v.* Petrus

Leo de Capraria, 44

Leo de Pino, 45

Leo f. Tachi, 43

Leo presb. (*di S. Andrea di Papaiano*), 81, 82; *v.* Sizo

Leo Scario, 45

lesio, 228; absque lesione partis alterius, 227

letania, litania, 201, 207, 208, 211, 213, 293

Leugnano (*nei pressi di Poggibonsi?*), 45

levare, 50, 59; casa constructa et levata, 69, 70

levita, *v.* Anastasius, Asagiapane

lex, 75, 122, 127, 190, 222, 295, 299; l. Decretorum, 221, 222; l. Digestorum, 78; l. Langobardorum, 65, 66; l. sacra, 90; l. Salicha (Saliga), 36, 41, 49, 51, 54, 59; vera l., 62, 192

libellarius, livellarius: libellario iure, 173, 240, 255, 271, 287, 288; libellario nomine, 69, 70, 173, 219, 237, 241, 242, 243, 259, 301; libellario pacto, 302; libellarium tenimentum feudum, 320

libellus, 49, 58, 70, 102, 103, 104, 174, 238, 242, 244, 260, 272, 288; *v.* datio, *v.* concessio

liber (*libero*): libera sive ancilla, 90

liber (*libro*), 292; l. viventium, 38, 50, 59, 87; libri Digestorum, 78

libere, 90, 275

libertas, 185, 227; ius et l. conservare, 186

libra, 98, 100, 180, 240, 256, 260, 293, 308; cereus unius libre, 296; l. (bonorum) denariorum Lucensium (Lucensis monete), 110; l. argenti (optimi, de bono argento, de puro argento), 70, 80, 94, 100, 137, 140, 146, 148; l. auri optimi, 50, 58, 91; l. bonorum denariorum (de bonis denariis), 87, 108, 234, 238, 288, 302, 304, 305; l. bonorum denariorum Lucensium (Lucensis monete), 137, 140, 149, 161, 164, 165; l. nummorum expendibilium, 298

licentia, 67, 91, 115, 122, 154, 192, 202, 205, 238, 252, 260, 286; *v.* potestas

Liciodore, 110

Lickye, *v.* Gutiere

Lifuli (*Lifoli nel territorio certaldese sulla sinistra del torrente Agliena*), 47, 55

Lillano (*Ligliano nel territorio di Castellina in Chianti*), 44

Linare (*Linari in Valdelsa*), 192; *v.* Amiratus, Boncone, Palla, Pelliccione, Rugieroctus, Tebaldus, Ugolinus; homines de Linare, 319, 320; planum de Linare, 119

Linari, *v.* Linare

Lintanati, *v.* Pogio

lis, 78, 136, 195, 227, 312, 314, 321, 323, 324; l. et contradictio, 220, 246, 248, 250, 251, 262, 266, 270, 272, 274, 276, 288, 312, 317; l. et controversia, 221, 313, 314; l. et discordia, 314; l., (et) contradictione vel repetitione, 234, 256, 283; nulla l. nullaque controversia, 192, 220, 248, 250, 272, 274

Litardus, *v.* Petrus

litigare, 192, 274

litigium, 181

litterae, licterae, 97, 104, 187, 188, 205, 210, 213, 231, 254, 315; l. domini regis, 278; l. publicae, 282, 297

Liufredus, *v.* Teuzo

Liuzus: filius Liuzi, 46, 55

livellare, 82, 83

livellus, *v.* libellus

lix, *v.* lis

locare, 90, 91

Locteringus, 286

Locterius, 242

locus, 65, 66, 68, 74, 116, 140; *v.* Burla, Cafagianguli, Calcinaia, Campomaio, Campotacoli, Cerrito, Cignano, Cisano, Citille, Citine, Civiano, Coldispichyo, Colina, Curte, Fabriciano, Famalgallo, Fontana, Fundo, Giunchito, La Valle, Lucardo, Meognano, Nucicka, Papaiano, Poia Manciano, Prato Magio, Rosscellino, Stipule, Tornaio, Valle, Valli; l. et castellum, 124; *v.* Marturi; l. et fines, 42, 45, 70; l. et fundus, 36; *v.* Pehole; l. interdicti, 222; l. possessionis, 252; l. proprietatis, 183; l. venerabilis, 74; loca et vocabula, 47, 48, 54, 56, 120, 130, 131, 140, 160, 162, 163, 164, 166, 168, 170, 178, 180, 184, 274, 311; loca sancta, 74; loca urbana vel rustica, 74; loca venerabilia, 65, 89; pars et l., 140, 183; pius l., 74, 105,

112, 267; sacrus l., 49

Lodoicus: terra quam L. habebat, 203

Lodoicus f. Fari, 168, 178

Lodoiscius, 215

Lodovisius, 204, 228

Loduisus, 272

longitudo, 145, 147, 203

Longobardia, 95

Longus, *v.* Iohannes

Lopino Gottifredi, 252, 254

Loterius iud., 278

Luca Evangelista s.: festivitas, 179

Luca, **Lucca**, **Lucensis** (*Lucca*), 38, 70, 75; *v.* moneta; civitas, 70; comitatus, 65; eccl. et mon. s. Pontiani foris Luca, 70; eccl. s. Iusti, 70; prope moneta, 70

Lucardo (*nel territorio certaldese*), 54; *v.* Ierusalem s.; *v.* Rainucinus; curtis cum eccl. s. Donati, 112; in loco et finibus L., 45; l., 45

Lucci (Luci): filii Lucci, 46; filii Luci, 55

Lucheruçus, 215

Lucia s.: festivitas, 185, 204, 208; festum, 187, 188, 200, 210, 213, 224

Lucia s. (*S. Lucia a Cassiano*): eccl. in Cascianum, 112

Luco (*a est di Poggibonsi*), 45, 46, 54, 55, 126, 199, 200, 201, 221, 222, 223, 227, 228; *v.* Capaccinus, Guerruccius, Iannuculus de Casalia; capella de L., 208, 209, 211; capellanus de L., 206, 208, 211, 213, 223; curtis cum eccl. s. Martini, 112; decima de L., 225; eccl. de L., 199; homines mortui de L., 213; institutio capelle de L., 213; populus de L., 223; sacerdos de L., 212; villa, 137

lucrum, 175

Lufo: fossatum de Lufo, 322

luminare, 48

Lupus, 202; domus Lupi, 207

Lupus de Bacelfi (Pacelfi), *v.* Petrus

Macata, *v.* Bonagiunta

Maccallus tabernarius, 152

Macchus, *v.* Turchio

Maccus, 166, 204

Maciole, 46, 55

Maczavitelli, 270

Madius, 309

Madius presb., 293

magister, *v.* Bernardus, Brunittus, Guido, Rusticellus; pastor et magister, 90

magistratus, 78

magistrus, *v.* Turisendus

Magiulinus: domus que fuit Magiulini, 222

magnus: maiores, 204; maiores (*antenati*), 90; maiores Florentie, 116

magus, *v.* Simon

Maiolfus, *v.* Iohannes

maistrus, 283; *v.* Albertus, Bucellus, Guido, Martinus, Peruccius, Surdus

Maizo, 43

Malacarta, 271

maledictio, 75

maledictus, 75, 87

Malestrinne de Colle, 125

Maleto, **Meleto** (*nel territorio bolognese-modenese*): aqua de posta, 37; aqua q. dic. Meleto, 54; cum ceteris aquis pertinentibus, 47

Maletunduto, *v.* Martinus

malitia, 298, 314

Malopertuso, 130

Malpilius, *v.* Baroncellus

Manasseus: terra Manassei, 250

Mancarone, *v.* Bonizo

mancipare, 136

mandare, 187, 305; rogando mandare, 94

mandatum, 183, 187, 188, 209, 225, 226, 227, 228, 232, 262, 294, 313, 314

Mandria, *v.* Iohannes

manducare, 202

Manente, *v.* Iohannes

manere, *v.* permanere

Manfredi, *v.* Albertus, Ugo

mansa, 37, 42, 43, 44, 45, 46, 47, 55, 56, 74, 107, 310; m. apsa, 56; m. cum domnicato, 55; m. et domnicato, 55; m. q. dic. Berte, 46, 55; masa de Fossule, 82; masia candiggise, 140; tres manse de eccl. s. Crucis, 42

mansio, 55, 127, 236

mansus, 37, 42, 43, 44, 45, 107

Mantigniano (*Montignano presso Barberino Val d'Elsa?*), 140

manus, 50, 59, 104, 120, 155, 188, 281; ad m. suas habere et detinere, 48; in manibus, 160, 164; in manu, 131, 170, 180, 182; in manu concedere, 99; in manu dare, 130, 321; in manu mittere, 128, 202; in manu ponere, 91; in manu potestatis, 182; in manu refutare, 143; manu mea confirmare, 87; manu mea confirmare et subscrivere, 51; manu mea firmare et stabilire, 87; per meam manum subscrivere, 293

marca, *v.* marcha; m. argenti, 150

Marcano (*Marciano nei pressi di Barberino Val d'Elsa?*), 46, 55

marcha: terra de m., 199, 208; terra marce, 208

marchio, 49, 74, 94, 111, 267; *v.* Bonifatius, Ubertus, Ugo; capella marchionis, 82; domnicatus marchionis, 81

marchionissa, *v.* Beatrix

Marco Ullario, 45

Marcus presb., 291, 292

Maria, *v.* Bonizo

Maria virgo s.: beatissima, 41, 48; festivitas, 208, 210; festum, 201, 202, 204, 208, 210, 212, 213; festum assumptionis s. Marie, 224; in die s. Marie de agusto, 307; purificatio s. Marie, 207, 213

Maria s.: in Cosmydyn, 154

Maria s. (*Badia Fiorentina*): eccl. mon. s. Marie sito infra civitatem Florentia, 57

Maria s. (*S Maria di Volterra*), 115

Maria s. (*S. Maria di Fabbriciano*): eccl. de Fabriciano, 275

Maria s. (*S. Maria di Marturi*), *v.* Podium Bonizi; plebs, 78, 80, 187, 253

Maria s. (*S. Maria di Siena*): claustrum, 293

Maria s. (*S. Maria di Volterra*), 116, 117

maritus, *v.* Sentone

Marsilia, 177, 178

Martinellus f. Burnitti Scaldabrine, 259, 260

Martinucius, *v.* Francardellus

Martinus, 122, 151, 163, 164, 166, 172, 190, 195; *v.* Bonizo, Dominicus, Petrus, Rodulfus

Martinus Ariczi, 238

Martinus Beringerii, *v.* Bonaccursus

Martinus castaldus, 199, 214, 215; *v.* Iohannes

Martinus de Abbatia, 312

Martinus de le Tocze, 189

Martinus f. Amiçelli: domus Martini f. Amiçelli, 207

Martinus f. Amizi, 87

Martinus f. Bandinello, 124

Martinus f. Petri, 42

Martinus f. Sichi, 43

Martinus f. Stefani, 44

Martinus f.b.m. Benzolini de burgo Sancti Genesii, 98

Martinus f.b.m. Iohanni, 62

Martinus Grassus, 95

Martinus maistrus, 233

Martinus Maletunduto, *v.* Petrus

Martinus Medallie, 238

Martinus Mimulo, 42

Martinus Piccolinus, 265, 266

Martinus Pilosus: domus Martini Pilosi, 207

Martinus pingnolaius, 287

Martinus Polle: domus Martini Polle,

207

Martinus presb., 42, 44

Martinus Puttulus, 240

Martinus s., 212; *v.* festum; festivitas s. Martini, 211; festum, 201, 206, 208, 213

Martinus Selvangni, *v.* Bastardus

Martinus Toci: terra Martini Toci, 169

Martinus Tondo, 207, 214, 215; terra Ugolini Panzecti et Martini Tondi, 262

Martinus s. (*S. Martino di Luco*): capellanus eccl. de Luco, 228; eccl. de Luco, 45, 112, 221, 222, 227, 228; institutio s. Martini, 215; sacerdos eccl. de Luco, 223

Martinus s. (*S. Martino di Siena?*): prior, 293

Martinutius castaldus, 176

Martires, *v.* Michael s.

Martori, *v.* Marturi

Martula, *v.* Marturi

Martuli, *v.* Marturi

Martulinus: domus filiorum Martulini, 207; filii Martulini, 207

Martura, *v.* Marturi

Marturenses, *v.* Marturi

Marturi, **Marturensis** (*Badia di Marturi, primitivo insediamento di Poggibonsi*), 81, 82, 87, 91, 101, 102, 104, 107, 125, 128, 134, 135, 138, 153, 159, 163, 165, 167, 171, 175, 177, 179, 185, 187, 189, 190, 191, 233, 235, 236, 237, 239, 241, 243, 245, 249, 251, 253, 255, 259, 261, 265, 271, 275, 283, 287, 295, 296, 299, 305, 311, 317, 319, 320; *v.* Arnolfus, Rollandus; abbas et fratres M. mon., 231; burgenses, 201, 223; burgus, 78, 80, 99, 105, 112, 131, 206, 207, 208, 212, 214; castellum, 36, 41, 50, 54, 61, 62, 67, 74, 78, 79, 105, 123, 127, 130, 139, 144, 179; castellum vetus, 200, 206, 216; castrum, 103, 212, 214, 267; castrum cum ecclesiis, 105, 112; castrum vetus, 212, 223, 225; castrum vetus de Martura, 198, 199, 201, 203, 223; clerici plebis de Marturi, 201, 202, 205, 206, 208, 210, 213, 223; curtis, 48, 56, 90; defuncti burgi, 213; domus de burgo, 206, 214; homines (illi) de burgo, 187, 199, 204, 206; hospitale quod est subtus (veterem) burgus, 223, 225; in loco et finibus, 69; in loco et finibus Marturi, 54, 70; in podio et Marturi burgo, 150, 152, 158, 162, 166, 168, 170, 172, 174, 176, 178, 182, 184; l., 42, 59, 140; l. et castellum, 122, 124; l.q.dic., 64, 145, 147; martirensis plebs, 97; marturense cenobium, 93, 94; Marturenses, 116, 117, 319; mon. de Marturi, 82, 91, 227, 293; mon. s. Michaelis, 90; mons et poium, 41, 54; parrochia plebis, 206; plebanus plebis Marture, 117; plebanus s. Marie de Martura, 187, 201, 204, 207, 208, 209, 210, 211, 212, 221, 231; plebs, 99, 115, 198, 199, 201, 202, 203, 204, 205, 206, 207, 208, 209, 210, 211, 212, 213, 214, 215, 216, 223, 225, 227, 313; populus burgi, 201, 204, 205, 208, 210, 211, 214, 215, 223; populus castri de Martura, 207, 210, 211; plebanus et clerici plebis M., 231; populus de castro veteri de Martura, 204; populus Marturensis, 117; populus plebis de Martura, 185; vicecomes de Marturi, 81

Marzana, 45

masa, *v.* mansa

mascia, *v.* mansa

masia, *v.* mansa

masnada: m. filiorum Bençi, 198, 203, 206, 223

massaricius, 48; de casis et rebus massaritiis sive aldienareis tributareis, 38; homines massaricii, 56; res massaricia, 42, 45, 47, 54, 56, 57, 58, 65 massaritia, 127, 200, 201, 205, 207, 208, 211

massarius, *v.* Azo, Baroncellus, Dominicus, Gucerius, Petrus, Rainaldus, Stefanus, Teuzo

masseritius, *v.* massaricius

mater, 65

Matheus: vinea Mathei, 225

Matheus Arduinni, 225

Matilda comitissa et ducatrix f.b.m. Bonifatii marchionis et ducis, 89, 91, 92, 93, 97, 104

Mattafellone: vinea Mattafelloni, 225

Mattilda, *v.* Matilda

Maurinus: invictissimi romanorum imperatoris domini Frederigi iud. publicus atque not., 254, 299; iud., 263; iud. publicus, 253; sacri palatii iud. et not., 240, 252, 314

Maurunto, 44

Maurus abbas (*dell'abbazia di Spugna*), 221, 226, 253

Mazo, *v.* Aimericus

Mazolinus: filii Mazolini, 319

Medallie, *v.* Martinus

medicus, *v.* Bernardinus

Medicus, 310

medietas, 94, 97, 99, 110, 207, 208, 210, 211, 213, 225, 229, 273; m. decime, 199, 208; m. terre, 208; m. totius testamenti, 223

medius: per medium, 97, 322

mel, 82

Melenda, *v.* Tenzano

Meleto, *v.* Maleto

meliorare, 70, 190, 236; ad habendum, tenendum, gubernandum, edificandum et meliorandum, 259; ad habendum, tenendum, laborandum, fruendum, meliorandum et non peiorandum, 101; sicut pro tempore fuerit meliorata, 66, 122, 131, 134, 140, 160, 168, 170, 178, 180, 184, 262

melioratio, 49, 68, 86, 126

Meliorittus: uxor Melioritti, 200

memor, 85, 275

memoria, 94, 232, 251, 254, 281, 318, 324; ad memoriam habendam vel (et, ac) retinendam, 77, 99, 109; ad memoriam posterorum, 97

memoriale: ad m. perpetuum, 94

Menchus, *v.* Ugolinus

Menchus de Scaccari: domus Menchi de Scaccari, 224

Menconi, *v.* Orlandinus, Uliverius

mensura, 145, 147, 199, 228, 253; ad iustam mensuram, 161, 165, 167; per estimo et per m., 62

mensurare, 241, 243, 259

Meognano, **Meugnano**, **Meoniano** (*Megognano a sud-est di Poggibonsi*), 123, 233; castellare, 130; decima de M., 224; l., 167, 177; l.q.dic., 121; populus de Meugnano, 200

merces, 50; mercedem querere, 298

meridies, 41

meritum, 86, 140, 180; merito, 110

Meugnano, **Mugnano** (*Megognano a sud-est di Certaldo*), 46, 47, 54, 55, 56, 309, 310; homines de Mugnano, 309; l.q.dic. Citine, 47, 56

Micahel, *v.* Michael

Miccael, *v.* Michael

Michael archangelus: beatissimus, 41; beatus, 49, 86; festivitas, 185, 204, 208; festum, 103, 200, 201, 208, 210, 212, 213, 224; in die s. Michaelis et eius festivitates, 295; propter amore s. Michahelis arcangeli, 74; sanctus, 41

Michael s. (*monastero di S. Michele Arcangelo di Marturi*), 97, 137, 138, 153, 162, 170, 179, 184; abbas, 79, 80, 97, 103, 104, 123, 185, 198, 199, 200, 201, 202, 204, 205, 207, 208, 209, 210, 211, 212, 213, 214, 215, 305; abbatia, 144, 162, 198, 199, 200, 201, 202, 203, 204, 205, 206, 207, 208, 209, 210, 211, 212, 213, 214, 215, 319; abbatia et eccl., 135;

cenobium, 74, 75, 78; claustrum, 182, 254, 296; domus et eccl., 173; donicatus s. Michaelis, 109; eccl., 78, 102, 103, 107, 108, 122, 124, 130, 149, 150, 151, 169, 175, 296; eccl. atque cenobium, 130; eccl. et mon., 38, 42, 48, 54, 56, 57, 58, 61, 67, 69, 70, 74, 78, 79, 99, 101, 119, 125, 127, 139, 143, 163, 164, 165, 171, 177, 189, 191, 219, 233, 235, 237, 241, 243, 245, 247, 249, 255, 259, 261, 287, 303, 304, 309, 311, 317; eccl. quod est monasterio, 36; homines abbatis, 201, 213, 223; homines de abbatia, 310; in balco et refrettorio monasterii, 164; mon., 42, 64, 65, 90, 105, 111, 145, 147, 157, 159, 161, 167, 183, 187, 198, 201, 204, 206, 207, 208, 209, 210, 211, 212, 213, 214, 215, 222, 223, 224, 225, 239, 251, 253, 265, 271, 273, 275, 278, 281, 285, 295, 299, 303, 313; opera, 283; opus, 271, 272; populus mon., 185; porta monasterii, 209; rectores, 57, 86; refectorium abbatie, 160; s. Michael de Podio Bonizi, 277; terra abbatie, 206, 207, 211; terra monasterii, 305

Michahel, *v.* Michael

Michahel s., 94

Michelis (Micheli) de Godusuli, 45, 55

migrare: de hoc seculo m., 49

Migrimizo de Elsa, 42

Miliatius, *v.* Iohannes

Milioctus, 202

militare: deo militare, 93

Mille, *v.* Ildebrandinus

Milottus, 158; domus Milotti, 208

Mimulo, *v.* Martinus

minatore, *v.* Iohannes

Minculus: filii Minculi, 163

Mincus: terra que fuit Minci, 315

Mingone, 309

minister, 236, 272; m. cenobii, 128; m. eccl., 126, 128; m. episcopalis, 105, 112, 267

ministerialis, 102

minuare (*per* minuere), 38, 49, 50, 58, 59, 62, 80, 86, 87, 91, 102, 120, 130, 137, 140, 144, 150, 160, 162, 165

minuere, 112, 154, 190, 236, 238, 242, 244, 262, 289, 298, 302, 308

Miranguiso, 309, 310

Miratus: terra qua inhabitat Miratus, 281

missa, 48, 57, 58, 75, 199, 200, 201, 202, 203, 205, 207, 209, 212, 213, 216, 223, 224, 228; m. maior, 204, 205, 206, 208, 209, 211, 213; m. minor, 204, 213; m. que cantatur in sabbato sancto, 203, 205, 206, 211, 212, 214, 221, 224, 227; missam cantare, 199

missio, *v.* postis

missus, 70, 77, 78, 102, 123, 190, 236, 238, 241, 243, 259

misterium: sacrum m., 75

mittere, 62, 117, 130, 278; abbatem m., 49; ad abbatem m., 202; in eccl. m., 210; in manu m., 128, 202; in possessionem m., 278, 281; in rem m., 128; nuntium m., 116; pro monacis m., 209

mobilis: podere mobilis et (vel) immobilis, 311; podere mobilis et (vel) immobilis atque stabilis, 274; res mobiles et (vel) immobiles, 48, 56, 86, 90, 91, 102, 126, 127, 128, 190, 236, 238, 242, 244

Modena: comitatus Motinensis, 37

modium, 200, 209, 236

molendinum, molinum, 57, 58, 99, 255, 256; gora molini, 269; m. abbatis, 208; m. Camerini, 100; m. monasterii, 100; m. qd. filiorum Ildeberti, 94; m. Stefani de Fonte, 322; molendina florentine, 255

molestare, 74, 91, 94, 100, 124, 146, 148, 157, 164, 167, 169, 171, 177, 181, 183, 234, 256, 276, 304 molestatio, 94

molestia, 90, 187; sine contradictione et m., 320

molinum, *v.* molendinum

monacare, *v.* monachare

monachare, 198, 202, 204, 210, 212

monachus, 57, 58, 75, 87, 91, 147, 164, 201, 202, 209; *v.* Amideus, Anastasius, Andreas, Angelus, Arnolfus, Arrigus, Asagiapane, Bartholomeus, Consilius, Gerardus, Christoforus, Ginassa, Guido, Iohannes, Ionathas, Perellus, Petrus, Placidus, Placitus, Rigicto, Rollandus, Stefanus, Ubertus

monacus, *v.* monachus

monasterium, 185; *v.* Marturi, Michael s., Pontianus s.; advocatus monasterii, 78, 82; circuitus monasterii, 90; consuetudo monasterii, 90; corpus monasterii, 91; m. monachorum, 41; molinum monasterii, 100; rector monasterii, 190; terra monasterii, 192

monasticus: monastica dicio, 41; monastica religio, 105, 112, 267

moneta: m. currens, 289; m. de Luca, 70; m. Lucensis, 102, 120, 133, 137, 140, 149, 151, 157, 161, 164, 165, 167, 169, 171, 173, 175, 177, 180; m. nova Pisana, 315

mons, 56, 116; *v.* Stipule; m. de Mugnano, 310; m. et poium q. dic. Marturi, 41

Mons Bonizi, 147

Monte, 43; *v.* Samuel

Monte Corbini, 309

Monte Morle, *v.* Montemorli

Monte Pentaclo, *v.* Petrus

Monte Rapponi, 47, 56

Monte Rupto (*Monterotto nei pressi di Peccioli?*), 112

Monte Volterai, **Montevultrai** (*Montevoltraio in Valdera*), *v.* Bernardinus

Monteboni, 304

Montelonti (*casolare a nord-ovest dell'abitato di Poggibonsi*), *v.* Erizo

Montemezano, 140

Montemorli (*Montemorli a nord-ovest di Poggibonsi*), 130, 235

Monteornello (*Montornello nei pressi di Colle di Val d'Elsa*), 224

Montepadule: terra de M., 215

Montesancto (*Monsanto a nord-est di Poggibonsi*), 45

Montevultrai, *v.* Monte Volterai

Morandus f. Ugolini, 290

Morandus not. et scriptor, 306, 324

Morandus q. Arnolfi, 306

Moranto, 43

morari, 48, 202, 204, 207, 208, 223, 297

Morello, *v.* Colle

mori, 57, 98, 199, 202, 206, 211

Mortenanum, *v.* Mortinano

Mortinano (*Monternano nel territorio di Castellina in Chianti*), 304, 323

Morunto, 44

movilis, *v.* mobilis

Mucellina: terra de Mucellina, 86

Mugnagio, 134

Mugnaius f. Gualfredi, 163, 164

Mugnanellus f. Ubertelli, 310

Mugnano, *v.* Meugnano

mulier, 116

Mundane, *v.* Rustichus

mundium, 67, 125

mundualdus, 67, 125, 135; mundualda, 68

munimen, 74

munire, 74, 90, 94, 111

munusculum, 225

murus, 70; *v.* Podium Bonizi; m. plebis, 203

Muschita, *v.* Andreas

mutare, 100

nasci: nati de nostra progenie, 90, 91

Nastasius, *v.* Anastasius

natalis domini, 213, 238, 241, 243,

125, 127

obligare, 108, 109, 136, 240, 246, 252, 262, 265, 266, 276, 287, 288, 296, 298, 304, 305, 308, 318

obligatio, 110, 298, 308

obreptio, 90

obrobrium, 260

obruere, 202

obsecundare, 116

obsequium, 323; in obsequiis mortuo-rum, 198, 205, 212, 214, 215, 223; obsequia divina, 293

observare, 49, 91, 225, 227

observatio, 48; o. regule, 49

obtinere, optinere, 58, 82

occasio, 130, 136, 146, 148, 186, 187, 192, 298, 317; o. iuris aut facti, *v.* ius

occurrere, 202

Odaldelli, *v.* Arrigus

Oddo diac. card. s. Giorgi, 154

offendere, 91

offerre, offerrere, 36, 41, 42, 54, 56, 57, 65, 66, 91, 192, 207, 209, 210, 211, 248, 303; dare et tradere atque o., 61, 62, 130; donare et tradere, o. atque confirmare, 127, 128; donare, concedere, tradere et o., 41; donare, o., tradere atque concedere, 303; do-nare, tradere atque o. et concedere, 311; donare, tradere, o. atque confir-mare, 125; o., tradere et concedere, 48

offersio, offertio, 65, 66, 248, 312; *v.* pagina; cartula (carta) offersionis, 36, 38, 41, 50, 58, 59, 62, 65, 66, 105, 129, 131; cartula (carta) ordina-tionis et offersionis, 51; cartula do-nationis et offersionis, 248; cartula offesionis, 61; instrumentum dona-tionis et offersionis, 191, 192, 247, 312; iure offertionis, 131, 183

offertor, 65

officina, 82

officium, 200, 201, 202, 204, 205, 207, 208, 209, 210, 211, 213, 214, 223,

224, 228, 232; diurna et nocturna officia, 48; in cotidianis officiis, 225; in officiis nocturnis et diurnis, 89; o. cotidianum, 212; officia parrochialia, 215; o. divinum, 299

offitium, 210

Olena (*a sud di S. Donato in Poggio*), 46, 55

oliva, 209, 211, 270; o. laborata, 209

Oliverius (*del popolo di Megognano*), 200; domus Oliverii, 222

Oliverius q. Petri, 315

Oliveto, *v.* Iohannes

olivetum, 48, 56

Olivum, 224

Ollario, *v.* Iohannes

Ollarius, *v.* Petrus

omnes sancti, 201; festivitas, 123; vigi-lia omnium sanctorum, 208, 222, 224, 227, 228

omo, *v.* homo

onor, *v.* honor

opera: o. s. Michaelis de Marturi, 283

operarius, *v.* Laczerus

Opiçinus, 203, 214, 215

opinio, oppinio: homo bone oppinio-nis, 228

Opitio marchio, *v.* Albertus marchio

oppinio, *v.* opinio

opsolvere, *v.* solvere

optinere, *v.* obtinere

opus, 81, 89, 209, 215, 228, 271, 272; o. s. Michaelis, 271, 272

Opythinus, *v.* Iohannes

ora, *v.* hora

oratio, 48, 57, 58; intuitu orationis, 222, 225

ordinare, 48, 49, 57, 58, 90, 91, 204, 222, 291

ordinatio, 50, 75; *v.* pagina; cartula (carta) ordinationis et offersionis, 51; o. abbatis, 49; o. monachorum et clericorum, 112

ordo, 38, 47, 48, 54, 70, 90; eo vero ordine vel statu, 41; immutare ad

78

parvulus, 202

Pasca, 201

Pascalis, 309

Pascalis papa (*Pasquale II*), 98

Pasce mulier: domus, 223

pascha, pasca, 210, 213; *v.* dies; in octavis pasce, 207

pascua, 48, 56

Pasianeri: filii Pasianeri, 192, 219

Pastina, *v.* Pastine

Pastine (*nel territorio di Barberino Val d'Elsa*), 310; *v.* Albertus

pastor, *v.* magister

Pastrine, *v.* Pastine

Paterno, 47, 56

Paterno (*Paterna presso Colle di Val d'Elsa*), 42

Patrignone (*a sud di S. Donato in Poggio*), 46, 55

patronaticum, 130

patronatus: ius p., 205, 267

patruus, *v.* Russobalbus

pauper, 86; refectio pauperum, 86; sustentatio pauperum, 127, 128

pax, 204, 212

Peccatore, *v.* Belioctus, Bernarduccius

peccatum, 58

Pecciori, *v.* Pehole

Pecorarius f. Bernardi, 193

pectia, *v.* petia

pectium: p. terre, 315

pecunia, 38, 50, 59, 87, 195, 202; interventu pecunie, 49

Pedone, 189, 220

pedovare, 237

peduare, 204

Pehole (*Peccioli in Valdera*): communis de Pecciori, 315; in confinibus Pecciori, 315; l. et fundus, 65

peiorare, 70, 101, 190, 236

Pelata colona, 276

Pelatus, 173

Pellegrina, *v.* Sentone

Pelliccione de Linare, 250

Pellitie: terra Pellitie, 159

pena, *v.* poena

pendix, 46, 55, 56

penitentia, 201, 202, 203, 204, 205, 207, 208, 210, 214, 222, 223, 224

pensio, 48, 102, 107, 169, 171, 173, 203, 238, 240, 241, 242, 243, 244, 259, 260, 272, 288, 302, 307; nomine pensionis et debiti, 295; terra et p., 171

Pepo legis doctor, 77

percipere, 112

peregrinus, 201, 206, 223

Perellus monachus, 202, 210, 212, 215, 222

pergamena, 50, 59

Perisindus, *v.* Teupetrus, Uuillelmus

permanere, 38, 41, 100, 105, 112, 120, 125, 131, 134, 138, 140, 144, 150, 157, 162, 164, 166, 168, 170, 172, 174, 176, 178, 180, 182, 184, 267; firmum et illibatum p., 154; firmum et stabile p., 50, 59, 62, 87; firmum p., 98, 128, 266, 288; in fide p., 174, 175; in firmitate p., 68, 110, 146, 148; in perpetuum et illibatum p., 112, 267; in perpetuum p., 90, 130; in potestate p., 124; in robore p., 91, 94, 152; in vigore p., 160; inviolabiliter p., 74; tacitum et contentum p., 80; tacitum p., 256, 274; usque in finem p., 90

permutatio, 219, 249, 250, 261, 269; cartula (carta) permutationis, 145, 146, 147, 148, 246, 250, 263; instrumentum permutationis, 220, 250, 270; permutationis causa, 220, 245, 246, 249, 261, 262, 269, 270, 278; permutationis nomine, 219, 220, 245, 250, 262

permutator, 246, 262, 270

Perolus, *v.* Ugolinus

Perolus f. Salvuli, 120

perpetrare, 94

perpetuus: memoriale perpetuum, 94

proprietarius: (iure) proprietario nomine, 57; proprietario iure, 38, 57, 58, 65, 90, 126, 128, 130, 131, 246, 263
proprietas, 50, 58, 115, 125, 127, 130, 140, 183, 251, 252, 305, 317; *v.* Benzo; cartula traditionis et proprietatis, 141; ius dominii et proprietatis, 135, 146, 148; ius dominii et proprietatis ac possessionis, 191, 247; ius et p. b. Petri, 185; ius proprietatis, 62, 65; l. possessionum proprietatum, 252; l. proprietatis, 183; proprietatis nomine, 136; salva proprietate, 240, 266, 288
prospicere, 89
protectio, 153, 232
proventus: p. decimationum, 228
providentia, 49
provincia, 304
psalmus, 48, 57
publice, 296
publicus, *v.* litterae, via publica
Puccioro, *v.* Ranieri
puer, 207, 210, 211, 213, 322
pueritia, 212
pulsatio: p. tintinnabulorum, 224
pupillus, *v.* Rainerius
Purcignano, 203
purificatio, *v.* Maria virgo
Putto, 158
Puttulus, 141; *v.* Martinus; terra Puttoli, 157

quaerere, 122, 134, 140, 185, 204, 205, 298; si ... infrangere quesierimus, 58
Qualdo, Gualdo, 46, 55
quanto, *v.* guanto
Quarno, *v.* Guarno
quaso, *v.* guaso
Querceto Bonoruli, *v.* Quercito Bonoruli
quercetum, quercietum, 48, 56
Quercia, *v.* Ubertellus, *v.* Urso
Querciolus de Gretule, 323
Quercito Bonoruli (*Querceto e Bonorli*),

46, 55
Querçone, *v.* Guerzone
querela, 181, 188, 232
querere, *v.* querere
querimonia, 87, 128, 212, 214, 234, 256, 277, 292, 322, 323, 324; querimoniam deponere, 209
querpivi, *v.* guarpire
questio, 225, 231, 292
quies, 74, 322
quiescere, 117
quietus: q. et pacificus, 107; quiete et pacifice, 286, 321
Quilleradi, *v.* Anclano

Ragimundus de Baisio, 94
Raginerius, *v.* Rainerius
Raginerius (*di Bibianello*), 94
Raginerius marchio, 82
Raimbaldo, 43
Rainaldus, 43, 200, 297; *v.* Aliottus; terra Rainaldi et Acursi et Bonfilii, 183
Rainaldus massarius, 323
Rainaldus nepos Pieri Zoppi, 136
Rainaldus Porci, 203
Rainaldus Ubertelli, 199, 207, 214, 224
Rainarius Gilii, 282
Raineri (Rainerius) f.b.m. Petroni, 61, 62, 67
Raineri f.b.m. Berardi, 51, 59
Rainerius, 174; *v.* Ubertus; pupillus Rainerii, 195
Rainerius abbas (*dell'abbazia di Marturi*), 99, 101, 102, 135, 136, 137, 138, 139, 140, 141, 143, 144, 145, 146, 147, 148, 149, 150, 151, 152, 157, 158, 159, 161, 163, 164, 203, 278
Rainerius f. Iocoli de Casciano, 255, 256
Rainerius f. qd. Geobertini, 131
Rainerius f.b.m. Uberti, 62, 79
Rainerius f.b.m. Ugolini, 125, 126
Rainerius Guitutii, 172
Rainerius iud. (et) scriptor, 99, 100,

Sena, **Senensis** (*Siena*), 292, 293; *v.* Ildebrandinus Iosep, Ranaldus iud. Senensis; *v.* territorium; (dominus) episcopus, 299; Bernardus s. Eugenii senensis abbas, 292; eccl., 299; Rusticus archipresb. senensis eccl., 292; Senenses, 145, 147, 204; Valle S. Martini, 136

Sengnorellus, *v.* Segnorellus

Sengnorictus, *v.* Segnorittus

Seniorellus iud. donni imperatoris, 91

sentencia, *v.* sententia

sententia, 226, 227, 228, 229, 232, 253, 278, 281, 282, 292

sentenzia, *v.* sententia

Sentone maritus Pellegrine, 296

Senucciolus, 273; podere Senuccioli, 273, 274

sepellire, 98, 105, 112, 198, 199, 200, 201, 202, 203, 204, 206, 207, 208, 211, 212, 214, 223, 267, 288, 323; ad abbatiam s., 223; ad cappellam s., 223; apud plebem s., 223

sepes, *v.* saepes

sepoltura, 208, 209, 216; *v.* sepultura

seppellire, *v.* sepellire

sepulcrare, 322, 323

sepulcrum, 208, 214

sepultura, 105, 112, 185, 187, 188, 199, 200, 201, 205, 207, 209, 210, 214, 222, 225, 227, 229, 267; antiqua s., 187, 204, 206

Seracenus frater Uberti presb., 209

Seracinus, *v.* Azolinus, Villanucza

Seracinus de Castello: domus filii Seracini de Castello, 311

series, 74, 75, 251, 295, 315

Serille, **Serule**, 46, 55

Sertore, 309

Serule, *v.* Serille

servare, 91, 225, 227

servire, 61, 81, 82, 214; deo s., 41, 48, 49; serviens, 91

servitium, 82, 140, 164, 179, 302, 308, 309; s. dei, 41, 48

servitor: servitores Christi, 87

servus, 74; s. dei, 86; s. servorum dei, 74, 111, 185, 187, 231; servi et ancille, 48

sestarium, *v.* sextarium

Seti, 44

Seutini, 44

Severatico (*nel territorio bolognese-modenese*): terra, 37, 47, 54

sexstarium, *v.* sextarium

sextarium (*misura di capacità*), 190, 209, 216, 223, 307, 310; ad sextarium venditale de Marturi, 190, 236; cum stario venditale de Sommofonti, 307

sextarium (*misura di superficie*), 61, 62, 86, 149, 157, 161, 165, 167, 235; s. de decem panis, 62

Sibilla f. qd. Gualmanni relicta a Rugerio Grassi, 135, 136

Sicchus, Sichus, *v.* Martinus, Vitalis

Siçellus: proprietas Benzii f. Rodulfi et Zenobis et Siçelli, 139

Sichefredus iud. donni imperatoris, 38

Sichelminus, *v.* Iulitta

Sicherius, 200, 319

Sicherius f. Grassi, 251, 252

Sicherius Gottifredi, 275, 276

Sidazagio f. Aimerici, 119

Siefredus, *v.* Sigefredus

Sigefredus iud. donni imperatoris, 59

Sigefredus not. et scriptor sacri palatii, 66

Sigifredus iud. donni imperatoris, 51

sigillum, 94

Sigizo, 43

Sigizo da Sugi, 43

Sigizo f.b.m. Sigizonis, 78, 79, 80

Signore presb., 294

signum: s. Vulterrarum eccl., 116

Sikerius, *v.* Sicherius

silva, 48, 56, 135; s. domnicata, 93; silva domnicata, 94

Silva, *v.* Petrus

Silvagnus, 222

Silvestrus presb. (*cappellano di S. Croce*),

Stephanus, *v.* Stefanus

sticcarium, 99

Sticiano, 140

stipulatio, 50, 275, 296, 298, 305, 312

Stipule, 115; l., 116; mons, 115, 116; populus S., 117; Stipulenses, 117; unus dominorum S., 117

Stoppie, *v.* Stuppie

Stramaccius f. Guiduccini, 193

strata, 109, 145, 147, 150, 235

Strolla: aqua de Strolla, 289

strumentum, *v.* instrumentum

studiosus, 228; studiose, 236, 292

Stupiese, *v.* Porta

Stuppie (*Stuppio, castello nei pressi di Poggibonsi*), 163; curtis, 224

Stuppione, 171, 172

Stuppise, 160

Suarzus f. Enrici, 139, 140, 141; *v.* Rustichus, *v.* Paganellus

subdiaconus, *v.* Bartholomeus, Bellundinus, Hermannus, Petrus

subiecti, 37

subiectio, 292

submissio, 223

submittere, *v.* persona

subrogare, 49

subsidium, 49

substantia, 81, 127

substentatio, *v.* sustentatio

Suderinus, *v.* Ubertus

suffragium, 90, 111

suffulcire: nostra auctoritate suffultum, 94

Sugi, *v.* Sigizo

Sugio, 173

Sulignano, 43

summitas, 41, 94

sumptus, 224

superimponere, 102, 190, 236, 238, 242, 244, 296, 308, 320

superinponere, *v.* superimponere

Surdus maistrus, 283

Suri, 44

Surignano, 44, 47, 55

Surnano (*Sornano a est di Poggibonsi*), 140

suscipere, 75, 86, 112, 198, 321, 323; sacramentum s., 323; sub b. Petri et nostra protectione s., 153; sub tutelam apostolice sedis s., 105

suspendere, 228

sustentare, 49

sustentatio, substentatio, 112, 154; s. hospitum, 86; s. pauperum, 127, 128

Sutriolus, 323

symbolum, simbolum, 201, 207, 208, 211, 212, 213, 293

synodus, sinodus, 75, 117

Syrus Salimbene papiensis regalis curie iudex, 278, 281

tabernarius, *v.* Maccallus

tabula: tabulae aureae, 82

Tachus, *v.* Leo

tacitus, 234, 256, 274; t. et contentus, 80

Taguli (*nei pressi di Castellina in Chianti?*), 44

Taizus ?, *v.* Petrus

Talciona (*a est di Poggibonsi*), 46, 55, 250, 273; *v.* Aldobrandinus, Buciolo; burgus, 125; castellum, 46, 55; domus prioris de Talciona, 147; prior de Talciona, 145

Talcione, *v.* Talciona

Talcioni, *v.* Talciona

Talcionis, *v.* Bonamicus

Talibuonus, *v.* Gualanducius

Tancredi de Abbatia, 248

Tancredi potestas de Somefonti, 309

Tancredus, 214, 215, 216, 239

Tasia, 143, 144

Tavernaria: domina T., 323

tavernarius, *v.* Baccinellus

Tavernule, 47, 55

Tazzo: homines Tazzi, 81

Tebaldinus, 150; uxor Tebaldini, 224

Tebaldinus Russo f. Petri, 149, 150

Tebaldus, *v.* Ubaldinus

verbum, 117

Verdeto (*Verzeto nel territorio di Castellina in Chianti*), 303

Vergnano (*Verniano a est di Poggibonsi*), 46, 55; villa q. voc., 175

veritas, 253

Vermillius, *v.* Guascone

Vernaccius, *v.* Segnorittus

vestimentum, 199, 201, 203, 205, 206, 207, 208, 212, 213, 222, 223, 227, 229

vestitura, *v.* investitura

Vetulus, 310

Vetulus f. Richardi, 99

vetus, *v.* castrum, *v.* castellum

vexatio, 112, 154

via, 107, 125, 149, 157, 167, 173, 189, 192, 195, 199, 203, 208, 220, 233, 250, 251, 262, 265, 270, 271, 274, 278, 281, 283, 287, 295, 301, 303, 305, 310, 311, 322; v. de Fiçano, 322; v. publica, 70, 94, 121, 145, 147, 203, 309, 310

vicecomes, 74, 94; *v.* Marturi; *v.* Iohannes

Viciano, 46, 55

Vicinus f. Aimerici, 119

Vicinus f. Guidicti, 237, 238

Vico (*Vico Pisano*): curtis cum eccl. s. Donati, 112; curtis et castellum, 103; l. et fundus, 65

victus, 48

vigilantia, 57, 58

vigilia: v. omnium sanctorum, 224, 227, 228

vigor, 160

villa, *v.* Albagnano, Appiano, Castillione, Cascianum, Doni, Fabrica, Fizano, Gaibana, Luco, Novule, Soio, Uuillerano, Vergnano

Villa Dini, 310

Villa Gaio, 45

Villamagna (*nel territorio bolognese-modenese*): fundus, 37

Villanova, 45

Villanucza f. Seracini, 283, 284

Villole (*Villole in Valdelsa*), 45, 46, 55; *v.* Groctole, Iustus s.; *v.* Petrus

Villule, *v.* Villole

vinaiolus, *v.* Ranuccinus

vinea, 37, 48, 56, 74, 86, 101, 102, 127, 135, 149, 181, 199, 214, 224, 235, 236, 237, 238, 239, 240, 251, 252, 285; *v.* Ardingus, Guido Scorcialupi, Matheus, Mattafelloni, Porcus, Robertus, Russobalbus, Sasso, Vechius Riccardi; *v.* petia; v. que fuit Russi, 202, 212

Vinti (*nel territorio bolognese-modenese*): castellum, 37, 112

vinum, 82

violentus: violenter, 298

virgareum, 56

virgo, *v.* Maria

virtus, 40, 53, 187

Viscovus, *v.* Benzolinus

Vitalis, *v.* [...]polcrus, Albertus

Vitalis f. Sicchi, 43

Vitalis presb., 294

Vitiata (*moglie di Volta Guinizelli*), 161, 162

Vitrica (*nel territorio bolognese-modenese*): aqua, 47; aqua de posta, 37; aqua q. dic. Vitrica, 54

Vivençus, 202

Viventius q. Guarnieri, 315

Vivianus, 202, 214, 215

Vivianus Braditi, 184, 199

vivus, 38, 87, 287; inter vivos, 191, 247, 271, 303, 311; viva voce, 278

Voloterra, **Vulteranensis**, **Vulterensis**, **Vulterranus** (*Volterra*), *v.* Maria s.; *v.* Hugo, Teudice; *v.* territorium; archipresb. v., 227, 231; archipresbiter, 117; clerici episcopatus, 116; comitatus, 65, 95; eccl., 116, 221, 226; episcopatus, 116; episcopus, 115, 116

Volta f. Guinizelli, 122, 124, 141, 160, 161, 162, 166, 167, 168, 176, 198,

INDICE DEI DOCUMENTI

103. Attestationes, 1190-1200, s.l.   Pag. 321

Finito di stampare in Firenze
presso la tipografia editrice Polistampa
Gennaio 2009

BIBLIOTECA DELLA
«MISCELLANEA STORICA DELLA VALDELSA»

1. GIULIANO DE MARINIS, *Topografia storica della Val d'Elsa in periodo etrusco*, presentazione di Guglielmo Maetzke, 1977, XII-248 pp., 42 tav, 3 c. col.   Esaurito

2. *Conferenze in occasione del VII centenario della Battaglia di Colle (1269-1969)*, scritti di FEDERICO MELIS, ENRICO FIUMI, GIORGIO MORI, GEZA SALLAI, SILVIO RAMAT, ENZO CARLI, ANGIOLA MARIA ROMANINI, 1979, 149 pp., 11 ill.   €   7,75

3. *Religiosità e società in Valdelsa nel basso Medioevo. Atti del convegno (San Vivaldo, 29 settembre 1979)*, presentazione di Arnaldo D'Addario, 1980, 172 pp.   €   7,75

4. LUCIA SANDRI, *L'ospedale di S. Maria della Scala di S. Gimignano nel Quattrocento. Contributo alla storia dell'infanzia abbandonata*, prefazione di Giovanni Cherubini, 1982, 217 pp.   €   10,33

5. FRANCO CARDINI, GUIDO VANNINI, JÓZEF SMOSARSKI, *Due casi paralleli: la Kalwaria Zebrzydowska in Polonia e la «Gerusalemme» di S. Vivaldo in Toscana*, prefazione di Sergio Gensini, 1993, 136 pp., 25 ill.   €   5,16

6. *Il francescanesimo e il teatro medioevale. Atti del convegno nazionale di studi (San Miniato, 8-10 ottobre 1982)*, 1984, 224 pp.   €   10,33

7. WALFREDO SIEMONI, *La chiesa ed il convento di S. Stefano degli Agostiniani a Empoli*, presentazione di Maria Grazia Ciardi Duprè Dal Poggetto, 1986, XI-295 pp., 33 tav.   €   20,66

8. *Carducci e il Basso Valdarno alla metà del XIX secolo. Atti del convegno di studi (San Miniato, 26 ottobre 1985)*, 1988, 196 pp., 2 ill.   €   12, 91

9. VALERIA DI PIAZZA, IDA MUGNAINI, *Io so' nata a Santa Lucia. Il racconto autobiografico di una donna toscana tra mondo contadino e società d'oggi*, edizione del testo a cura di Luciano Giannelli, 1988, 380 pp.   €   23,24

10. MARIO CACIAGLI, *La lotta politica in Valdelsa dal 1892 al 1915*, 1990, 324 pp.   €   20,66

11. *Pompeo Neri. Atti del colloquio di studi (Castelfiorentino, 6-7 maggio 1988)*, a cura di ALDO FRATOIANNI e MARCELLO VERGA, 1992, 560 pp.   €   30,99

12. PAOLO CAMMAROSANO, *Abbadia a Isola. Un monastero toscano nell'età romanica. Con una edizione dei documenti (953-1215)*, 1993, 504 pp., 24 ill.   Esaurito

13. *Colle di Val d'Elsa: diocesi e città tra '500 e '600*, atti del convegno di studi (Colle Val d'Elsa, 22-24 ottobre 1992), a cura di PIETRO NENCINI, 1994, 488 pp., 16 ill.   Esaurito

14. ANTONELLA DUCCINI, *Il castello di Gambassi. Territorio, società, istituzioni (secoli X-XIII)*, presentazione di Oretta Muzzi, 1998, 360 pp., 9 ill.   € 20,66

15. *Gli ordini mendicanti in Val d'Elsa. Convegno di studi (Colle Val d'Elsa - Poggibonsi - San Gimignano, 6-8 giugno 1996)*, 1999, 364 pp., 16 ill.   € 20,66

16. *L'attività creditizia nella Toscana comunale, Atti del Convegno di studi (Pistoia - Colle Val d'Elsa, 26-27 settembre 1998)*, a cura di ANTONELLA DUCCINI e GIAMPAOLO FRANCESCONI, 2000, VI-264 pp.   € 20,66

17. WILHELM KURZE, *Studi toscani. Storia e archeologia*, presentazione di Gerd Tellenbach, 2002, VIII-476 pp., ill.   € 30,00

18. *1001-2001. Mille anni di Abbadia a Isola: tra storia e progetto. Atti della Giornata di studi (Abbadia a Isola, 3 febbraio 2001)*, 2002, 112 pp., ill.   € 20,66

19. *La Valdelsa fra le due guerre. Una storia italiana negli anni del fascismo*, a cura di ROBERTO BIANCHI, presentazione di Simonetta Soldani, 2002, 408 pp., [15] c. di tav., 1 c. geogr.   € 30,00

20. *Il popolo di Dio e le sue paure. La fortuna del culto mariano, santi e santuari, gli spazi i rituali, vie crucis tabernacoli e rogazioni, le confraternite. Incontri di storia, arte e architettura nei comuni di Cerreto Guidi, Empoli e Vinci*, a cura di EMANUELA FERRETTI, 2003, 222 pp., ill.   € 20,00

21. *Toponomastica e beni culturali. Problemi e prospettive. Atti della giornata di studi (San Gimignano, 13 aprile 2003)*, a cura di ITALO MORETTI, 2006, 152 pp., ill.   € 14,00

22. *I centri della Valdelsa dal Medioevo ad oggi. Atti del convegno di studi (Colle di Val d'Elsa - Castelfiorentino, 13-14 febbraio 2004)*, a cura di ITALO MORETTI e SIMONETTA SOLDANI, 2007, 393 pp., ill.   € 25,00